한국 교회
예배 형성 과정과 영성

한국교회
예배 형성 과정과 영성

ⓒ 송명환, 2025

초판 1쇄 발행 2025년 4월 17일

지은이	송명환
펴낸이	이기봉
편집	좋은땅 편집팀
펴낸곳	도서출판 좋은땅
주소	서울특별시 마포구 양화로12길 26 지월드빌딩 (서교동 395-7)
전화	02)374-8616~7
팩스	02)374-8614
이메일	gworldbook@naver.com
홈페이지	www.g-world.co.kr

ISBN 979-11-388-4180-1 (03230)

- 가격은 뒤표지에 있습니다.
- 이 책은 저작권법에 의하여 보호를 받는 저작물이므로 무단 전재와 복제를 금합니다.
- 파본은 구입하신 서점에서 교환해 드립니다.

한국  교회

예배 형성 과정과 영성

Korean church worship formation process and spirituality

송명환 지음

좋은땅

목차

서문   9

◆ **제1장 들어가는 글**

◆ **제2장 한국종교와 한국적 영성의 형성**

제1절	**샤머니즘적 영성의 특징과 영향**	**19**
	1. 샤머니즘의 정의와 종교적 배경	19
	2. 한국 샤머니즘의 영성적 특성	23
	3. 샤머니즘이 한국교회 영성에 미친 영향	29
제2절	**도교적 영성의 특징과 영향**	**39**
	1. 도교의 기원	44
	2. 도교적 영성의 특징	51
	3. 도교적 영성이 한국교회 영성에 미친 영향	62
제3절	**불교적 영성의 특징과 영향**	**74**
	1. 불교의 영성적 구조	78
	2. 불교적 영성의 특징	82
	3. 불교적 영성이 한국교회 영성에 미친 영향	89
제4절	**유교적 영성의 특징과 영향**	**93**
	1. 유교의 종교 사상적 영성	97
	2. 유교적 영성의 특징	102
	3. 유교적 영성이 한국교회 영성에 미친 영향	108
제5절	**요약 및 비교**	**118**

◆ 제3장 초기 한국기독교의 예배와 영성

제1절 **초기 한국교회 부흥 운동과 예배**　　　　　　　**125**
　　1. 초기 선교사들의 신학 사상과 예배 형식　　　126
　　2. 초기 한국교회 예배의 특성　　　137
　　3. 초기 한국교회의 성례전　　　141
　　4. 초기 한국교회 예배의 토착화　　　144
　　5. 요약 및 평가　　　159

제2절 **초기 한국교회 부흥 운동의 주요 인물 사상과**
　　　　한국 오순절 운동　　　**162**
　　1. 길선주의 말세 신앙　　　165
　　2. 김익두의 은사·신유 신앙　　　181
　　3. 이용도의 신비주의　　　192
　　4. 한국 오순절 운동　　　203
　　5. 요약 및 평가　　　209

제3절 **한국 초기 기독교의 토착 신학 사상 수용**　　　**213**
　　1. 다석 유영모의 다원적 사상　　　213
　　2. 김교신의 조선산 기독교 사상　　　222
　　3. 함석헌의 씨올, 혼 사상　　　235
　　4. 분석 및 영향　　　246

◆ **제4장 한국 전통 종교적 영성과 토착적 사상으로 등장한 예배 유형**

제1절	**부흥회식 예배 유형**	**258**
	1. 배경과 예배 형식	258
	2. 부흥회식 예배의 신학	260
제2절	**기복적인 예배 유형**	**264**
	1. 배경과 예배 형식	264
	2. 기복주의적 예배의 신학	266
제3절	**은사 주의적 예배 유형**	**271**
	1. 은사와 예배와의 관계	271
	2. 은사 주의적 예배의 신학	274
제4절	**요약 및 평가**	**277**

◆ **제5장 성경적 예배 영성으로의 갱신 방안**

제1절	**성경적 예배 영성**	**283**
	1. 성경적 예배 영성의 이해	283
	2. 성경적 예배 영성의 성경적 원리	290
제2절	**성경적 예배 영성의 구성 원리**	**297**
	1. 예배 영성의 구조 원리	298
	2. 예배 영성의 구조 원리에 따른 구성 요소	300
	3. 성경적 예배 예전	303

제3절	**예배 영성 갱신을 위한 제언**	**310**
	1. 현대교회 예배의 회복 방안	312
	2. 기도 영성의 회복	348
	3. 사경회 영성의 회복	358
	4. 예전적 예배 모델 제언	365
	5. 평가	381

◆ 제6장 나가는 글

참고문헌   397

표 목차

〈표-1〉 마펫이 소개한 주일예배 순서(1895년) 133
〈표-2〉 공적 예배 순서 134
〈표-3〉 초기 한국장로교회의 주일예배 형식 140
〈표-4〉 그리스도 중심적 예배를 구성하는 8가지 요소 317
〈표-5〉 정착된 교회력 333
〈표-6〉 교회공동체 통합 초하루 새벽기도회 357
〈표-7〉 교회공동체 통합예배 순서 374
〈표-8〉 교회공동체 통합예배 구성 377
〈표-9〉 성경적 영성을 강조한 주일예배 실예 378

그림 목차

〈그림-1〉 세대로교회 주보 370
〈그림-2〉 과천약수교회 주보 371

서문(序文)

한국은 다종교사회로 구성되어 있으면서도 종교 간의 큰 분쟁 없이 조정을 비교적 잘 이루어 왔다. 현재 한국에는 다섯 가지 중요한 종교 현상이 있다. 표면적으로 활발한 기독교와 불교가 있고, 내면적으로 민중의 생활 의식을 지배하고 있는 한국 전통 종교인 무교와 유교, 도교가 있다.

한국인의 영성을 형성하는 종교적 흐름은 고대로부터 흐르고 있는 무속신앙이라 할 수 있다. 한국인의 전통적 종교는 불교나 유교라기보다 무속신앙 또는 민간신앙이라고 일컫는 샤머니즘이다. 토속 신앙인 무교는 민족의 역사 속에서 흐르는 중심 사상으로 불교나 유교 그리고 기독교에 많은 영향을 미쳤다. 불교는 무속신앙과의 혼합으로 쉽게 민중에 침투하였고 번창할 수 있었고, 유교는 인(仁)과 효(孝)를 중심적인 덕(德)으로 삼았다. 이 효(孝) 정신은 조상에 대한 제사로 이어지고 조상 제례의 종교 의례로 정착했다. 이러한 유교적 효 정신은 한국 전통 신앙과 결부되어 조상귀신 제례를 통한 재앙을 물리치고 복을 염원하는 제재초복(除災招福)의 목적으로 왜곡되어 신앙적 행위로 자리매김했다.

한국 전통 종교의 영향은 기독교에도 영향을 미쳐 성령 체험이 신내림을 통한 능력과 권위를 부여받는 행위로 이해했다. 부흥회를 통하여 행하는 축귀와 치병 그리고 축복은 마치 전통적 무속 행위와 흡사하다.

이처럼 무의식 가운데 우리들의 삶과 의식 속에 자리하고 있는 무속적 신앙의 모습을 살펴보고, 바른 예배 대안의 길을 찾는 일은 한국교회의 지속적인 성장을 위해서 중요하다. 그뿐만 아니라 선교사들이 경험하여 가져온 예배, 즉 개척지 예배(Frontier Worship)의 영향이다. 한국교회 안에 개척지 예배의 영향을 받은 선교사들로 인하여 개인의 종교적 갱신이나 불신자의 회심을 강조한 예배 신학이 자리하게 되었다. 그리고 1907년 대부흥 운동이 감정적 격양(激揚)과 탈(脫)세속적 성격을 강조하는 등의 탈(脫)세상적 모습을 띠고 있어 예배학적 공헌이 무엇인가라는 질문이 던져지기도 한다. 그렇지만 1907년 대부흥 운동은 예배의 부흥과 교회의 부흥을 찾는 열쇠가 될 것이다.

한국교회의 예배 가운데 발견된 기복적인 예배, 부흥회식 예배 그리고 설교 중심의 예배 등의 예배는 복음 선포 통하여 회심을 유도하고, 곤고한 자들의 고통과 눈물을 닦아 주며 희망적 메시지를 통해 부흥을 경험하게 한 긍정적인 측면이 분명히 있다. 하지만 예배의 정체성 상실의 문제점을 안고 있다. 따라서 한국교회 예배는 통시적 예배 전통을 살펴보며 그 안에서 예배 정체성 확립에 노력해야 한다. 더 나아가 예배의 의식, 제의적 행위에 안위하는 것으로 머무는 것이 아니라 삶과의 연계성 강화, 즉 전 세대가 참여하는 교회공동체의 예배와 삶으로의 발전적 양식으로 나아가야 할 것이다.

2025년 1월

천안 연구실에서

제1장

들어가는 글

예배는 기독교의 핵심이다. 예배는 하나님 앞에 사는 삶이요, 그분께 드리는 최고의 경배라고 할 수 있다(롬 12:1). 하나님 앞에 드리는 최고의 경배인 예배가 하나님께서 기쁘시게 받으시는 예배가 되게 하기 위해서는 성도의 영성이 하나님께로 향해야 한다.

윌리엄 템플(William Temple)은 이러한 관점에서 예배를 다음과 같이 정의한다. "예배는 하나님의 거룩하심으로 양심을 일깨우고, 하나님의 진리로 마음에 양식을 공급하며, 하나님의 아름다움으로 상상력을 강화하고, 하나님의 사랑으로 마음을 열고, 하나님의 목적을 이루기 위해 의지를 바치는 것이다."[1] 그에 따르면 예배는 하나님의 모든 것에 올바로 반응하는 것이다.

하지만 오늘날 예배는 하나님 앞에 드려지지 않고 마치 거래처럼 이뤄지며, 세속적인 복(福)을 추구하고 있다. 이처럼 유행처럼 번지고 있는 목적 중심의 예배를 예배라고 말하는 상황이다. 우리의 목적을 채우려는 예배는 기독교의 예배가 아니며, 성경이 말하는 예배도 아니다. 그런데도 이런 예배가 한국교회에 계속해서 진행되고 있다. 그러한 기복 기원을 추구하는 목적 중심의 예배가 우리 속에 있는 종교성(영성)에 기인한 것은 아닌지 살펴볼 필요가 있다.

그렇다면 영성(靈性)이 어떠한지도 살펴보아야 한다. 영성 훈련과 영성 세미나, 영성 목회라는 말이 유행하고, 영성 관련의 책들이 쏟아져 나오고 있다. 영성에 관한 관심은 '도시, 경제 중심적인 사회 가치관'에 대한 회의(懷疑)로 이해할 수 있을 것이다. 즉 영성이란, 현대사회의 기능적 삶에 대한 회의(懷疑)로 정신적 가치의 중요성을 부여하여 종교적 경험을 갈망하는 것이다. 이러한 성향의 변화에 기인하여 영성에 관한 관심과 논의가 일

---

[1] William Temple, *The Hope of a New World* (London: Student Christian Movement, 1940), 30을 John MacArthur, 『예배』 유정희 역 (서울: 아가페북스, 2016), 277에서 재인용.

어나고 있다. 그리고 영성이라는 단어는 폭넓게 사용되고 있다. 그런데도 영성이라는 용어를 분명한 정의 없이 무분별하게 사용하고 있다. 그 이유는 이론적인 것이 아니라 경험적 차원의 문제이기에 서술적 정의의 표현에 어려움 때문이다. 영성이라는 단어에 상응하는 유사한 표현인 '영적', '사상'이라는 단어로 대체할 수 있다고 이해하기 때문이기도 하다. 사실 영성이라는 용어는 사상과 철학, 종교 등에서 빈번히 사용되고 있다.

영성에 대한 이해가 이러하기에 한국교회는 영성에 대한 오해로 인하여 샤머니즘과 신비주의와 같은 다른 전통에서 영성 추구 방법을 차래(借來)하거나 무(無)비판적으로 수용하는 경향이 있다. 이에 따라 영성은 부정적 측면에서 비성경적과 비신학적, 신비주의적, 샤머니즘적 엑스터시(Ecstacy, 황홀경, 무아경)와 자기중심적 체험으로 치우치는 경향도 있다. 이러한 문제에서 탈피하여 기독교적 삶에 접근하는 한국교회 영성의 정립이 요구된다.

오늘날 일반적 기독교 영성은 하나님과의 관계에서 구체적 경험-"성령의 임재와 능력을 통하여 그리스도 예수 안에서 사는 삶의 방식"-들을 중요시하며 그 경험들이 삶에서 실현되기 위해 노력하는 통전적(전인적) 영성을 지향한다. 유해룡은 예배학자 루이스 보우어(Louis Bouyer)의 말을 빌려 '영성은 하나님의 실존을 인식하고 하나님과의 관계를 추구하는 삶'[2]이라고 강조한다. 그러나 문제는 그 영성이 개인적이며 자아를 강조하는 내면적인 것에 치우쳐 있다는 것이다.[3] 또 하나의 문제는 영성을 치유의 수단으로 보거나 일상의 삶을 윤택하게 만드는 도구로 인식하는 경향이다. 이러한 개인 축복과 필요 충족을 위한 영성의 도구화 또는 수단화가 우리 근저(根底)에 흐르는 전통 종교적 영성과 무관하지 않을 것이다.

---

2) 유해룡, "영성학의 연구 방법론 소고", 「장신논단」 제15권 (1999): 433.
3) Michael Downey, 『오늘의 기독교 영성 이해』, 안성근 역 (서울: 도서출판 은성, 2001), 122-123.

예배의 근저에 흐르는 샤머니즘적 요소들과 전통 종교 영성의 부정적인 면이 한국교회 예배에 미친 영향과 그 문제점을 극복할 수 있는 대안은 무엇인지를 찾고 그 핵심에 영성과 사상이 예배에 영향을 주고 있음을 강조하고 예배 갱신의 패러다임을 제시하고자 한다.

샤머니즘은 이 땅에 외래 종교인 불교나 유교가 들어오기 훨씬 전부터 존재했었다. 일반적으로 역사학자들은 한국 샤머니즘의 기원을 문헌 사료 이전의 시대인 선사시대부터 존재했었다고 본다. 복음이 한국에 들어올 때 한국의 민중들은 전통 신앙(샤머니즘)의 토양 위에서 거부감 없이 받아들여졌다. 그 첫 번째는 용어의 수용이다. 하늘님과 하나님을 동일시하며 그동안 장독대에서 빌었던 그 대상이 바로 하나님이라는 등식으로 스며들었고, 복음은 샤머니즘 문화 가운데 긍정적인 요소들을 최대한 활용하며 이 땅에서 거침없이 뻗어 나갔다. 두 번째는 세계관의 수용이다. 샤머니즘이 우주를 상계(商界)와 중계(中界), 하계(下界)의 삼층 구조로 이해하고 있었다는 것은 성경의 신화적인 세계상을 이해하는 직접적인 바탕이 되었을 것이다. 그리고 세 번째는 사영자(司靈者/샤먼) 곧 무당이 영계(靈界)와 인간계(人間界)의 중보자(仲保者) 역할을 하는 존재였다는 점에서 이것은 중보자로서의 그리스도 이해에 적지 않은 공헌을 하였으리라고 짐작이 된다.[4]

한국교회가 기복신앙과 감정 과잉이라는 샤머니즘의 토양 위에 서 있다는 지적은 유동식(『한국종교와 기독교』, 1965)에 의해 이미 연구된 바 있다. 이미 상식이 되어 있는 샤머니즘의 우상은 제거되기는커녕 오히려 한국교회에 뿌리 깊게 내려앉아 있다고 해도 무리는 아닐 것이다. 샤머니즘적 신앙으로 인한 문제점은 신관이다. 사실 샤머니즘의 최고 주재신(主宰神) 개념으로서 하느님 사상은 유일신 여호와를 같은 용어로 번역한 기독

---

4) 유동식, 『한국종교와 기독교』(서울: 대한기독교서회, 1983), 22.

교의 하나님을 아무 저항감 없이 쉽게 받아들이게 했다. 우리 민족이 몇천 년 전부터 우주의 최고신을 그렇게 불러 왔기 때문이다. 그러나 한국인이 그렇게 잘 받아들이고 부르는 하나님이 과연 기독교 본래의 하나님인가 하는 것에는 심각한 문제가 있다.

두 번째 문제점은 영성이다. 한국 전통 종교(무교/巫敎)는 한국인 심성에 흐르는 오랜 역사 속에서 한국문화를 지배해 온 신앙이란 관점에서 이해되어야 할 것이다. 모든 한국인의 성격 밑바닥에는 샤머니즘이 있다.[5] 특히 무속신앙은 앞에서 언급한 대로 한국인의 심성에 뿌리 깊게 자리하고 있어서 우리의 생활과 의식구조의 상당 부분을 지배해 왔다. 오히려 국가 종교로 공인된 불교와 유교가 전래 당시에는 얼마간 갈등을 빚기도 했지만, 상호 영향을 주고받으면서 공존의 길을 모색했다. 지금은 주일성수에 대한 의식이 많이 낮아졌지만, 1984년 통계를 보더라도 한국교회 교인들은 예배 의식의 참여도가 상당히 높다고 보고하고 있다.[6] 그리고 세 번째는 변용된 예배관(禮拜觀)이다. 한국교회의 주일성수는 반드시 지켜야 하는 것으로 매우 귀하게 여겼다. 만일 주일예배에 참석하지 않고 다른 일을 하면 하나님의 저주를 받아서 하는 일이 잘 안 될 것으로 생각했던 때가 있다. 이러한 기복신앙에 의한 주일성수는 현대적 사고에 동조하여 몇 부로 나누어 드리는 주일예배 중 하나를 선택하여 행사처럼 치르게 하였고, 그 나머지 시간은 주일성수 했다는 안위 속에서 세상을 즐길 수 있는 자기 합리화가 생겨났다. 실제 한국교회의 대부분이 그런 양상을 보이며 주일 저녁 예배를 오후 시간대로 옮기거나 혹은 가정 예배로 대체(代替)하는 현상들이 나타나고 있다. 이러한 변용된 예배관은 기복신앙적 종교의식과 밀접한 상관관계가 있다. 1900년대에는 한국 전통 종교의식과의 본

---

5) 이부영, 『한국의 샤머니즘과 분석 심리학』 (파주: 한길사, 2015), 670.
6) 김기현, 『한국의 예배와 생활』 (서울: 양서각, 1986), 23-24.

질적 교류 속에서 상호 간에 영향을 주고받았다. 그리고 포스트모던 시대에는 서로의 존속을 위해 다원 종교적 차원에서 서로를 포용하고 있다. 개혁주의 신학을 바탕으로 하는 교파에서도 목회자가 성도들을 목양하는 데 유리하다고 생각되는 것은 갱신하려 하지 않고 존속시키려 한다. 특히 무속신앙(巫俗信仰)은 한국교회 안에서도 심각한 영향을 주고 있다. 무당을 제사장, 의사, 중재자 혹은 예언자로 생각하는 한국인은 기독교로 개종한 뒤에는 목사를 무당과 같이 여기는 경우가 허다하다. 일부 목회자까지도 축복권과 저주권을 가진 제사장으로 은근히 자신을 치켜세워 이를 목양에 활용하고 있다. 이렇게 보면, 무속신앙인 한국 전통 종교가 타 종교에서 받은 영향보다는 오히려 타 종교에 미친 영향, 특히 기독교에 미친 영향에 관심을 두는 것이 바람직하다고 본다. 이러한 상황 속에서 한국교회 예배에 한국 전통 종교(무교/샤머니즘)와 함께 유(儒), 불(佛), 도(道) 영성이 미친 영향을 분석하고 이에 대한 대안을 제시하는 연구가 절실히 필요하다.

제2장

한국종교와
한국적 영성의 형성

한국은 이미 오래전부터 여러 종교가 공존하고 있는 다종교사회였다. 한국에 있어서는 샤머니즘이 한국의 종교적 바탕을 이루면서 외래 종교들을 받아들였으며, 그 외래 종교와의 혼합을 통해 변형하면서 역사 속을 흘러왔다. 한국의 건국 신화인 단군신화 자체가 샤머니즘의 소산이라는 점에서도 샤머니즘이 한국의 정신적 바탕이 되었는지 단적으로 알 수 있다. 이것은 항상 민중 생활을 지배해 왔으며, 타 종교와의 혼합 속에 한국문화의 운명을 좌우해 왔다.[7]

한국교회의 영성은 서구 교회가 수 세기 동안 기독교 역사에서 정립해 온 영성을 전래 받으면서 형성되었고, 기독교가 한국에 토착화하고 한국인들의 심성에 호소력을 갖게 되었다. 믿기만 하면 구원을 얻고 복을 받는다는 샤머니즘적 이타성[8]이 한국교회의 성도들에게 그대로 적용되고 있다는 것이다. 한국 성도들의 지나친 목회자 의존성은 그리스도가 십자가에서 이룬 구원의 사건의 능력을 스스로 버리는 것이다.[9] 이와 같은 한국교회 영성의 모습은 한국 전통 종교(샤머니즘)의 토양 위에 있다는 것을 부인할 수 없다. 또한, 이러한 샤머니즘적 풍토가 한국에서 기독교를 받아들이는 데 도움이 되었다고 보기도 한다.[10]

한국교회의 이러한 종교적 문화 형성의 배경에서 한국 전통 종교(샤머니즘)와 유, 불, 선의 영성이 한국교회 예배에 어떠한 영향을 미쳤는지를 살펴보고자 한다.

---

7) 유동식, 『한국종교와 기독교』, 15.
8) 샤머니즘적 이타성이란 무속인에게 자신의 운명을 맡기고 교체해 주기를 바라는 것을 말한다.
9) 유동식, 『한국종교와 기독교』, 34-38.
10) 김은수, 『비교종교학 개론』 (서울: 대한기독교서회, 2018), 421.

| 제1절 |

샤머니즘적 영성의 특징과 영향

1. 샤머니즘의 정의와 종교적 배경

1) 샤먼과 샤머니즘의 정의

한국의 종교적 배경을 살펴보기 위해서는 샤머니즘이 무엇인지가 선행되어야 한다. 그 이유는 한국인 영성의 바탕에 샤머니즘이 있기 때문이다.

17세기 후반 서양의 민속학자들은 중앙아시아의 유목민족과의 접촉을 통해, 모든 종족에게 보편적으로 퍼져 있는 일종의 주술 종교를 발견하였다. 그 주술적 종교 생활의 중심인물을 샤먼(Shaman)이라고 불렀다. 이는 바이칼 지방의 퉁구스족에게서 나온 말이다. 이를 계기로 서양 민속학자들은 중앙아시아와 시베리아 지방의 종족들 사이의 주술적·종교적 소질과 능력을 갖춘 사람을 모두 샤먼이라 불렀고, 이와 관련된 주술 종교 체계를 샤머니즘[11]이라 했다.[12]

민속학자들은 20세기 초만 해도 샤먼이나 샤머니즘을 넓은 의미에서 '원시적·마술적·종교적' 혹은 '마술적 종교 생활 의식'의 대명사로 삼았다. 한

---

11) 본래 샤머니즘이라는 말은 북아시아의 제종족, 고아시아족의 종교 체계와 현상을 지칭한 것이었지만, 점차 종교, 민족, 인류학 등에서 세계 각지의 유사종교 현상을 의미하는 용어로서 널리 사용되기 시작했다. 지금도 북아시아의 샤머니즘은 독자적 개성을 갖고 있지만, 학문적 의미에서는 원초적 종교 형태를 가리킨다. Mircea Eliade, 『샤머니즘』, 이윤기 역 (서울: 까치글방, 1992), 24-32.
12) 이부영, 『한국의 샤머니즘과 분석 심리학』, 47-48.

국에서도 종종 샤머니즘이란 말이 고등종교 가운데 주술적 요소를 가리키기도 하고 '원시적·주술적'이라는 뜻으로 '샤머니즘적'이라는 말을 쓰는 경우를 본다. 학자들 사이에서도 한국의 '무속'(巫俗)이 샤머니즘이냐 아니냐 하는 것과 같은 토론이 결론 없이 공전하기도 한다. 이는 각자 샤머니즘이라는 용어의 의미를 달리 생각하는 데서 발달한 경우가 흔하다.

이런 의미상의 혼동을 막고 샤먼과 샤머니즘을 분명하게 규정한 학자가 미르체아 엘리아데(Mircea Eliade)[13]이다. 엘리아데는 샤머니즘을 '인간이 신령과 소통하는 엑스터시 기술(Technique of ecstasy)', '고대의 접신술'이라고 하고, 샤먼은 종교적 목적을 위해 엑스터시(Ecstasy, Ekstase, 망아(忘我) 체험)[14] 기술을 '통제'하는 것이 가능한 사람이라고 했다. 이것은 샤머니즘을 자율적 체계나 그것의 집합체로 이해하지 않는 것이며, 역사적, 문화적 상황과 관계없이 원초적 종교 현상으로 항상 존재한다는 의미이다. 그 이유는 원초적인 고대 샤머니즘에 대한 그의 이해와 관계가 있다. 원초적 고대 샤머니즘은 하늘에 있는 초월적 존재에 대한 믿음과 샤먼의 엑스터시 기술을 통해 하늘과 대지 사이의 구체적 소통의 가능성에 대한 믿음을 중심으로 한다.[15] 그러므로 엘리아데는 '모든 시대'에 존재했던 '초역사적인' 엑스터시 기술의 현상으로 샤머니즘을 전제하는 것이다.

2) 한국 전통 종교(무교)의 발생 배경과 시대적 상황

샤머니즘은 애니미즘을 기초로 하고 있다. Anima(정령, 精靈)에 연유(緣由)한 애니미즘은 모든 물체에 정령이 있다고 믿는 자연숭배 또는 정령

---

13) 미르체아 엘리아데(Mircea Eliade, 1907년 3월 9일- 1986년 4월 22일)는 루마니아의 종교 사학자로 종교사에 대한 그의 작업 가운데 샤머니즘과 요가, 우주적 신화에 대한 글이 그의 주된 평가를 받고 있다.
14) 망아 체험은 수동적 사로잡힘이다. 반면 능동적이고 통제된 상태에서 신령에 사로잡히는 능동적 사로잡힘은 빙의(憑依)이다.
15) Mircea Eliade. 『샤마니즘』, 이윤기 역 (서울: 까치글방, 1992), 23-32.

숭배의 원시종교이다. 원시인(原始人)들은 죽음을 계기로 육체를 떠난 영혼이 초인적 능력을 지니고 있다고 믿었다. 그러므로 하늘과 땅 사이에는 이러한 정령들과 혼백들이 있으며, 이런 정령과 혼백들이 인간의 질병과 기근 등 모든 재액(災厄)을 만들기도 하고 복을 가져오기도 한다고 믿었다. 따라서 이러한 영계와 인간 사이의 중개자 역할을 하는 샤먼(무당)이 생기게 되었다. 무당은 선령(善靈)과 교제하는 백(白) 샤먼과 악령(惡靈)과 교제하는 흑(黑) 샤먼이 있다. 한국의 무당은 대체로 백 샤먼 계통이다. 한국의 조상제사 기저(基底)를 이루고 있는 것은 백 샤먼의 제도이다.

한국의 건국 신화인 단군신화[16] 역시 샤머니즘의 창작이다. 그러나 이것은 한 승려 일연(一然)의 창작 이야기가 아니라 한국에 부족 국가가 형성되던 고조선부터 전해 내려오던 이야기의 기록으로 보아야 한다. 다시 말해서 불교 이전의 샤머니즘 시대에 형성된 이야기이다. 그런데 정일치(政一致) 시대의 부족사회 형성 신화라는 점에서 당시의 신앙이었던 샤머니즘과 직결된 것이다. 단군신화의 해석은 여러 가지가 있으나 대체로 일치된 것은 최남선의 해석을 따라 단군이 무당이라는 점이다. 단군은 지금까지도 사용되고 있는 무당 칭호의 하나인 '단굴' 또는 '단골'의 사음(寫音)이다. 이것은 몽골어 Tengri(텐 그리)와 공통되는 말이며, 텐 그리는 천(하늘) 또는 배천자(拜天者) 곧 무당의 뜻을 지니고 있다. 즉 단군은 제정일치(祭政一致) 시대의 정치적 군장(君長)인 동시에 종교적 제사(祭司)로서의 무당(샤먼, Shaman)이었다. 그렇지만 단군의 위치로 볼 때 그는 하늘과 인간 사이를 결합하는 신인(神人)이요 무당이었다고 해석이 된다. 여기서 볼 수 있는 중요한 점은 한국의 종교적 바탕 또는 정신적 바탕이 근본적으로 샤

---

16) 13세기 말 고려 충열왕(忠烈王) 시대 보각국사(普覺國師) 일연(一然)이 편찬한 삼국유사 속에 기록된 신화이다.

머니즘이 내재(內在)하여 있다는 사실이다.[17]

한국 전통 종교(무교, 巫敎)는 주술신앙(呪術信仰)으로 교리, 윤리도 없다. 오로지 주요 관심은 인간의 윤리가 아니라 영계가 조작하는 재앙으로부터의 인간 해방이다.[18] 무교는 단지 타 종교와 혼합하여 신령한 요소들을 그대로 흡수해서 자기의 것으로 만들 뿐 발전된 교리나 윤리를 갖지 않는다. 이처럼 무교는 타 종교와 대중문학을 흡수해서 발전되었으며, 또 그 반대로 타 종교와 전통문학에 많은 영향을 미친 현대적 감각을 가진 역사적으로 축적된 종교이다. 이런 맥락에서 무교의 발전은 불교와 기독교의 발전과 무관하지 않다. 한국 전통사상과 한국문화를 지배해 온 종교는 무교였으며 지금도 그렇다.

무교는 중국의 영향을 받기 이전 시대 특히 제정일치 시대에는 대중 종교로서의 큰 역할을 담당하였다. 삼국사기와 삼국유사에 무당 비슷한 인물들이 고구려, 백제, 신라의 기록에서 거듭 등장하고 있고, 유동식은 1,450여 년 전 신라 시대의 화랑도에서 이미 무교의 큰 영향을 발견하고 있다.[19] 원래는 무교가 이들 삼국의 주요한 세계관이었다. 그러나 무교는 불교, 유교, 도교와 같은 중국문화의 소개로 변화를 겪게 되었다. 그때부터 무교는 점차 하류 계층의 종교로 자리를 잡게 되었고, 계층과 관계없이 여인들의 종교가 되었다. 이는 불교가 성행하던 고려 시대만 하더라도, 단군신화나 팔관회(고려 때 해마다 대궐 안에서 동짓달이면 여러 신에게 제사를 지내던 큰 규모의 의식)를 통해서 볼 수 있듯이, 무교가 민중 생활에 깊은 뿌리를 내리고 있었다. 그 후 조선왕조의 유교 정책의 영향으로 무교

---

17) 유동식, 『한국종교와 기독교』, 15-21.
18) 유동식, 『한국종교와 기독교』, 15-17.
19) 유동식은 그의 책 『한국종교와 기독교』 27-28에서 화랑도는 샤머니즘의 뿌리 위에서 타 종교를 거름으로 하여 피어난 문화적 꽃이다. 신라에서 피어난 샤머니즘의 꽃이 화랑도였다면 고려에서 핀 꽃은 팔관회라고 한다. 팔관회는 천지신명에게 드리는 추수감사제(秋收感謝祭)이다.

는 하류층의 민간 신앙으로 전락 되었다.

무교는 특별한 창시자가 존재하지 않는다. 다만 개개인의 신앙이 존재한다고 볼 수 있다. 그 이유는 신내림을 받은 무속인의 신이 각각 동일한 신이 아니라 개인에 따라 다르며, 신이 그의 삶을 운영하는 방식 또한 제각각이기 때문이다. 또한, 체계화된 경전이 없자. 그들이 받은 신(神) 자체가 그들의 경전이 되는 셈이다. 그런 이유로 무속의 세계관은 불교의 세계관과 유사한 점이 많다.[20]

이처럼 무교는 민간 신앙이 되어 한국의 종교적 바탕 또는 정신적 바탕이 되어 외래 종교를 받아들이는 근저(根柢)를 이루게 되었다. 그리고 불교, 유교, 기독교와 같은 대 종교들도 이 무교 신앙의 바탕 위에 세워지게 되었다. 한국에서 기독교 신앙이 쉽게 수용되는 이유와 기독교 신앙이 기복신앙으로 흐르는 이유 그리고 교역자들이 무당적인 중재 역할을 하게 된 이유를 여기서 찾을 수 있다.[21]

2. 한국 샤머니즘의 영성적 특성

샤머니즘은 선사시대로부터 한민족의 종교적 기반으로 정신생활을 지탱해 왔다. 외래 종교가 유입되는 과정에서도 샤머니즘은 민족의 지배 종교로서 민족 구성원들의 마음속에 뿌리내린 종교적 전통이었다.[22] 오늘날에도 샤머니즘은 한민족 기층문화의 핵을 이루며, 사고방식과 생활양식을 지배하는 결정적 요인으로서 정신생활을 지배하고 있다. 현대사회 속에서

---

20) 김은수, 『비교종교학 개론』, 400-402.
21) 유동식, 『한국종교와 기독교』, 15-39.
22) 문상희, "샤머니즘과 한국의 정신풍토", 한국천주교주교회의, 『사목』 제56호 (1978): 12-13.

도 민간 신앙의 형태로 살아 있다.

틸리히(Paul Tillich, 1886-1965)가 '종교는 문화의 실체요, 문화는 종교의 표현 양식이다'[23]라고, 말한 바대로 한국문화의 표현으로서의 종교는 샤머니즘이다. 우리 한민족들의 심성 바탕에는 샤머니즘이 터를 잡고 있어, 외부로부터 어떤 종교, 사상이 들어와도 그 속에 흡수되고 만다. 과거에 불교가 들어왔을 때도 그러했고, 유학이 들어 왔을 때도 마찬가지였다. 그리고 기독교가 들어온 이후에도 같은 현상이 일어나고 있다.

샤머니즘은 대체로 민족의 기질과 관습과 문화에 따라 내용과 형태와 방법을 달리하는데, 한국의 샤머니즘은 아시아 동북방 지방에서 통용되는 샤머니즘과 많은 유사성을 띠고 있으면서도 그것과는 다른 형태와 내용을 가지고 있다.[24] 즉 한국의 샤머니즘은 한국인의 생활과 그에 따른 성격에 녹아들어 독특한 한국적 샤머니즘을 구성하고 있다. 곧 한국인의 성격과 생활 욕구가 한국 샤머니즘의 직능(職能)을 형성, 발전케 하였다고 볼 수 있다.

한국 샤머니즘에는 몇 가지 두드러지는 점이 있다. 첫째, 한국의 샤머니즘은 불교나 유교 같은 외래 종교나 문화가 들어오기 전부터 긴 세월 동안, 이 땅에 뿌리박고 서민들의 정신세계에 영향을 끼쳐 온 종교적 영성이다. 둘째, 한국 샤머니즘은 끈질긴 생명력과 탁월한 수용 능력을 지닌 영성이다. 그래서 종래의 어떤 종교도 샤머니즘을 극복하지 못하고 오히려 흡수되어 변형되었다. 한국의 샤머니즘이 무서운 것은 외래 종교를 배척하지 않고 저항 없이 받아들이는 특성이다. 그렇게 받아들인 후에는 상대방을 표면에 내세우고 자신은 내면으로 숨어드는 특성이 있다. 셋째, 첨단 과학 문명으로 향하고 있는 지금에도 그 영향력이 쇠퇴하지 않고 여전히 한국

---

23) Paul Tillich, 『경계선 위에서』, 김홍규 역 (서울: 도서출판 동연, 2018), 99-100.
24) 유동식, 『한국종교와 기독교』, 33.

인들의 의식구조와 영성을 지배하고 있다. 넷째는 강신(降神) 의식이 강하다. 한국 샤머니즘의 신앙 구조는 무당, 단골(신봉자), 신령의 세 주역, 점, 비손[25], 부적, 치성 그리고 굿의 내용으로 나눌 수 있다. 경전이나 창시자가 분명하지 않은 종교에서는 종교적 기능을 하는 자가 중요한 결정적 위치를 차지하는데 한국 샤머니즘에서는 '무당'이 그 기능을 담당한다. 무당의 경우 여자는 무당, 남자는 박수 내지는 박수무당이라고 부른다.[26]

무당의 유형은 한강을 경계로 하여 이북은 강신무, 이남은 세습무라고 불리는데 강신무는 직접적인 신령 체험을 한 자이고, 세습무는 세습된 무당을 지칭한다. 그러나 이 같은 구분은 어디까지나 일반적인 것으로서 한강 이남이라고 할지라도 호남은 강신무 전통이 강하며, 영남은 세습무 전통이 강하다. 이는 정치, 경제적, 사회적으로 지역 정서가 비교적 안정적인 지역은 세습무가 강하며, 그에 반해 위의 여건들이 불안했던 지역은 강신무 전통이 강하다. 이러한 신앙 구조를 통하여 강신 개념이 한국인 영성에 강하게 형성되었다.[27]

샤머니즘은 현실계에 존재하는 인간 외에 다른 모든 것에는 신적인 힘이 있다고 여기며, 신적인 힘의 최고 경지에는 지고신(하날님, 하늘님)이 있는데, 하늘의 영. 천주 및 유일지대신(唯一之大神)이라 한다. 이 하늘님

---

25) 비손은 두 손을 비비면서 신에게 병이 낫거나 소원을 이루게 해 달라고 비는 일을 지칭한다. 비손은 이삼일 전 출입문에 금줄을 치고, 제일(祭日)이 되면 무당의 말에 따라 제상을 차리고 신을 청하여 제주의 소원을 비는 축원을 한다. 노래나 춤 없이 무당이 신과 마주 앉아 언어 위주의 축원으로 진행하는 일명 '앉은 굿'이라 한다.
26) 김은수, 『비교종교학 개론』, 400-406.
27) 박일영, 『한국 무교와 그리스도교』 (왜관: 분도출판사, 2003), 134-140.
한국의 무(巫)는 무당형과 단골형, 심방형과 명두형으로 구분한다. 무당형은 신병을 앓다가 강신 체험을 하고 내림굿을 통하여 된 무당이다. 주로 중부 이북 지방에 분포되어 있으며, 노래와 춤을 배워 굿을 주관한다. 단골형은 대대로 사제권이 계승되어 인위적으로 된 세습무(世襲巫)이다. 심방형은 단골형과 같이 무의 사제권이 혈통을 따라 계승되는 세습무이다. 이들은 주로 가무로 굿을 주관하고, 무구(巫具)를 이용하여 점을 하기도 한다. 이들은 주로 제주도 지방에 분포되어 있다. 명두형은 죽은 아이의 영혼이 강신하여 점복하는 자로 가무에 의한 굿의 주관이 불가능하다.

이란 샤머니즘의 최고 신의 명칭이다. 샤머니즘의 바탕에는 인간의 삶이 노력으로 되는 것이 아니라, 초월적인 힘에 의해 좌우된다는 사고가 전제되어 있다.[28] 이 초월적인 힘을 하늘님이라고 불렀고, 우주를 지배하는 최고의 신이라 믿었다. 다만 인격적인 유일신으로 규정되지 않은 막연한 하늘님의 힘에 생사화복이 좌우된다.

샤머니즘에서 인간은 생사화복. 질병 등의 일체가 신의 의사에 달려 있으므로 인간은 생(生)에 대한 주권이 없다.[29] 또 심판(審判) 사상이 없는 데서 기인하는 낙천주의 인간관과 현세에서의 부귀, 영화, 무병장수를 추구하는 현실주의 인간관을 갖는다. 샤머니즘의 고전적 지역인 시베리아의 프리아트 지방에서는 인간을 육체(Oyeye=Material body), Amin(하등 영혼), Sunyesun(사람만이 가지는 영혼)의 3분법[30]으로 나눈다. 그리고 Amin은 죽음과 관계되는 것이라 하여. Amin이 육체를 떠나면 죽음이 시작되며, Sunyesun은 사람의 수면과 관계되는 것이라 하여, 사람이 자는 동안에도 그것이 육체를 나간다고 한다.[31]

또한, 샤머니즘의 인간 구조에 대하여 크게 영적인 것과 육적인 것으로 나누어진다. 영적인 것에는 혼(魂), 귀(鬼), 백(魄)이 종합하여 생명체를 형성한다고 보고 있다. 특히 인간의 사후 상태에 대하여 혼과 귀가 이 세상과 구천을 떠돈다는 샤머니즘적 인간관은 한국교회의 정통적 귀신관에 혼합되어 살아 있다.[32]

샤머니즘적 세계관은 우주를 3층 구조로 본다. 상계, 중계, 하계로서 상

---

28) 김은수, 『비교종교학 개론』, 401-403.
29) 김태곤, 『무속의 내세관』(서울: 한국종교사학회, 1972), 26.
30) 프리아트의 샤머니즘에서는 인체 계를 ①Oyeye 즉 Material body : 육체. ②Amin 즉 약간 하등 되는 영혼: 숨. ③Sunyesun 즉 사람만의 영혼 등 세 부분으로 나누어 인체계의 구성 계기를 육체·숨·영혼의 3원적 구조로 보고 있다.
31) George Nioradze, 『西伯利亞 제민족의 원시종교』, 이홍직 역 (서울: 서울신문사. 1949), 49-50.
32) 장병일, "유형학적 입장에서 본 기독교와 샤머니즘", 대한기독교서회, 「기독교 사상」 44호 (1961): 53.

계는 천상 세계이며 주신과 선한 영들이 거주한다. 중계는 인간과 생물이 살며 하계는 악령들이 사는 지옥이다. 현세를 '이승', 내세를 '저승'으로 보고 저승에서는 부부나 혈연관계가 전혀 무(無) 인연(因緣)한 것이 되어 버린다고 본다.[33] 그럼으로써 샤머니즘은 가시적 세계와 현세에 집착하는 영성을 가지고 있다.

무격신앙의 의례와 제의

한국 무격신앙에서 의례적 특징은 '굿' 문화에서 발견된다. 무격은 그들의 본업인 무격 의례를 집행함으로써 무격일 수 있으며, 그 의례는 의례의 대상이 있어야 성립될 수 있다. 또한, 의례는 그 의례의 요구자가 있어야 성립될 수 있다. 결국, 무속은 의례 대상으로서의 신령과 그 신령의 신앙자인 요구자, 그리고 의례 집행자로서의 무격과 무격의 행사인 의례[34]라고 하는 4가지 조건이 갖춰져야만 성립되는 것이다. 무격의 의례로서 굿의 제의적 측면을 살펴보고자 한다.

무격의 제의는 외형의 직능으로 보아 굿형, 점복형, 독경형 등으로 구분할 수 있는데, 이 중 가장 중요한 유형이 바로 굿형(形)이다.[35] 굿은 무격의 종합적 표현이다. 무격의 가무(架舞)에 의해 신과 인간의 초복을 비는 종교의례가 굿이다. 굿을 때로는 '풀이'라고도 하는데, 재액을 풀고 초복을 비는 제의가 굿이다.[36] 특히 무격의 특성은 가무에서 발견된다. 노래와 춤은 엑스터시로 이끄는 기술이요, 교영(交靈)의 방술(方術)이기 때문이다.[37]

한국의 굿을 목적 면에서 분류하면 크게 무신제(巫神祭), 가제(家祭), 동

---

33) 장병일, "유형학적 입장에서 본 기독교와 샤머니즘", 26.
34) 김인희, 『황해도 지노귀굿』(서울: 열화당, 1993), 99.
35) 정진홍, 『기독교와 타 종교와의 대화』(서울: 전망사, 1980), 131.
36) 유동식, 『한국 무교의 역사와 구조』(서울: 연세대학교출판부, 1975), 291.
37) 유동식, 『한국 무교의 역사와 구조』, 64-65.

제(洞祭), 사령제(死靈祭)로 나눌 수 있다.[38] 첫째, 무신제에는 무(巫)에게 강신한 신을 받아서 무가 되는 성무(成巫) 제의인 강신제(降神祭)와 해가 바뀔 때마다 신의 영험을 주기적으로 재생시켜 무(巫)의 영력(靈力)을 강화하는 축신제(祝神祭)가 있다. 둘째, 가제에는 기자(祈子), 육아기원(育兒祈願), 치병기원(治病祈願), 혼인축원(婚姻祝願), 가옥신축(家屋新築), 행운(幸運), 기풍(祈豊), 해상안전(海上安全), 풍어기원(豊漁祈願) 등과 같은 살아 있는 사람을 위한 제의가 있고, 상가정화(喪家淨化), 익사자천도(溺死者薦度), 망인천도(亡人薦度) 등과 같이 죽은 사람을 위한 제의가 있다. 셋째, 동제에는 주로 내륙지역에서 이루어지는 제액. 기풍 제의와 해안지역에서 하는 제액. 풍어 제의 등이 있다. 그리고 죽은 자를 위한 무속 의례로 사령제가 있다. 진혼의 내용을 지닌 굿은 지역에 따라 진행 방법과 의례 구조의 차이가 있으나 죽은 자와 조상의 천도를 목적으로 한다. 함경도는 망묵 굿, 서울, 경기, 황해도 지역에서는 진오기 굿, 충청도의 오구 굿, 제주도의 무혼 굿, 전라도의 씻김 굿 경남 통영의 오귀새남 굿, 동해안 지역의 수망 굿 등으로 불린다.[39] 서울, 경기, 황해도 지방의 씻김 굿은 죽음의 오예(汚穢)[40]를 씻어 내는 의미로 죽은 자의 부정한 넋을 씻겨 정화된 영혼을 인도하는 것으로 죽음의 의례를 통한 죽음을 극복하려는 의지와 가정의 수호신으로 존재하게 하여 삶을 보호하려는 소망과 의지를 갖게 하는 중요한 의미가 있다.[41]

굿의 구조는 세 부분으로 되어 있다. 첫 번째 구조는 신을 부르는 청신(請神)으로 제의 장소를 정화하며 모든 신령과 조상을 청하는 것이다. 두

---

38) 김태곤, 『한국무속 연구』(서울: 집문당, 1981), 479-495.
39) 남민이, "죽은 자를 위한 무속의례와 불교의례의 구조적 분석", 한국불교학회, 「한국불교학」 29권 (2001): 429-430.
40) 지저분하고 더러운 것을 말한다.
41) 조흥윤, 『한국의 샤머니즘』(서울: 서울대학교출판부, 1999), 154.

번째 구조는 굿의 중심 부분으로 신에게 인간의 소청을 고하고 신의 대답을 듣는 부분인 오신(娛神)으로 신과 인간이 즐겁게 논다. 세 번째 구조는 신을 대접하여 돌려보내는 송신(送神)의 구조로 되어 있다.[42] 사령(死靈) 굿은 오신과 송신 사이 절연 및 천도의 과정이 추가되어 망자와 이승의 관계를 절연시킨 후 저승으로 천도하여 조상신으로 승격시킨 후 보낸다.[43] 이러한 굿의 목적은 인간의 생로병사를 아우르며 행운과 내세 등의 기원으로 요약된다. 즉, 모든 인간의 염원처럼 인간이 태어나서 오래 살면서 재산이 많고, 편히 살며, 액운이 없이 건강하게 살다가 죽어서도 영혼이 좋은 곳으로 가서 영생하게 해 달라고 신에게 비는 것으로 인간 존재의 영구 지속 문제로 압축된다고 할 수 있다. 굿은 신의 세계를 지상(地上)에 재현하며, 지상은 신들의 무대, 신들과 인간이 어울려 생각과 감정을 주고받는 무대가 된다.

3. 샤머니즘이 한국교회 영성에 미친 영향

1) 기독교 교리에 미친 영향
(1) 신(神)개념의 변용과 변형

한국 샤머니즘의 바탕에는 인간 삶의 노력만이 아니라, 초월적인 힘에 의해 좌우된다는 사고가 전제되어 있다는 것을 위에서도 보았다. 다만 인격적인 유일신으로 규정된 것은 아니지만 막연하게 초월적인 힘에 의해 생사화복이 좌우된다고 믿었다. 이 초월적인 힘을 '하늘님' 또는 '하날님'이라 불렀고, 우주를 지배하는 최고신으로 믿었다. 여기에 샤머니즘이 기독

---
42) 조흥윤, 『한국 무의 세계』 (서울: 민족사, 1997), 221-222.
43) 남민이, "죽은 자를 위한 무속의례와 불교의례의 구조적 분석", 434.

교적 유일신 개념으로 변형되었다고 볼 수 있다. 이는 구약시대 이스라엘 사람들이 토착민인 가나안 사람들의 최고의 신 'EL' 혹은 'Elohim'을 그대로 받아들여 이스라엘 유일신 'Yahweh'와 일치시켰던 것처럼, 샤머니즘에서의 최고신 '하늘님' 또는 '하날님' 개념은 한민족의 영성 의식 속에서 이미 기독교적 유일신으로 변형되어 받아들여졌다고 볼 수 있다.[44]

또한, 샤머니즘에는 주재신과 많은 귀신이 존재한다. 그러므로 그와 유사한 조직을 가진 기독교의 신령계를 쉽게 수용할 수 있었다. 또 죽은 자를 심판하는 염라대왕의 심정에서 심판주 하나님을 수용하는 심성이 나타난다. 아울러 샤머니즘의 많은 잡령, 사귀의 이해가 성경에 나오는 귀신론을 수용케 하는 종교적 심성을 가지고 있다. 샤머니즘에 있어 귀신은 천상의 존재가 아닌 공중의 존재이며, 더럽고 어두운 것을 좋아하는 존재로 묘사되는데, 이는 성경에 나오는 귀신들의 성격과 비슷하다. 이로 볼 때 샤머니즘의 잡령과 사귀, 초월적 최고신의 종교적 심성은 하나님과 기독교의 귀신관을 쉽게 수용하였고, 기독교 신관에는 한민족 샤머니즘의 혼합적 종교성이 살아 있게 되었다.[45]

(2) 성육신과 삼위일체의 변형

샤머니즘의 신앙 형태는 단군신화 속에 하느님이 인간세계에 내려오신다는 신앙에서 시작한다. 그 하늘님이 인간과 직접 관계하는 것은 아니지만 환웅이라는 하늘님의 아들이 신앙의 대상이 되었듯이, 하나님의 아들로 오신 그리스도를 신앙의 대상으로 쉽게 이해할 수 있었으며, 샤먼이 영계와 인간계의 중보자 역할을 한다는 점에서 중보자로 오신 예수 그리스

---

44) 평신도분과 전문위원회, "한국교회 토착화를 위한 사목 방향(II)", 한국천주교주교회의, 「사목」(1985. 5): 82-83.
45) 김홍정. "한국교회 영성에 관한 연구", 25.

도에 대한 이해에 적지 않은 공헌을 하였으리라 상상이 된다.[46] 특히 그리스도의 직분에 대한 이해에 있어서, 샤먼에게는 세 가지 직능이 있는데 그것은 사제직(Priest), 의무직(Medicine man) 그리고 예언직(Prophet)이다. 이것은 기독교에서 예수 그리스도가 왕으로, 제사장으로 그리고 선지자로서의 직능이 샤먼의 직능과 유사한 점에서 예수 그리스도의 개념이 한민족에게 급속히 흡수될 수 있었다.[47]

헐버트(H. B. Hulbert)는 애니미즘, 귀신 숭배, 마술, 신인 동형론 등의 위에 솟아 있는 보이지 않는 한 분인 환인(桓因)이 하느님이며, 그 하느님은 기독교의 하나님과 동일하게 초월해 계시며 삼위일체 신이라고 이해했다. 무엇보다 환웅(桓雄)을 성령으로, 단군(檀君)을 환웅과 동정녀 웅녀(熊女) 사이의 무흠수태로 성육신한 신인(神人)으로 이해했다.[48]

(3) 내세관

샤머니즘에서 찾아낼 수 있는 말세의 형태는 현세를 '이승'으로 내세를 '저승'으로 표현하는 지극히 간단한 것이다.[49] 또한, 이 '저승'은 기독교에서 말하는 '천국'과 유사하나 그 위치가 뚜렷이 나타나지 않고, 낙원적 성격이 강조되지도 않는다. 또한 '저승'이란 곳은 천상이나 지상이나 지하라는 한

---

46) 유동식, 『한국종교와 기독교』, 22.
47) 윤성범, "한국의 하나님 사상", 『기독교와 한국사상』 (서울: 대한기독교서회, 1964), 69-71.
48) 옥성득, 『한국 기독교 형성사』 (서울: 새물결플러스, 2020), 154-155. 헐버트는 동사찬요에 나오는 단군조선과 단군신화를 다음과 같이 회고했다. "첫 페이지에서 나는 놀라운 이야기를 만났다. 창조주 환인의 아들 환웅은 모험심이 강했다. 그는 아버지에게 지상에 인간의 형태를 입고 내려가게 허락해 줄 것을 간청했다. 허락받은 그는 '바람'의 형태로 지상에 하강했다. 나는 그 구절을 보자마자 신약전서의 그리스 원어에 나오는 삼위일체의 제3위가 호흡이나 바람의 뜻인 프뉴마로 불리는 것이 떠올랐다. 이 '바람'이 시냇가 나무 아래에 있는 처녀를 발견했다. 그는 그녀에게 숨(바람)을 불어 넣었고, 그녀는 전설적인 한국의 시조인 단군을 낳았다. 여기에 삼위일체, 성육신, 무흠수태(無欠受胎), 동정녀 탄생이 선언되어 있지 않은가! 이것이 서기전 2334년(2333년)경 곧 4270년 전에 일어났다고 선언되었다." H. B. Hulbert, "Echoes of orient," Chapter VI, 62. 옥성득, 『한국 기독교 형성사』, 154에서 재 인용.
49) 장병일, "유형학적 입장에서 본 기독교와 샤머니즘", 26.

계도 없는 것 같다. 사람이 죽어 가는 저승은 막연하게 지상에서 수평으로 가는 먼 곳이면서, 이승과 저승의 구분을 '모랭이길(모퉁이)'을 돌아간다는 것으로 표현하고 있다.[50]

샤머니즘은 심판 날이나 혹은 그 유사한 교리를 가지고 있지 않다. 이러한 종말론적 영성이 한국 기독교인들에게 들어와 죽음에 대한 개념과 내세의 소망을 회복시키는 영성으로 작용하고 있다. 내세관에 있어 샤머니즘은 "영혼 불멸 사상으로 믿어서 영혼은 영원히 죽지 않는다. 영혼은 영존하며 다른 세계에까지 간다."[51]는 신앙을 갖고 있어 기독교의 천국과 영생에 대한 개념을 쉽게 가지게 했다. 또한, 샤머니즘은 우주를 3층 구조로 보고 이 세상에서의 업에 따라서 상계(광명한 천상 세계)인 극락으로 가기도 하고 지옥으로 떨어지기도 한다고 믿었다.[52] 육체를 떠난 영혼은 극락과 지옥의 양 길에서 신의 심판을 받게 된다고 믿고 있는데, 이것이 기독교의 천국과 지옥의 개념을 쉽게 받아들이게 했다.[53]

2) 교회 영성과 예배에 미친 영향

오랜 세월 동안 한국인의 종교적 욕구를 충족시켜 온 것은 무교 곧 샤머니즘이었다. 종교적 욕구란, 곧 생활 의욕의 기간(基幹)을 이루고 있다. 따라서 한국의 샤머니즘은 한국인의 생활과 생활 속에서 형성되는 성격을 만들고 있다.

한국 무교의 중요한 기능과 활동은 다음과 같은 것이 있다. 첫째는 신령을 제사하고 복을 비는 기복(祈福), 둘째는 인생의 모든 질병과 재앙을 가져온다는 악령을 제거하기 위한 제사로서의 양재(禳災), 셋째는 알지 못

---

50) 김태곤, 『황천무가연구』 (서울: 창문사, 1966), 182-183.
51) 윤태림, 『의식구조상으로 본 한국인』 (서울: 현암사, 1985), 298.
52) 장병일, "유형학적 입장에서 본 기독교와 샤머니즘", 19.
53) 박아론, 『새벽기도의 신학』 (서울: 세종문화사, 1982), 65.

하고 해결할 수 없는 사건이나 운명을 판단하는 점복(占卜), 그리고 운명의 모든 영을 가무(歌舞)로 달래는 가락(歌樂) 등이다.[54] 샤머니즘에 있어, 모든 원인은 "신령계(神靈界)에 그 근거와 책임이 있다."라고 이해했고, 이 신령계가 인간의 운명을 좌우한다고 믿었다. 신령과의 관계도 자신이 직접으로 관계하는 것이 아니라 무당이 중보 되어야 하므로 영계에 대한 자기 신앙도 무당에게 위탁해야 했다. 이것이 한국인의 철저한 이타성이다. 여기에는 주체성이 없는 것이 단점으로 나타나지만 이러한 이타성(利他性)[55]은 기독교의 근본 교리인 '믿음으로 구원을 얻는다.'라는 진리를 쉽게 받아들이게 했고, 신에게 제물을 바침으로써 그 재물의 양과 질에 비례하여 신의 응답을 기대하는 공리적 신앙[56]이 한국교회의 기복적 영성 형성에 영향을 주었다.

특히 샤머니즘의 엑스터시 현상은 그 영향력이 지대하다. 무당이 될 때 굿을 하므로 신탁되어 영계와 교통하게 되는데 이때 입신의 삼매경으로 들어가면 탈아(脫我) 상태와 신인합일(神人合一) 상태가 생긴다. 이것이 기독교 신비주의에 나타난 신비적 체험이 있어야 은혜받은 것이며, 그리고 이러한 감각적 요소들이 샤먼의 종교적 심성과 강하게 융합되어 한국교회의 은사·신비주의적 영성에 혼합적 형태로 나타났다.[57]

샤머니즘 영향의 왜곡은 성령 체험이 신내림을 통한 능력과 권위를 부여받는 행위로 이해되었다. 부흥회를 통하여 귀신을 내쫓고 질병을 치료하고 축복을 얻게 하는 것은 전통적인 무속 행위와 매우 유사하였다. 현세

---

54) 정장복, 『예배의 신학』 (서울: 예배와 설교아카데미, 2018), 73.
55) 유동식, 『한국종교와 기독교』, 38.
56) 김태곤, 『한국무속연구』, 302-303.
   헌금을 보다 풍성한 결산을 획득하기 위한 투자로 본 것이다.
57) 민병소, "한국기독교와 샤머니즘의 이해", 「풀빛목회」 통권 19호 (1982. 3), 30. 1920년대 중엽 자신이 예수인 것처럼 행동한 원산 유명화, 신비적이며 신지적 체험을 통해 신인합일을 주장한 백남주와 한준명 그리고 이에 동조한 이용도 등이 등장하여 한국교회를 신비주의로 혼탁하게 하였다.

의 축복과 안전을 보장하는 대신 복음의 지적과 윤리적 요소는 결여되어 영적 편협성이 자리 잡게 되었다. 부흥회 시대의 부정적인 면을 보완하고자 등장한 성경 중심의 신앙생활도 샤머니즘의 영향을 크게 벗어나지 못하였다, 실천과 도덕성이 부재한 암기 중심의 성경공부의 반복과 확산은 기복신앙과 결탁하여 신앙의 나르시시즘과 자아도취적 신앙으로 흘러갔으며 비슷한 의미에서 뒤를 이어 나온 경배와 찬양 운동 역시 무속 시대의 축제와 가무를 크게 벗어나지는 못한 것이었다.[58)]

또한, 신령에게 제사하고 복을 빌고, 치병과 악귀들을 제거하는 굿의 형태는 한국교회 심령부흥회, 주술적 신유 현상, 귀신 축사 등을 쉽게 수용하게 하였다. 이렇듯 샤머니즘과 한국기독교 사이에는 유형학적 입장에서 많은 유사점을 지니고 있다.

이처럼 한민족의 샤머니즘적 종교 영성은 샤먼을 중심으로 한 의타주의와 기복주의 그리고 강신 신앙에 근거한 엑스터시이고, 치병과 신비 체험적인 영성이다. 이러한 샤머니즘적 종교 심성이 한국기독교 안에 입신, 환상, 무당적 예언 그리고 신비적 불 체험이라는 비(非) 복음적 요소들로 혼합되어 한국교회 영성에 왜곡된 영향을 미치고 있다.

여기서 기독교를 받아들인 우리의 종교적 바탕으로서의 샤머니즘 역할을 간략하게 살펴보면 첫째, 기독교의 하나님과 그 세계를 쉽게 받아들이게 했다. 샤머니즘은 많은 귀신(鬼神)과 함께 주재신(主宰神)인 하나님을 믿고 있었다. 그러므로 이에 유사한 조직을 가진 기독교의 신령계를 쉽게 이해할 수가 있었다. 둘째, 모든 외래 종교의 수용 태도와 마찬가지로 기독교 역시 현실주의적인 제재초복(除災招福)의 종교로 받아들이게 했다. 한국인은 질병이나 재앙을 만났을 때 누구보다도 열심히 이것들을 제거하기 위해 기도 할 수 있었다, 그런데 그 기도와 예배가 다분히 무교적인 신

---

58) 유장춘, "영성의 다양성과 한국인의 토착적 영성 그리고 교회사회사업적 과제", 209-210.

사역할(神事役割)을 한다는 것이다. 가정 심방이나 안수기도하는 교역자들이 샤먼적인 중재(仲裁) 역할을 하도록 성도들에게서 요청되고 있다. 또한, 부흥 집회나 기도원 집회에서 기사, 이적을 기대하는 것은 어디까지나 즉각적 효과를 기대하는 샤먼적인 현실주의이고, 전통적인 무속 행위와 유사하기까지 하다. 셋째, 의타신앙(依他信仰)이다. 믿기만 하면 복을 받을 수 있다는 것은 한국의 대중을 끌어들이는 매력의 초점일 것이다. 그러나 여기서 의미하는 믿음의 개념이 어느 정도 주체성을 가진 실존적 결단과 관련되어 있는가 하는 것이 문제이다. 이것을 하나의 안역(安易)한 의타주의로 환원해 버리는 데에 오늘날 기독교 신앙의 문제점이 있는 것이다. 넷째, 감정 주도적 의식이다. 샤머니즘에서는 신내림을 하기 위해 노래와 춤, 음악 등을 동원하여 감정적인 고양 상태를 의도적으로 추구한다. 감정이 고조된 절정의 상태를 황홀경, 무아경의 상태라 하고 이때 신이 내린다고 믿는다. '신바람 난다', '신난다'라는 용어도 이러한 이해에 근거한다. 어떤 이들은 감정적으로 고취되는 현상을 성령 충만과 동일시하기도 한다. 감정적 절정에 도달하기 위해 사용되는 방법이 성경적인 가르침에 근거하기보다는 감정적 근거에 의지하여 빠른 박자의 찬양과 손뼉을 치면서 감정적 고조를 끌어 올리려는 이러한 시도가 샤머니즘에서 추구하는 엑스터시 현상과 같아 보인다. 오늘날 한국교회의 문제점은 부흥이 멈추고 교인 수가 줄어드는 것이 아니라 참된 그리스도인, 곧 새사람을 입은 새로운 존재에 이르지 못하는 데에 있다.[59]

3) 한국교회의 샤머니즘적 종교 현상
(1) 트랜스 현상
최길성의 '동북 아세아 샤머니즘의 비교'에서 더글러스의 말을 적용하여

---

59) 유동식, 『한국종교와 기독교』, 33-39.

한국은 퍼제션(Possession)[60]에 대해 긍정적인 감정·태도를 지니고 있는 사회이며, 트랜스를 강조하는 샤머니즘뿐만 아니라 그것에 대응하는 것들이 많다. 예를 들면 트랜스(Trance)[61]의 문화적 표현으로서 음(音)을 지나치게 강하게 쓰는 경향이 있다. 그래서 한국의 전통음악이 일본의 것에 비해 강하게 느껴진다. 그 종교적인 표현으로서 불교의 법석이나 유교식의 관혼상제, 특히 장례에서는 번잡하고 떠들썩한 것이 일반화되어 있고 기독교회의 '통성기도'가 있다.[62]

이러한 현상은 샤머니즘에 머무르지 않고 오늘의 종교 현상으로서도 널리 나타나고 있어, 특히 주목된다. 최길성은 교회 급성장의 요인은 여러 가지가 있겠으나, 더 중요한 원인으로 샤머니즘과 기독교의 혼합에 있다고 본다. 그것은 트랜스 현상이 있는 교회가 그것이 없는 교회보다 성장이 빠른 것을 보아 쉽게 알 수 있으며, 할렐루야 기도원[63]에서 트랜스 현상을 주축으로 환자 치료 행위를 통해 일어난 예를 들어 말한다.[64]

---

60) 퍼제션(Possession)이라는 말은 모두 (악령 등에게) 잡히고 있다는 의미로부터 빙령(憑靈)이라고 한다. 참고: 최길성, "東北아세아 샤머니즘의 비교", 서울대학교 비교문화연구소, 「비교문화연구」 제5호 (1990): 21-22.
61) 트랜스(Trance)란 사전적 의미에서는 흐릿한 기분, 황홀, 꿈속, 실신 상태, 혼수상태, 인사불성이 된 상태를 말하며, 의학적 용어로는 혼수상태(각성이 거의 불가능한, 이상한 수면 상태로서 호흡은 감퇴하고 감각도 소실하는 정신 분열증의 일종)나 최면 상태라고 불리지만, 최면이라는 것과는 명확히 구별되고, 오히려 잠을 깰 때의 심신의 여러 현상과 비슷하다. 즉 정신 이상자나 재앙, 정신 병리적인 것과는 달리 정상인 누구에게나 생길 수 있는 정신 현상이라 할 수 있고, 그 일종의 퍼제션형 샤먼으로 되는 무병 현상이라는 것이다.
62) 최길성, "東北아세아 샤머니즘의 비교", 21-22.
63) 직통 계시, 성령수술 등으로 물의를 일으켜 이단으로 규정된 할렐루야 기도원은 김계화 원장이 1988년 경기도 포천에 700여 평의 건물을 짓고 시작했다. 전남 장성군에 있는 광주 기도원, 인턴, 춘천, 대구, 부산 제주도에 지부가 있다. 그곳에서는 김계화의 말이 곧 하나님의 말씀이고 천국의 새로운 계시로 받아들이고 있으며, 생기 안수, 사우나 안수, 불 안수, 허브 안수 등 기상천외한 이름의 안수 장사를 하고 있다.
64) 최길성, "東北아세아 샤머니즘의 비교", 22.

(2) 구복(求福) 현상

기독교의 하나님은 우리를 먼저 찾아오시는 하나님(눅 15:20)이시며, 우리가 아직 죄인 되었을 때 우리를 위해 돌아가신 분이시며(롬 5:8), 우리의 전 존재를 꿰뚫어 보시고, 우리가 입을 열기도 전에 우리의 소원을 아시는 분(마 6:8)이므로 하나님과 나 사이는 부모와 자식보다 더 극진한 생명적 관계가 맺어지는 데 반해 샤머니즘의 하나님은 소원 성취의 도구로 불릴 뿐이다. 그것도 윤리적인 결단이나 신의 뜻에 순종하겠다는 신앙적인 결단과는 관계없이 제물을 바쳐서 그 효과를 기대하는 극히 공리적인 관계를 가질 뿐이다. 샤머니즘의 신관은 불교를 비롯한 모든 외래 종교를 변질시켜 버린 것과 마찬가지로 기독교도 역시 극히 현실주의적인 제재 초복의 기복 종교로 변질하게 했다는 데 한국기독교의 문제점이 있다.

(3) 의타적 현상

한국인은 질병이나 재앙을 만났을 때 누구보다도 열심으로 이것을 제거하기 위해 하나님께 기도할 수 있을 것이다. 그런데 그 기도와 예배가 다분히 무교적인 신사(神使) 역할을 한다는 데 문제가 있다. 그 결과로 일반 신자들은 성경 말씀에 대한 깊은 이해나 하나님의 섭리에 대한 차원 높은 결단이나 하나님의 뜻에 대한 생명적인 순종보다는 당장 눈앞에 보이는 기적에 더 민감한 반응을 보이는 신앙 태도를 갖게 되며, 가정 방문이나 안수기도하는 교직자들이 샤먼(Shaman)적인 중재 역할을 하도록 요청하며 기대한다. 하나님의 인격적 섭리에 대한 기대보다 그의 영력의 주술적인 효과를 기대하는 데에 문제가 있는 것이다.

(4) 성령에 대한 잘못된 이해

한국의 기독교가 특별히 오염되어 있는 것이 성령에 관해서이다. 샤머니즘에서의 신은 엑스터시(Ecstasy)를 통해서 체험하게 되어 있다. 신이 내렸다는 증거, 신과 교통하고 있다는 증거가 모두 엑스터시를 통해 이루어지기 때문에 수많은 한국의 기독교인들이 성령의 개체와 성령의 개성, 성령의 사역, 성령의 세례 같은 문제에 대해 크게 혼란을 일으키고 있는 것이 사실이다.

'성령을 받았다.', '성령으로 거듭났다.', '성령세례를 받았다'라는 것은 성령이 감동케 하심을 받아 하나님의 말씀에 절대 순종하며 성령의 열매를 맺는 것임에도 불구하고(갈 5:22), 성령을 받는다는 것이 마치 입신해서 엑스터시에 빠져야만 하는 것으로 오해하고 신비 체험이나 방언, 엑스터시(Ecstasy)만 높이 평가하고 갈구하는 일이 교회 내에서도 흔하다. 그런 엑스터시의 체험을 누구에게나 요청하며 그런 경험이 없는 사람은 성령과는 거리가 먼 육적인 사람으로 평가하는 풍조가 교회 안에 존재한다는 것은 심히 우려되는 점이라 아니 할 수 없다. 이렇듯 한국인이 기독교를 받아들임에 있어서 샤머니즘이 미친 영향에는 좋은 점도 있지만, 폐단이 크다고 할 수 있다. 그러므로 한국교회는 엄밀한 의미에서 샤머니즘과 대결하고 청산해야 할 문제점들을 가지고 있다.

| 제2절 |

도교적 영성의 특징과 영향

한국문화의 특성을 이야기할 때 흔히 유교 문화라는 말을 많이 쓴다. 동아시아 유교 문화권을 지칭할 때에도 한국은 빠지지 않는다. 유교 다음으로 한국문화의 중요한 요소로 거론되는 것은 불교문화이다. 이 같은 유교·불교의 중요성에 비해 도교는 한국문화에서 비중이 거의 없는 것처럼 보인다. 그러나 한국의 문화의 내용을 논할 때 항상 유(儒)·불(佛)·도(道) 또는 유(儒)·불(佛)·선(仙) 3교를 나란히 말해 왔다.[65] 도교(道敎)[66]는 한국의 역사에서 유교와 불교처럼 표면적으로 나타난 적도 없고 교단과 같은 종교 교단 조직을 갖춰 본 적이 없으나 넓은 의미에서 한국인의 내면 혹은 잠재의식을 지배하며 한국의 영성이라는 작물을 형성한 것으로 보인다.[67] 한국의 도교는 무속과 민속 그리고 신종교의 밑바탕에 강력한 영향을 드리우고 있으며, 심지어 유교와 불교 속에도 일부 스며들어 있다. 한

---

65) 임채우, "한국선도의 기원과 근거 문제", 한국도교문화학회, 「도교문화연구」 제34호 (2011): 40.
66) 한국에서 보는 '道(도)는 儒道·佛道·仙道의 '道理'를 또는 '道法'을 의미하는데 특히 道敎는 한국에서 '仙敎'라는 말로 더 통칭된다. 이렇게 仙敎로 통칭하는 이유는 다음과 같은 근거가 있다. 한국에서는 古代의 神人을 '神仙'(신선) 또는 '선인'(仙人)이라고 稱하였다. 한민족의 國祖로 崇奉(숭봉)되는 檀君桓儉(단군환검)은 곧 天主의 孫이면서 神仙으로 태어났다. 그리고 지상에서 1908년을 살다가 九月山에서 仙化御天(선화어천)하였다는 것이다.(三國遺事) 桓雄天王의 太白山 神市開闢(신시개벽)은 곧 神이 協和共生하는 '弘益人間 理化世界'를 實現한 仙境(선경, 地上仙界)인 것으로 보았다. 이때부터 한검(大神), 한님(天君)의 崇拜는 곧 神仙을 숭배하는 민족의 傳統信仰이 되었다. 참고: 이강오, "한국 신흥종교에서 보는 도교와 불로장생", 한국도교사상연구회, 「도교와 한국사상」 한국도교사상연구총서 1, (1987): 171-172.
67) Don Baker, 「한국인의 영성」, 박소정 역 (서울: 모시는 사람들, 2012), 120-121.

국의 도교는 토착 문화와 긴밀히 결합 되어 있다.[68]

한국 도교 학자들은 한국의 도교가 특정한 시기에 중국으로부터 수입된 것이 아니라 한국에서 본래부터 지니고 있던 고유한 문화라고 믿고 있다. 고대 한국에는 7세기 무렵 당(唐)으로부터 도교가 전래되었다는 공식적인 역사 기록 이전에 국선(國仙)이라는, 도교의 신선(神仙)을 상기시키는 존재가 있었고, 건국 신화인 단군(檀君)신화를 비롯한 고대 설화 속에서 도교적 취지를 찾아볼 수 있다. 이처럼 한국의 도교는 토착 문화와 깊이 상관되어 있으므로 한국문화의 특성을 구현하는 중요한 요소로 기능해 왔다. 그러나 한국 도교는 자생적인 성분이 있다 해도 후대에 전래된 중국 도교의 영향을 받으며, 같은 점은 공유하면서도 다른 특성을 가진 한국 도교를 형성했다고 말할 수 있다.[69]

그렇다면 도교를 어떻게 정의하고 있는가? 도교에 대한 표준어 국어 대사전의 정의는 다음과 같다.

> "무위자연설을 근간으로 하는 중국의 다신적 종교. 황제(黃帝)와 노자를 신격화한 태상 노군을 숭배하며, 노장 철학을 받아들이고 여기에 음양오행설과 신선 사상을 더하여 불로장생을 추구하였는데, 후한 말기 때 장도릉(張道陵)에 의해 그 종교적인 틀이 갖추어져 중국의 민간 습속에 큰 영향을 미쳤다."[70]

중국의 도교 학자인 경희태(卿希泰)[71]는 도교를 다음과 같이 정의한다.

---

68) 정재서, 『한국 도교의 기원과 역사』 (서울: 이화여자대학교출판부, 2006), 25.
69) 정재서, 『한국도교의 기원과 역사』, 26.
70) https://stdict.korean.go.kr/search/searchView.do 2020년 7월 20일 13:00 접속
71) 중국 도교학자로 1981년 '중국도교사상사강(中國道教思想史綱)'이라는 책을 저술하였다.

"도교는 도(道)를 최고의 신앙으로 하여 얻어진 이름으로, 일련의 수련 과정을 거쳐 장생불사(長生不死) 및 도를 깨달아 신선(神仙)이 될 수 있다는 것(得道成仙)을 믿는 종교이다."

도교는 이처럼 도를 깨달아 신선이 될 수 있다는 사상 중심으로, 노자(老子)와 도(道)에 관한 학설을 신격화시켰다. 또한, 노자를 교주(敎主)로 받들어 신처럼 높이고 있으며, 「도덕경(道德經)」을 주 경전으로 삼아, 관련 문장을 종교적으로 해석했다. 이로써 도가사상은 도교사상의 근원 중 하나가 되었다. 그밖에 도교는 음양가(陰陽家)[72], 묵가(墨家)[73], 유가(儒家), 참위설(讖緯說)[74] 등의 사상을 흡수하고, 중국 고대의 종교 신앙 기초 위에

---

72) 음양가의 사상은 전국시대를 거치면서 두드러지게 발달한 우주·자연에 관한 음양·5행의 체계를 종합하여 이룬 일종의 자연철학이었다. 「한서 漢書」 예문지에는 추연·장창·추석 등을 음양가로 들고, 그 저작으로 「추자 鄒子」·「추자종시 鄒子終始」·「추석자 鄒奭子」 등이 있다고 했다.
음양가의 사상은 음양의 개념이 도(道)·5행 등의 개념과 결합하면서 철학적으로 체계화되고 다른 사상 체계에도 많은 영향을 끼쳤다. 여기서 5행이란 음양이 여러 가지 상호 관계를 맺으면서 가져오는 자연의 변화를 수(水)·화(火)·목(木)·금(金)·토(土)와 같은 5가지 유형으로 표현한 것이다. 성리학에서도 음양오행설을 수용하여 우주 만물의 법칙과 원리를 규명하고 있다. 음양가의 사상은 한국에도 전래되어 많은 영향을 끼쳤다. 삼국시대의 설화나 벽화 또는 관직의 명칭 등에서 음양사상의 영향을 살펴볼 수 있다. 통일신라 말기에는 승려인 도선에 의해 참위설과 풍수지리설이 결합된 도참설이 크게 유행했는데, 그 바탕은 음양사상이었다. 이는 조선의 건립을 정당화하고 천도문제를 정착시키는 데도 크게 영향을 미쳤다.
「정감록 鄭鑑錄」도 이러한 음양사상을 집대성한 것으로, 끊임없이 민중들의 정서를 지배하면서 홍경래의 난을 비롯한 많은 난과 민중 항쟁의 사상적 원동력이 되었다.
참조: https://100.daum.net/encyclopedia/view/b17a2510a 2020년 7월 20일 13:20 접속.
73) 이 철학은 BC 3세기경까지 당시 지배적이던 유교이념에 도전했다. 묵자는 겸애(박애주의)를 주장했고, 하늘 또는 상제의 뜻에 순종해야 한다고 가르쳤다. 또 유교가 형식적인 의식이나 예식을 중시하는 것은 국고를 낭비하는 짓이라고 개탄했다. 유교의 도덕관념인 인(仁)은 부모나 가족에 대한 특별한 사랑과 인간에 대한 일반적인 사랑을 구별한 반면, 묵가는 '보편적인 사랑', 즉 차별 없는 사랑을 실천해야 한다고 주장했다. 보편적 사랑이라는 묵가의 개념은 유교 국가가 사회적 화합을 이룰 수 있는 실제적 바탕이자 이론적 토대인 가족의 화합에 근본적으로 도전하고 있었기 때문에 유교 사상가들, 특히 맹자로부터 맹렬한 공격을 받았다.
참조: https://100.daum.net/encyclopedia/view/b08m0610a 2021년 7월 20일 13:23 접속.
74) 도참설이라고도 하는 참위설은 세운(世運)과 인사(人事)의 미래를 예언하는 설이다. 원래 '참(讖)'이라는 것은 변말(隱語)·예언 따위로, 나라나 사람의 길흉·화복·성패 등을 예언하는 것을 말하며, '위(緯)'라는

방선도(方仙道)와 황로학(黃老學)의 일부 사상 및 수련 방법 등을 결합하여 형성되었다.[75]

도교의 사전적 정의와 경희태의 정의를 바탕으로 보면 한국 도교는 한국 고유의 신선 사상을 바탕으로 중국의 노장 철학과 음양오행설 및 도교 본연의 종교적 의식과 신앙 일부를 받아들였지만, 도교사상에 근간이 되는 사상 및 철학을 흡수하지 못했다.[76] 오히려 샤머니즘과 도교가 근원을 같이하고 있다는 사실을 표시하는 사례들이 있다.

> "개명의 동쪽에는 무팽, 무저, 무양, 무리, 무범, 무상이 있는데 알유의 주검을 둘러싸고 모두 불사약을 가지고 (죽음의 기운을) 막고 있다. 알유는 뱀의 몸에 사람의 얼굴인데 이부의 신하에게 죽임을 당했다."[77]

것은 6경(六經)에서 말하는 바를 기설(奇說)로써 해석하여 경서(經書) 뒤에 숨은 신비(神秘)를 밝히려는 것으로, 6경의 지유(支流)라고도 볼 수 있다. '참'이나 '위'나 모두 음양오행설(陰陽五行說)에 기초하여 여기에 천인감응설(天人感應說)·부서설(符瑞說)·복서(卜筮)·귀신의 사상을 가미하여 천변지이(天變地異)를 현묘(玄妙)하게 설명하고자 하는 것이다.
이 참위설은 중국 주대(周代)에 일어났는데, 주 나라 말기에 천하가 어지러워지고, 인심이 흉흉해지자 미래의 운명을 미리 알고 안락(安樂)을 구하려는 현실 도피의 풍조가 생기자, 이러한 시기(時機)를 타고 신선술(神仙術)·음양오행의 사상이 횡행(橫行)하여, 부서(符瑞: 應瑞)에 의하여 왕후(王侯)의 흥망을 예지(豫知)하는 참위설이 머리를 들게 되었다. 그러나 이것이 사회적으로 문제된 것은 한대(漢代)였으며, 그것이 당(唐)에 넘어와서 전성시대를 이루었다.
풍수(風水)와 도참(圖讖)이 결합되어 새로운 왕조의 출현을 예언한「정감록(鄭鑑錄)」은 그 대표적인 것으로, 조선 중기에 이것이 형성된 것이라고 하나, 그 유래는 분명치 않다. 이 비기류(秘記類)의 은둔사상(隱遁思想)·말세사상(末世思想), 낙관적인 운명론과 역성혁명관(易姓革命觀)이 민간에 뿌리를 박고, 후기에 와서는 '동학(東學)'이라는 신흥종교(新興宗敎)와도 연결되어 민중 봉기를 일으키는 한 원인이 되기 까지 하였다.
참고: 이홍직,『국사대사전』, https://100.daum.net/encyclopedia/view/v150ha330a28 2020년7월 20일 13:50 접속.

75) 박정웅, "한국도교 교단 성립의 실패와 원인", 한국도교문화학회, 「도교문화연구」 제42호 (2011): 11에서 재인용.
76) 박정웅, "한국 도교 교단 성립의 실패와 원인", 11.
77) 정재서, "도교의 샤머니즘 기원설에 대한 재검토", 한국도교문화학회, 「도교문화연구」 제37호 (2012): 167에서 재인용.
(開明東巫彭巫抵巫陽巫履巫凡巫相挾窫窳之尸, 皆操不死之藥以距之, 窫窳者, 蛇身人面, 貳負臣所殺也,)

"영산이 있는데 무함, 무즉, 무반, 무팽, 무고, 무진 무례, 무저, 무사, 무라 등 열 명의 무당이 여기로부터 오르내리며 온갖 약이 이곳에 있다."[78]

육신(肉身)의 불사(不死)는 도교의 궁극적 경지로서 후세에의 도교는 이를 불사약(不死藥) 즉 단약(丹藥)이나 선약(仙藥) 등을 통해 달성하고자 했다. 무당이 불사약을 지니고 있다는 신화는 샤머니즘 자체에 이미 도교 중심 모티브가 들어 있다는 것을 보여 준다.[79]

그렇다면 도교는 무엇인가? 이 주제는 오래전부터 학자들 사이에서 논의되어 왔다고 한다. 그중에서 일본학자들의 답을 일부분 인용하면 다음과 같다.

(1) 도가(道家)라는 이름에다 신선도(神仙道)와 천사도(天師道)를 혼합하고, 거기에 민간 신앙을 포함해서 불교와 유교의 교의와 의식을 융합시킨 것으로 노자를 신격화하고 장생승천(長生昇天)을 교지로 하며, 소재감화(消災減禍)를 위해 모든 방술(方術)을 행한다.

(2) 신선도에서 복식연양(服食煉養)을, 도가철학에서 치심양성(治心養性)을, 민간 신앙에서 다신(多神)을 무축(巫祝)에서 장초법(章醮法)을 취해서 통일한 것이다.

(3) 공자의 유교가 합리주의적인 것에 비해, 도교는 신비주의적이고 은

동이계(東夷系) 문화를 담고 있는 고서(古書)인 『山海經』「海外西經」은 동이계 신화의 대표적 저작이며, 동아시아 고대문화의 원천이다. 산해경 신화의 도교로의 변천도 생각해 볼 수 있다. 산해경에서 짙게 표현되고 있는 불사 관념은 도교의 신선 사상을 연상케 한다.

78) 정재서, "도교의 샤머니즘 기원설에 대한 재검토", 168에서 재인용. 『山海經』「大荒西經」
(有靈山, 巫咸, 巫卽, 巫肦, 巫彭, 巫姑, 巫眞, 巫禮, 巫抵, 巫謝, 巫羅十巫, 從此升降, 百藥爰在.)

79) 정재서, "도교의 샤머니즘 기원설에 대한 재검토", 167-168.

둔·명상적인 노자를 내세워 주술에 의한 병의 조복과 자연력의 지배를 설(說)한다.

(4) 노자는 도(道) 또는 자연의 일원론을 설하는데, 도교는 도의 최고 관념을 지고신(至高神)으로 하고 그것은 천·상제로 삼는다. 도교에서는 천·상제라는 유일 최고신이 정치성을 상실하고 옥황(玉皇)이 되었다. 이 유일 최고신의 지배하에 몇 단계를 이루고 있는 다신 신앙이 된다. 옥황 이전에는 노자를 신격화했던 태상노군(太上老君)과 원시천존(元始天尊)이 최고신으로 불리기도 하고, 삼청(三淸)[80] 등도 만들어졌기 때문에 교체신교(交替神敎)라고 할 수 있으나, 일신교라고는 말할 수 없다.

(5) 고대의 민간 사상과 신선 사상 그리고 노장사상을 결합하고, 노자를 개창자로 하여 유교의 도덕 사상과 불교의 인과응보 사상·불교의 경전·교단조직 등을 모방해서 성립한 것이 도교이다.[81]

위의 것들은 일본인을 중심으로 한 도교 및 도교사가(道敎史家)의 의견을 위주로 한 것이지만, 도교의 사상을 나타내는 의미 있는 학설이라고 생각된다.

1. 도교의 기원

중국 도교의 기원에 대해서는 학자마다 차이는 있지만, 학자 대부분은

---

80) 옥청(玉淸)·상청(上淸)·태청(太淸)을 일컫는다.
81) 酒井忠夫,『도교란 무엇인가』, 최준식 역 (서울: 민족사, 1990), 15-18.

도교사(道敎史) 첫 장에서 도교가 '토생토장(土生土長)'의 종교임을 선언하고 애니미즘(Animism)과 토테미즘(Totemism) 등의 원시 신앙에 근거한 민간 종교·무술(巫術) 등에 음양오행설(陰陽五行說)·도가(道家) 등이 결합하여 성립된 것으로 서술한다. 도교의 발생 지역에 대해서는 발해만(渤海灣) 연안과 사천(四川) 지역이 거론되는데 전자는 『사기(史記)』「봉선서(封禪書)」에 기록된 삼신산설(三神山說)[82]과 관련하였고, 후자는 장도릉(長道陵)이 창시한 오두미도(五斗米道)[83]의 근거지라는 점에서 인식된 것이다. 도교의 발생 시기는 동이계(東夷系) 신화의 대표 저작인 『산해경(山海經)』 등의 고서에 담긴 불사관념(不死觀念)에서 그 단서를 찾기도 하나 대개는 신선설(神仙設)이 유행하기 시작한 전국(戰國) 중·후기 무렵으로 본다.[84]

한국 도교의 기원 문제는 여러 가지 설(設)들이 제기되어 있지만, 학계 입장은 크게 중국으로부터의 전래설과 자생설의 두 가지로 나뉜다. 먼저 전래설은 도교 중국학자인 부근가(傅勤家)는 신라의 화랑(花郞) 등을 도교의 해외파 산물로 보았다.[85] 중국 전래설을 지지하는 강력한 근거는 『삼국사기(三國史記)』에 쓰여 있는 기록이다. 그러나 한국의 도교 학자들은

---

82) 중국의 『열자(列子)』「탕문(湯問)」편과 사마천이 쓴 『사기(史記)』「봉선서(封禪書)」에는 삼신산(三神山)에 관한 이야기가 나온다. 그 책들에 의하면 삼신산은 발해(渤海) 동쪽에 있으며, 신선(神仙)이 살고, 불사약(不死藥)이 있으며, 인간세계에서 그리 멀지는 않지만, 속세의 사람이 다가가면 태풍이 불어 접근하지 못한다고 하였다. 삼신산(三神山)은 삼신 사상 곧 신선 사상과 연관된 산으로 봉래 산(蓬萊山), 방장산(方丈山), 영주산(瀛洲山)을 말한다. 우리 민족은 태고 적부터 고대(古代)의 환인·환웅·단군 또한 삼신(三神)구조와 삼신할 머니, 삼층천, 삼태극, 삼족오, 삼신산, 삼신봉, 삼궁 등과 같이 삼신 사 상이 깊숙이 배어 있었다.
83) 오두미도라는 명칭은 입교자로부터 쌀 5말씩을 받았다고 해서 붙여진 것이다. 장릉이 죽은 뒤 손자인 장로(張魯)가 뒤를 이어 오두미도의 교법과 조직을 완성시켰다. 오두미도는 천사도(天師道)라고 불리기도 하는데 장릉의 손자인 장로가 장릉을 천사라고 호칭한 데에서 연유한다. 장로는 그의 아버지를 사사(嗣師), 자신을 계사(系師)라고 불러서 할아버지·아버지·손자가 법계(法系)를 계승하였다고 하였는데, 이들을 합쳐서 삼장(三張)이라고 한다. 한민족문화백과사전 참조. http://encykorea.aks.ac.kr/ 2020년 7월 24일 13:00에 접속.
84) 정재서, 『한국도교의 기원과 역사』, 69-70.
85) 중국학자인 부근가(傅勤家)가 그의 저서 『중국도교사』 제14장 「도교의 해외 전파」 제1절에서 신라의 화랑(花郞) 등을 도교의 해외 전파 산물로 보았다.

교단으로서의 체계를 갖춘 중국의 도교가 당(唐) 시대에 처음 한국으로 전래된 것은 사실이지만 교단 도교 성립 이전의 원시 도교 문화, 즉 신선(神仙)에 대한 동경 및 숭배 관념 같은 것은 이미 한국에도 자생하고 있었다고 보는 것이다.[86] 이와 더불어 정재서(鄭在書)는 한국 도교 기원의 역사에서 전래설과 자생설의 문제를 비판하며 공유설을 주장했다.[87]

이 장(章)에서는 도교의 전래설(傳來說)과 자생설(自生說)을 살펴볼 것이다. 한국 도교의 기원에 대해 살펴보는 것은 한국 도교의 개념을 정립하고 그 토대 위에서 분석함으로 논의를 발전시킬 수 있는 기초를 마련하고자 함이다.

1) 전래설(傳來說)

한국 도교의 경우 도교가 중국 '토생토장'의 종교라는 일반론에 따르면 중국으로부터의 전래가 그 기원이 된다고 보는 것이 타당하다. 역사의 기록은 고구려 시기에 당(唐)으로부터 도교 문화를 받아들였다는 내용을 남기고 있다.

『삼국사기』(권 20), 「고구려본기(高句麗本紀)」에 고구려 영류왕 7년(624) 당(唐) 고조가 도사(道士)를 보내어 원시천존상(元始天尊像)과 도법(道法)을 전하고 도덕경(道德經)을 강론하게 하자 임금과 백성들이 들었고, 다음 해에는 왕이 사람을 보내어 불교와 노자(老子)의 교법(敎法)을 배워 오게 했다는 내용이 기록되어 있다. 이는 중국의 도교가 한국에 전해졌다는 사실을 보여 주는 역사 자료이다.[88] 고구려의 중국 도교에 관한 관심은 보장왕(寶藏王) 때(643)에 권신(權臣) 연개소문의 주청으로 적극적으

---

86) 정재서, 『한국도교의 기원과 역사』, 27-28.
87) 임채우, "한국선도의 기원과 근거 문제", 47.
88) 임채우, "한국선도의 기원과 근거 문제", 45.

로 도입이 추진하고 제도적으로 정착시키려고 노력하였다. 고려는 건국 무렵 도참(圖讖)·비기(秘記) 등 도교적 예언서가 유행하였고, 태조 때부터 제초(齊醮) 등의 도교적 행사를 시행하여 중엽인 예종(睿宗) 조에 이르면 교단 도교(또는 관방 도교) 기관인 복원궁(福源宮)이 건립되는 등 도교의 세력이 크게 신장 된다.[89] 조선시대에는 소격서(昭格署)[90]나 삼청정(三淸殿)으로 그 맥이 이어져 오면서 주로 국가를 위한 초재(醮齋)를 거행해 왔다가 조선 유학자(儒學者)들의 거센 반대로 혁파되었다.

사실 삼청신(三淸神)[91]을 숭배하던 중국식 도관이나 국가 의례를 거행하던 교단 도교(관방 도교)는 고려와 조선 양조를 거쳐 초재(醮齋)라는 도교 의식을 거행했지만, 그것은 국가의 안녕(安寧)을 비는 의례적인 형식이었을 뿐 이 땅에는 뿌리를 내리지 못했던 것 같다.[92]

한국의 교단 도교는 한시적이고 국지적으로 존재했었다. 다시 말하면 한국의 교단 도교는 불교와 같은 전국적인 교단 조직을 갖추지 못하고 시대에 따라 존망을 거듭했다. 한국에 교단 도교가 존재할 수 있었던 것은 정치적 목적으로 자주적 국수 사상의 견해를 대변해 왔다. 국내적으로는 왕권 확립, 대외적으로는 자주적 국권 유지를 위한 목적으로 수용된 것이다.[93]

개인의 불로장생(不老長生)을 추구하는 민간 도교는 교단 도교에 대비되는 개념으로서 국가에 의해 공인된 조직 체계를 갖지 아니한 민간의 자발적인 도교적 신앙 형태 및 그 조직을 일컫는다. 방법적인 측면에서 교

---

89) 정재서, 『한국도교의 기원과 역사』, 111.
90) 고려 시기 교단 도교 또는 관방 도교의 강화에 따라 설치되었던 복원궁·신격전·소격전 등의 3개 도관을 위시한 15개소에 달하는 재초 의례 처소는 태조 원년 소격전만 남기고 모두 폐지된다. 이는 조선왕조가 강력한 유교정책을 시행하면서 나타난 변화이다. 이후로 소격전은 임진왜란 이전까지 존속한 조선 유일의 교단 도교 또는 관방 도교 기관이 된다. 소격전은 세조(世祖) 때에 이르러 소격서로 개칭된다.
91) 三淸은 1)玉淸 原始天尊 2)上淸 靈寶道君 3)太淸 太上老君을 일컫는 것으로 한민족의 檀君三世의 事蹟을 모방한 것이라 한다. 이강오, "한국 신흥종교에서 보는 도교와 불로장생", 172.
92) 임채우, "한국선도의 기원과 근거 문제", 45-46.
93) 정재서, 『한국도교의 기원과 역사』, 122-123.

단 도교는 단정파(丹鼎派)⁹⁴⁾적인 성향이며, 민간 도교는 부적(符籍)·방술(方術) 등에 치중한다. 도교는 원래 무격(巫覡)신앙에서 발전하였으므로 칠성신·조왕신 등은 무풍(巫風)이 왕성한 우리 토양에 쉽게 동화될 수 있었다.⁹⁵⁾

오늘날 학계에서는 도교의 공식적인 한국 전래(傳來) 시기를 『삼국사기』 (권 20), 「고구려본기(高句麗本紀)」에 고구려 영류왕 7년(624)과 보장왕(寶藏王) 때(643)에 권신(權臣) 연개소문의 주청으로 적극적으로 도입이 추진되었던 두 기록에 의해 7세기 초로 보고 있다. 그러나 고고·미술사적 자료를 볼 때 그보다 이전에 도교가 들어와 존재하고 있었다고 주장한다. 그 이유로는 4세기 초까지 평양지역에 존재하였던 낙랑(樂浪)의 유물 중에 한나라 대(漢代)의 동경(銅鏡)이 있는데 동경은 도교의 중요한 주구(呪具)이기 때문이다. 백제의 경우에도 6세기 초에 축조된 무령왕릉(武零王陵)에서 출토된 방격규구신수문경(方格規矩神獸文鏡)⁹⁶⁾과 의자손수대경(宜子孫獸帶鏡)의 명문(銘文) 및 문양에서 이미 도교적 취지가 엿보인다. 따라서 한국에 도교가 전래된 최초의 시기는 낙랑이 멸망된 313년 이전 즉 4세기 초로 보는 것이 타당할 것이다.⁹⁷⁾

2) 자생설(自生設)

한국 도교의 자생설에 관한 가장 오랜 역사 자료는 『삼국사기』에 수록된

---

94) 단정파는 연단술(煉丹術, 약제 기술)을 통한 장생불사(長生不死)를 표방한다. 단정파는 위안 사람 위백양(魏伯陽)의 참동계(參同契)가 중요 저작물이며, 특히 단정파의 도술은 위좌자(魏左慈) 등에 전래되면서 동진(東晉) 사람 갈홍(葛洪, 283-363)의 포박자(抱朴子)에 의해 집대성되었다.
95) 정재서, 『한국도교의 기원과 역사』, 124-134.
96) 방격규구신수문경(方格規矩神獸文鏡)은 중앙의 꼭지를 중심으로 4각의 구획이 있고 각각의 모서리에 4마리의 짐승과 이들을 사냥하는 신선을 표현한 뒤 바깥쪽에 두 줄의 원을 만들었다는 뜻에서 붙인 이름이다.
97) 정재서, 『한국도교의 기원과 역사』, 80-81.

최치원(崔致遠, 857~?)[98]의 「난랑비서(鸞郞碑序)」이다.[99] 그는 한국에 현묘한 도(道)가 있었는데 그것은 곧 풍류(風流)라고 한다. 그 현묘한 도(道)인 풍류는 유·불·도 삼교(三敎)의 종지를 포함하고 있어서 백성들을 교화했다. 진흥왕(576) 때 화랑을 제정한 일과 관련된 기사(記事)에서 김부식(金富軾, 1075-1151)은 이 글을 인용하였다.

> 최치원의 난랑비서에서 말하기를 나라에 현묘한 도가 있으니 그것을 풍류라고 한다. 그 가르침을 마련한 근원은 『선사(仙史)』에 상세히 실려 있으니 그것은 실로 세 가지 가르침(유·불·도)을 다 포함하고 있어 뭇 사람들을 교화시킨다. 예컨대 들어와 집안에서 효도하고 나가서는 나라에 충성하는 것은 공자(孔子)의 취지이고, 작위(作爲) 함이 없는 일에 처하고, 말하지 않는 가르침을 행하는 것은 노자(老子)의 주장이며 모든 악을 저지르지 않고 모든 선을 받들어 실행하는 것은 석가(釋迦)의 교화이다.[100]

최치원은 신라에 '풍류'라는 고유한 가르침이 있었다고 인식한다. 김부식은 화랑을 설명하기 위해 풍류를 인용한 것이고, 즉 풍류와 화랑은 동일한 것이라 볼 수 있다.[101] 이는 이미 한국에 고유한 신선 사상(神仙思想)이 존재해 있었고, 당시에 외래사상(外來思想)을 능가할 정도의 높은 철학사상을 가지고 있었음을 알 수 있다. 또한, 한국 도교 자생설에 관한 오래되

---

98) 최치원은 신라 최승우, 최언위와 함께 신라 삼최로 꼽히며 집권체제와 골품제 사회의 모순을 해결하기 위한 『시무책 10조』를 저술한 신라의 학자이다.
99) 정재서, "한국도교의 기원론에 대한 검토", 서강대학교종교연구소, 「한국종교연구」 제3집 (2001): 94.
100) 『三國史記』, 卷4, 「新羅本紀」 정재서, 『한국도교의 기원과 역사』 (서울: 이화여자대학교출판부, 2006), 72에서 인용. 崔致遠, 鸞郞碑序曰: "國有玄妙之道, 曰風流, 設敎之源, 備詳仙史, 實乃包含三敎, 接化群生. 且如入則孝於家, 出則忠於國, 魯司寇之旨也; 處無爲之事, 行不言之敎, 周柱史之宗也; 諸惡莫作, 諸善奉行, 竺乾太之化也.
101) 정재서, "한국도교의 기원론에 대한 검토", 96.

고도 중요한 근거 자료이다.[102]

화랑·풍류를 도교적 현상으로 보는 또 하나의 역사 자료인 고려시대 의종(毅宗, 1146-1170)의 교지(敎旨)에서 자생설의 단서를 발견할 수 있다.

> 선풍을 숭상하라. 옛날 신라에서는 선풍(仙風)이 크게 행해져 이로 인해 용과 하늘(天龍八部의 호법신)이 다 기뻐하고 백성과 만물이 편안했다. 그러므로 조상 대대로 그 선풍을 숭상(崇尙)해 온 지 오래되었다. 근래 개경(開京)과 서경(西京)의 팔관회(八觀會)가 날로 옛 규모를 잃어 가고 과거의 전통이 점점 사라져 가고 있다. 지금부터 팔관회는 문무 양반 중에서 재산이 넉넉한 자를 미리 택하여 선가(仙家)로 정하고 옛 모습으로 행하게 해 사람과 하늘이 모두 기뻐하게 하라.[103]

교지(敎旨)의 고풍(古風)은 우리 고유의 선풍(仙風)을 의미하며, 위에서 인용한 최치원의 풍류(風流)라는 현묘한 도(道)와 그 맥락을 같이한다고 볼 수 있다. 고려 의종의 하교(下敎)에는 고유 도교의 존재를 지목하고 있음을 확인시켜 준다. 그리고 그것이 조상 대대로 오래 숭상되어 왔다(古祖宗以來, 崇尙其風, 久矣)는 언급은 고려에까지 지속하여졌음을 의미한다. 또한 『삼국사기』에 "평양은 선인(仙人) 왕검의 집"이라는 구절이나, 『삼국유사』에 실린 개국시조(開國始祖) 단군(檀君)이 기자(箕子)에게 왕위를 내주고 아사달(阿斯達)의 산신(山神)이 되었다는 이야기 역시 고유의 신선사상이 존재하고 있음을 암시해 주고 있다.[104]

---

102) 임채우, "한국선도의 기원과 근거 문제", 42.
103) 『高麗史』18卷 世家18 毅宗2. 임채우, "한국선도의 기원과 근거 문제", 42-43에서 인용.
   戊子御觀風殿, 下敎曰, 一遵尙仙風, 昔新羅仙風大行, 由是龍天歡悅民物安寧, 古祖宗以來, 崇尙其風, 久矣, 近來兩京八觀之會, 日減舊格, 遺風漸衰, 自今八觀會, 預澤兩班家産饒足者, 正爲仙家, 依仕古風, 致使人天咸悅.
104) 차주환, 『한국의 도교사상』 (서울: 동화출판사, 1984), 33-34.

조선시대에 자생설을 언급하는 저술은 홍만종(洪萬宗, 1643-1725)의 『해동이적(海東異蹟)』의 신선 전기는 단군에서부터 시작하여 혁거세(赫居世)·동명왕(東明王) 등 건국영웅(建國英雄)들로 인물을 편찬함으로써, 중국 도교와는 구별되는 단군에서 기원하는 고유의 한국 도교의 자생성(自生性)을 표명하고 있음을 볼 수 있다.[105] 그리고 저작 연대가 확실하지 않으나 1675년에 북애자(北崖子)에 의해 쓰여진 『규원사화(揆園史話)』에서는 도교의 정신이 환웅(神市氏)·환검(檀君) 등의 가르침으로 유래한 것으로 보았다.[106] 이는 고유의 도교에 대해 훨씬 더 강도 높게 자생설을 주장하는 내용이다.

『규원사화』에 의하면 신시(神市)[107] 환웅시대에서 도교가 비롯되었다고 한다. 다시 말하면, 한국의 도교가 중국에 퍼져 도교가 되었는데 이 사실을 모르는 사람들이 중국 도교가 한국에 전래되었다고 오인하게 되었다는 것이다. 오히려 한국의 도교가 중국 도교의 기원이 되었다는 전파설이다.[108]

한국 도교의 자생설은 단군신화 및 고구려 건국 신화에 대한 도교적 윤색(潤色)과 재해석을 중심으로 전개되고 있으며 민족의식이 기본 정서(情緒)로서 바탕에 깔려 있음을 알 수 있다.[109]

2. 도교적 영성의 특징

도교의 사상은 유·불·도 삼교(三敎) 중에서 가장 우리 본래의 사상과 접

---

105) 임채우, "한국선도의 기원과 근거 문제", 42-43.
106) 정재서, "한국도교의 기원론에 대한 검토", 100.
107) 신시(神市)는 천신(天神)을 지칭하는 명칭이다.
108) 임채우, "한국선도의 기원과 근거 문제", 44.
109) 정재서, "한국도교의 기원론에 대한 검토", 99-100.

근하고 친근감을 가지고 있으면서 실상은 유교나 불교만큼 친숙하거나 익숙하지 못하며, 가장 밑바닥에서 우리의 생활과 함께 호흡하고 있으면서도 그것을 발견하지 못하고, 우리의 일상적 사유(思惟)의 내면 깊숙이 흐르고 있으면서도 그것을 의식하지 못하는 상태에 있다고 할 수 있다. 그것은 명확한 신앙교리(信仰敎理)를 내세우며 조직적으로 들어온 것이 아니라 서책(書冊)과 더불어 老(노)·莊(장)의 자연사상(自然思想)으로 자연스럽게 들어와 종교가 아닌 선풍(仙風), 군자(君子) 등의 자체 사상으로 발전 동화되어 이루어 왔기 때문에 이질적인 것으로 의식화되지 않았다.[110]

1) 음양오행설

음양오행설(陰陽五行說)은 도가(道家)의 사상이나 신선설(神仙說)과 함께 도교사상 중에서 중요한 위치를 차지하고 있다. 음양오행설이라고 합하여 말하고는 있지만 음양설과 오행설은 발생적으로 볼 때 별도의 것이다. 그러나 오행설은 음양설과 같이 고대의 세계관이면서 서로 연관되어 있다.[111]

음양오행설의 기원은 중국문화의 주도권을 행사했던 서주(西周) 사람들이 동이(東夷)라 부르던 사람들로부터 기원한다.[112] 음양설은 일반적으로 주역의 원리를 형성하고 있다고 알려져 있다. 그러나 고바야시 노부아끼(小林信明)는 기원전 1세기 중엽까지는 주역과 직접적인 관계가 없었다고 한다. 주역에서 음양이 그 위치를 확실히 하게 된 것은 '십익'(十翼)[113] 이후

---

110) 송항용, "한국 고대의 도교사상", 한국도교사상연구회, 「도교와 한국사상」 한국도교사상연구총서 1 (1987): 154-155.
111) 窪德忠(구보 노리따다), 『도교사』, 최준식 역 (왜관: 분도출판사, 1990), 75.
112) 문은배, 『한국의 전통 색』 (파주: 안그라픽스, 2015), 12.
113) 십익(十翼)은 중국의 공자가 지었다고 전하는, 역(易)의 뜻을 알기 쉽게 설명한 책이다. 상하(上下) 편(篇)의 단전(彖傳), 상하의 상전(象傳), 상하의 계사전(繫辭傳), 문언전(文言傳), 서괘전(序卦傳), 설괘전(說卦傳), 잡괘전(雜卦傳)의 10편(十篇)으로 이루어져 있다. 역경 64괘가 상경(上經) 30괘 및 하경(下

로부터이며 그 이전에는 음양을 찾을 수 없기 때문이다. 따라서 음양은 주역의 본래 사상이 아니다.[114] 한민족의 음양사상은 삼국시대로 알려져 있으며 조선시대에는 음양오행사상이 민족적 정서와 융합되어 생활의 표현으로 나타났다.[115]

주역(周易)[116]에서 받아들인 음양설은 하늘과 땅, 임금과 신하, 물과 불, 부부(夫婦), 전후(前後) 그리고 좌우(左右) 등과 같이 만물과 여러 현상을 둘로 나누는 범주로 서였다. 그렇다고 해서 음과 양 두 기운이 상대적이고 고정적인 것은 아니다. 예를 들면 봄과 여름은 양(陽)이고, 가을과 겨울은 음(陰)이지만 양인 봄과 여름 가운데 음인 가을과 겨울이 숨어 존재하며 또 음인 가을과 겨울 가운데도 봄과 여름의 기운이 들어 있다고 하는 것과 같이 유동적이고 순환적인 것으로 본다. 이것을 주역의 효(爻)[117]가 변화한다고 하는 것과 일치하는 것이며, 그런 관계로 이것을 우주의 원칙이라고 부른다. 음양을 주장한 학파는 음양가(陰陽家)인데 후에 오행(五行)[118]을 더해서 천도(天道)와 우주의 구조를 설명했는데 이것이 음양오행설이다.[119]

음양오행설은 우주 만물 현상 사이의 관찰을 기초로 하면서 과학적 법칙이 존재할 수 있다는 이유로 사회적으로 기인했던 바가 높다. 우주나 인

經) 34괘로 나뉘어 있어[2] 십익도 따라서 상하 편으로 나뉜다. 이러한 십익은 때로는 단전(彖傳), 대상(大象)과 소상(小象)의 상전, 문언전(文言傳), 계사전(繫辭傳)상하, 설괘전(說卦傳), 서괘전(序卦傳)상하[3], 잡괘전(雜卦傳)의 10편(十篇) 등의 조합일 수도 있다. 주역이라 불리는 역경의 주석 및 해설서이다. 참고: https://ko.wikipedia.org/wiki/ 2020년 8월 1일 13:10에 접속.

114) 窪德忠(구보 노리따다), 『도교사』 76-77.
115) 이미석. "조선시대 규방 문화와 침선 소품에 관한 연구", (박사학위논문: 숙명여자대학교 대학원, 2012). 110.
116) 삼경(三經)의 하나. 음양(陰陽)의 원리로 천지 만물의 변화하는 현상을 설명하고 해석한 유교의 경전이다.
117) 역(易)의 괘를 나타내는 가로로 그은 획, 즉「─」을 음(陰) 효(爻)라 하고「─」을 양(陽) 효(爻)라 이른다.
118) 오행의 본의(本義)는 목(木)·화(火)·토(土)·금(金)·수(水)의 다섯 가지로 구분되는 것이며, 이에 의해서 자연현상이나 인사현상의 일체를 해석해서 설명하려는 사상을 오행설이라 한다.
119) 窪德忠(구보 노리따다), 『도교사』 77-78.

간의 모든 현상이 음양(陰陽)과 오행(五行)으로 설명되기에 사람들의 태도를 결정짓게 되었고, 음양오행설은 인간이 경험하는 원인이면서 결과를 나타내는 과학적 물질이다.[120] 이는 질병 발생의 원인 결과로 나타나는 것과 같아 인간 생활의 일상을 지배하는 사상이었다.[121]

2) 신선사상(神仙思想)

선인(仙人)이라고 부르는 존재를 중국에서는 신선(神仙)이라고 부른다. 중국인들은 오늘날까지 끊이지 않고 신선사상(神仙思想)을 칭송했으며, 불로불사(不老不死)를 체득하여 하늘을 날 수 있다는 신선에 대해 동경심을 갖고 있다. 또한, 최대의 소원으로 갈망하는 수(壽), 복(福), 강(康), 영(寧), 유호덕(攸好德)[122], 고종명(考終命)[123] 등의 복 가운데 가장 먼저 수명을 들고 있는 것은 그들이 얼마나 장생(長生)을 바라고 있는지를 말해준다. 따라서 불로불사(不老不死) 혹은 불로장생(不老長生)의 체득자(體得者)라는 신선이 환영받는 것은 당연하다.[124] 특히 태(泰)·한(漢)의 황제들은 불로장생의 신선을 추구하였으며, 당대(唐代)에는 황제가 단약(丹

---

120) 양계초, 풍우란 외, 『음양오행설의 연구』, 김홍경 역 (서울: 신지서원, 1993), 9.
121) 음양과 오행은 일상생활에서부터 이루어지고 있다. 식생활의 밥상, 그릇, 수저 등에 음양오행의 사상이 깃들어 있다. 밥상은 둥근 형태로 양을, 상다리 네 개는 사방(四方)과 땅인 음을 상징한다. 둥근 그릇 모양은 양을 나타내며 이를 통해 양기(陽氣)를 받아들이고자 하였다. 숟가락은 양이라 할 수 있고, 젓가락은 음의 속성이므로 음양의 조화를 의미한다. 밥상은 나무(木), 수저와 그릇은 쇠(金)와 흙(土) 그리고 음식은 수기(水氣), 불에 굽거나 찐 것은 화기(火氣)를 담고 있다. 이처럼 상차림 하나에도 음양오행 사상이 깃들어 있다. 또한 음양오행사상은 우주의 원리인 태극에서 비롯되었다. 고대인들은 끝이 없는 절대 세계를 무극(無極)으로 보고 치우침 없는 시공(時空)으로서 우주가 무극의 원(圓)에서 시작되었다고 믿어왔다. 우주는 태극체를 모체(母體)로 창조된 것이므로 시공이 음양과 맞물린 것과 같다. 이를 무극이라고 하였고, 2개의 차원(-, -)으로 만들어진 것이 태극이며 이때 둘은 음과 양이다. 태극도의 청색은 음이요, 적색은 양이다. 우리나라의 태극기도 음양오행사상에 의해 만들어졌다. 이처럼 음양호행 사상은 의식하지 않아도 우리의 실생활에 밀접하게 연관되어 행해지고 있다. 이재만, 『한국의 색』 (서울: 일진사, 2005), 110.
122) '덕을 베푸는 것을 좋아한다.'라는 뜻이다.
123) 다섯 가지 복 중의 하나로 자기 명대로 다 사는 것을 뜻한다.
124) 窪德忠(구보 노리따다), 『도교사』, 81-82.

藥)¹²⁵⁾을 복용하여 중독사(中毒死) 하는 일까지 일어났다. 신선도(神仙道)
는 바로 이러한 신선이 되기 위한 실천도(實踐道)이다. 신선도 가운데 극
약을 복용하는 것은 금단도(金丹道)로 불린다. 금단도는 동금술(鍊金術)
을 그 모체(母體)로 삼고 있는데, 이는 불멸의 황금을 복용하면 불사(不
死)의 경지에 이를 수 있다고 믿었기 때문이다. 신선도에는 금단도와 같
은 위험한 일면이 있지만, 선약(仙藥)과 같이 후에 본초학(本草學)에 영향
을 준다거나, 도인술(導引術)¹²⁶⁾에서 한의학과 건강법에 흡수된 것도 적지
않다.¹²⁷⁾

　신선설(神仙說)의 기원은 도가(道家)로부터 나왔다고 하는데 도가의 삼
대 경전(三大 經典)인 노자(老子)·열자(列子)·장자(莊子)의 기록에 의하
면 신선은 처녀(處女)와 같이 예쁘고 오곡(五穀)을 먹지 않고 바람과 이슬
을 먹고, 구름을 타거나 용을 타고 우주를 마음대로 유람하며 장생구시(長
生久視) 하는 사람으로 나타낸다.¹²⁸⁾ 그리고 신선은 불로장생하려고 산에
들어가 수행하는 자라고 하였다. 신선 사상의 발생은 산악신앙(山岳信仰)
과 밀접한 관계가 있으므로 산악으로 뒤덮인 우리 땅에서 일찍부터 신선
설 또는 신선 사상이 존재했다. 『삼국유사』에 나오는 단군신화(檀君神話
또는 檀君說話)도 산악신앙에 얽혀 있는 예(例)라고 볼 수 있으며,¹²⁹⁾ 바로
여기서 전통적인 '선'(仙)사상의 원초적인 형태를 발견한다. 곧 '선'은 신인
(神人)이자 인신(人神)으로서의 사람, 즉 인간의 자기 정체성과 그 확인이
라는 의미를 지니고 신화에 나타나는 것이다. 한국신화의 사상적 특징은
그 만남과 조화의 세계, 즉 하늘과 땅이라는 이질적인 것의 상호 결합에 있

---

125) 신선이 되는 약(藥)으로 대부분 수은과 같은 극약이 사용되었다.
126) 도인술(導引術)은 온몸의 관절을 펴거나 굽히며 신선한 공기를 몸속에 들여와 기혈을 원활하게 하는 각종 건강 체조를 말한다.
127) 山田利明, 『도교란 무엇인가』, 최준식 역 (서울: 민족사, 1990), 284.
128) 이종은, 『한국 시가상의 도교사상 연구』(서울: 보성문화사, 1987), 27.
129) 이능화, 『조선 도교사』, 이종은 역 (서울: 보성문화사, 1986), 24.

어서 아무런 투쟁과 갈등의 요소를 지니지 않는다는 것이다.

신화를 살펴보자. 하늘로서의 환웅(桓雄)은 땅의 웅녀(熊女)와 만난다. 곧 하늘과 땅이 결합하는 것이다. 그 결과로 단군(檀君)은 탄생한다. 여기서 주의할 점은 단군의 위격(位格)에 관한 것이다. 단군은 단순히 하늘과 땅의 중간자로 그려지는 것이 아니기 때문이다. 웅녀는 수련과 수행을 통하여 하나의 인간으로 재탄생한다. 환웅 역시 '가화이혼지'(假化而婚之)라, 인간으로 화(化)하여 결합하는 것이다. 곧 웅녀(地)와 천왕(神, 天)의 합일로 단군(神人, 人神)은 탄생한다. 그러므로 단군의 위격은 단순하지 않다. 신화는 좀 더 말한다. 하늘로서의 환웅은 인간으로 가화(假化)하고, 곰이란 동물성을 수련으로 극복한 땅의 웅녀와 만난다. 이로써 하늘과 땅은 결합한다. 하늘이 사람으로, 땅이 또한 사람으로 그리하여 사람과 사람이 만난다. 이는 하늘과 땅, 양과 음이 서로 얽혀 사람이 이루어진다는 관념을 나타낸다. 그러므로 단군은 땅이면서 사람인 웅녀(地, 人)와 하늘이면서 천왕(天神, 人)의 결합으로 탄생한 천인·인지(天人·人地)의 종합적이고도 조화로운 존재 그것이 최초의 인간으로 인식된 것이다.[130] 이를 확장해 보면 '선'(仙)은 인간의 자기 정체 확인과 연결되며 새로운 시대의 인간 구원이라는 의미를 동시에 지닐 수 있다. 인간은 기본적으로 천지와 분리되었거나 단순히 합일(合一)할 수 있는 존재가 아니라, 이미 하나 된 존재라는 의미를 갖는다. 곧 '선'(仙)은 인간과 신의 통합형이자 양자의 매개이다. 이런 측면에서 인간은 또한 신이기도 하다.[131]

---

130) 민영현, "한국민족종교사상의 선(仙)개념과 그 철학적 인간학에 관헌 연구", 한국도교문화학회, 「도교문화연구」 제26호 (2011): 227-228.
131) 이능화, 『조선 도교사』, 30.

3) 불로사상(不老思想)

'죽음'이란 육체의 멈춤일 뿐이며, 그 영혼은 불멸한다는 믿음을 갖고 있음을 세계 여러 민족에게서 공통적으로 발견된다. 고대 중국에서도 마찬가지였다. 그들은 인간이 죽으면 그 영(靈)은 하늘로 올라가 혼(魂)이 되고, 땅에 이르러 넋(魄)이 된다고 믿었다. 이러한 혼백관(魂魄觀)은 중국인들이 갖고 있었던 사후관(死後觀)이었다. 춘추전국시대 무렵에 이르러 육체가 불멸한다고 믿는 사상까지 생겨났다. 본래 영혼의 불멸이 정신의 불사를 의미함을 말할 것도 없으며, 이것 역시 부사사상(不死思想)이라고 할 수 있다. 그러나 육체의 영속(永續)을 기원하는 사상은 현세적인 생각에 그 뿌리를 두고 있다.[132]

한민족에게는 고대로부터 중국 도교의 원류(原流)라 할 수 있는 선도(仙道)의 사상이 있었다. 이 선도(仙道)의 사상 속에서 사람들이 신선(神仙)이 되면 늙지도 않고 죽지도 않는다는 '불로불사(不老不死)'의 신념(信念)을 갖게 했다.

한민족의 신선사상에 대한 선진(先進)은 중국인들에게 이를 흠앙(欽仰)하도록 했다. 그들은 동방에 삼신산(三神山)이 있는데 여기에 불로초(不老草)가 있다고 믿었다. 삼신산은 태백산(白頭山)을 지칭한 것이며, 삼신은 환인(桓因), 환웅(桓雄), 환검(桓儉)을 지칭하는 것이다. 이들 삼신(三神)은 불로불사 하는 神仙(신선)으로 존재한다고 생각했다. 이러한 사상은 동학(東學)에도 영향을 미쳐 포덕천하(布德天下)와 보국안민(輔國安民), 후천개벽(後天開闢)을 최대의 목적으로 하며, 여기에서 가장 큰 사상은 후천개벽이다. 후천개벽은 앞으로 이 지상에 일체(一切)의 죄고(罪苦)가 없는 천국을 건설한다는 것이다. 이 지상천국을 지상선계(地上仙界)라 한다. 이 지상선계의 사상은 모든 사람이 신선으로 화(化)하여 장생불사

---

132) 山田利明, 『도교란 무엇인가』, 최준식 역 (서울: 민족사, 1990), 285.

(長生不死)하는 세계를 건설하는 것이다. 이 장생불사는 영혼의 영생만이 아니라 육체까지도 영생한다는 것이다.

동학(東學)[133]의 교주 최제우(1824-1864)가 제시한 21자로 된 주문[134]은 천주를 모시고 신선이 되는 장생불사의 주문이며, 영부(靈符, 弓乙符)[135]는 사람이 죽지 않게 하는 불사(不死)의 약(藥)이기 때문에 이 주문을 외우고 이 선약(仙藥)을 먹거나 간직하면 몸과 마음이 저절로 신선으로 화(化)하여 장생(長生)을 얻는다고 했다.[136]

신선이 되어 장생을 누리기 위한 또 다른 방법은 갈홍(葛洪)의 抱朴子(포박자)에 의해 확립된 사상으로 신선이 되기 위해 금단(金丹)을 복용하는 것이다. 포박자(抱朴子)의 저자 갈홍은 그 이전에 있었던 신선술(神仙術)을 집대성한 인물로 신선이 되는 방법을 태식(胎息), 포일(抱一)[137] 등의 기(氣) 단련법과 금단(金丹)의 제조를 함께 제시했다. 그러나 금단(金丹)의 제조는 그 성공 가능성이 희박하여 그 한계를 극복하려는 시도가 두

---

133) 한국 최초의 조직적인 토착 종교인 동학(천도교)는 1860년에 나타났다. 최제우는 이 신종교를 창시하면서 이것을 '서학'(西學, 가톨릭에 대한 초기의 한국어 이름)으로부터 구별하기 위해 '동학'(東學)이라고 불렀다. Don Baker, 『한국인의 영성』, 박소정 역 (서울: 도서출판 모시는 사람들, 2012), 171.

134) 지극한 기운이 저를 둘러싸고 임재하시니, 저는 지금 여기 제 안에서 그 기운을 느끼기를 원합니다(至氣今至 願爲大降). 신이 제 안에 계신다는 것을 인식하였을 때 저는 변화될 것입니다(侍天主 造化定).변함없이 제 안에 있는 신성을 깨닫고 있으며, 잊지 않을 때 만사를 이룰 수 있을 것입니다(永世不忘 萬事知). Don Baker, 『한국인의 영성』, 박소정 역 (서울: 도서출판 모시는 사람들, 2012), 176에서 인용.

135) 최제우(수운)가 명상 체험 중에 상제로부터 받은 것으로 동학교도들에게는 도교의 불사약(不死藥)이므로 선약(仙藥)에 상응하는 중요한 의미를 가진다. 최제우는 '궁을'이 곧 만유 생명을 낳아서 기르는 천지 부모, 천지 상제의 도를 가리키는 것으로 파악했다. 정재서, 『한국도교의 기원과 역사』 (서울: 이화여자대학교출판부, 2006), 138.

136) 이강오, "한국 신흥종교에서 보는 도교와 불로장생", 173-175.

137) 수련의 성숙 단계를 抱一이라고 한다. 수련의 목표로서 제시하는 超凡入聖의 경지는 天仙 또는 地仙 등의 仙人으로 제시되어있으나 仙人이 되기 위한 결정적인 계기를 抱一 로 규정하는 것이다. 抱一의 수련을 제시한 최초의 문헌은 『道德經』이다. 聖人抱一篇天下式(성인은 하나를 지킴으로 천하의 규범이 된다). 抱一의 개념은 道와 거의 同義語로 사용된다. 따라서 抱一의 수련은 道를 간직하고 實踐하는 것을 뜻한다. 김낙필, "해동전도록에 나타난 도가사상", 한국도교사상연구회, 「도교와 한국사상」 한국도교사상연구총서 1 (1987): 145-146.

가지 방향에서 일어났다. 하나는 진화(眞話)의 사상으로서 종교적 선행을 통해 사자(死者)의 구원을 언급하는 것이었으며, 다른 하나는 금단(金丹) 제조 대신에 내적인 생명력을 수련한다는 내단법(內丹法)이었다. 금단(金丹) 제조를 외단(外丹)[138]이라고 하는데 비해 내단(內丹)은 인간의 내적인 생명력(元氣)을 길러 신선(神仙)이 된다는 의미이다.

외단(外丹)에서 내단(內丹)으로의 전환은 주자(朱子)의 「삼동계고이(參同契考異)」[139]의 영향이 컸다고 한다. 당대(唐代) 이후 사상적 흐름 중 특히 선사상(禪思想)의 흥기(興起)는 내단법(內丹法)에 많은 영향을 주었다.[140]

내단학(內丹學)이 대두될 수 있었던 배경은 내단학 이전에 보여준 도교의 병폐 때문이었다. 즉, 지나치게 주술성에 치우친 신앙의례나 윤리적 정당성을 확보하기 어려운 방중술(房中術) 등의 수련법으로 인함이었다. 조선 중기인 17세기에 조선에서도 종교적 의례와 미신적(迷信的) 허탄(虛誕)을 배제하고 심신(心身)의 수양(修養) 및 건강관리, 그리고 수련(修練)과 공행(功行)을 쌓아 연명장수(延命長壽) 할 것을 종지(宗旨)로 하며 내단학이 대두되었다.[141]

이러한 영향으로 오늘날 한국에서 눈에 띄는 도교의 형태는 생리학적 변화의 기술과 결부된 내단 사상이다. 내단은 수행자의 몸에서 나쁜 기운을 제거하고 좋은 기운을 늘려줌으로써 건강을 증진시켜 주고 수명을 연장시킨다는 신체적 수련, 호흡법 그리고 명상의 방법 등이다. 이 또한 최

---

138) 외단(外丹)이란 유황, 수은 등의 약물을 불에 주련하여 황금구단(黃金九丹)을 만드는 것으로 이른바 황백의 술(黃白之術)이다. 오늘날에도 금(金)을 음식에 뿌려 섭식(攝食)하는 행위가 여기서 기인한 것은 아닌가 생각된다.
139) 신(神)으로 정(精)과 기(氣)를 운행 시키고 결합하여 단(丹)을 만든다는 것이다.
140) 김낙필, "해동전도록에 나타난 도가사상", 한국도교사상연구회, 「도교와 한국사상」, 한국도교사상연구총서 1 (1987): 143-145.
141) 박영호, "傳을 통해 본 허균의 도가사상", 한국도교사상연구회, 「한국도교사상의 이해」, 한국도교사상연구총서 IV (1990): 140-141.

대의 복인 고종명(考終命)의 복을 누리고 싶어 하는 기원이 담겨 있다. 오늘날 '단월드'와 '증산도' 같은 내단 조직이 한국의 도시와 마을에서 수행자들의 마음을 사로잡고 있다.[142]

살펴본 바와 같이 도교의 종교적 목표는 득도(得道) 혹은 영생(永生)이다. 그리고 이러한 목표를 실현한 인물을 신선(神仙)이라 한다. 신선이란 죽음을 극복한 존재이다. 또한, 도교가 추구하는 길은 '생도'(生道) 곧 사는 길이다. 그러나 인간의 실존이 안고 있는 원초적 고단함과 죄와 무질서, 세속적 탐욕, 고통 등 인간 사회의 현상 속에 있을 수밖에 없다. 이 실존에서 벗어나 회복과 인간 본래의 모습을 되찾기 위한 것이 생도(生道)이다. 노자로부터 도교인(道敎人)들이 생명을 갈구한 까닭은 세속 안에서 참된 생명을 찾아볼 수 없었기 때문이라 할 수 있다. 그래서 그들은 탈 세속적이며 이상향적인 차원의 것을 갈구했다. 이러한 신선사상이나 불로사상 모두 인간의 염원인 장생(長生)이 그 기저(基底)에 짙게 드리워져 있다.

3) 도교의 의례, 제의

도교 의례를 연구하는 데 겪는 어려움은 민간 신앙 의례와 도교 의례를 구분하는 것이다. 도교는 발생 초기부터 정체성이 논란이 되었으며, 현재에도 여전히 논란이 되고 있다. 이러한 논란의 이유는 샤머니즘에 노장철학과 신선사상, 그리고 태평도와 오두미도의 사상을 포함하는 체계를 가지고 출발했기 때문일 것이다.

도교인들은 천상계나 사자(死者)들이 머무는 세계에 대한 강한 관심을 나타낸다. 그들에게 있어서 천상계는 신들과 득도한 선인들이 머무는 곳으로 그들도 신선이 되어 천상계로 올라가는 것을 목표로 한다. 자신들은 물론 신선이 되지 못한 사자(死者)들이 다시금 천상계에 올라갈 수 있도

---

142) Don Baker, 『한국인의 영성』, 121-125.

록 사자구제(死者救濟)의 의례를 시행하기도 한다. 도교의 천상계는 세상과 다른 성스러운 세계이다. 그 세계에 들어가기 위해서는 세속을 끊는 성화(聖化)의 작업이 요구된다.[143] 도교의 의례는 천상계와 세상을 이원적으로 바라보는 사고에 바탕을 둔 행위이다. 이처럼 성스러운 세계로 진입하는 것을 제사의 다양한 제물과 도사(道士, 司祭)의 의례 행위를 통해 상징적으로 보여 준다. 도교 제사의 모든 구성 요소와 양식은 성스러운 세계인 천상계로의 비상과 초월을 드러나게 해 주는 상징적 도구이다.

도교 의례의 핵심은 문서와 경전을 제물로 바치는 것이다. 도교인들에게 도교의 경전은 신들의 메시지나 계약, 명령, 우주적 상징, 교리를 담고 있으며, 이는 신들이 인간에게 전해 준 것으로 그 자체가 성스러운 대상이다.[144] 성물로서의 경전은 의례에서 신들의 하강 자리가 되고 또는 우주의 오방(五方)을 대신하기도 하며, 의례의 장소와 집전하는 도사(사제)를 성스럽게 하는 기능을 한다. 도단(道壇) 위 신좌(神坐) 뒤편에 진설함으로써 신좌의 신성함과 권능을 나타낸다. 그리고 도교 의례의 각 단계가 끝날 무렵에 문서들을 소각한다. 경전이나 문서의 소각은 상징적 의미가 있다. 소각을 통해 계시가 전달되었던 경전이 본래의 자리인 천계로 회수됨을 나타내고, 의례의 공덕 힘을 강화하는 기능으로 이해한다.[145]

도교 제사에서 보편적으로 사용되는 중요한 제물은 향과 촛불이다. 향은 신들이 강림하고 체내신들이 천상계로 오르는 매개적 통로의 기능을 하고, 촛불은 우주발생론의 과정을 재현하는 상징적 수단으로 사용한다. 촛불을 하나씩 켜 나감으로써 우주 발생 과정을 도단(道壇)에서 재현하는 것이다. 이러한 의례가 일어나는 도장(道場)은 두 개의 공간이 융합되는

---

143) 최수빈, "희생제의의 관점에서 본 도교의례", 한국종교문화연구소, 「종교문화비평」(제31권 2017): 106-107.
144) 최수빈, "희생제의의 관점에서 본 도교의례", 109.
145) 최수빈, "희생제의의 관점에서 본 도교의례", 109-113.

곳이다. 명상이나 정화의 공간이며, 희생 제의가 실현되는 다층적 공간이다.[146] 도교의 제의는 기복을 염원하기보다는 내세적인 것이 강하다.

도교 제사의 특성 중 대표적인 것은 밀의성(密意性)과 상징성을 토대로 한 신비주의적 의식이다. 제사 안에서 내적 신들의 세계와 소통하며 대우주의 창생을 재현하고 영적 여행을 이끈다. 이러한 의례 과정은 성화를 실현하기 위한 재법(齋法)[147]과 같은 정화(淨化)의 절차를 마련하여 신도들의 삶의 안녕과 평화가 도래하게 한다.[148] 도교에서 추구하는 것은 물질과 현세적 복락보다는 도(道)와의 합일, 내세적 안녕이 그 이상향임을 알 수 있다.

3. 도교적 영성이 한국교회 영성에 미친 영향

도교는 대개 민간의 이익을 대변하는 기층(基層)의 관념을 토대로 중국의 민간 사상의 한 갈래이거나 또는 이에 의해서 파생되었다고 보는 것이 정설(定說)이다. 이로부터 민간을 중심으로 성립된 교단 위주의 종교 사상을 도교라 하는 것이다.[149] 그 기원은 일반적으로 질병 치유의 수단으로 교단까지 성립하게 된 오두미도(五斗米道)에 두고 있다. 여기에 금단도(金丹道)를 포함한 일련의 방중술(房中術)과 신비적 관념을 더 하여 '황로학'(黃老學) 이라고 부르는 것도 포함한다. 이론적으로는 노자(老子)·장자(莊子)·열자(列子) 등 제자백가(諸子百家)의 인물들을 제신(諸神)에 봉위(奉位)하고 유가적(儒家的) 윤리와 불교적인 교단체계 그리고 학자들과

---

146) 최수빈, "희생제의의 관점에서 본 도교의례", 115-118.
147) 재(齋)는 '몸과 마음을 깨끗이 한다.'라는 뜻으로 정화(淨化)의 의미이다.
148) 최수빈, "희생제의의 관점에서 본 도교의례", 131-132.
149) 윤찬원, 『도교철학의 이해』(서울: 돌베개, 1998), 31-33.

기인들의 교리설(敎理說)을 포함하고 있다.

사상적으로는 신선불사(神仙不死)의 관념을 기저(基底)에 깔고 있으며, 외단(外丹)을 중심으로 여러 가지 방술을 사용하여 신선(神仙)이 되는 법술이 있고, 자신의 수양과 공행(功行)을 통해 좋은 과보(果報)를 얻는 타력적(他力的)인 종교적 형태가 있다.

도교가 무엇이냐고 할 때, 잡다하면서 종합적이고, 다양하면서 현세와 내세적인 종교의 형태로 형성된 사상이기에 그 동일성을 분명히 언급할 만한 정체(正體)가 모호하다. 중국적 무교(巫敎)를 도교(道敎)라 해도 과히 틀린 말은 아니다.[150]

여기에 더하여 독자적이며 자생적인 문화적 원형에서 출발한 고대 한민족의 고유한 신선사상(神仙思想)이 있다. 바로 선풍(仙風), 풍류(風流)의 영성이 한민족 안에 담겨 있다.

1) 인간론(人間論)

서양 철학의 지배적인 사상체계인 이원론은 플라톤으로부터 시작되었다. 그는 영원불변의 이데아와 감각적인 물질세계로 구분하였다. 이것이 중세에서는 전자는 천국의 세계로, 후자는 물질과 육욕의 세계가 되었다. 이러한 구분이 극단화된 것은 데카르트에게 와서인데, 그는 물질과 정신을 두 가지 실체로 상정한다.[151] 즉, 자연과 인간의 신체는 물질이고, 정신은 물질이 아닌 것, 즉 생각과 사유(思惟) 등을 말한다. 인간을 육체와 정신이 정확히 분리된 실체 이원론의 시초가 된다.

동양에서는 육체와 장신을 유기적 관계로 이해하며, 인간을 소우주(小

---

150) 민영현, "도교의 지평에서 본 생명의 학(學)과 술(術)", 한국도교문화학회, 「도교문화연구」 제38호 (2013): 266-267.
151) Constantin J. Vamvacas, 『철학의 탄생』, 이재영 역 (파주: 알마, 2008), 135-137.

宇宙)라 하여 우주의 운행 원리가 그대로 인간에게도 적용된다고 생각했다. '천인합일설'(天人合一說), '천인감응설'(天人感應說) 등은 그러한 사유방식(思惟方式)에서 나온 사상이다. 한국 선도 역시 예외는 아니며 '신인합일'(神人合一) 혹은 '삼진귀일'(三眞歸一) 등으로 표현한다.[152]

한국 고유 사상체계에서 나타나고 있는 삼원론(三元論)은 근원적으로는 하나이지만 각각의 역할을 담당하는 세 가지의 요소들이 우주 만물의 생성, 변화, 소멸을 담당한다고 보는 논리이다.

한국 도교(선도)의 삼원론은 천부경에서 나왔다. 『천부경』이 전하는 메시지의 핵심은 '시작도 끝도 없는 하나, 모든 존재가 그것에서 나와서 그것으로 돌아가는 하나'를 의미하는 '하나(一)'라는 한 글자로 귀결된다. 이 하나(一)의 세 가지 다른 모습을 삼원(三元)이라고 한다. 『천부경』의 '천지인(天地人)'과 『삼일신고』의 '성명정(性命精)', '이기상(理氣像)', '심기신(心氣神)', '영혼백(靈魂魄)'이라는 삼원적 구조는 모두 근원적으로 하나이지만 역할 논리의 세 요소로 설명될 수 있는 것이다.

천부경(天符經)은 환인이 다스렸던 옛 한국(桓國)에서 구전(口傳)으로만 전해지다 환웅(桓雄)이 고조선(古朝鮮)을 세운 뒤, 신지(神誌)의 직책에 있던 혁덕(赫德)에게 명하여 녹도(鹿圖)의 글로써 이를 기록하게 하였다.[153]

천부경의 핵심은 '인중천지일(人中天地一)'로 사람 안에 하늘과 땅이 모두 들어 있으며, 이러한 천지인이 어우러져 하나로 만나는 그 점을 시작도 끝도 없는 점이자 하나의 빛으로 존재하는 '알'이라 하였고, 천부는 여기에서 나온다고 하였다. 사람 안에 있는 그 '알'이 움트는 것을 '알움답다' 즉 '아름답다'라고 한다.[154]

---

152) 이승호, "한국선도 사상에 관한 연구", (박사학위논문: 대전대학교 대학원, 2010). 138.
153) 이승호, 『한국선도와 현대 단학』(일산: 국학자료원, 2015), 265-270.
154) 이승호, 『한국선도와 현대 단학』 140-142. 진실 곧 참이 '알'이다. '알다운', '알움답다'라는 것은 진실을 소유한 모습(眞如)의 실현체를 말한다. 유동식, 『한국문화와 기독교』(서울: 한들출판사, 2009), 43-44.

종합하여 볼 때, 동양학의 본질적인 인간 이해는 하늘과 땅, 즉 천지 상호 연관 속에서 이루어져 왔다. 곧, 천인합일 혹은 신인합일로 대변되는 천지자연과의 관계성을 중심으로 하고, 천자의 화육(化育)에 참여함을 목표로 삼아 왔다고 할 수 있다. 그래서 인간은 통제와 억압, 속박과 금기의 인간이 아니라 자유와 평등의 신격(神格) 안에서 인간의 가능성과 현세성(現世性)을 발견하는 것이다. 인간은 인격적 존엄성만으로 인간의 가치가 결정되는 것이 아니라 인간은 그 자신의 신격으로 천지와 더불어 존재의 운동, 생명의 신장을 불러일으키는 존재인 것이다. 신(神)을 따르는 것이 아니라, 신을 부리는 것이다. 이런 측면에서 인간이 곧 신이다.[155] 이에 동학은 '인내천'(人乃天)의 교의를 설파한 것이다. 이런 사상의 영향은 교회를 통한 구원이 아니라 개인적 자각과 체험을 통한 직관 그리고 신과의 소통이라는 점에서 그노시스(γνῶσις)[156]적인 신앙 체계를 형성하게 하였다.

2) 신론(神論)

도교는 원래 무격(巫覡)신앙에서 발전하였고 무격신앙의 터전은 민간이었다. 이처럼 무격신앙으로부터 출발한 도교는 진시황·한무제 때를 중심으로 한 방선도(方僊道)의 시기를 거쳐 후한(後漢) 후기에 이르면 민간 도교 교리 체계와 교단 조직을 갖추게 된다. 전자는 곧 『태평경(太平經)』이고 후자는 오두미도(五斗米道)이다. 조선 후기는 민간 도교의 시대로 접어들게 되었다.

우리의 민간 신앙 중 다음과 같은 신격(神格)들은 대부분 도교에서 유래

이러한 사상은 유영모에게서 발견된다.
155) 민영현, "한국민족종교사상의 선개념과 그 철학적 인간학에 관한 연구", 한국도교문화학회, 「도교문화연구」 제26호 (2007): 229-235.
156) 신과의 융합을 체험하게 하는 신비적 직관이나 종교적 인식을 말한다.

된 것이다.[157]

①옥황천존신(玉皇天尊新) 옥황상제(玉皇上帝)

②성신(星神) 노성신(老星神) 노신(老神) 칠성신(七星神) 일월성군신(日月星君神) 문창제군신(文昌帝君神) 남정성 신(南正星神) 용궁칠성신(龍宮七星神)

③선녀신(仙女神)

④산신(山神) 산천신(山川神) 산천장군신(山川將軍神)

⑤용신(龍神) 사해용왕신(四海龍王神)

⑥수신(水神) 수부신(水府神) 수령신(水靈神)

⑦토지신(土地神) 지신(地神)

⑧성황신(城隍神) 서낭신

⑨오방신(五方神) 오방신장신(五方神將神)

⑩신장신(神將神)

---

157) 김태곤, "한국민속과 도교", 한국도교사상연구회, 「한국도교와 한국문화」, 한국도교사상연구총서 II (1988): 112에서 인용.

⑪명부시왕신(冥府十王神)

⑫조왕신(竈王神)

이 중에서 근래까지도 민속에서 신앙이 되었던 도교적 신격으로는 옥황상제(玉皇上帝)·칠성신(七星神)·조왕신(竈王神) 등을 들 수 있다. 옥황상제는 천제(天帝)의 관념과 동일시되어 정착된 것으로 보인다. 그러나 기복적(祈福的) 신격은 아니었다. 인간의 생사에 대해 실제적으로 권능을 지닌 신으로는 칠성신이 더욱 숭배되었다.[158] 이와 더불어 한국 도교에서는 일(一)과 삼(三)의 상호 관계에 내포된 기본 원리인 삼원론을 기초로 본체론, 인간론, 신론이 전개된다. 이 삼원론은 『천부경』에서 하나에서 하늘과 땅 그리고 인간이 나와 극(極)을 이루었다는 '일석삼극'(一析三極)의 원리에서 출발한다. '일석삼극'이란 창조(創造)와 피조(被造)의 이분법적인 관계를 부정하며 천지인(天地人)이 본래부터 한 뿌리이기 때문에 별개가 아님을 강조하는 것이다.[159] 하나라는 본체 속에서 천지인 삼원으로 분화한다는 것은 생성의 세계가 무질서와 불규칙 속에서 이루어지는 것이 아니라 삼원론적 원리에 의해 이루어진다는 것을 의미하는 것이다.

『규원사화』는 신(神)에 대하여 "하늘에는 큰 주신(一大主神)이 있었다. 그를 환인(桓因)이라고 하는데, 온 세상을 다스리는 많은 지혜와 능력을 갖고 있다. 그러나 형체는 드러내지 않고 가장 높은 하늘에 자리 잡고 있다. 그가 있는 곳은 수만리(數萬里)나 떨어진 곳이지만 언제나 환하게 빛났으며 그 밑에는 수많은 작은 신(小神)들을 거느리고 있다. '환'(桓)이란 광명, 곧 환하게 빛나는 것으로 그 형체를 말함이요, '인'(因)은 본원(本源)

---
158) 정재서, 『한국도교의 기원과 역사』, 124-134.
159) 김석진, 『하늘 땅 사람의 이야기 대산의 천부경』 (서울: 동방의 빛, 2009), 40.

곧 근본(根本)으로 만물이 이로 말미암아 나는 것을 뜻함이다."[160]라고 풀이했다. '환'(桓)은 '천'(天)을 의미하고 '환인'은 '천신'(天神)으로 '천제(天帝), 천주(天主), '하느님'을 의미한다.[161]

『신리대전(神理大全)』[162]에서는 다음과 같이 말한다.

> 신(神)은 환인(桓因)과 환웅(桓雄)과 환검(桓儉)이시니, 환인은 조화(造化)의 자리에 계시고, 환웅은 교화(敎化)의 자리에 계시고, 환검은 치화(治化)의 자리에 계시니라. 하늘에서는 그보다 더 위에 계신 이가 없으시며, 만물에서는 그보다 더 비롯된 것이 없으시며, 사람에게서는 그보다 먼저 된 이가 없으시니라. 나누면 셋이요 합하면 하나니, 삼일(三一)로써 신의 자리가 정해지느니라.[163]

신리대전의 내용을 풀어 설명한다면, 三은 하나의 신을 나누어 말한 것이기도 하다. 이 경우에 三神은 환인과 환웅과 환검을 가리킨다. 그리고 기능적인 측면에서 신에 대한 구분이 이루어지고 있음을 알 수 있다.[164] 신

---

160) 『揆園史話』「肇判記」, "上帝 却有一大主神 曰桓因 有統治全世界之無量智能 而不現其形體 坐於最上之天 其所居數萬里 恒時大放光明 摩下更有無數小神 恒者 卽光明也 象其體也 因者 本源也 萬物地籍以生者也." 이승호, "한국선도 사상에 관한 연구", 115에서 재 인용.
161) 허호익, 『한류와 한사상』 (서울: 모시는 사람들, 2009), 113-114.
162) 대종교 초대 교주 나철(羅喆)이 『삼일신고(三一神誥)』의 신훈편(神訓編)을 설명한 것으로 모두 4장으로 나뉘어 216자의 한자로 되어 있다. 후에 서일(徐一)이 한문으로 주(註)를 달았으며, 1923년 제2대 교주인 김교헌(金敎獻)에 의하여 일차 간행되었다. 그 뒤 제3대 교주인 윤세복(尹世復)이 한글로 번역하여 '한얼이치'라는 이름으로 『한검바른길』이라는 책 속에 포함하여 1949년에 출판하였다. 내용은 신위(神位)·신도(神道)·신인(神人)·신교(神敎) 등의 4장으로 나누어져 있으며, 대종교의 신관(神觀)을 여러 가지 차원에서 설명하고 있다. 참고: 한국민족문화대백과 https://terms.naver.com. 2019년 09월 01일 14:54에 접속.
163) 『神理大全』「神位」"神者, 桓因桓雄桓儉也 因爲造化之位 雄爲敎化之位 儉爲治化之位 在天無上 在物無始 在民無先 分則三也 三一而神位定." 이 권, "한국 선도와 중국도교의 삼분사유", 한국도교문화학회, 「도교문화연구」 제29호 (2008): 43에서 인용.
164) 김일권, "도교의 우주론과 지고신 관념의 교섭 연구", 한국종교학회, 「종교연구」 (1998): 219.

을 나누어 말하면 三이라고 하고 합하여 말하면 一이 되는 이러한 구조가 三一이다. 다시 말하면 一神은 三神으로 분화하고 三神은 합쳐 一神이 된다는 것이다. 一은 二를 낳고, 二는 三을 낳고, 三은 만물을 만든다는 이러한 사상의 영향으로 기독교의 삼위일체 교리를 저항 없이 받아들일 수 있도록 했으며, 기독교의 이해를 쉽게 하는 데 적지 않은 역할을 하였다.

3) 구원관(救援觀)

도교가 추구하는 종교적 목표는 영생(永生)이다. 그리고 이러한 목표를 실현하여 죽음에서 해방되고자 세속적 욕망에서 탈피하고 세속적 가치들에서 벗어나고자 했다. 도교에서는 죽음의 원인으로 죄를 꼽는다. 죄는 개인이 저지른 악행도 있지만 집단적으로 주어진 것도 있고, 유전된 죄도 있다는 것이다. 상청파(上淸派)에서는 인간이 잉태되면서부터 주어지는 원죄(原罪)[165]를 죽음의 근본 원인이라고 설명하고 있다.

도교의 죄관(罪觀)을 관심 있게 보게 하는 것은 상청파의 핵심 경전인 『대동진경(大同眞經)』에서 인간은 유전적으로 생명을 물려받는 순간부터 조상 대대로 행한 죄와 악의 결과를 동시에 부여받는다. 즉 악의 문제가 인간에게 본성적으로(유전적으로) 잠재해 있다는 것이다. 여기서 말하는 숙죄(宿罪)는 몇 대 이전의 죄로 인함인지, 혹은 인간 본질적으로 부여

---

[165] 中國의 道敎分派인 上淸派의 핵심경전인 『上淸大洞眞經』에서는 이를 숙죄(宿罪), 숙예(宿穢)라고 표현하며 이러한 근본적인 죄로 인하여 인간 안에 죽음이 자리하고 있다고 설명한다. 上淸派는 도교 전체의 교학적(敎學的) 체계의 기틀을 완성하는데 핵심적인 역할을 담당한 분파이다. 상청파는 우선 도교의 경전들을 분류하고 체계화하는 기틀을 마련하였으며 당시의 여러 도교의 이론들을 종합하고 그것을 독창적으로 개혁하여 도교의 교학 체계를 확립하였다. 『대동진경』에서는 인간의 실존적 곤경을 "죽음"으로 이해하고 죽음으로부터 벗어나 영원한 생명을 획득하는 방법에 대해 기술하고 있다. 『대동진경』에서 인간은 바로 삶과 죽음의 교차로로 묘사된다. 인간 안에는 "생명의 문(生門)"과 "죽음의 문(死戶)"이 동시에 존재하며 神들은 죽음의 문을 막고 생명의 문을 열어주는 존재로 묘사된다. 또한, 인간 안에 죽음을 초래하는 근원으로서 '胎의 결박(胎結)'이 있다고 한다. 『대동진경』에서는 이러한 죽음의 원인과 근원을 해결하여 영원한 생명의 眞人(神仙)이 되는 수행 방법을 제시하고있다. 최수빈. "도교 상청파의 대동진경 연구", (박사학위논문: 서강대학교 대학원, 2003). 162-165.

된 원죄(原罪)인지가 의문이 생긴다. 『대동진경(大同眞經)』에서 말하는 '숙죄(宿罪)', '숙예(宿穢)'는 단순히 부도덕한 행위를 지칭하는 것만이 아니라 도(道)라고 하는 올바른 궤도를 이탈한 인간의 생존 그 자체를 지적하는 것으로 보인다. 따라서 죄의 결과물인 죽음도 일상적인 인간에게는 피할 수 없이 원천적으로 부여되는 것이다.[166]

이러한 죽음의 원천을 차단하는 것을 "해태(解胎)"라고 말한다. "해태(解胎)"란 태(胎)의 결박을 풀어 줌으로써, 새로운 태(胎)로 돌아가는 것으로 표시된다. 이것은 또 다른 생명으로의 탄생을 의미한다.[167] 이와 같은 사상은 기독교의 거듭남(重生)을 연상시킨다.

불교의 윤회사상(輪回思想)에 의하면 엄밀한 의미에서 사자(死者)는 존재하지 않는다. 왜냐하면, 생존하고 있는 것은 일단 죽어도 다시 오도(五道), 혹은 육도(六道) 중의 어느 것으로 변화하여 태어나기 때문이다. 그러므로 불교에서는 사자(死者)의 세계는 존재하지 않는다. 따라서 사자(死者)의 구제를 설(說)하지 않는다. 도교와 불교 세계관의 근본적인 차이를 볼 수 있는 것이 사자(死者)에 대한 관념이다. 도교에서는 생자(生者)와 사자(死者)를 확실히 구별하고 있다. 도교에서는 사람이 죽으면 거의 삼도(三塗)에 간다고 생각한다. 삼도란 윤회의 세계관에서 가장 존재의 양태이며 삼악도(三惡道)라고 불린다. 도교에서는 사자의 거의 모두가 삼악도(특히 지옥)에 거하는 것으로 말한다, 세속의 도덕에 위반하는 행위를 한 사람만 지옥에 떨어지는 것이 아니다. 선인을 비방하거나, 자신보다 뛰어난 자를 시기하거나 타인의 물건을 훔치는 등의 일상적인 악행만으로도 지옥에 떨어지게 되는 것이다. 이렇듯 죽음은 죄과(罪過)의 응보이며 따라

---

166) 최수빈, "도교 상청파의 대동진경 연구", 165-166
167) 백신이 태의 결박을 풀어주네(百神解胎結)『大同眞經』卷2第5
　　　달 가운데에서 태를 돌리고 해 가운데에서 생명을 받네(月中反胎 日中受生)『大同眞經』卷5第22 최수빈, "도교 상청파의 대동진경 연구", 16에서 재인용.

서 사자의 혼(魂)은 여전히 씻지 못한 죄를 가지고 있는 존재이므로 이들을 구원하기 위해 노력해야 한다고 말한다. 따라서 상청경(上淸經)이나 영보경(靈寶經)[168]의 많은 부분이 사자가 된 조상들의 구제를 비는 기도문이나 의례 등이 빈번히 등장한다.[169] 도교의 지옥(地獄)은 지하의 깊은 곳, 혹은 대륙의 외부를 둘러싼 대해(大海)의 한가운데 북방의 바다 가운데의 풍도산(酆都山 혹은 羅酆山)에 존재한다고 생각했다. 영보경전(靈寶經典)에서 말하고 있는 대표적인 지옥은 '구유지옥(九幽地獄)'인데, '장야지부(長夜之府)'나 '무극세계(無極世界)'라고 부르고 있어 땅속 깊은 곳에 있는 전혀 빛이 없는 어둠의 세계로 생각할 수 있다. 이 밖에도 도교에는 풍도지옥, 태산지옥 등 32개의 지옥의 개념이 등장한다.[170]

도교인들이 가지고 있는 초월적 영역, 혹은 내세적 영역에 관한 관심은 신선, 그리고 이미 죽어 사자(死者)가 된 존재들에 대해 지속적으로 이어지고 있다. 남궁(南宮)은 혼과 육체를 정화하여 신선으로 거듭날 수 있는 사자의 부활 장소이다. 사자의 혼이 후손들의 음덕과 기도 등으로 지옥으로부터 구출되면 우선 천상계의 남궁으로 들어가 여기에서 더럽혀진 혼과 신체를 정화하는 공간이다. 이와 같은 공간을 통과함으로써 사자는 생명을 되찾고 영생의 기회를 얻게 되는 것이다.

상청파 도교인들은 자신의 조상을 필두로 하는 사자들을 구원해 선(仙)의 세계로 올려놓고 싶은 희망과 믿음을 소유하고 있었다. 가장 바람직한 것은 살아 있는 동안 득도하여 불로장생의 선의 세계로 오르는 것이지만, 불가능했던 사람들일지라도 남궁으로 올라가게 하여 득선(得仙)의 기회

---

168) 영보경은 三洞의 하나인 동현부의 중심 경전이다. 또 영보경이란 어떤 특정한 하나의 경전을 가리키는 것이 아니라 여러 경천의 총칭이다. 영보경은 『포박자』의 저자인 갈홍의 종손인 갈소보(葛巢甫)가 동진(317-420)의 말엽에 만든 것이라고 한다. 그러나 영보경이 이 시기에 다 만들어진 것은 아니다.
참고: 山田利明, 『도교란 무엇인가』, 최준식 역 (서울: 민족사, 1990), 97.
169) 최수빈, "도교에서 바라본 저세상", 한국도교문화학회, 『도교문화연구』 제41호 (2014): 322-325.
170) 최수빈, "도교에서 바라본 저세상", 325-329.

를 얻게 하고자 했다. 이처럼 이미 죽음에 이른 사자들에게도 다양한 방법을 통한 부활의 길이 있음을 제시하여 신선에 대한 그들의 갈망을 피력하고 있다. 또한, 그렇게 갈망하는 선인들이 거주하는 화양동천(華陽洞天)에 들어갔다 해도 모든 것이 끝나는 것은 아니다. 이곳에서도 상위의 진인(眞人)을 목표로 하여 정진하지 않으면 안 된다. 도교에서 신선이 되면 그 상태가 유지되는 것이 아니라 지속적으로 선도(仙道)를 유지하여야 선계(仙界)에 머무를 수 있다. 그렇지 않으면 선계에서 탈락할 수도 있다.[171] 이것이 도교적 구원관이 다른 종교와 다른 점이라고 할 수 있다.

종합하여 정리하면, 도교의 구원관은 죄와 부조리로 둘러싸인 세속을 벗어나 도의 세계로의 초월을 추구하려는 득선(得仙)의 열망이다. 바로 신선사상이 초월적 세계에 대한 갈망을 구체적으로 구현한 사상체계라 할 수 있다. 즉 도교적 구원이 가진 핵심은 무병장수가 아니라 초월과 자유, 그리고 세속적 삶의 탈피라고 하는 이상향이라고 말할 수 있다. 1900년대 초 한국교회에서는 암울한 세상에서의 회피로 내세 지향적 신앙의 모습이 나타난다. 개종한 도교인들의 영향이 있었을 것이다.

도교의 죄론(罪論)과 죄의 결과에 따른 응보적인 지옥의 사상, 그리고 선계(仙界)로의 강한 갈망의 사상이 한국교회 신앙에도 적지 않은 영향을 미쳤을 것이다. 더럽혀진 혼과 신체를 정화(淨化)하는 공간인 도교의 남궁(南宮) 사상은 가톨릭교회에서 주장하는 연옥설의 사상과 유사성이 있다고 보인다. 신자들이 죽으면 온전한 신자들의 영혼은 곧바로 천국으로 가지만, 완전히 정화(淨化)되지 못한 신자들은 천국에 들어가기 전에 정결의 단계를 거쳐야만 한다. 따라서 그들은 천국으로 바로 가지 못하고 연옥(煉獄)이라는 곳에 들어간다는 연옥설을 주장한다.[172]

---

171) 최수빈, "도교에서 바라본 저세상", 341-346.
172) Louis Berkhof, 『조직신학 하』, 권수경·이상원 역 (서울: 크리스챤 다이제스트, 1991), 956.

연옥이란 정화의 장소를 가리키는 것으로 혼과 육체의 정화 장소인 남궁과 유사하다. 또한, 비신자들의 영혼은 죽음 직후 곧바로 스올이나 하데스라는 형벌의 장소인 지옥으로 들어간다. 여기서 비신자들의 영혼은 부활 사건이 일어날 때까지 기다리는 상태로 성경에는 지옥을 여러 가지로 표현하고 있다. 곧 바깥 어두운 곳, 유황불 붙는 못 등으로 나타내고 있다.

도교에서 말하는 지옥의 모습처럼 지하의 깊은 곳, 혹은 사람의 힘으로는 찾아갈 수 없는 대륙의 외부를 둘러싼 대해(大海)의 한가운데, 북방의 바다 한가운데의 풍도산(酆都山 혹은 羅酆山)에 있고, 영보경전에서 말하고 있는 '구유지옥(九幽地獄)'은 '장야지부(長夜之府)'나 '무극세계(無極世界)'로 땅속 깊은 곳에 있는 전혀 빛이 없는 어둠의 세계라는 지옥의 사상과 죄론(罪論)이 한국 영성 기저에 담겨 있다.

살펴본 바와 같이 한국교회의 영성은 부정적인 측면에서 순수한 기독교적 영성이라고 말하기는 어렵다. 영성 형성 배경을 통하여 알 수 있듯이 샤머니즘 강신 신앙에 근거한 기복과 망아(忘我, 엑스터시), 샤머니즘적(주술적) 치병, 신비적인 체험 영성이 기독교의 은사적 영성인 입신, 환산, 예언 기도 등의 신앙적 형태에 영향을 받음으로 비 복음적 요소들이 기독교 영성과 혼합되어 부정적으로 나타나고 있다. 도교적 용어인 천당과 지옥이 그대로 교회에서 사용되고, 무간지옥, 독사지옥, 냉(冷) 지옥, 그리고 구유지옥 등의 심판 사상과 죗값과 공로에 의해 차등 된다는 개념이 한국교회 깊숙이 뿌리 내리고 있다고 해도 절대 과하지 않다.

| 제3절 |

불교적 영성의 특징과 영향

한국은 1,500여 년 동안의 불교적 역사로 인하여, 불교의 영향을 배제하고는 한국 사상을 이해할 수 없을 정도로 그 영향력은 실로 대단하다. 물론 유교의 조선왕조 오백 년에 의하여 불교의 영향력이 잠시 차단되어 소극적 위치에 놓이긴 했으나, 그러함에도 한국불교는 한국인의 종교라 할 정도로 민중의 종교가 되어 한국문화와 한민족 종교적 영성에 융화되어 한국 사회 전반과 한민족 영성에 깊은 영향을 끼쳤다. 따라서 민중의 종교적 심성(心性)을 구성하고 있는 무교적(巫敎的) 요소와 한국불교 사이에는 일정한 상호작용이 있다.[173]

불교는 삼국의 국가 체계가 정비될 무렵 전해 내려왔다. 그리하여 고구려는 소수림왕(小獸林王)[174] 2년(A. D. 372년) 때, 백제는 고구려보다 약간 늦은 침류왕(枕流王)[175] 원년(A. D. 384년) 때 공인되었으며, 계율 중심

---

173) 유동식, 『한국무교의 역사와 구조』(서울: 연세대학교출판부, 1985), 258.
174) 소수림왕은 부왕의 전사에 따른 국내외적인 위기를 극복하면서 새롭게 지배체제를 정비해야 하는 시기에 즉위하여, 즉각적으로 국가 체제 정비에 나섰다. 372년 전진(前秦)에서 승려 순도(順道)가 외교사절과 함께 불상과 경전을 가지고 왔으며, 374년에는 아도(阿道)가 들어와 불교를 전래했다. 왕은 초문사(肖門寺)와 이불란사(伊弗蘭寺)를 창건해 각각 순도와 아도를 머물게 했다. 「삼국사기」에는 이때부터 한국에 불교가 전래 되었다고 기록하고 있다. 참고: 한국민족문화대백과사전 http://encykorea.aks.ac.kr. 2019년 09월 01일 16:20에 접속.
175) 재위 기간은 384년부터 385년까지이다. 근구수왕의 맏아들이며, 어머니는 진씨(眞氏)로 추정되는 아이부인(阿尔夫人)이다. 아신왕은 맏아들이다. 백제에서 처음으로 불교를 공인한 왕으로, 384년(침류왕 1) 9월 호승(胡僧) 마라난타(摩羅難陀)가 동진(東晋)에서 오자, 그를 맞아 궁중에 두고 예로써 받드니 백제에서 불법이 이로부터 시작되었다.

으로 발달하여 한국 율종(律宗)의 선구가 되었다.[176]

신라는 가장 뒤인 고구려를 통하여 전해진 것으로 눌지왕(訥祗王) 때의 아도화상에 의해 전래되어 23대 법흥왕(法興王)[177](A. D. 528년) 때에 이르러 이차돈(異次頓)의 순교(順敎)를 계기로 하여 공인되었다. 당시의 사회는 중앙집권적 왕국이 성립되어 초 부족적인 상태로 변하고 있는 때에 전해 내려온 불교가 고등종교이자 철학으로서 영역 내의 잡다한 여러 부곡의 신화와 무격신앙(巫覡信仰)들을 포용하면서 보다 한 단계 고양된 종교 체계로 규합해 나갔다. 그리고 국가적인 발전단계에서 야기되는 인간 사회의 모순을 한 차원 높은 수준에서 깨닫게 함으로써, 새로운 고대 왕국의 정신적 기반을 마련해 주었다.[178]

신라가 삼국을 통일하면서 불교가 부흥되었으나, 신라의 불교는 재래의 신앙[179]과 융화되면서 진흥왕 33년(A. D. 527년) 천신과 더불어 전사자의 신령을 제사하는 팔관회 사원에서 행하였으며, 이후 호국불교가 되었다.

한국불교 역사상 왕권과 결합 되어 국가적 색채를 띠게 된 것은 삼국시대부터이고, 그 가운데에서도 가장 두드러진 것은 신라불교였다. 그것은

참고: 한국민족문화대백과사전 http://encykorea.aks.ac.kr. 2019년 09월 01일 16:20에 접속.
176) 한기두, 『한국불교사상』 (서울: 원광대학교출판부, 1972), 52.
177) 고대 왕권 국가의 성립 요건을 율령(律令)의 반포에 둔다. 이 기준에 따른다면 고구려는 소수림왕 때, 백제는 침류왕 때 율령을 반포하면서 왕권 국가의 자격을 갖추었다. 이에 비한다면 신라는 고구려에 비한다면 150여 년, 백제에 250여 년이 늦은 법흥왕 때에 이루어졌다. 참고: 한국민족문화대백과사전 http://encykorea.aks.ac.kr. 2019년 09월 01일 16:28에 접속.
178) 한국사특강편찬위원회, 『한국사특강』 (서울: 서울대학교출판부, 1998), 317-318.
179) 불교가 전래되기 전에는 재래의 토착 신앙이 신앙의 중심을 이루고 있었다. 삼국시대 천문관측과 점성을 담당하는 사람을 일자(日者) 또는 일관(日官)이라고 했다. 삼국시대까지만 해도 천재지이(天災地異) 현상들이 인간에게 직접적인 영향을 주는 것이라고, 믿고 점성술에 의한 일자의 판단들을 믿어왔다. 시대적, 국가적 요청에 의해 전래된 불교도 토착의 무속신앙을 전혀 무시할 수 없었고, 불교는 뿌리 깊게 남아 있던 재래신앙과 깊은 관계를 맺고 토착화의 길을 걸으면서 그 세력을 확장시켜 나갔다. 이 때문에 삼국시대의 불교는 불교의 근본정신과는 달리 재래의 현세적 기복신앙을 연장한 데 불과하다는 주장도 있다. 참고: 법보신문 기사: 고대불교 - 무격신앙과 불교의 습합 -하. http://www.beopbo.com/news/articleView. 2019년 09월 02일 00:16에 접속.

신라가 삼국 가운데 문화 수준이 가장 낮고 국가 성장도 제일 늦어서, 불교를 받아들이면서 비로소 국가 체제를 정비하고 왕권 강화를 추진했기 때문이다.[180]

후삼국의 혼란을 극복하고 새로운 통일왕조인 고려를 개창한 왕건은 건국 초부터 적극적인 숭불정책을 시행하였다. 건국 이후 수도 개경에 많은 사찰을 창건하였을 뿐 아니라 만년에 자손들에게 남긴 『훈요십조(訓要十條)』[181]에서도 불법을 숭상하고 사찰을 보호할 것과 불교 행사인 연등회와 팔관회를 지킬 것을 강조하였다. 왕건이 불교를 존중하는 정책을 취한 가장 큰 이유는 오랜 전란을 겪어 피폐해진 민심을 수습하는 데 불교가 큰 역할을 할 것으로 기대했기 때문이었다. 후백제의 항복을 받아 후삼국의 통일을 달성한 직후에는 이를 기념하여 논산 지역에 개태사를 창건하고서 왕건 스스로 발원문을 지었는데, 그 내용은 통일 전쟁에 승리한 것은 부처와 신령의 은덕이며 앞으로도 불교의 음조를 받아 국가의 안정과 발전을 기원한다는 것이었다. 그러나 이러한 정치적 의미에 앞서서 왕건은 개인적으로도 불교에 대해 많은 관심을 가지고 있었다. 그는 왕위에 오르기 전부터 선종과 교종의 여러 승려와 긴밀한 관계를 맺고 있었을 뿐 아니라 왕위에 오른 이후에도 고승들의 비문을 직접 짓거나 비문의 제액을 써 주는 등 승려들에 대한 호의적인 태도를 보였다. 고려 불교는 새로운 사상으로 확립된 선종과 내용을 정비한 교학이 서로 대립하는 추세 속에서도 상호 조화를 모색하며 전개되었다. 고려 불교는 불교 조직과 제도를 운용하며 국가 불교의 틀을 유지해서 갔고, 이를 바탕으로 활발한 교단 운영과 불

---

180) 한국사특강편찬위원회, 『한국사특강』, 321.
181) 943년 태조가 세상을 떠날 무렵에 박술희(朴述希)에게 전해 후세의 본보기로 삼게 한 것이라고 한다. 따라서 「훈요십조(訓要十條)」는 고려 왕실의 헌장으로 태조의 신앙·사상·정책·규범 등을 보여 주는 귀중한 문헌이라고 할 수 있다. 그 내용은 불교와 토속 신앙, 풍수지리, 음양오행, 도참설 등에 대한 태조의 깊은 믿음과 정치이념을 뒷받침하고 있는 사상을 잘 나타낸다.

교 사상 및 신앙의 확대를 추구하였다. 왕건에서부터 시작된 이러한 숭불 정책은 역대의 국왕들에게 그대로 계승되어 고려가 멸망할 때까지 불교는 국가의 보호를 받으며 발전할 수 있었다.[182]

조선(朝鮮)은 숭유억불(崇儒抑佛)을 기치로 내걸고 건설된 나라이다. 조선 건국을 주도한 신진사대부 세력들은 유교적 이상 사회를 건설하기 위해 노력했고, 고려 때까지 사회 이념으로 역할 한 불교를 이단으로 규정했다. 하지만 이와는 별개로 왕실 내의 불교 신앙은 조선 초부터 조선말에 이르기까지 500여 년간 지속되었다. 왕실의 폐쇄성은 불교가 지속될 수 있는 특수한 환경으로 작용하였으며, 유교적(儒敎的) 이상 사회를 지향하는 유학자들과 불교 신앙을 지속하고자 하는 왕실 간의 갈등은 당연한 결과였다.[183]

조선의 건국 주도 세력인 신진사대부들은 성리학에 기반한 국가 건설을 논의하였고, 이들은 고려의 멸망 원인을 불교에서 찾았다. 불교 비판의 초점은 불교가 내세를 강조해 현세에 소홀하게 만든다는 것이고, 둘째는 자기 수양에만 몰두한 나머지 가족과 나라에서 개인을 소외시킨다는 것이었다.[184]

조선시대 유교가 국교화가 되면서 불교 억압 정책으로 인하여 이념적으로 눌리고 사원의 재산 몰수와 승려 신분이 격하되어 천민 계급으로 천대받았다. 이에 따라 조선 불교는 탄압으로 무당이 신봉하는 샤머니즘과 융화된 산중불교가 되었다. 이러한 과정에서 종교와 정치가 결탁하는 종정(宗政)의 영성을 은연중에 형성하게 되었다.[185]

한국불교의 특징은 은둔적 성격이 강하다. 산중에 사찰을 세우고 계율과 참선 그리고 수행으로 도를 이루고자 하여 세속을 떠나 있는 것이다. 그러나 불교 자체는 민중과 호흡을 같이 하여 가족주의적 윤리관에서 차

---

182) 이이화, 『역사 속의 한국 불교』 (서울: 역사비평사, 2009), 524-528.
183) 탁효정, "조선 전기 왕실불교의 전개양상과 특징." 『불교와 사회』 10권 제2호 (2018): 186-187.
184) Martina Deuchler, 『한국의 유교화 과정』 김은훈상 역 (서울: 너머북스, 2013), 146-148.
185) 한기두, 『한국 불교사상』 54.

별 대우 받는 부녀자들을 불교에 귀의시킴으로써 그 차별을 해결하려는 은둔과 평등의 영성을 형성하였다.[186]

1. 불교의 영성적 구조

불교는 업(業, karma)의 교리를 통해 통치자들의 정치적 권위를 강화함으로써 세력을 얻어 갔다, 사람들이 과거에 했던 행동과 이전에 품었던 욕망이 현재와 미래의 그들의 삶을 결정한다는 업의 개념은 비교적 한국인들이 받아들이기 쉬운 것이었다. 왜냐하면, 그것은 한국인들이 불교가 전해 내려오기 이전부터 가지고 있던 가정, 즉 인간이 현재 맞닥뜨리게 되는 일이 무엇이든 그 자신이 책임을 져야 한다고 하는 생각을 강화해 주는 것이기 때문이다.[187]

불교의 기본 교리는 삼보(三寶)로 이루어진다. 이 삼보는 각각 불보(佛寶)·법보(法寶)·승보(僧寶) 또는 간단히 불(佛), 법(法)[188] 그리고 승(僧)을 가리킨다. 불(佛)이란 오랜 고행 끝에 대각(大覺)을 이룬 부처를 가리키는 말로써 부처의 개념은 기독교에서 설명되는 하나님과 다르다. 부처는 창조주도, 유일한 존재도, 절대자도 아닌 진리를 깨달은 자이며, 진리의 길을 가르칠 뿐이다. 그러므로 누구나 부처가 될 가능성이 있는 것이다. 법(法)이란 석가가 최초로 깨달은 내용으로 연기(緣起)라는 진리이다. 모든 존재 자체에는 확고 불변의 특성이 아니라 서로 의존하고 있다는 것이다. 이는 상대적 입장에 따라 가변한다는 것이다. 여기서 무상(無常)의 원리가 세워

---

186) 윤태림, 『한국인의 성격』 (서울: 현대교육 양서출판사, 1979), 174-175.
187) Don Baker, 『한국인의 영성』 87-88.
188) 법(法)은 불교에서 산스크리트어 다르마(Dharma)의 번역으로서 "지키는 것·지지하는 것"을 뜻한다.

지고 무아(無我)의 도리가 근거 되며 중도(中道)와 공(空)이 세워졌다.[189] 그리고 승(僧)은 이러한 가르침을 믿고 따르는 자들의 집단이다. 부처는 그 집단을 승단(僧團)이라고 명명했다.

붓다의 최초 설법인 동시에 일생의 설법은 4가지 진리에 관한 것인 사성제(四聖諦)로 고(苦), 집(集), 멸(滅), 도(道)를 말한다. 붓다는 성도 후 자신의 법을 듣고 이해할 수 있다고 생각되는 다섯 비구를 찾아 최초로 고, 집, 멸, 도 사성제법을 설(說)했다. 이는 그가 6년간 정진한 끝에 발견한 해답에 관한 선포이기도 했다.[190] 여기서 붓다는 괴로움의 세계라는 현실과 그 고통의 원인, 괴로움이 멸한 세계, 그리고 괴로움을 멸하는 길을 깨우쳐 준다. 그렇다면 붓다가 파악한 현실의 괴로움인 사성제의 첫 번째는 괴로움에 대한 명확한 인식인 고성제(苦聖諦)이다. 생·로·병·사(生老病死)라는 삶의 모든 과정이 고통(dukkha)[191]이라는 것이다. 이 고통이란 것은 주요한 의미를 담고 있으며, 다른 의미들보다 핵심적인 부분이기도 하다. 불교 수행은 여기에서 출발하며, 괴로움의 실상을 바로 보는 순간 고통을 잊고 안락함을 얻을 수 있는 것이다.[192]

---

189) 이기영, "한국의 종교",『한국학』, 동아문화연구소 편 (서울: 현암사, 1972), 46.
190) Huston Smith,『세계의 종교』, 이종찬 역 (서울: 도서출판 은성, 2001), 144.
191) 'Dukkha'라는 명칭은 모든 유한한 존재들 속에 어느 정도 착색된 고통을 의미한다. 이 말의 구체적인 의미는 인도의 팔리(Pali)어에서 쓰이는 용법을 살펴볼 때 드러난다. 여기에서는 바퀴의 축이 빠졌다는지 뼈가 탈골되었음을 의미한다. 이 사성제에서 첫 번째의 정확한 의미는 인생이 제자리에 있어야 하는데도 비켜나 있다는 말이다. 무언인가가 잘못되었다는 것이며, 벗어나 버렸다는 것이다. 붓다는 이 첫 번째 진리를 인생의 일탈이 일으키는 명백한 모습을 여섯 가지로 나누어 말했다.
  1. 출산의 고통이다.
  2. 질병의 고통이다.
  3. 쇠잔해지는 고통이다.
  4. 죽음의 공포이다.
  5. 싫어하는 것과의 만남이다.
  6. 사랑하는 것과의 이별이다.
  사성제의 첫 번째에서는 이 모든 것을 고(苦), 고통스러운 것이라고 말했다. Huston Smith,『세계의 종교』, 이종찬 역 (서울: 도서출판 은성, 2001), 146-148.
192) Huston Smith,『세계의 종교』, 144.

사성제의 두 번째는 괴로움의 원인에 대한 확실한 인식, 즉 집성제(集聖諦)이다. 집(集)이란 함께 모여 일어난다는 뜻으로, 욕망의 갈증과 존재에 대한 애착이 바로 괴로움이 원인이다. 붓다는 최초의 설법을 통해 "진리가 괴로움의 인식이고 괴로움의 원인을 여실히 관찰하고 인식한 사람이 있다면 그는 이미 괴로움에서 벗어난 사람"이라고 강조했다.

사성제의 세 번째는 두 번째의 논리적 결과인 멸성제(滅聖諦)이다. 인생의 이기적인 욕망이 있다면 이것을 치료하는 방법은 그 욕망의 극복에 있다. 이 멸성제는 괴로움의 원인이 모두 사라진 평온의 경지를 나타낸다. 편협한 자기만족의 한계를 넘어서 광활한 보편적 삶으로 확장될 수 있다면, 고통은 해소될 수 있다.

그리고 마지막으로 사성제의 네 번째는 어떻게 이 치유가 완성되는가에 대해 말하는 도성제(道聖諦)이다. 고멸도성제(苦滅道聖諦)는 괴로움을 소멸하는 길인 탄하(tanha)[193]의 극복과 욕망에서 벗어나는 방법이 8가지 수행 방법인 팔정도(八正道)이다.[194] 팔정도는 바른 견해(正見), 바른 사유(正思惟), 바른 말(正語), 바른 행위(正業), 바른 생활(正命), 바른 노력(正精進), 바른 마음 챙김(正念), 바른 선정(正定)이다. 팔정도는 불교의 종합 수행법이며, 불교 수행의 요체일 뿐만 아니라, 불교의 각종 수행법의 토대가 된다.

이처럼 팔정도 수행의 완성은 괴로움의 소멸(滅聖諦)이며, 모든 것은 연기[195]적(緣起的)으로 존재해 있음을 체득한 것이다. 연기법의 체득은 지혜의 완성이며, 이는 팔정도의 첫 번째 덕목인 바른 견해를 온전히 갖춘 것이

---

193) 'tanha'는 무용을 뜻하는 Dance, Danse, tanz 등의 어원인 산스크리어로 번역한다면 "욕망"이라고 할 수 있다.
194) 유동식, "무속신앙에 나타난 세계관". 대한기독교서회, 「기독교 사상」 204호 (1975): 57.
195) 연기(緣起)란, 모든 현상이 생기 소멸하는 법칙을 말한다. 현상은 무수한 원인과 조건이 서로 관계해서 성립하는 것으로 인연이 없으면 결과도 없다고 하는 것이다.

다. 모든 존재가 긴밀한 상호의존관계로 연기해 있음을 확실히 깨달았기에 이를 지혜(智慧)라 하고, 지혜는 자비(慈悲)의 실천을 전제로 한다. 지혜의 성취와 자비의 실천은 불교 수행의 완성을 의미한다.[196]

삼국시대에 불교가 전래된 이래, 한국불교에서는 때로는 새로운 종파가 성립되기도 하고 때로는 기존의 종파들이 통합되기도 하면서 여러 종파가 성립·발전하였다. 1945년 해방과 더불어 한국불교의 고유성을 되찾는 운동이 전개되어 1954년에서 1962년까지 승단정화(僧團淨化)의 기치를 내세워 1962년 4월 12일 통합종단인 대한불교 조계종이 발족하고 25교구(敎區) 본산 제도가 시행되었다. 그러나 대처(帶妻) 측은 끝내 불응하여 대한불교 태고종(太古宗)을 별립(別立)해 나갔고, 조계종단은 교세를 단합하여 한국불교가 직면한 3대 불사(도제양성·포교사업·역경 간행)에 박차를 가하였다. 조계종 이외에도 18종의 신흥 불교가 우후죽순처럼 파생되었다.

한국의 불교를 구분할 때 크게는 소승불교(小乘佛敎) 또는 부파불교(部派佛敎)[197]와 대승불교(大乘佛敎) 둘로 나눌 수 있다. 대승불교는 대중 속에 머물러 있으면서 민중과 더불어 윤회하면서 모든 중생을 제도하고 구원하는 보살행(菩薩行)[198]을 그 이상(理想)으로 하고 있다. 이 보살의 중심에는 지혜와 자비가 있다. 그래서 보살은 불교적 구세주의 개념을 갖고 있

---

196) 불교신문(http://www.ibulgyo.com) 2019년 09월 02일 18:40 접속.
197) 석가와 직제자 시대의 초기 불교를 계승하고, 대승불교와 병존·대항해서 인도에서 발전한 전통적 학파에 의해 성립된 불교이다. 신흥의 대승불교 측에서는 소승불교라고 하였으나 정확하게는 부파불교 또는 아비달마 불교라고 해야 한다. 부파불교의 특징은 출가주의와 승원불교이다. 이들은 재가와 출가의 구별을 엄격히 하고, 출가를 전제로 하여 교리나 수행 형태를 만들어 갔으며 승원에서 금욕생활을 하고 학문과 수행에 전념하였다. 이로써 분석적이고 치밀한 불교 교리를 완성시켰다. 대한불교조계종포교원 편찬,『불교개론』(서울: ㈜조계종 출판사, 2014), 129-135.
198) 대승불교의 핵심은 보살의 삶이다. 보살이란 초기 불교에서는 정각을 이루기 전, 깨달음을 얻기 위하여 수행하던 시절의 모습을 가리키는 용어였다. 그러다가 부파불교시대가 되면, 이타적인 삶을 살겠노라 서원하고 정각을 위해 끊임없이 노력하는 지혜로운 이를 보살이라고 했다. 그러므로 보살행이란 깨달음을 얻기 위하여 쉼 없이 열심히 모든 이를 위하여 이롭게 하는 것을 말한다. 대한불교조계종포교원 편찬,『불교개론』(서울: ㈜조계종 출판사, 2014), 171-173

다. 이러한 의미에서 관세음보살[199], 문수보살[200] 그리고 보현보살[201] 등이 부처와 함께 신앙의 대상이 되었다. 그러므로 불교는 고뇌(苦惱)와 수련을 통하여 무아(無我)의 지경에 이르는 수양적 영성 구조를 가지게 되었다.

2. 불교적 영성의 특징

불교는 일반적으로 B. C. 6세기 고타마 싯다르타 석가모니(Gautama Siddhartha, Sakyamuni, 563-483)에 의해 형성된 종교이다. 불교는 힌두교의 카스트 계급제도를 반대하여 평등사상을 고취하고, 신에게 바치는 동물제사를 반대하여 독립된 종교로 발전하게 되었다.

그러나 여기서 불교의 사상을 살펴보기에 앞서 한 가지 생각해야 보아야 할 사항이 있다. 그것은 불교의 사상이 방대하다는 사실이다. 또 경전

---

199) 관세음보살은 불교의 보살 가운데 가장 잘 알려진 보살 중 하나로, 석가모니의 입적 이후 미륵이 출현할 때까지 중생들을 고통으로부터 지켜 주는 대자대비(大慈大悲)의 보살이다. 관자재보살(觀自在菩薩), 광세음보살(光世音菩薩), 관세자재보살(觀世自在菩薩), 관세음자재보살(觀世音自在菩薩), 또는 줄여서 관음보살이나 관음(觀音) 등으로도 불린다. 중국에서는 남해관음(南海觀音), 남해고불(南海古佛)이라고도 불린다. 티베트에서는 달라이 라마를 관세음보살의 현신으로 보고 받든다. 대한불교조계종포교원 편찬, 『불교개론』, 200.
200) 문수보살은 지혜를 완전히 갖춘 보살로서 석가모니불의 지덕과 체덕을 맡아서 석가모니불의 교화를 돕기 위해 나타난 보살이다. 여러 형태 중 사자, 공작을 타는 것은 그의 지혜가 용맹함을 나타내는 것이다. 오른손에 칼을 들고 있는 것은 일체중생의 번뇌를 끊는다는 뜻이고, 왼손에 청련화를 쥐고 있는 형상은 일체 여래의 지혜와 무상(無相)의 지덕(智德)을 맡아서 제법에 물들지 아니하여 마음이 머무르는 곳이 없다는 뜻이다. 머리에 상투를 맺고 있는 것은 지혜를 상징하며, 다섯 개의 상투는 대일여래의 오지(五智)를 표현한 것이다. 화현 보살, 석가의 교화를 돕고자 일시 보살의 자리를 보인 보처보살로 현학적이고 이지적인 보살이며 보살행을 실천하는 보살이다. 대한불교조계종포교원 편찬, 『불교개론』, 201-202.
201) 보현보살은 경전을 수호하고 널리 퍼뜨리며, 불법을 펴는 보살로 여섯 이빨의 희고 큰 코끼리를 타고 다른 보살에 둘러싸여 나타난다. 문수보살이 지혜를 상징하는 데 비해서 실천행을 나타낸다. 보현보살은 자비행을 실천해 나가는 행자의 모습이다. 불교의 진리와 수행의 덕을 맡은 보살이다. 대한불교조계종포교원 편찬, 『불교개론』, 202.

의 부피가 커 누구라도 그 경전을 다 파악할 수 없으며 체계화하기 어렵다는 것이다. 불교의 사상에 있어 가장 큰 차이라고 하면 소승불교[202]와 대승불교[203]의 사상 차이이다. 그뿐만 아니라 그 사상을 담고 있는 각각의 경전

---

202) 소승불교(小乘佛敎, 영어: Hīnayāna Bhuddism) 또는 히나야나(Hinayana)는 '비교적 작은 탈것'(Smaller vehicle)을 가리키는 것으로서 대승불교 운동이 전개 후 불자들이 스스로를 이타(利他)를 목표로 한 '위대하고 뛰어난 탈것'(Great vehicle)이라 하고 그 이전의 부파 불교를 자리(自利)만에 시중하는 열악(劣惡)한 탈것이라고 폄칭(貶稱)한 데서 이렇게 불렀다. 따라서 가치비판적인 의미에서 붙여진 호칭이며 부파불교의 입장에 서는 사람들은 이 폄칭을 사용하지 않고 스스로를 테라바다(Theravada), 즉 상좌부(上座部) 불교라 부르고 있다. 종교학사전 편찬위원회, 『종교학대사전』, (서울: 한국사전연구사, 1998), 674.

아쇼카왕 시대가 될 무렵 불교 교단은 상좌부(上座部)와 대중부(大衆部)로 분열하였는데, 교리(敎理)에 관하여서도 여러 가지의 변화가 일어났다. 그중에서 가장 현저한 변화는 이상적 인격으로서의 부처 및 이상적 상태로서의 열반(涅槃)이 일반수행자에게 너무 거리감 있게 여겨졌다. 그래서 수행과 관련하여 극복해야 할 번뇌에 관한 고찰도 점차로 상세하게 고찰되었고, 선정(禪定)의 종류도 많이 생겼다. 당시의 불교는 인도의 모든 계급·직업에 걸쳐 전파되었을 뿐 아니라 그리스인·사카인 등의 신자들도 적지 않았다. 그들은 부모의 명복을 비는 추선공양(追善供養)으로서, 혹은 일체 중생에 공덕을 미치기 위하여 스투파(탑)라든가 승원(僧院: 伽藍)을 건조하여 교단에 시주했다. 특히 사카족 및 파르티아족의 국내에서는 국가의 안녕이나 혹은 왕후 일족의 행복을 기도하기 위하여 시주한다고 하는 사상이 났다. 불교 제부파(佛敎諸部派) 중에서 가장 유력했던 것은 설일체유부(說一切有部)였다. 설일체유부(약하여 有部)라는 것은 일체의 법 즉 5온(蘊)·12처(處)·18계(界)라 하는 것과 같이 각자의 법의 체계를 의미한다. 유부(有部)에서는 자연세계가 원자(原子: 極微)로 구성되어 있다고 생각하였다. 경량부(經量部)는 경전(經典)만을 전거(典據)로 하여 유부에서 말한 것을 비판적으로 개정하였다. 그들은 색법(色法) 중의 4대(四大)와 마음의 실유(實有)를 인정하면서 기타의 것의 실유(實有)는 부인하였다. 이상의 상좌부 계통의 사상에 대하여 대중부 계통에서는 부처(佛)의 초인성(超人性)·절대성을 강조하며, 보살(菩薩)의 미덕을 강조하여 우리들의 "심성(心性)은 본래 정(本淨)하다"고 주장하였다. 부처·보살·심성에 대한 대중부 계통의 이러한 사상들은 모두 대승불교(大乘佛敎)에 이르는 과도기적 기반 사상이 되었다. 참고: https://ko.wikipedia.org/wiki 2020년 6월 24일 14:55 접속.

203) 대승과 소승의 승(乘)은 수레라는 뜻으로, 고통과 어리석음의 사바세계에서 중생을 깨달음의 피안에 이르게 하는 부처의 가르침을 말한다. 대승불교는 자신들이 믿는 교법이 더 뛰어나다는 의미에서 스스로를 대승이라 부른다. 대승이란 큰 수레로, 온갖 중생을 모두 태워 피안으로 이르게 하는 교법이란 의미를 지니고 있다. 물론 소승이 대승 교리의 기초가 되고 있으므로 근본 사상은 같이 하고 있지만, 대개 소승은 자기 한 사람만의 해탈을 목적으로 삼는 데 비하여, 대승은 자기와 타인의 이로움을 함께 추구하는 보살도를 강조하고 있다. 소승이 개인적 수행과 해탈을 주장하는 데 비해, 대승은 사회적 대중적 이타행을 중요시한다. 또한, 소승이 현실적 고통을 발판으로 하여 그것의 극복과 해탈의 과정을 밟는 데 비하면, 대승은 이미 깨달은 인간 본성의 성품 자체에 믿음을 두고 출발한다. 깨달음의 진리에서는 자타가 둘이 아님을 보고, 개인과 국토를 함께 성숙시킨다는 입장이다. 말하자면 소승은 인간의 미혹에서 출발하고, 대승은 깨달음과 믿음에서 출발한다고 할 수 있다. 주로 태국, 스리랑카, 미얀마 등 남방국에 전해진 불교는 소승 쪽이고, 우리나라와 중국, 일본, 티벳 등 북방국에 전해진 불교는 대승에 속한다.

들에서도 각기 다른 사상을 나타내고 있다.[204] 그러나 소승불교와 대승불교가 지니고 있는 기본적인 사상을 보면, 부처로부터 무신론적 또는 불가지론적 입장이기 때문에 불교 자체의 절대적인 존재를 설정하지 않는다. 그럼에도 불구하고 힌두교의 전통을 불교가 수용한 특성이 있기에 일반적으로 불교에서는 많은 토착 신(神)들 또는 불교가 전파되는 지역의 신들을 수용하였으며, 그로 인하여 불교는 많은 신을 믿는 혼합종교로 변해간 것이라 볼 수 있다. 그 구체적인 예를 살펴보면, 한국과 중국에서의 불교는 많은 토착 신들 또는 전래적 힌두교의 신들을 수용하고 있다. 그중에 대표적인 것이 우리에게도 낯설지 않은 염라대왕(閻羅大王: Yama raja)[205]이다. 이는 본래 인도에서 전통적으로 섬겨지던 신인(神人) 야마(Yama)가 불교에 수용된 것이다.[206]

위와 같이 힌두교에서 수용된 외래신들 외에도 불교 자체 교리에서 발생한 부처(佛陀: Buddha) 혹은 보살(菩薩: Bodhisattva) 등의 개념을 분석하면, 이들은 인격화가 되고 나아가 신격화 내지는 형이상학화(形而上學化)되어 변화하고 발전된 것을 알 수 있다.[207]

참고: 한국불교신문 http://www.kbulgyonews.com/ 2019년 09월24일 15:02에 접속.
204) 명진홍, 『불교란 무엇인가?』 (서울: 정원문화사, 1983), 9-10.
205) 염라대왕은 불교에서 말하는 지옥의 시왕 중 하나. 흔히 염왕, 염마왕 등으로 불리며 대체로 관복 혹은 제왕복을 입은 풍채 좋은 왕으로 묘사된다. 범어로는 야마 혹은 야마라자(यमराज, Yamarāja 라자=왕)라고 한다. 염라는 그 음차인 염마라사(閻魔羅闍)를 줄여 부르는 것으로, 가장 널리 알려진 저승의 판관이다. 한국과 중국에선 염마라사의 '염'과 '라'를 따와서 염라대왕(閻羅大王)이라고 주로 불리지만, 일본에서는 앞의 두 글자인 '염마'를 따와서 염마(閻魔, えんま)라고 주로 불린다. 원래는 고대 인도의 신으로, 인간 중 최초로 죽음을 경험해 지옥의 왕이 되었다고 하는데, 이는 이 세계에 최초로 태어난 인간이자 최초로 죽음을 경험한 인간이라고 할 수 있다. 그리고 최초로 태어난 인간이자 최초로 태어나 죽은 인간인 만큼, 유명계(幽冥界)의 길을 발견하여 죽은 사람을 저승으로 인도하는 역할을 맡게 되었다고 한다. 물론 당시에도 사후의 인간을 벌하는 심판이 존재했지만, 인도인들은 사후세계 자체를 일종의 이상향이라고 생각했다고 한다. 그리고 이 야마는 태양신 비바스타트의 아들이라고 한다. 참고: 위키백과사전, https://ko.wikipedia.org/wiki 접속일: 2019년 09월 24일 15:40.
206) 박영지, 『종교학개설』 (서울: 기독교문서선교회, 1998), 88-105.
207) Gustav Mensching, 『불타와 그리스도』, 변선환 역 (서울: 종로서적, 1987), 249-256.

우리나라에 전해진 대승불교의 주요 사상을 살펴보면, 모든 사람이 부처가 될 수 있으며, 그것을 이루기 위한 과정으로 보살이 될 수 있는 보살사상이 있다.

'보살'이라는 단어는 보리살타(菩提薩埵)의 줄임말이다. 보리살타는 산스크리트어 '보디사트바(bodhisattva)'를 번역한 것이다. 산스크리트어 '보디(bodhi: 보리)'는 깨닫는다는 뜻이며, '사트바(sattva)'는 존재 또는 중생이라는 의미로 유정(有情)을 뜻한다. 보살로서의 길은 타인 구원에 관심을 기울이는 이타적인 삶이다. 그래서 보살은 한편으로는 깨달음을 구하고 다른 한편으로는 중생 구제의 이타적 길을 걷는다. 이러한 보살의 이념을 '상구보리(相求菩提), 하회중생(不化衆生)'이라 한다. 이는 그 누구라도 부처가 될 수 있다는 입장에서 불교의 수행자 모두가 부처의 후보자로서 보살로 칭해지게 되었다. 그리하여 보살은 대승불교의 주요 특징이 되었다. 그리고 너그럽게 베푸는 보시자는 모든 사람에게 환대를 받으며 죽은 뒤에 천상에 올라간다는 내세(來世)에 대한 강조함이 있다.

두 번째는 대승보살의 길인 육바라밀 수행의 근간을 이루는 공사상(空思想)이다. 공(空)은 '비어 있음', '공허(空虛)'를 의미하는 범어 순야따(Śūnyatā)를 뜻에 따라 번역한 것이다. 즉 존재하는 모든 것에는 그 실체라고 할 만한 것이 없음을 뜻한다. 모든 현상에는 인(因)과 연(緣)이 있어서 그것이 화합해서 현상이 일어나며, 그러므로 거기에는 아(我)라는 실체가 존재하지 않는다는 것이다.

세 번째는 유식사상(唯識思想)이다. 유식이란 오직 식(識)만이 존재한다는 것이다. 식이란 쉽게 말해서 마음과 마음에 의한 분별 작용으로 우리가 보는 세상은 객관적으로 존재하는 사실의 세계가 아니라 단지 마음에 의해 투영된 그림자일 뿐이다. 그림자이기 때문에 허구이거나 가상의 세계이다. 즉 내 마음에 투영된 선입견으로 세상을 본다는 것이다.

네 번째는 불성사상(佛性思想)이다. 불성이란 글자 그대로 부처의 성품이란 뜻이다. 모든 번뇌와 망상을 떠난 청정무구(淸淨無垢)한 마음을 의미한다. 다시 말하면 일체의 걸림이 없는 자유로운 마음이다. 외적 조건에 아무런 걸림이 없다고 한다. 즉 불생불멸하다.

다섯 번째는 화엄사상(華嚴思想)이다. 화엄사상은 우주의 모든 사물은 서로가 서로에게 끝없이 인연이 되어 생겨나고 없어진다는 것을 말한다. 우주의 모든 사물은 그 어느 하나라도 홀로 있거나 홀로 일어나는 일이 없다. 모두가 끝없는 시간과 공간 속에서 서로의 원인이 되며, 대립을 초월하여 하나로 융합하고 있다. 이것을 법계무진연기(法界無盡緣起)라고 한다. 화엄에서 법계는 우주 전체이다. 그렇게 볼 때 모든 존재는 하나하나가 부처의 몸이다.

여섯 번째는 정토사상(淨土思想)이다. 출가하면 오로지 부처의 가르침을 따라 자신에게 의지하여 수행한다. 그리하여 깨달음을 이룸으로써 해탈을 성취한다. 이처럼 불교는 자력(自力)에 의해 깨달음을 이루는 종교이다. 그러나 불교는 점차 대중 속에서 융화되고 종교성이 강해지면서 보편적 구원의 이념에서 부처와 보살의 본원력(本源力)에 의지하여 중생을 구제한다고 하는 타력 신앙으로 바뀌게 되었다. 그 대표적인 것이 정토사상이다.

그리고 일곱 번째는 밀교사상(密敎思想)이다. 밀교라는 용어는 비밀스럽게 전해지는 비밀불교를 줄여 쓴 말이다. 서양에서는 밀교를 탄트라 불교(Tantra Buddhism), 또는 탄트리즘(Tantrism) 등으로 부른다. 밀교의 특징은 이 몸이나 산천초목은 이미 성불해 있다는 것이다. 다만 사람들은 현실적으로 번뇌의 구름에 가려 중생으로 살고 있을 뿐이다. 이 중생으로서의 모습을 바꾸어 대일여래 즉 부처와 합일하는 것이 밀교의 수행법이다. 밀교의 수행법은 크게 세 가지로 나뉜다. 입으로 진언을 외우고, 손으로 수인(手印)을 짓고 마음으로 부처의 몸을 관상하면서 삼매에 드는 것이다.

우리나라에 불교가 전래될 때 밀교는 치병과 호국의 기능을 하며 영험함이 있는 종교로 불교의 이미지를 형성하는데 기여했다. 그리고 밀교는 오늘날 한국불교의 진언 수행으로 자리 잡고 있으며 불교 의식 중 중요한 부분을 이루고 있다.[208]

불교에서 외래의 신들을 수용하고 있지만, 나타나는 신관은 뚜렷한 신관이 아니다. 결국, 따져 보면 불교는 신이 없는 종교이다. 모두가 무(無)이고 공(空)이기 때문이다. 부처 자신도 스스로를 신격화한 일이 없다. 그런데 불교의 신격화는 부파불교를 거치면서 부처가 마치 전능한 신으로 느껴졌던 것이다. 이런 그릇된 이해를 바로 잡으려 했던 것이 대승불교의 근본 이념이었으나 대승불교 역시 또 다른 유신론적 경향을 띠고 말았다. 즉 밀교와 정토사상의 생성으로 아미타불, 미륵보살, 관세음보살 등이 신적인 존재로 등장하여 중생을 계도하고 도와주는 영성으로 나타난다. 또한 신심(神心)으로 극락왕생한다는 정토 신앙의 영성이다. 수행과 구제를 강조한 밀교적 수행, 그리고 묵상적 수행을 통해 얻는 해탈, 구제와 기도를 통하여 극락왕생한다는 구원적 중생의 윤회 영성이다.[209]

불교의 의례

불교는 윤회사상(輪回思想)에 따라 엄밀한 의미에서 사자(死者)는 존재하지 않는다. 왜냐하면, 생존하고 있는 것은 일단 죽어도 다시 오도(五道), 혹은 육도(六道) 중의 어느 것으로 변화하여 태어나기 때문이다. 그러므로 불교에서는 사자(死者)의 세계는 존재하지 않는다. 따라서 사자(死者)의 구제를 설(說)하지 않는다. 그런데도 사자가 된 조상들의 구제를 비는

---

208) 대한불교조계종포교원 편찬, 『불교개론』, 171-197.
209) 채필근, 『철학과 종교와의 대화』 (서울: 대한기독교서회, 1964), 376-377.

기도문이나 의례 등이 빈번히 등장한다.[210] 이는 무속과 불교가 습합(習合)[211]되어 한국화된 불교가 되었기 때문이다.

영혼 천도를 위한 불교 의례인 천도재(天道齋)는 죽은 자의 업을 법력으로 정화 소멸시켜 좋은 인연처로 나갈 수 있도록 하는 영가천도(靈駕薦道) 의식이다. 아주 선한 사람이나 지옥에 떨어지는 악한 자를 제외하고는 대부분 다음 생을 받을 때까지 중간적인 존재인 중음신(中陰身)으로 49일 동안 떠돌게 된다. 49일이 지나면 생전에 지은 업을 따라 여섯 갈래 윤회의 세계 가운데 새로운 생을 받게 되는데 이때 유가족이 영가(靈駕)를 위해 공덕을 쌓으면 좋은 곳으로 갈 수 있도록 인도하는 것이 영가천도라 한다.[212]

불교의 천도재 의례 구조를 살펴보면 부정을 풀어내는 순서로 시작하여 영가를 대접하여 씻긴 후 여러 신을 청한 후 부처에게 공양하고, 영가에게 공양물을 권하고 법문을 들려주어 길을 떠나게 하는 과정이 무속 의례의 사령 굿과 유사한 점이 많다. 다음은 불교의 일반적인 영혼천도 의례인 상주공권재(常住勸供齋)는 시련(侍輦), 대령(對靈), 관욕(灌浴), 신중작법(神衆作法), 상단(上壇), 시식(施食), 봉송(奉送) 순서로 이루어져 있다.

시련(侍輦)은 천도 받을 영가를 나무대성인로왕보살의 인도하에 봉청(奉請)해 오는 의식이다. 망자는 부정하여 스스로 법당에 들어올 수 없는 존재이므로 의례 가족들은 망자의 위패, 향초, 꽃 등을 마을 밖(절 밖) 시련 터로 가서 나무대성인로왕보살이 타고 있는 연(輦: 가마)을 앞세워 망자를 법당 안으로 들어오게 한다. 대령(對靈)은 재대령이라고도 한다. 재(齋)란 몸과 마음을 정결히 하고 공양을 베푸는 것을 말한다. 관욕(灌浴)은 죄업

---

210) 최수빈, "도교에서 바라본 저세상", 한국도교문화학회, 「도교문화연구」 제41호 (2014): 322-325.
211) 습합(習合)이라는 단어는 『예기』(권 3)에서 등장한다. '천자가 악사에게 명하여 예악을 습합하게 한다(內命樂師習合禮樂).'라는 구절에 등장한다. 여기서 '습합'은 조절의 의미로 사용되었다. 이광래, 『일본사상사연구』(파주: 경인문화사, 2005), 5.
212) 김흥우, 『불교전통의례와 그 연극·연희와의 방안연구』(서울: 동국대학교출판부, 1999), 902.

의 때를 깨끗이 씻기는 의례로 내세에 좋은 몸으로 태어나기 위해서는 더럽혀져 있는 마음의 때를 씻어야 깨끗한 존재가 될 수 있다는 것이다. 신중작법(神衆作法)은 부처를 불단에 모시기 전 많은 신을 영가천도 도량에 들이는 의례이다. 굿에서의 청신(請神) 과정과 유사하다. 상단권공(上壇勸供)은 상단에 모신 삼보께 배례하고 공양하며 영가에 대한 설법과 가피(加被)[213]를 청하는 의례이다. 관음시식(觀音施食)은 천도할 영가와 모든 영가를 청하여 부른 후 음식과 공양물을 권하고 법문을 들려주어 깨닫게 하고 편안히 돌아가도록 전송하는 순서이다. 봉송(奉送)은 영가에게 공양과 법문을 마쳤으므로 밝은 길을 떠나도록 인도하여 보내는 의례로 영가를 환송하며 작별의 게송인 봉송게(奉送偈), 무사히 돌아가기를 바라는 행보게(行步偈) 등이다.[214] 불교의 천도재를 살펴볼 때, 무속의 신앙 신이 불교 천도재에 나타나는 신들이 합치되기도 한다. 이는 무속이 불교에 영향을 미쳤음을 나타내는 한 부분일 것이다. 그리고 불교가 무속과 민간 신앙과 상호절충 습합을 거치면서 자신의 영역을 지켜 토착화에 성공한 한국불교를 만들었다. 한국인의 일상 속에서도 이러한 습합적 사고는 잘 드러나 있다. 유교적 생활과 불교적 사유, 일이 생기면 자연스럽게 무속을 찾는 다중적 신앙 양태를 보인다.[215]

3. 불교적 영성이 한국교회 영성에 미친 영향

한국불교의 사상은 한국인의 심성과 한국교회에 적지 않은 영향을 끼쳤

---

213) 부처나 보살이 자비를 베풀어 중생을 이롭게 한다는 뜻이다.
214) 남민이, "죽은 자를 위한 무속의례와 불교의례의 구조적 분석", 448-451.
215) 서재생, 『목사님도 모르는 교회 안에 무속신앙』 (서울: 세줄, 2005), 14.

다. 그중에 특별히 원효가 강조한 우주적 보편주의를 통한 종교적 생활화 또는 화합적(和合的) 일치를 추구하는 통합적 정신은 한국교회 역시 함께 추구해야 할 이상(理想)을 제시했다는 점에서 긍정적인 요소라고 할 수 있다.

유동식은 원효의 불교 사상에 대해 다음과 같이 말한다.

첫째는 종교적 보편주의이다. 원효는 중생이 다 법신불(法身佛)의 분신이어서 일체중생 동유불성(一體衆生 同有佛性)[216]이라고 보았다.

둘째는 진속일여(眞俗一如)[217]에 입각한 세속주의이다. 그에게 있어 종교는 일상생활이요, 세속 생활이 종교였다.

셋째는 무애도(無碍道)이다. 자기 욕심에 사로잡힌 집착(고뇌)에서 해탈하려는 것이 불교의 참 길이라고 했다.

넷째는 화쟁론(和諍論)이다. 이것은 서로 경계를 긋고 대립하는 것이 아니라 서로 화합하는 사상이다.

다섯째는 실천성이다. 원효의 이상은 개인의 해탈에 있기보다는 중생의 제도에 있었다. 유동식은 원효가 불교 사상을 쇄신하여 새로운 선교열과 창의적인 선교 방법을 보여 주었다고 보면서 그의 사상이 우리에게 높은 이상을 제시했다고 말한다.[218]

이렇게 볼 때, 원효의 우주적 보편주의는 종교가 관념론에 빠지는 것을 방지하고 실천적인 것을 강조함으로써 기독교의 사회정의 실현과 그 맥을 같이 하고 있다고 볼 수 있으며, 또한 화합 일치의 정신은 기독교의 에큐메니컬 운동[219]과 같은 사상이라고 할 수 있다.

---

216) 일체중생은 다 같은 부처의 성품을 가지고 있다는 것이다.
217) 진(眞)과 속(俗)이 하나로 같다는 견해로 부처와 중생이 근본적으로 하나인데 거기 성(聖)과 속(俗)의 구별이 있을 리 없다는 것이다.
218) 유동식, 『한국종교와 기독교』, 47-48.
219) 에큐메니칼(Ecumenical)이란 일반적으로 '교회일치운동'을 표현하기 위해 사용되고 있지만, 그 뜻은 교회의 본성이 하나라는 의미이다. 에큐메니칼 운동의 세 가지 방향은 첫째, 교회의 일치운동이다. 에큐메니칼 운동은 우선 교회의 일치와 친교를 추구한다. 교회일치의 근거는 교회 자체 안에 있는 것이

그러나 한국불교의 부정적인 영향으로는 타계 주의 혹은 내세관을 들수 있다. 불교의 내세관은 소위 극락세계라는 이상향인데, 이것이 현실의 고통을 극복해 가는 긍정적인 면도 있으나 실제적으로는 현실에서의 도피하는 부정적인 요소로 작용하였다. 그래서 기독교 복음이 현실 역사에 대한 책임과 하나님 나라의 사상이 확고한데도 한국교회가 사회적 책임을 다하지 못하며, 현실 안주의 개인주의 신앙에 빠지는 것은 오랜 세월 동안 한민족의 심성을 지배해 온 불교의 내세관 영향 때문이라고 말할 수 있다. 또한, 불교의 정토 신앙에서는 자기 수행이 부족해도 불사, 즉 극락세계에 다시 태어날 수 있는데 이는 '아미타불'이라는 이름을 부르는 염불로 가능하다는 타력 신앙이다. 이 신앙은 한민족에게 '주의 이름을 부르는 자는 구원을 얻는다.'든지 '예수를 믿으면 천당 간다.'라는 전도의 표제를 쉽게 이해하게 하였다. 사실 천당과 지옥의 용어는 불교의 용어를 그대로 사용했다. 그러므로 천당과 지옥 개념에는 불교나 기독교의 차이 없이 쉽게 수용되어 불교적 영성이 내세관에 혼합적으로 적용하게 되었다.

불교 지옥의 경우는 세분화(細分化)되어 생전에 지은 업보에 따라 '독사의 지옥과 칼 지옥, 추운 지옥과 배고픈 지옥 그리고 무간지옥' 등으로 상

아니라 교회가 삼위일체 하나님의 친교 안에 참여하고 있으며, 예수 그리스도의 지체이며, 성령의 하나 되게 하시는 것을 힘써 지켜야 하기 때문이다. 둘째, 인류의 일치운동이다. 민족주의, 냉전, 인종갈등으로 인류가 분열되었을 때 교회도 분열되었다. 인류의 정의, 평화는 교회의 선교와 깊이 관련되어 있다. 하나님과 평화를 이룬 교회는 인류 앞에서 화해의 직분을 받았다. 그리고 셋째, 창조의 보전 운동이다. 교회가 창조 질서 보전을 위해 일해야 하는 성경적 근거는 하나님께서 만물의 창조주이시며 모든 세계는 하나님의 것이기 때문이다. 또한, 예수 그리스도 십자가의 피 값에는 창조 세 계의 생명을 구원하는 것도 포함되어 있다. 계몽주의 이후 기독교는 인간 중심적 구원만을 사고해 왔으나 성경은 풍요로운 자 연과 창조에 대한 신학을 담고 있다. 에큐메니칼 운동의 시작은 전 세계로 흩어진 선교사들은 1854년부터 10년에 한 번씩 모여서 서로 협력하는 방법을 모색하는 것으로부터 출발했다. 1910년 160개 선교단체의 대표 14000여 명은 스코틀랜드 에든버러에서 모여 '세계선교사대회'(WMC: World Missionary Conference)를 열고, 선교 경쟁과 교파 간의 불화를 막고 선교에 관해 공동연구하고 상호 협력하는 안건을 논의했다. 이 대회는 현대 에큐메니칼 운동의 출발이 되었다. David J. Bosch, 『선교신학』, 전재옥 역 (서울: 두란노서원, 1985), 189-220.

세히 밝히면서 그 업보에 따라 받게 될 것이라 설명한다.[220] 불교의 인과 응보 교훈은 기독교인으로 하나님의 최후 심판과 상벌에 대한 기독교 교리를 받을 수 있는 준비가 되어 있었다. 그러나 천국과 지옥의 개념에서도 불교와 같이 세분화하여 죗값과 신앙의 공로에 따라가는 곳이 차이가 있는 것으로 이해하는 세속적 영성을 가지게 하였다.

---

220) 최준식, 『한국종교 이야기』 (서울: 한울, 1988), 322.

| 제4절 |

유교적 영성의 특징과 영향

　공자는(B. C. 551-479) 춘추시대에 태어나 지금까지 2,500여 년 동안 중국을 지배해 온 유학사상의 창시자이다. 공자에게서 비롯된 유학사상은 중국 역사상 가장 오랫동안 중국의 사회, 사상, 정치, 문화에 절대적인 영향을 끼친 사상으로, 춘추시대의 제자백가 중 가장 먼저 성립되었다. 춘추전국시대는 봉건 체제가 무너지며 서민층에게까지 사상의 자유가 확대되어 제자백가(諸子百家)가 출현하였고, 그로 인하여 동양 사상의 기반을 마련하게 되어 중국철학의 전성기라고 일컬어지고 있다. 춘추전국시대에 제자백가가 출현하여 중국의 철학사상이 발달하게 된 것은 시대적 배경에 의해서라고 볼 수 있다. 이 시대의 철학자들은 방법은 각기 다르지만 공통된 사상은, 예악(禮樂)[221]이 붕괴되고 분열된 사회에 문제점을 제기하고, 서주의 예의제도를 회복하여 통일되고 안정된 이상적인 국가를 열망하였다. 특히 공자는 몰락한 귀족의 후예로 어지러운 현실을 구제할 원리로, 천명을 내세워 인간의 생사와 사회정치를 결합하여 도덕적 질서[禮]에 입각하여 사회의 안정을 이루고자 하였다.

　공자는 천명(天命)을 지키는 것이 인간의 도리를 다하는 길이라 여겨,

---

221) 음악과 예법으로 고대 제왕들의 이상적 문치주의(文治主義)의 핵심 내용을 말한다. 고대 중국인들은 예(禮)에 의해 사회 구성원들의 귀천을 구별하고, 악(樂)에 의해 인심을 감화하여 다양한 구성원들을 조화롭게 할 수 있다고 여겼다. 예란 일반적으로 행위준칙 또는 도덕규범과 같은 각종 예절로, 사회의 질서유지를 위해 만들어진 윤리규범을 말한다.

천명에 순응하는 삶을 위하여 인간의 본성에 관해 탐구하였고, 그것을 기반으로 하여 가정 윤리에서 출발하여 치국의 묘(妙)를 찾고자 하였다. 이러한 공자의 사상은 조선시대를 지배해 온 유학사상이기도 하다.[222]

유교(儒敎)는 한민족이 성장해 오는 과정에서 역사시대 이전부터 오늘에 이르기까지 가장 깊이 스며들었고, 가장 넓게 퍼졌으며, 가장 강력하게 작용하였던 이념과 규범 그리고 행동 양식을 제공해 왔다. 지금 우리의 표면을 서양의 문화와 물질문명이 덮고 있다 해도, 우리의 의식과 몸짓에서부터 생활의 모든 단면에 이르기까지 유교 정신은 아직도 살아 움직이고 있는 것이 사실이다.

유교는 한국 사상사(思想史) 속에서 그 발원으로부터 현재까지 끊임없이 흘러왔으며, 전통사상으로서 우리 생활의 모든 영역에 깊이 뿌리내리고 있다.[223]

불교가 한국에 전래될 때 유교도 함께 들어왔다. 유(儒), 불(佛), 선(仙) 이 세 가지 가르침은 중국의 발전된 문명의 한 꾸러미로서 서로 동지적 관계였다. 유교는 불교와 달리 초자연적인 힘을 제공하지는 않았다. 대신에 정부 조직과 문서의 형식 그리고 정부 기록의 보존 등에 대한 모범적인 방법을 제공하였다. 또한, 중앙집권화된 정부의 통제 아래 질서 잡힌 사회를 유지하는데 유용한 윤리적 원칙을 강화하였다.[224]

그렇다면 유교는 종교인가 아니면 윤리와 철학에 불과한 것인가 하는 질문이 생긴다. 이에 대한 해답은 종교를 어떻게 규정하는지에 달려 있다. 유교가 개인적인 행동과 도덕적 규범에 관한 관심을 보여 준다는 점을 고려한다면, 유교는 다른 종교와 다른 각도에서 인간의 삶을 다루고 있음을

---

222) 김창진, "공자의 인성론과 예", 「한국 예다학」 제2호 (2016): 52.
223) 금장태, 『한국유교사상사』 (파주: 한국학술정보(주), 2002), 9.
224) Don Baker, 『한국인의 영성』, 100-101.

알 수 있다. 그러나 종교적인 측면이 결핍되어 있다고 단정을 지을 수도 없다. 넓은 의미에서 인간의 궁극적인 관심으로 형성되는 삶의 문제라고 이해한다면, 유교 역시 종교이다.[225]

대한제국의 고종 황제는 「존성윤음(尊聖綸音)」[226]이라는 포고문(布告文)에서 대한제국의 종교는 유교임을 선포하고, "짐(朕)과 동궁(東宮)이 한 나라 유교의 종주(宗主)가 될 것이다."라고 선언하여, 유교를 우리나라의 국가 종교로 확인하였다. 그것은 '윤음(綸音)'이라는 법률적 권위로 유교를 종교로써 확인한 것이다.[227]

19세기 말에서 20세기 초에 걸쳐 유교의 종교조직 운동으로서 공자의 운동을 주도하였던 강유위(康有爲)는 유교의 '교(敎)'자가 바로 '종교(宗敎)'를 뜻하는 것이라 역설한 바 있으며, '신도(神道)'의 귀신 숭배는 인류의 원시적 무지에 근간을 두고 있는 것이라 보고 '인도(人道)'의 인간 존중을 새로운 시대의 문명을 반영하는 것으로 파악하여 '신도(神道)'보다 '인도(人道)'의 교(敎)가 더욱 발전된 종교 양상임을 지적하고 있다. 따라서 강유위는 '神道'의 敎와 '人道'의 敎를 포괄하는 더욱더 넓은 종교개념을 제시하면서도, 유교를 신교(神敎(神道의 敎))보다 진화된 종교임을 강조한다.[228]

사실상 유교에는 신(神)에 해당하는 궁극적인 존재로서 천·상제(天·上帝)에 대한 확고한 신념이 있고, 전통적으로는 천단(天壇) 또는 원구단(圜丘壇)에서 하늘(上帝)에 제사를 지내 왔다. 누구나 가정에서 조상신에게 제물을 바치고 조상신에게 복을 빌고, 돌보심을 구하는 조상제사를 통하여 신앙생활을 해 왔다.

---

225) Huston Smith, 『세계의 종교』, 248-249.
226) 1889년에 내린 윤음(綸音)으로 우리나라의 종교가 유교임을 천명하고 고종과 왕세자가 우리나라 유교의 종주임을 밝히며, 공자를 높이고 학제를 개정하여 성균관의 학풍을 진작시키겠다고 선포하였다(朕與東宮 將爲一國儒敎宗主).
227) 금장태, 『한국현대의 유교문화』(서울: 서울대학교출판부, 1999), 4.
228) 금장태, 『한국현대의 유교문화』, 4-5.

이렇듯 유교는 공식적 제의(祭儀)를 지니고 있다. 하늘과 조상에 대한 경배와 희생의 제의를 가지고 있으며, 공자 자신을 포함해 신격화(神格化)된 역사적 인물에게까지 음식과 향을 피우는 희생의 제의가 있다. 유교의 제의를 살펴본다면, 유교 철학이 가르치는 것 중에서 인간이 고통이 가능하다고 보는 피안의 세계가 있음을 분명하게 알려 준다. 옛 경서(經書)에 나타난 상제(上帝)나 하늘(天) 등은 기독교의 하나님 사상과 유사하게 등장한다. 공자 자신을 포함하여 거룩하게 신격화된 인물들은 기독교의 성인(聖人)들과 거의 유사한 모습을 보여 준다. 그들에 대한 경배는 내세에 대한 믿음을 말해 주는 것이며, 그러한 조상신이 되기 위한 열망을 보여 준다. 그리고 이 신앙은 내재적이면서도 여전히 초월적인 하늘의 질서에 대한 신앙의 근거한 것이다. 또한, 유교는 인간 실존의 결정적인 계기들을 심각하게 수용한다. 그래서 결혼이나 죽음 같은 통과 제의들에 독자적 상징체계를 통하여 "성례전적" 차원을 부여한다.[229]

유교의 사상이 들어오기 이전에는 샤머니즘과 불교가 한민족의 사상을 지배하며 정치와 문화에 영향을 미쳤다. 그러나 불교의 정치 수단화와 부작용이 파급되면서 고려 말엽 송(宋)의 주자학의 영향을 받은 유학자들이 정치에 참여하기 시작하면서 유교가 대두되기 시작했다. 그 후 조선을 건국한 주도 세력인 신진사대부들은 성리학에 기반을 둔 국가 건설을 논의하였고, 이들은 고려 멸망의 원인을 불교에 찾았다. 이들은 숭유억불을 기치로 내걸고, 고려대까지 사회 이념으로 역할 한 불교를 이단으로 규정했다.[230] 이로써 유교는 조선 500년 동안 한민족의 영성을 지배하게 되었다. 유교는 지금까지도 우리의 뼈에 박혀있고, 살에 녹아 있으며, 핏속에 흐르고 있다.

---

229) Julia Ching, 『유교와 기독교』, 변선환 역 (왜관: 분도출판사, 1994), 33-37.
230) 탁효정, "조선 전기 왕실불교의 전개 양상과 특징." 187-189.

1. 유교의 종교 사상적 영성

유교의 종주국인 중국은 공산화를 경험하면서 유교적 전통을 거의 말살해 버렸기에 유교적 전통이 가장 순수하게 보존된 나라는 한국이다. 아무리 우리의 '의식'이 서구화되었다 해도 500년을 지배한 유교와 한국 전통 종교사상이 우리의 무의식의 바탕에 깊숙이 자리 잡고 있다.

유교의 종교성을 이해하는 데 중요한 개념은 천(天)이다. 천(天)은 천·지·인(天·地·人) 삼재(三才)의 하나로서의 측면을 지니고 있으며 또한 이들 모든 것을 포괄하는 보편자로서의 측면도 지니고 있다.

공자의 천(天)사상을 살펴보면 공자는 "하늘이 무슨 말을 하느냐? (그런데도) 사시가 운행되고 만물이 생장하나니 하늘이 무슨 말씀을 하시는가?"라고 말하고 있어 천을 삼라만상을 주재하고 천지, 자연을 운행하며 인간을 포함한 모든 만물의 생육을 돌보는 주재자로 인식하고 있음을 알 수 있다. 즉 하늘은 명령을 내리는 것이 아니라, 말 없음으로 변화하여 하늘 안에서 묵묵히 운행하며 생성화육(生成化育) 한다는 것으로[231], 이때의 하늘은 자연의 천을 의미한다.[232] 아울러 인간의 운명이나 만물의 운행도 모두 천의 작용이 되어 그 현상조차도 '천'이라 칭하게 된다.[233] 이처럼 유교의 우주관은 전체론(Holism)적 보편성을 내포하고 있다. 즉 그것은 하늘(天)과 사람(人)과 자연이 하나가 되어 우주를 설명한다. 즉 天은 비인격화(非人格化)된 천리(天理), 천도(天道)로서 인간 사회를 지배하는 것으로 믿는다. 따라서 인간은 天의 道에 순응할 때 조화를 이룰 수 있다고 보았다.

하늘과 땅 사이에 존재하는 인간으로서 천인합일(天人合一)의 우주적

---

231) 김철운, 『공자와 유가』 (서울: 서광사, 2005), 32.
232) 김창진, "공자의 인성론과 예", 54-55.
233) 한국종교사회연구소, 『한국종교문화사전』 (서울: 집문당, 2002), 625.

합일론(合一論)을 추구하여 조화와 평화를 자연과 함께 일구어 가자는 전체론(全體論)의 보편성을 제시한다.[234] "人心(民心)이 天心이다."라는 것도 사람과 하늘이 서로 닮아 통하는 것임을 강조한 것이다.

천인합일은 천(天)과 인(人)이 상통한다는 이론으로 하늘의 근본적인 덕성(德性)이 인간의 심성에 내재되어 있다는 인식구조이다.

공자는 "하늘의 명령이 있음을 알지 못하면 군자가 될 수 없다"(不知命, 無以爲君子也『論語』, 「堯曰」)고 하고, 또한 군자로서 두려워해야 할 세 가지[235] 가운데 그 첫째로서 "천명을 두려워해야 한다."라고 하여 군자로서 잡힌 인격을 이루기 위한 기본조건으로 천명을 알고 두려워할 것을 역설했다. 여기서 군자의 인격을 확보한다는 것은 유교인으로서 추구해야 할 가장 중요한 가치를 얻는 것이요, 자신의 인간적 가치가 온전히 충족되는 구원의 실현을 의미한다.[236]

유교의 사상은 사회의 통치 이념과 제도 또는 사회 도덕 규범으로 뿌리를 깊이 내려갔다. 이러한 유교 사상은 기본적인 특성으로서 초자연적 신비적 측면보다 현실사회를 지향하는 관심이나 도덕원리로서의 측면이 강조된다. 유교에서는 인간 본연의 성(誠)을 도덕적으로 이해하여 인간 본성을 선한 것으로 본다.[237]

유교는 성선설(性善說)을 바탕으로 자기 수양을 쌓으면 자아를 완성할

---

234) 이필우, 『유교의 정치경제학』 (서울: 시공아카데미, 2001), 12-13.
235) 공자가 『논어』 (季氏)에서 군자가 두려워해야 할 세 가지로 제시한 것은 天命과 大人 그리고 聖人之言이다.
236) 금장태, "유교의 중요성과 유교-천주교와의 교류." 「종교와 문화」 제9호 (2003): 4.
237) 윤성범, 『성의 신학』 (서울: 서울문화사, 1976), 51.
성(誠)의 신학은 복음의 수용 자세에 관련된 주체성과 그 주체성을 잘 표현해 주는 동양 철학적 성(誠)의 개념이 근거이다. 윤성범은 유교 철학인 「중용」과 율곡의 「성학집요」에서 '성'(誠) 이라는 개념을 신학적으로 이론화함으로써 '성(誠)의 신학'을 제시했다. 율곡이 말한 "이무성즉불격(理無誠則不格: 만일 뜻이 있어도 성이 없으면 설 수 없고), 기질무성즉 불능변화(氣質無誠則 不能變化: 기질이 있어도 성이 없으면 변화할 수 없다)"는 그의 성(誠) 신학의 기초이다. 천병석, 『한국신학의 정체성과 보편성』 (서울: 쿰란출판사, 2016), 122-68.

수 있으며, 사회와 정치 질서도 세울 수 있다고 보았다(修身齊家治國平天下). 그래서 유교에서는 인간의 아성형(亞聖形)[238]으로 천인합일(天人合一)의 경지에 이르는 것을 강조한다. 성선설(性善說)에서 말하는 성선(性善)은 인간 고유의 본질로서 인성이 선하다는 것이지 후천적으로 인간의 경험에 의하여 좌우되는 것은 아니다. 이로 인하여 인간은 천(天)으로부터 받은 본성과 하늘의 본성을 따르지 않으려는 인간의 기질 때문에 죄성과 악성을 부정하는 영성이 내주한다. 따라서 인간의 기질 때문에 생겨난 물욕(物慾)을 씻어내고 본래의 착한 성품으로 회복하자는 것이 유교의 수양(修養)이다.[239]

북송 성리학(性理學)의 집대성자 주희(朱熹)는 정이의 이본체(理本體) 사상과 장재의 기본체(氣本體)사상을 이어받아 그의 이기론(理氣論)을 형성하였다. 이 과정에서 장재의 기(氣)론이 축소, 변질하긴 했지만 정이가 이(理)에 치우치고, 장재가 기(氣)에 치우쳤던 것과는 달리 주자는 '이'를 중시하면서도 '기'를 소홀히 하지 않았다. 여기서 이(理)는 시간과 공간을 초월하여 존재하는 이치, 조리, 규범 등으로서 헤아림이나 운동 작용이 없는 것인데 반면, 기(氣)는 시간과 공간 내에 존재하는 형상(形象)이나 재료로서 헤아림이나 운동 작용이 있는 것이다. 그에 의하면 모든 사물은 '이'와 '기'의 결합으로 이루어져 있으며 작용하는 '기' 속에 '이'가 이치와 조리로서 내재되어 있다고 한다. 이때 '이'와 '기'는 서로 떨어질 수도(理氣不相離) 서로 섞일 수도 없는(理氣不相雜) 관계라고 하였다. 그리고 그는 이(理)와 기(氣) 사이의 선후 관계에 대해 논하면서 처음에는 '이'가 먼저 있음으로 '기'가 존재할 수 있다는 이선기후(理先氣後)를 주장하였다. 그러나 그의 말년에 이러한 주장에 모순이 있음을 깨닫고 논리적인 의미에서 '이'

---

238) 유교에서 아성형(亞聖形)은 성인(聖人) 다음가는 현인(賢人)으로 공자에 버금가는 사람을 뜻한다.
239) 금장태, 『한국유교의 이해』(서울: 민족문화사, 1990), 29.

가 먼저임을 말할 뿐, 실재(實在)에 있어서는 '이'와 '기' 사이에 선후가 없다고 하였다.

　주희는 이기론을 통해 우주의 본체와 사물들이 어떻게 구성되어 있는지 설명한 후 인간에게 눈을 돌린다. 그는 사람의 마음(心)이 성(性: 五常)[240]과 정(情: 七情)[241]으로 이루어져 있으며, 그 마음이 성과 정을 통괄한다(心統性情)고 보았다. 이것은 본래 장재에게서 나온 말이지만 이에 대해 실질적으로 논의한 것은 주희(朱熹)였다. 그에 의하면 '성'과 '정'은 체용(體用)의 관계로서, '성'은 마음의 본체이고 '정'은 마음의 작용이 된다. 즉 마음은 사려(思慮)와 감정이 아직 발하지 않은(未發) '성'과 사려와 감정이 일어난 상태인 '정'의 두 측면으로 존재하며 이를 포괄하고 주재하는 것 또한 마음이라고 하였다.

　마음의 본체인 성(性)에 관해 주희는 정이의 성즉리(性卽理), 곧 "인간의 본성(本性)이 천리(天理)이다."라는 명제를 바탕으로, 인간의 성을 본연지성(本然之性)과 기질지성(氣質之性)으로 나누어 설명하였다. 그에 의하면 사람은 누구나 선천적으로 선한 품성을 지니고 태어나지만 육체를 지닌 인간은 기질의 영향을 받아 악한 품성을 지니게 된다. 그리고 그 받은 기질의 맑고 탁한 정도, 바르고 치우친 정도에 따라 성인과 현인, 우인(愚人) 등의 차이가 생기는 것이다. 따라서 현실적인 '성'은 선한 본성이 기질의 영향을 받아 변화된 것(氣質之性)이고 그 기질은 도덕 수양(修養)을 통해 바뀔 수 있는 것이므로, 인간 수양의 필요성이 여기서 제기되는 것이다. 신유학(新儒學), 정호(程顥)와 정이(程頤)에서 주희(朱熹)로 이어지는 학

---

240) 오상(五常)은 유교의 인(仁)·의(義)·예(禮)·지(智)·신(信)의 다섯 덕목(德目)을 말한다.
241) 칠정(七情)은 유학에서 인간의 여러 가지 감정을 통틀어 일컫는 말이다. 칠정이라는 표현이 처음 나타나는 곳은 『예기』「예운」편으로 인간의 여러 감정을 기쁨(희, 喜), 노여움(노, 怒), 슬픔(애, 哀), 두려움(구, 懼), 사랑(애, 愛), 싫어함(오, 惡), 바람(욕, 欲)의 일곱으로 묶어 나타내었다. 후대에서는 대개 『중용』에서 말하는 기쁨(희, 喜), 노여움(노, 怒), 슬픔(애, 哀), 즐거움(락, 樂)을 가리켜 칠정이라 하였다. 참고: 한국고전용어사전. https://terms.naver.com/entry.naver. 2019년 09월 24일 16:15에 접속.

통이라는 뜻에서 정주학(程朱學)의 학풍을 일으킨 성균관 대사성(大司成) 이색(李穡)은 기(氣)가 이(理)처럼 근본적이고 구체적인 존재라고 밝히면서 동시에 온갖 사물의 다양함에 내재하는 질서와 윤리에 주목하고 있다. 그는 성리학에서 이기론의 문제에 대한 이해를 제시하면서, 이(理)의 개념을 양면적으로 이해하고 있음을 보여 준다.

이색의 이기론은 천지를 기(氣)라고 하면서 천(天)을 이(理)라 하여 천에 내포된 두 가지 의미를 구별하고 있다. 즉 기(氣)의 실제성을 중요시하지만, 기(氣) 이상의 근원성으로서의 이(理)의 존재를 인정하고 있다.[242] 이와 같은 사상은 이원론의 영성을 형성하게 된다.

유교에서 보는 인간 존재의 가치는 도덕성에 있다. 인(仁), 의(義), 예(禮), 지(智)의 윤리관을 최고의 가치로 삼고, 그 가치 구현을 위한 실천 규범으로 오륜(五倫)[243]을 중시한다. 이러한 유교적 가르침의 핵심을 이루는 도덕규범은 바로 인간관계에서 삶의 태도와 방법을 구제하는 규범이요, 이를 일러 인륜(人倫)이라 한다. 『중용』에서는 천명(天命)이 인간의 내면에 부여된 것을 '성'(性)이라 하고, 이 '성'을 따라 행하는 길을 '도'(道)라 하

---

242) 금장태, 『한국유교사상사』, 42-46
243) 삼강오륜(三綱五倫)이란 유교에서 기본이 되는 도덕 지침이라 알려져 있다. 그러나 (공자의 가르침을 따르는) 정통 유교의 근본은 오륜이고, 후에 정치적 목적으로 마련된 것이 삼강이다. 그래서 군위신강과 군신유의, 그리고 부위부강과 부부유별의 덕목이 서로 그 근본 뜻이 다르다. 삼강의 폐해로 인해 유교가 권위적이고 가부장적인 사회로 만든다고 알려져 있다.
군위신강(君爲臣綱) : 신하는 임금을 섬기는 것이 근본이고, 부위자강(父爲子綱) : 아들은 아버지를 섬기는 것이 근본이며, 부위부강(夫爲婦綱) : 아내는 남편을 섬기는 것이 근본이다.
오륜(五倫)에는 다음 다섯 가지가 있다. 父子有親(부자유친): 어버이와 자식 사이에는 친함이 있어야 한다. 君臣有義(군신유의): 임금과 신하 사이에는 의로움이 있어야 한다. 夫婦有別(부부유별): 부부 사이에는 구별(분별)이 있어야 한다. 여기서 구별은 차별이 아니다.
長幼有序(장유유서): 어른과 아이 사이에는 차례와 질서가 있어야 한다.
朋友有信(붕우유신): 벗 사이에는 믿음이 있어야 한다. 여기서 친(親)이란 단순히 친밀함을 의미하는 것이 아니라 사랑(仁)을 의미하는 것이며, 별(別)이란 단순히 구별을 의미하는 것이 아니라 부부간의 역할이 다르며 이를 존중한다는 예(禮)의 정신을 담고 있다. 삼강오륜의 친(親), 의(義), 별(別), 서(序), 신(信)은 인의예지신(仁, 義, 禮, 智, 信)이라는 유교의 다섯 가지 기본적인 덕목을 반영하고 있다. 참고: 한국민족문화대백과. https://terms.naver.com/entry.naver 2019년 09월 24일 16:38에 접속.

며, 이 '도'를 닦아서 정립해 놓은 것을 '교'(敎)라 하였다. 여기서 '교'는 인륜의 도덕규범을 가르치는 것이요, 인간으로서 마땅히 따라가야 할 '도'를 닦는 것이며, 인간의 타고난 근원적 가치인 '성'을 따르는 것이요, 하늘의 명령을 받드는 것이다.

도덕성의 근원은 하늘이 인간의 마음속에 성품으로 부여한 것이지만, 인간이 천명으로 받은 도덕성을 이 세계 속에서 실현하는 방법은 먼저 가족적 유대의 인간관계에서 실현되어야 한다는 것이 유교적 도덕 실천의 과제이다. 유교의 종교성은 일상생활의 현실을 떠나지 않고 밀착하여 추구된다.[244] 유교 사회는 대중을 통치하는 정치 기본 방법으로 예(禮), 락(樂), 형(刑), 정(政)을 들고 있다. '예'(禮)라는 것은 본래 상하(上下)의 차례를 나누고 윗사람과 타인을 공경하는 데 있으니, 지위로 나누고 나이로 나누고 명망(名望)으로 나누어 끊임없이 나눔으로써 한 공동체의 질서를 확보하고자 하는 것이다.[245] 이러한 사실은 유교에서 가장 일상적인 인간관계의 규범이 인간 사회의 질서를 이루는 중요한 의미를 지닌다. 이로 인하여 서열 관계를 중하게 여기는 현실 중심적 영성이 나타난다.

2. 유교적 영성의 특징

유교는 삼강오륜의 가르침에 의하여 근본적인 생활 태도인 인간관계의 규범의 질서를 중요시함으로써 한민족을 도덕적 국민이 되게 하였다. 그러나 이 윤리는 '종적인 윤리' 즉 통치자를 위한 윤리로 '정치윤리'가 되었

---

244) 금장태, "유교의 중요성과 유교-천주교와의 교류", 13-15.
245) 금장태, 『한국현대의 유교문화』, 120-121.

고[246], 계급적 사회[247]를 낳는 폐단과 함께 계급사상을 형성하였다. 이러한 유교적 사상은 내면보다는 외면의 겉치레를 강조하고, 체면이 앞서는 형식주의적 윤리 도덕을 형성하게 했다.

1) 우상숭배 또는 조상 제례의 제사적 특성

한국에서의 유교적 제사 제도는 조선조(朝鮮祖)부터이나 그 이전에 조상숭배의 사상이 널리 퍼져 있었다. 조령 숭배의 역사를 고려 중엽 이규보(李奎報)의 「노무편(老巫篇)」에까지 거슬러 올라가니 그 뿌리를 짐작할 수 있다. 조상제사는 인간 종교 중 가장 큰 흐름이다. 즉 조상숭배, 조상제사는 죽은 자가 죽음으로써 가족과 관계가 끝난 것이 아니라 계속적으로 관계를 가지며 교제를 나누는 인간의 자연적인 정이라 볼 수 있다. 다만, 그 의식(儀式)이 종교와 종족에 따라 다를 뿐이다.[248]

유교적 영성의 특징을 살펴보면, 가장 먼저 언급되는 것이 우상숭배 또는 조상 제례의 제사적 특성일 것이다.

한국인의 신앙적 정서에 일반적으로 받아들여지는 의례적 형식이나 민속적 신앙 형태들은 대부분 유교적 의례 속에 받아들여지거나 유교 사회에서 샤머니즘적 형태를 허용했던 사실을 유의할 필요가 있다. 산을 깎아 터널을 파거나 철길을 놓는 일이 지기(地氣)를 손상해 산신(山神)을 노엽게 하는 것이라 하여 반대하는 것도 풍수지리설에 근거한 것만이 아니라 자연의 신적 존재에 대한 믿음을 전제로 한다. 장례(葬禮)에서 묘를 쓰기

---

246) 윤태림, 『의식구조상으로 본 한국인』, 128.
247) 조선시대에는 유교를 통치 이념으로 삼았으므로 유교 중심의 사회가 형성되었다. 따라서 신분제가 보다 강화되어, 신분 계급은 법제적으로 양인과 천인으로 구분되었다. 그러나 실제적으로 신분 계층은 양반, 중인, 상민, 천민의 네 신분으로 형성되어 갔다. 이들 중에서도 양반은 정치, 경제, 사회 등 모든 분야에서 특권을 누렸다. 또한, 신분 제도가 매우 엄격하여 신분 계급에 따라 그 사회적 지위가 달랐으며, 심지어는 거주지, 의복, 혼인 등과 같은 일상생활까지 제약을 받았다.
248) 류순하, 『기독교 예배와 유교제사』 (서울: 숭실대학교출판부, 1996), 57-59.

위해 땅을 팔 때는 개토제(開土祭)를 드려 토신(土神)에게 미리 고하여 허락을 청하고 신을 위로하였다. 유교 종교성 속에 시간적, 공간적 자연환경의 신적 존재를 경외하며 이 신들과 화해를 이루어 가며 살아가는 것은 유교적 자연관-신관의 기본 형식이다. 이것은 민간 의례이면서 유교 의례이다.[249] 또한, 부모와 자식의 관계를 지탱해 주는 도덕규범인 부자유친(父子有親), 부자자효(父慈子孝)의 효도 의식은 살아 계신 부모님에 대한 공경뿐만 아니라 사후(死後)의 부모와 조상에 대해서도 공경하는 마음으로 연장된다. 돌아가신 부모와 조상에 대한 공경의 유교적 행동 양식은 제사(祭司) 의례로 나타난다. 제사를 통한 주상 숭배와 가족 의식의 바탕에는 '유교적 생명관'이 깔려 있다. 제사를 지낼 수 있는 근거는 조상과 후손이 하나의 큰 생명체 속에 작은 단위의 생명이 강한 연속성을 지니고 있다고 하는 '유교적 생명관'의 이해에서 비롯된다.[250]

조상에 대한 제사는 조상의 사당이나 묘(墓), 혹은 집에서도 치러진다. 음식과 술 등을 제물로 드리고, 위패 앞에서 경배의 절을 드리게 된다. 그러고 난 후, 조상들이 흠향했다고 간주한 음식은 조상이 강복한 것(福)이니 모든 가족이 나누어 먹는 데(飮) 의미 있다고 본다. 그래서 '음복(飮福)'이다.[251] 그리고 Julia Ching은 이 조상에 대한 제사는 기독교에서의 성찬례(聖餐禮)와 같이 공동 식사의 종교적 예식을 의미하게 되는데, 특히 그 속에서는 산 자와 죽은 자들이 모두 참여하면서 씨족과 가족 연대감이 갱신되며 더욱 결속하게 된다고 한다.[252]

이와 같은 유교의 조상숭배는 샤머니즘의 사자숭배(死者崇拜) 사상이나, 가신숭배(家神崇拜)와 효도 사상이 혼합, 절충되어 제사라는 대중 신

---

249) 금장태, 『한국현대의 유교문화』, 113-114.
250) 금장태, 『한국현대의 유교문화』, 116-117.
251) 이찬수, 『종교로 세계 읽기』(서울: 이화여자대학교출판부, 2005), 111.
252) Julia Ching, 『유교와 기독교』, 223.

앙의 모습으로 지금까지도 광범위하게 유지되고 있다.

2) 유교의 인격 문화와 보수적 영성

예법(禮法)과 더불어 유교 전통의 중요한 가치 기준은 의리(義理)라 할 수 있다. 의리를 지킴으로써 인간관계의 강한 결속력을 이루고 있다. 그러나 일상적으로 아랫사람이 윗사람을 끝까지 추종하거나 자신의 조직을 배반하지 않는 행위를 '의리'로 이해하는 경우가 있다. 이러한 '의리' 개념은 유교적 전통의 개념이 아닌 변질된 의리 개념으로 보인다. '의리'의 본래의 의미는 개인적으로 동료들 사이에 지키는 신의(信義)요, 사회적·역사적으로 불의(不義)에 대한 저항정신을 의미하는 것으로 '이해'(利害)에 대한 반대 개념이다. 따라서 '의리'를 지키기 위해서는 '이해(利害)'관계에 이끌려서는 안 되고, 자신이 손해를 입더라도 신의(信義)를 지켜야 하는 것이며, 불의(不義)를 용납하지 않는 강직한 정신이다.[253] 그러나 '의리'의 가치가 '이해'를 가볍게 여기면서 손해를 보는 데는 관대하고 이익을 챙기는 데는 어두운 경우가 개인의 생활에서뿐만 아니라 국가 간의 외교에서도 '명분'을 얻는 데 만족하고 '실리'를 얻는 데는 예민하지 못한 현상을 자주 보게 된다.

물질주의, 배금주의(拜金主義)가 만연한 지금의 시대에 아직도 금전을 영악하게 따지거나 이익을 밝혀 다투는 일을 점잖지 못하거나 천박한 행위로 보는 의식이 남아 있다. 심지어 시중의 물가를 모르는 것을 고상하게 여기고, 상업을 '장사치'로 천시(賤視)하려는 직업적 편견이 있다.[254] 이와 같은 유교적 사상은 직업적 편견과 신분의 차별까지 두어 아직도 관존민비(官尊民卑)[255]의 보수적 영성이 자리 잡고 있다.

---

253) 금장태, 『한국현대의 유교문화』, 136-140.
254) 금장태, 『한국현대의 유교문화』, 122-123.
255) 관료를 존대하고, 백성을 낮춰보는 사상이다.

3) 이기주의적 관계 중심의 영성

유교 문화의 사회의식은 개인적인 사사로움을 극복하고 전체적인 공공(公共)의 질서를 확보하는 것으로 볼 수 있다. 공자가 안연(顏淵)에게 "자신의 사사로움을 이기고 예법을 회복하는 것이 인(仁)을 실현하는 것이다"(克己復禮爲仁)라고 말한 것도 인간의 보편적 도덕성인 인(仁)을 실현하는 것이 개인적인 사사로운 욕심을 벗어나 공동체가 함께 지켜야 할 공공의 보편적 질서로서 예법을 회복할 것을 강조한 것이다. 사(私)를 억제하고 공(公)을 실현하는 것이 사회질서를 확보를 위한 일차적인 원칙이 되고 있는 것은 사실이다. 그러나 '사'(私)라는 개인적인 욕심을 억제하는 것은 금욕주의적(禁慾主義的)인 특성을 보여준다. 이러한 금욕주의적 성격이 유교 사회를 도덕적으로 고상하고 세련된 예교(禮敎)질서로 이끌어 갔던 것을 부정할 수는 없지만, 인간의 자연적 욕망을 지나치게 억제하고 천시(賤視)하여 경제적 구조를 왜곡시켜 놓거나 도덕의식을 형식적으로 변질시켜 놓았던 문제점으로 외형적 의식주의 영성을 형성케 하였다.

유교의 사회관은 '사회'라는 공간적 세계는 개인에게 두고 있다. '나'(己) 혹은 '자신'(身)이라는 개체에 뿌리를 두고서 가족(家)과 나라와 천하로 동심원(同心圓)을 그리며 퍼져 나가는 것을 하나의 사회라 본다.[256] 사회 전체에서 보면 국가의 뿌리가 가정이요, '나'와 '가족'의 관계에서 보면 가족이 나의 존재의 뿌리가 되고, 내가 가족의 존재에 뿌리가 되는 것으로 서로 뿌리를 이루는 것이라 할 수 있다. 가족과 나는 혈연으로 맺어진 유기적 결합체로서 유교 사회의 가장 기본적인 단위요, 가장 견고한 결합체이다.

사회의 핵심 구조를 가족으로 보는 유교 사회관에서는 사회 전체를 혈

---

256) 『대학』에서는 '修身→齊家→治國→平天下'의 확장 질서를 제시하고 있으며, 유교를 修己治人之道(수기치인지도: 자신을 닦고 남을 다스리는 도리)라고 정의하는 것도 자신에 뿌리를 두고 남에게로 뻗어 나가는 유기적 일체성을 사회의 기본 구조로 받아들이고 있다.

연적 유기체로 파악하기 때문에 사회의 법질서를 객관적으로 확립하지 못하고 가족적 인정주의(人情主義)에 빠지게 한다.[257] 또한, 사회를 가족의 확장으로 인식하면서, 그 유대 의식이 가족에 갇혀서 더 넓은 공동체로 나가지 못하고, 가족의 유대 의식이 극도로 강조되면서 개인의 자율성이 심하게 제약받는 가족주의 폐단을 양산한다. 이처럼 체득된 이기주의적 관계 중심의 영성이 가족 중심주의를 낳게 했다.

4) 외형적 형식주의 영성

예(禮)는 일반적으로 상고시대의 신(神)에 대한 숭배와 기복의 의식으로서 제사에서 비롯되어, 역사의 발전과 사회의 분화에 따라, 집단의 질서를 유지하고 통치 체계를 견고하게 하는 제도적 장치로서의 역할을 담당하게 된 것으로 이해되고 있다. 천(天)이나 절대자에 대한 숭배, 혹은 금기 의식으로 나타났던 예(禮)는 주로 제사의 형태로 그 양상이 전개되어 왔으며, 귀족계층 사이의 관계 질서로서 정치적인 면으로 나타났다.[258]

유교 사회는 대중을 통제하는 정치의 기본 방법으로 예(禮), 락(樂), 형(形), 정(政)을 들고 있다. 그 가운데 한국 사회에 가장 깊이 침투하고 있는 문화 형식은 '예법(禮法)'이라 할 수 있다. 예의(禮義)를 교양 있는 인격의 중요한 조건으로 삼아 왔으며, 무례(無禮)한 태도를 야만적인 행위로 심하게 질책해 왔다.

禮義(예의)의 시작은 사람들이 서로 만나면서 '인사'하는 데 있다. '禮'라는 것이 본래 상하를 나누고, 지위와 나이를 나눔으로써 공동체의 질서를 확보하고자 하는 것이다. 그러나 이러한 예법의 분별은 공동체의 친화력을 잃고 분화가 일어나는 현상이 나타난다. 그러다 보니 예법의 분별 의식

---

257) 금장태, 『한국현대의 유교문화』, 129-132.
258) 김창진, "공자의 인성론과 예", 59.

에 따라 사회는 동급집단별로 나누어져, 어른과 젊은이, 스승과 제자, 상급자와 하급자 남자와 여자 등 관계 사이에 소통이 어려워지는 계층 간, 성별 간의 분별이 생기나 파벌을 형성하게 되었고, 이것은 동질 집단과 이질 집단 간의 대립을 가져오게 되었다. 그리고 이러한 파벌 형성은 학연(學緣), 지연(地緣), 혈연(血緣)의 한국 사회의 고질병과 같은 병폐와 함께 비합리적이고 전근대적인 보수성(保守性)을 신앙처럼 고집하는 결과를 낳았다.

더구나 세밀한 예법 절차의 형식적 수행이 관습화되어 예법이 본래 추구하는 공경의 정신은 사라지고 형식의 절차만 남아 번문욕례(繁文縟禮)[259]에 빠지는 폐단이 사회적 병폐가 되었다. 그리고 유교 전통 의례의 기본 골격을 이루는 관(冠)·혼(婚)·상(喪)·제(祭)의 가정의례가 지나친 형식주의에 빠져 예법의 본질을 잃은 채 번잡하고 낭비적인 폐단을 일으켰다.[260] 물론 욕망을 절제의 미덕으로 삼는 긍정적인 측면도 있으나, 지나친 관계의 경직성과 정체성 그리고 허례허식(虛禮虛飾)과 형식주의에 빠지는 유교적 영성을 형성했다.

3. 유교적 영성이 한국교회 영성에 미친 영향

1) 외형적(外形的) 신앙

한국인의 인격 또는 성격 형성에 있어서 유교의 윤리는 형식주의의 방향으로 흘러 버렸는데, 유가(儒家)들이 제정한 각종 예의범절의 세칙들은 너무 까다롭고 복잡하다. 형식을 위한 형식, 의식을 위한 의식을 가지고

---

259) 번거로운 규칙과 까다로운 예절을 뜻한다.
260) 금장태, 『한국현대의 유교문화』, 120-122.

논쟁하는 것이 그들의 특색이다.[261] 이런 유교의 형식주의는 기독교 신앙에도 많은 영향을 끼쳤다. 교회의 출석도 체면 때문에 하고, 예배도 하나의 의식으로만 치우치게 만들어 버렸다. 기도할 때 통곡의 눈물은 있으나 가난한 사람들을 향한 가혹한 냉대가 따르는 이중적 생활과 외형 의식적 생활이 한국 교인들에게 있다.[262]

자신의 부실을 은폐하거나 자신을 드러내기 위한 수단으로 이름을 팔고 성직을 파는 경우가 많으며, 교회에서는 직분을 가졌으나 직장에서는 그 직분과 전혀 관계없는 이중의 생활을 하는 것이 허다하다. 주일에는 하나님을 생각하고, 교회 문을 나서고 난 후부터는 하나님을 등한시하는 경향은 신앙을 다만 천국 입장권으로만 생각하는 한국교회의 그릇된 신앙 때문이라 하겠다. 또한, 봉헌을 하나님께 드린다는 마음보다 사람의 눈치를 보기 때문에 봉헌함에 손을 넣을 때 적은 돈이 보이지 않도록 주먹에 싸서 넣는다. 목사는 특별 헌금을 낸 사람들의 이름을 호명하고 그다음 주일 주보에 명단과 함께 금액까지 기록하는 것은 유교의 외형주의 영향을 받은 것이라 본다.[263]

교회도 대형 교회만을 찾게 되고 목사들도 대형 교회 목사는 성공했고 출세한 것으로 여기고 있다. 교회마다 큰 교회를 지으려고 하는 것이 목회적 사명이 된 지 이미 오래되었다. 오로지 자기 소속된 교회만 성장하면 된다는 생각으로 꽉 차 있는 이러한 개교회주의와 외형주의의 삶은 현장에서 하나님께 영광을 나타낼 수가 없다.

사실 한국에 기독교가 전해진 이래 놀라운 속도로 한국교회는 성장을 지속해 왔다. 조선 종교의 맥으로 작용했던 불교와 유교를 제치고, 일제

---

261) 이규태, 『한국인의 의식구조』 (서울: 신원문화사, 1983), 260.
262) 김기현, 『한국교회 예배와 생활』, 92.
263) 김기현, 『한국교회 예배와 생활』, 94.

식민지와 6.25 한국전쟁을 겪으며 더욱더 교회는 번성하였다. 고난과 박해는 사람들의 믿음을 한층 더 성장하게 하였고 교회는 사람들의 고통과 상한 마음을 말씀으로 위로하고 인내하도록 격려하여 소망의 열매를 얻을 수 있었다. 그러나 한국교회는 세속화로 인해 윤리적으로 크게 타락하고, 성장이라는 이름으로 세속화를 정당화시키기도 하였다. 기독교 세속화의 요소 중 하나는 로마 가톨릭에 버금가는 사제주의이다. 한국의 천민자본주의(賤民資本主義)[264]가 재벌 중심의 독점층을 형성하듯이 한국교회도 목사 중심의 지배계층을 형성하는 것에 집중하고 있다. 표면적으로는 만인 제사장설을 내세우고 있으면서도 안으로는 목사의 권위를 계급화하여 강화하고 있다. 또한, 맘모니즘과 물량주의에 빠져 교회가 시장의 원리에 의해 평가, 재생산되고 있다. 한국교회의 이러한 세속화 현상은 유교 문화의 영향으로 더욱 가중되었다. 유교의 인본주의적 사상이 기독교 문화를 지배하고 있어서 하나님 중심의 교회가 인간중심의 교회로 되며 세속화를 부추기고 외면적 성장으로 하나님의 축복을 계량하는 데까지 이르렀다. 이러한 유교 문화에 의한 한국교회의 세속화는 목회자 나르시시즘이라는 병리적 현상을 가져오게 하였다.[265]

---

264) 천민자본주의(賤民資本主義, ariah capitalism, (독) pariakapitalismus)는 독일의 사회학자 막스 베버(M. Weber)가 처음으로 사용한 전근대 사회에 있었던 비합리적이고 비인간적인 폐쇄적 자본주의 또는 그 소비 및 생산 문화를 뜻한다.
  천민자본주의 현상이 심각해지면 돈에 의한 배금주의가 심화하면서 정치, 사회, 경제의 속성적인 문화가 후퇴하므로 경제 이외의 문제인 정치 또는 사회, 인간성까지 후퇴시킬 수 있어 자본을 수단으로 하는 비인간적인 문화가 증가한다. 이런 천민자본주의 현상이 심각해지면 복지와 같은 제도를 유지하기가 전반적으로 힘들어지며, 자본 투기, 불공정 거래가 늘어나고 시장경제가 타락하면서 경제 생산력과 경제 효율성이 동시에 떨어진다. 또한, 이런 퇴폐적인 사회 구조를 회복시킬 비용이 크게 들어 또 한 번 중복적으로 경제 효율성이 떨어지며 직업 간 빈부격차가 심해지고 소시민의 틀 안에 들어가 있는 민생구조가 파탄이 나고, 사회에 깊숙한 악영향을 끼친다. https://ko.wikipedia.org/wiki/ 접속: 2020년 6월 28일 21:05분
265) 원영재, "유교문화 영향으로 인한 한국교회의 세속화와 목회자 나르시시즘", 「기독교 철학」 제8호 (2009): 62.

2) 제사(祭祀) 의식

한국 전통적인 문화의 터전 위에 외래 종교로서 기독교가 전래되었고, 수용되었다. 복음이 한민족에게 전해지고 양적, 질적으로 성장하는 과정에서 크고 작은 외적, 내적 박해와 시련을 거쳐 왔는데, 그때마다 능동적인 대처로 문제를 해결해 왔고 오히려 세속 문화를 변화시키는 일도 감당했다. 그러나 문제 자체를 덮어 둔 채 해결의 결말을 보지 못하는 여러 가지 문제 중의 하나가 조상 제사의 문제이다. 천주교에서는 이 문제를 1939년 12월 8일에 교황청제시로써 조상에게 효성(孝誠)을 표시하는 민간 의식으로 허용함[266]으로서 해결했으나 개신교에서는 여전히 조상 제사 문제에 있어서 엉거주춤한 상태에 있다.

유교에서 하늘과 조상은 제사의 가장 중요한 대상이고 유교 사상의 두 가지 커다란 근원을 이루고 있다. 유교의 근본 사상 가운데 하나가 효(孝)

---

266) 이원순, 『한국천주교회사』(서울: 탐구당, 1980), 132.
20세기에 와서 이 문제에 대한 첫 도전은 1932년 일본의 팽창주의에 따라 세워진 만주국에서 강력하게 일어났다. 이 신생 만주국은 국민의 단결을 이루려는 목적으로 공자숭배를 국민에게 의무화했으며 이로 인해 천주교도들은 신앙의 위기를 맞게 되었다. 당황한 교회 당국은 공자숭배의 성격을 정부에 질의했으며 만주 정부는 이 의식이 종교적인 의미가 아니라 단순히 사회적 국민적 예식일 따름이라고 답변하였다. 이에 교황 비오 11세는 1935년 공자 존경의식을 허용하였다. 또한, 1년 후인 1936년에는 일본의 신사참배(神社参拜)를 허용하면서 지금까지 금지되었던 혼인, 장례, 그 밖의 사회 풍습 등에 대해서도 폭넓은 허용 조치를 취함으로써 적응 주의원칙이 교회의 확고한 선교정책임을 드러냈다. 더 나아가 비오 12세는 1939년 12월 8일 '중국 예식에 관한 훈령'을 통해 공자 존숭을 행할 수 있다고 전면적으로 허용했으며, 선조 공경 의식에 있어서는 "시체나 죽은 이의 상 또는 단순히 이름이 기록된 위패 앞에 머리를 숙임과 기타 민간적 예모를 표시함이 가하고 타당한 일이다"라고 함으로써 비록 전면적인 허용은 아닐지라도 상당히 관용적인 조치를 취하였다. 이러한 조치를 취한 이유는 시대 변천에 따라 풍속도 변하고 사람들의 정신도 변해서 과거에는 미신적이던 예식이 현재에 와서는 다만 존경과 효성을 표하기 위한 민간적 예식에 불과하기 때문이라는 것이다.
이 훈령에 준하여 한국 주교단은 상례(喪禮)와 제례(祭禮)에 관한 보다 상세한 지침을 정하였는데 허용 사항으로는, 시체나 무덤, 죽은 이의 사진이나 이름만 적힌 위패 앞에서 절을 하고 향을 피우며 음식을 진설하는 행위 등이며, 금지 예식은 제사에서 축과 합문(闔門: 혼령이 제물을 흠향하도록 잠시 문을 닫는 예식), 장례에 있어 고복(皐復: 죽은 이의 혼을 다시 불러들이는 예식), 사자(使者)밥: 죽은 이의 혼을 고이 모시고 저승으로 가라는 뜻으로 밥과 신발을 상에 차려 놓는 것) 및 반함(飯含: 죽은 이의 입에 쌀, 조가비, 구슬 등을 넣는 예식) 등이다. 그리고 위패는 신위라는 글자 없이 다만 이름만 써서 모시는 경우 허용이 된다는 것이다.

이며 효는 덕(德)과 인(仁)의 근본이기도 하다.

공자는 사람은 두 가지로 성립된 것으로서 만인(萬人)은 반드시 죽는 법인데 죽으면 귀(鬼)는 땅으로 돌아가고 신(神)은 위로 올라가 서로 갈라지나니 제사로서 귀와 신을 다시 합하려고 하는 것이 곧 제사라고 했다. 유교에서 조상제사는 가족 유대를 강화하는 공동체 신앙이고, 조상신은 귀신 또는 혼백으로 저승으로 가 버리는 것이 아니라 이 세상에 다시 올 수 있다고 보았다. 이렇게 조상 혼백이 다시 돌아올 수 있기에 자손들은 세상에서 신위와 신주를 모시는 것이다. 조상신은 자손들과 멀리 떨어지지 않은 곳에 있다가 제사를 지낼 때 강림한다고 믿는다. 그리고 조상신은 살아있는 자손들에게 축복하거나 저주하는 능력이 있으며 이로 인해 조상 제사는 중시되었다.[267]

유교에서 조상제사는 조상신을 숭배하며 위로하는 것과 조상에 대한 보은(報恩)의 정신도 내포한다.[268] 따라서 제사를 지낸다는 것은 돌아가신 부모에 대한 효의 극치라고 볼 수 있다.[269]

유교에서 조상숭배는 인륜도리(人倫道理)의 지침으로 효도 사상을 중심으로 한 윤리적 기능을 수행해 왔다. 그러므로 조상제사는 개인의 행동 양식의 규범일 뿐만 아니라 가족공동체의 행사이며, 이 제사직(祭祀職)을 계승할 장자권(壯者權) 중심사상은 가족 질서를 형성하였고, 국가의 국왕도 국민의 장자로서 해야 할 역할을 가져 종법제도(宗法制度)의 질서를 확립하게 했다.[270] 이처럼 제사를 통한 가족과 사회 결속의 정신 근거는 효(孝) 사상이다. 이 효는 제사를 부모가 살아 있을 때처럼 경건하게 드림으로써

---

267) 전호진, 『종교 다원주의와 타 종교 선교전략』 (서울: 개혁주의신행협회, 1992), 257.
268) Max Weber, 『유교와 도교』, 이상율 역 (서울: 문예출판사, 1990), 216.
269) 주재용, 『선유의 천주사상과 제사문제』 (서울: 가톨릭출판사, 1988), 21.
270) 금장태, 『한국유교의 재조명』 (서울: 전망사, 1982), 12-13.

실천된다.[271]

이런 의식이 기독교인들에게도 남아 있어 1890년 헤론(J. W. Heron) 의사가 사망한 이후 계속된 선교사들의 서양식 상례와 추도식을 본 한국인들은 이를 전통 유교 상례와 제사 형식에 적응시켜 새로운 한국적 기독교 의례로 만들어 나갔고,[272] 교인들은 돌아가신 부모나 조상을 위한 토착적인 추도회를 하기 시작했다.

추도회와 제사의 유사성은 의례 시간을 밤으로 정한 것과 등촉, 죽은 영혼을 위한 기도와 통곡 등이었다. 제사와 다른 점은 선교사와 교인 초청, 제사상을 차리지 않고 예배로 진행한 점이었다. 제사의 문화적, 윤리적 전통은 유지하되 우상숭배 요소는 배제한 것이다. 그렇지만 추도회에서의 문제는 죽은 자를 위한 기도였다.[273] 지금도 많은 기독교인이 제상에 제물을 차려 놓고 제사를 지내고 있다. 이것은 형식만 다를 뿐이지 추도식과 다를 바가 없다고 변명하기도 한다. 또 제사 문제로 상담하는 교인에게 "형편대로 하라"는 목회자들의 무책임한 답변도 있다.[274]

조상제사의 문제를 한국교회는 아무런 해명 없이 십계명의 제1 계명과 명을 범하는 우상숭배라는 이유로 비판하였고, 금(禁)하였다. 이로 인하여 유교 사상에 젖어 있는 한국 사회는 조상을 무시하는 불효(不孝)의 사교(邪敎)라고 배격하게 되었다.[275] 조상제사의 문제에 대한 분명한 신학적

---

271) 금장태, 『한국유교의 재조명』, 25-29.
272) 옥성득, 『한국기독교 형성사』 (서울: 새물결플러스, 2020), 403.
273) 옥성득, 『한국기독교 형성사』, 409-414.
274) 제사에 대한 지도와 조언을 구하러 온 성도들에 대한 교역자들의 대답으로 '지내도 좋다'가 9%, '형편대로 하라'가 61%, '절대로 지내서는 안 된다'가 30%를 차지하고 있다는 것은 제사 반대 입장이 허용 입장보다 강하게 나타난다. 이것은 기독교가 걸어온 보편적인 길을 유지하는 것으로 보인다. 그러나 주목해야 할 것이 '형편대로 하라'라는 답변이 61%이다. 반대도 아니고 허용도 아닌 의미로 교인 자율에 맡기고 있다고 볼 수 있다. 이는 조상제사 우상숭배라고 규정하기에 문제점이 있다고 보며, 이 조상제사에 대해 기독교가 새로운 시도를 해야 할 때가 아닌가라는 것으로 보인다. 즉 목회자의 인식변화라고 생각된다. 참고: 류순하, 『기독교 예배와 유교제사』 (서울: 숭실대학교출판부, 1996), 123-126.
275) 윤기석, "조상숭배에 대한 윤리적 연구", 『기독상』 제138호 (1969): 89.

대답을 해야 할 필요가 있다.

3) 권위주의

유교의 장유유서(長幼有序)로 대표되는 상하 질서 의식은 한국인의 예(禮)의 표본으로서 한국인의 의식구조에 커다란 영향을 주고 있다. 장유유서는 한 마디로 나이로 구분되는 서열 의식을 뜻한다. 그리고 나이 많은 사람도 높은 서열에 있게 되면 그것을 유지하기 위해서는 자연 근엄한 모습을 보이지 않으면 안 되었다. 그러다 보니 자연스럽게 권위 의식이 발생하게 된 것이다.

유교의 세계관은 전통적 권위와 부모, 그리고 조상과 관급에 있어서 상관을 거스른 것은 잘못 혹은 범죄로 다룬다.[276] 삼강오륜의 사상을 특색으로 하는 유교는 권위주의 사상을 낳기에 이른 것이다.[277] 이 서식에 더하여 지위가 높은 사람은 그 권위로서 위엄을 떨쳤다. 이것은 유교의 관료주의의 영향도 크게 작용했다고 본다. 입신양명(立身揚名)하여 부모의 이름을 드날리는 것이 효도의 마침이라고 할 만큼 유교에서는 관직에 나가는 것을 최고의 출세로 여겼다. 이것은 오늘날도 마찬가지다. 같은 식사를 하는 데도 지위가 높은 사람들은 높은 사람들끼리 모여 식사를 하며, 식판을 나르는 데도 모두 자기 먹을 것을 자기가 가져오는데 기관장이나 지위가 높은 사람들은 그 부하 직원이나 일을 하는 사람들이 가져다주는 것을 먹는다. 이러한 종적인 관계는 상하의 위계질서를 유지하게 했고, 나아가서는 그 질서를 유지하기 위해 위선적인 일까지 자행하게 되었다. 사실 권위와 권위적인 것은 다르다. 어느 사회나 권위는 있어야 하나 권위적으로 되어서는 안 되는 것인데 한국 사회의 권위는 필요한 권위가 아니라 권위적인

---

276) 김기현, 『한국교회 예배와 생활』, 92.
277) 홍치모, "기독교 사상과 한국문화와의 접촉", 총회신학대학, 「신학지남」 제200호 (1983): 77.

것에 더 가깝다.

이런 현상은 교회 내에도 들어와 교권주의가 생겨나 목회자와 평신도 간의 거리가 필요 이상으로 커지고 있다.[278] 모든 교인은 하나님 앞에서 수평적인 관계로 서로 사랑하고 도와주어야 하는데 그렇지를 못하고 집사보다는 장로가 높고 장로보다 목사가 높다고 여기고 있는 서열 의식이 내재해 있는 것이다. 물론 목사로서 장로로서의 권위는 있어야 하겠지만 그것이 권위적인데 문제가 있다. 집사나 장로나 목사는 모두 하나님이 주신 직분일 뿐이지 서열을 나타내는 것은 아니다. 그런데 유교의 이 서열 의식이 교회에까지 침투하여 권위 의식을 갖게 만든 것이다.

4) 분파주의의 신앙

유학(儒學)이 사색당쟁(四色黨爭)과 결부되자 지방색과 교권주의와 지리적 안배라는 이질적 형태로 나아가게 되었고, 편협한 정신만 기르게 되었다. 나 아닌 다른 사람의 주장이면 그 자체의 가치를 생각하지 않고 모두 배격하기에 급급했다. 이 사상이 교회 안에서 지방주의, 독선주의 등으로 나타나게 되었다.[279] 유교의 이기적 가족주의는 기독교의 들어와서 크게 작용하여 파벌을 조성하고 배타적이고 자기중심적인 편협성을 드러나게 이르렀다.

한국교회는 이 파벌 문제를 당연시하며 받아들이고 있다. 소위 이북 무 지역 노회는 용납될 수 없는 것임에도 불구하고 여전히 조직되어 있다.[280] 또한, 교단의 분열은 개교회에 파급되어 교회 분규의 현상을 빚고 있다. 그 분열의 원인은 교파가 분열할 때마다 총회(總會) 안에서 주도권에 대한

---

278) 손봉호, "종교개혁과 한국교회", 「월간고신」 제138호 (1983): 41.
279) 박윤선, "분파의식 구조에 대한 소고", 「신학지남」 제187호 (1980): 11.
280) 김정준, "한국교회 갱신론의 반성", 「기독교 사상」 제185호 (1973): 41.

싸움을 전개한 후에 또 다른 총회를 만들기 때문이다. 교권을 장악하기 위해서는 반대 세력들을 견제해야 하므로 그것을 위해서 매수라든지 정치적 조치를 한다. 개교회 안에서도 분열이 있어 단합이 잘되지 않고 파당이 생겨 원목파, 부목파, 장로파 등 여러 파가 생겨 파벌이 심각하다.[281] 하나님을 찬양하고 한 주님을 고백하고 한 성령을 믿으면서도 실생활에서는 분열이 있어 교회의 공신력은 추락하고 주변으로부터 비난을 받는 근거가 되고 있다.

조선 500년 동안 한국인의 심성 형성에 크게 영향을 미친 유교의 편협한 분파주의는 기독교 안에까지 파고들어 와서 파벌을 조성하고 배타적이고 자기중심적인 편협성이 교회 안에서까지 드러내고 있다. 예배 시간에는 한 하나님을 찬양하고 한 주님을 고백하고 한 성령을 믿으면서 실생활에서는 갈라져 있으니 진정한 예배가 되지 못하는 것이다. 장로교회의 분열이 시작되던 1950년대에 누구 편이냐 하는 말 대신 어느 진영이냐는 말을 사용했다고 한다. 몇 개의 진영으로 양립한 대립 감정 같은 반목은 결국 찬송가를 여러 개로 갈라놓고 예배의 혼란을 가져온 것이다. 설문 조사에 의하면 한국교회가 부흥되지 않는 원인으로 사랑이 없고 파벌과 분열 때문이라는 사람이 460명 응답자 중 117명으로 26%를 차지하고 있다.[282] 이것을 보면 한국 교인들은 분열에 대하여 혐오감을 가지고 있다. 선교적인 면에서도 분파주의의 편협성은 교회의 본래 본질과 이미지를 흐리게 하고 있다.[283]

살펴본 바와 같이 유교는 샤머니즘과 함께 우리 민족의 심성에 많은 영향을 주었다. 유교에서 말하는 하늘(天)이나 상제 개념은 기독교의 하나님

---

281) 김기현, 『한국교회 예배와 생활』, 47.
282) 김기현, 『한국교회 예배와 생활』, 111-112.
283) 김정준, "한국교회 갱신론의 반성", 45.

을 쉽게 이해할 수 있는 기반을 조성했다. 또한, 현실 긍정 위에 서 있는 인의(仁義) 사상은 기독교의 사랑 개념과 상통됨을 느끼게 해 주었다. 그러나 유교는 깊은 종교사상의 결여로 현실주의에 빠지게 했으며, 내향적으로 자기중심적 이기주의와 형식주의의 강화로 편협성과 폐쇄성 그리고 보수성이 심화하는 현상을 낳았다.

| 제5절 |

요약 및 비교

"영성(pirituality)"이라는 용어는 매우 다양하게 설명되고 있다. 이 용어는 사전적으로 "신령한 품성 또는 성질"이라고 풀이되고 있으나 '삶에 대한 보다 뛰어난 인식'을 가리키는 말로 사용되기도 하였고, '초월적인 지성'을 가리킬 때도 사용되었다. 종종 죽은 자의 영들이 이 땅에 살아 있는 사람들과 의사소통을 하게 되는 매체를 가리키기도 하였다. 동시에 영성은 사랑, 겸손, 온유, 관대함, 공의로움 등과 같은 종교적 심성으로 이해되기도 한다. 그뿐만 아니라 영성은 공동체의 정신, 집단의 단결심이나 목적의식 등을 설명하기도 하고, 성령 충만, 입신, 방언, 축귀, 신유, 예언 등과 같은 신비적인 은사로서 받아들이고 있는 것도 사실이다.[284]

최근 매스컴을 통해 전해지는 충격적 사실 가운데 하나는 한국 점술 시장이 4조 원이[285]라고 하며, 무속인의 수가 점증 되고 있다는 점이다. 영화진흥위원회의 「2018년 한국 영화 산업 결산보고서」[286]에 따르면 2018년 매출액이 2조 3,764억 원이다. 한국 영화시장의 약 1.7배 가까이 되는 것이다. 주역, 풍수지리, 점괘, 사주, 성명학, 관상 등 현대인의 흥미와 관심이 샤머니즘과 연관되어 점차 대중어 가고 있다. 이 같은 현상은 단지 종교적

---

284) 유장춘, "영성의 다양성과 한국인의 토착적 영성 그리고 교회사회사업적 과제", 197-198.
285) http://www.busan.com/view/section/view.php?code=20181227000265 접속일: 2019년 10월 15일 11:15
286) https://portal.kocca.kr/portal/main.do 한국콘텐츠진흥원 접속일: 2019년 10월 15일 11:50

인 면에서뿐만 아니라 사회적으로도 큰 문제로 지적되고 있다.

한국 영성의 원천은 다양하다. 기독교가 한반도에 들어오기 수 세기를 앞서 중국에서 전파된 불교와 유교 영성의 사조(思潮)가 한국문화를 풍요롭게 했다 하지만 태곳적부터 한국인들의 마음을 움직여 온 영성의 깊은 곳에는 무속신앙이 토착적 원천으로 자리 잡고 있다.[287]

우리나라의 문화를 유심히 살펴보면 종교적 문화가 혼합된 것을 알 수 있다. 이훈구는 그의 저서 『한국 전통 종교와 한국교회』에서 유동식의 말을 빌려 이를 두고 한국의 '비빔밥'이라고 비유했다. '한국 사상의 밑바닥에는 예로부터 내려오는 토속신앙(土俗信仰) 곧 무속신앙(巫俗信仰)이 있다. 그 위에 천여 년에 걸친 불교사상이 얹혀 있고 또 그 위에는 오백 년의 유교 사상이 얹혀 있다. 그리고 지금은 기독교와 서구의 사상들이 표면을 덮고 있다. 그뿐만 아니라 동서의 정치적 이념마저 곁들어 있어 한국은 동서고금의 모든 지혜가 갈무리된 곳간과도 같다. 즉 비빔밥이다.'라고 한다. 한 걸음 더 나아가 '한국인의 심성적 바탕인 샤머니즘에 대한 이해와 그것으로부터의 철저한 분리가 없는 한 성경적 교회를 세우는 것이 거의 불가능하다.'까지 비평한다. 연세대학교 연합신학대학원에서 종교철학을 가르치는 정재현은 "100% 기독교인은 존재할 수 없다."라고 단언한다. 특히 한국은 무(巫)교와 유교 영향이 강하기 때문에 아무리 기독교 정체성이 분명하다 해도, 한국 기독교인의 종교적 심성을 분석하면 기독교 외 다른 종교들의 성분이 오히려 압도적인 비율을 차지한다고 지적한다.[288] 이처럼 우리 안의 종교적 심성은 샤머니즘적 바탕 위에 유교, 불교가 혼합되어 형성된 복잡한 심성이다.

---

287) Daniel Kister S. J. 『한국무속의 영성』 김민 역 (서울: 도서출판 이야시오영성연구소, 2018), 67.
288) [출처: 뉴스앤조이] '기독교인도 껍질 벗기면 무속 50%, 유교 30%'
http://www.newsnjoy.or.kr/news/articleView.html?idxno=214531
접속: 2019년 10월 30일 14:30

초기 개종자들이 접한 기독교와 유교의 관계는 서로 비슷한 모습이었다. 중국 선교사 윌리엄 마틴(W. A. P. Martin, 1827-1916)은 『천도소원』에서 유교와 기독교의 관계를 넓고 좁음의 관계로 규정하고 흩어져 있는 유교의 보석들을 예수교의 황금 줄에 엮어 목걸이를 만드는 모습으로 그렸다. 즉 예수교 안에 유교가 들어 있으므로 참 예수교인이 되면 참 유교인이 된다는 논리이다. 이와 유사한 것이 존 로스(John Ross, 1842-1915)에게서도 발견된다. 로스는 유교와 기독교의 관계를 함께 영성의 밭을 가는 한 겨리(두 마리)의 소로 비유했다. 그는 요한복음 1장의 도(道), 광(光), 흑암(黑暗), 은혜(恩惠), 진리(眞理) 등의 개념이 도교와 흡사하다고 했다. 1897년 창간된 언더우드 편집의 「그리스도 신문」의 사설에서 유교와 기독교는 서로 돕고 의지하는 관계라고 했다.[289]

> 유교는 인륜의 지극한 법이라. 만세의 큰 강령이요, 선비를 가르치는데 몸이니 지극한 보배요, 진실히 하늘을 공경하는 미쁜 덕이요, 격물치지하며, 만물을 마루재는 큰 꾀를 갖추다.[290]

선교사들은 예수교는 조선의 유교를 폐하러 온 것이 아니라 그것을 완성함으로써 '더 나은 유교'인 기독교로 나라를 부강하게 하고 백성들의 삶을 윤택하게 하러 왔다고 전했다.[291]

지금까지 살펴본 것을 종합하여 이해하면, 이러한 적응주의적 모습이나 성취론적 신학은 토착화 신학으로 이어졌다. 초기 한국기독교는 유교와의 공생이었다고 해도 과언은 아니다.

---

289) 옥성득, 『다시 쓰는 초대 한국 교회사』 (서울: 새물결플러스, 2017), 499-510.
290) 옥성득, 『다시 쓰는 초대 한국 교회사』 510에서 재인용.
291) 옥성득, 『다시 쓰는 초대 한국 교회사』 511.

한국교회의 영성은 부정적인 측면에서 순수한 기독교적 영성이라고 말하기는 어렵다. 영성 형성 배경을 통하여 알 수 있듯이 샤머니즘 강신 신앙에 근거한 기복과 망아(忘我, 엑스터시), 샤머니즘적(주술적) 치병, 신비적인 체험 영성이 기독교의 은사적 영성인 입신, 환산, 예언 기도 등의 신앙적 형태에 영향으로 비 복음적 요소들이 기독교 영성과 혼합되어 부정적으로 나타나고 있다. 불교의 은둔 사상적 영성은 현실적 삶의 문제를 도피하는 기도원으로의 피안의 삶으로 표출되었고, 죽음의 원인이 죄라는 사상을 통해서는 인과응보의 영성이 나타났다. 불교와 도교적 용어인 천당과 지옥이 그대로 교회에서 사용되고, 무간지옥, 독사지옥, 냉(冷) 지옥, 그리고 구유지옥 등의 심판 사상과 죗값과 공로에 의해 차등 된다는 개념이 한국교회에 깊이 뿌리 내리고 있다고 해도 절대 과하지 않다. 일부 설교자들이 지금도 공로로 얻는 천국 상급, 면류관으로 설교하고 있는 것을 볼 때 한국 전통 종교(무교)와 유불선의 사상이 한국교회 영성에 지대한 영향력을 미치고 있다. 결론적으로 한국교회 영성은 한국 전통 종교(무교)와 유불선의 영향력 속에 형성된 비 복음적이며 위험성을 내포한 혼합적 영성이라고 말할 수 있다.

제3장

초기 한국기독교의 예배와 영성

기독교는 18세기 후반 무렵에 한국에 들어왔으며, 한국인들에게 오래된 문제를 다루는 새로운 방식을 제공했다. 이 세상에 존재하는 악의 문제와 그것을 극복하지 못하는 인간의 무력함과 같은 문제에 대한 새로운 답을 제공하였다. 또한, 초자연적인 힘들을 이해하고 교류하는 새로운 방법, 개인으로서 실존적 한계를 초월하는 기술, 그리고 인간의 완전성에 대한 가설과 인간의 도덕적 나약함 사이에 존재하는 모순을 해결하기 위한 새로운 접근법을 제공하였다. 그렇다고 해서 오래된 종교와 철학이 사라진 것은 아니다. 기존의 종교와 철학은 여전히 많은 한국인에게 영성의 선택지로 남아 있었다. 한국의 상황은 과거에 선택 가능했던 것들과 근본적으로 다른 영적 선택까지도 가능하게 된 영성 부유의 상태가 되었다.[292]

한국기독교의 영성은 다양하고 매우 독특한 양상을 지니고 있다. 한국기독교는 선교사들이 전한 복음을 기독교의 예배 지식과 신학적 지식이 없는 상태에서 무 비판적으로 받아들였고, 이것이 신앙과 신학의 전통이 되었다.

한국교회는 짧은 기간에 양적, 질적으로 괄목할 만한 성장을 이루었다. 그뿐만 아니라 복음을 받아들인 다른 어떤 나라들보다 역동적인 모습을 보여 주고 있다. 그리고 신비주의적 성향과 다양한 수용 양상을 드러내고 있다. 특히 1907년 한국기독교 홍 운동 이후 길선주, 김익두, 이용도 등이 지향했던 부흥 운동과 유영모, 김교신, 그리고 함석헌[293]으로 대표되는 기독교 토착화 곧 한국적 기독교가 한국교회에 준 영향이 무엇인지를 진지하게 검토해야 할 과제이다.

---

292) Don Baker, 『한국인의 영성』, 129-131.
293) 유영모, 함석헌, 김교신 등은 낯선 서구의 기독교를 우리의 사상으로 이해하고 그 이해대로 삶을 살다 간 사람들이다. 특히 유영모는 우리의 말과 글로 기독교 복음을 풀어 놓았다. 그는 한국의 사유 지평 위에서 서구의 기독교를 받아들여 해석의 삶을 살았다. 김교신, 함석헌은 송두용 등 다른 동인들과 함께 「성서조선」을 집필하며 탈(脫)교회 제도를 외친 무교회주의와 민족과 성경에 대하여 결합하려 애썼다.

| 제1절 |

초기 한국교회 부흥 운동과 예배

19세기 말 미국 부흥 운동이 한국기독교와 교회의 뿌리라고 할 수 있다. 당시 미국에서 무디(Dwight Lyman Moody)는 많은 젊은이에게 선교에 대한 열정과 도전을 준 가장 유명한 부흥사이다. 무디의 메시지는 3R[294]로 요약된다. 첫째, 죄로 인한 부패(**R**uin by sin), 둘째, 그리스도로 인한 구속(**R**edemtion by Christ), 그리고 셋째, 성령에 의한 중생(**R**egeneration by Holy Ghost)이다. 또한, 그는 전도와 선교를 위해서는 성령을 받아야 한다고 강조했다. 그의 강조 때문에 19세기 말 세계 선교 운동은 큰 힘을 얻었고, 학생 자원 운동(Student Volunteer Movement)으로 발전되는 계기가 되었다. 이 운동을 통하여 대학생들 사이에 아시아 선교를 자원하여 정열적인 선교사업을 펼치게 된다. 한국 초기의 선교사들은 무디 부흥 운동의 직간접적으로 영향을 받고 있었다.[295]

미국의 선교 운동은 부흥 운동을 이어받았다. 그러나 이러한 부흥적인 신앙 양태는 신학적 추구의 소극성, 성경 문자주의, 신앙 획일주의, 배타주의 그리고 탈 세계성으로 나타나는 경건주의와 현세를 부정하는 내세 지향 주의, 즉 타계 지향 주의, 성령 주의 등의 약점을 지녔다는 비판을 받았다.[296]

---

294) Stanley N. Gundry, 『무디의 생애와 신학』, 이희숙 역 (서울: 생명의말씀사, 1985), 110.
295) 백낙준, 『한국개신교사: 1832~1910』 (서울: 연세대학교출판부, 1973), 113
296) 주재용, 『역사와 신학적 증언』 (서울: 대한기독교출판사, 1981), 219.

초기 한국 선교사들의 신학 사상과 예배 형식 그리고 그들의 사상이 한 국교회에 미친 영향과 함께 초기 한국교회의 예배 형식에 관하여 살펴보고자 한다.

1. 초기 선교사들의 신학 사상과 예배 형식

한국에 들어 온 미 북장로회의 초기 선교사들은 소명감으로 타오르는 열정의 20대[297], 신학교를 갓 졸업한 선교사들이었다. 이들은 충분한 신학적 훈련과 체계적 조직, 선교지에 대한 정보나 지식, 그리고 선교 훈련 없이 낯선 선교 현장으로 나섰다. 이들의 신앙과 신학은 가정적 배경과 성장한 교회 그리고 신학교에서 형성되었다. 소명감과 열정으로 몸 부딪히며 낯선 동토의 땅에 복음의 씨앗이 심어졌다. 초기 한국교회는 기독교에 대한 예비지식이나 신학적 이해나 비판 없이 선교사들의 복음을 받아들였고, 시간이 흘러 한국교회의 신앙과 신학 전통으로 자리를 잡게 되었다.

한국 초기 선교사들이 한국교회에 미친 영향은 절대적이었다. 선교사들이 복음만 가지고 온 것이 아니라 그들의 경건과 영성도 함께 가지고 왔다. 한국교회의 자립을 부흥 운동의 직후라고 할 때, 한국교회는 부흥 이전까지의 선교사들의 신앙과 신학을 거의 비판 없이 수용했다. 따라서 한국교회와 부흥 운동에 영향을 준 선교사들의 신앙과 신학적 배경-중에서 한국교회 부흥 운동에 영향을 미친 종말론의 사상-을 살필 필요가 있다.

---

297) 1885년 당시 초기 선교사들의 나이는 헤론(John W. Heron, 1858.06.15. - 1908.03.28)이 29세, 알렌(Horace Newton Allen, 1858.04.23 - 1932.12.11)이 27세, 언더우드(Horace Grant Underwood, 1859.7.19 - 1916.10.12)가 26세였으며, 1850년에 입국한 마펫(Samuel Austin Moffett, 1864.01.25 -1939.10.24)이 26세, 1888년에 입국한 게일(James Scarth Gale, 1863.02.19 - 1937.01.31)은 25세였다. 이들은 미 북장로회의 초기 선교사들이다.

1) 초기 한국 선교사들의 신학 사상

초기 선교사들은 교파에 따라 다양한 신학적 배경을 갖고 있다. 한국에 복음이 전래하던 1885년부터 1910년까지의 기간은 미국을 중심으로 한 서구 교회는 근본주의와 현대주의의 논쟁이 격렬하게 진행되고 있던 시기였다. 그리고 한국에 파송된 초기의 전형적인 선교사들은 다음의 배경 속에서 배출되었다. 즉 제1차 국제사경회와 나이아가라 사경회,[298] 무디의 부흥 운동의 영향으로 나타난 학생 자원 운동(Student Volunteer Movement)이 그것이다. 특별히 19세기 말엽 미국에서 강하게 일어났던 전천년주의 운동은 여름사경회(Bible Conference)와 나이아가라 사경회(the Niagara Conference), 그리고 선교사 파송 운동과 연결되어 있다.[299] 이 점에 있어서 말스든(Marsden)은 다음과 같이 지적하고 있다.

> 전천년설 운동이 발 곳은 신학교에서가 아니고 사경회, 성경학교, 그리고 더욱 중요한 것은 예언 진리들이 문자적으로 수용되는 소규모의 성경공부 집단들 가운데이다.[300]

브라운(A. J. Brown)은 1909년 이전에 한국에 파송된 대부분의 선교사들은 전천년설(천년왕국 전 재림설)을 자신들의 종말론으로 받아들인 자들이었다고 했다. 전천년설은 북미 사회와 기독교 주류 운동에 역동적인

---

[298] 1875년에 창설된 나이아가라 사경회(또는 성서대회)는 미국에서 세대주의를 선전하는 가장 효과적인 모임이 되었다. 첫 나이아가라 사경회는 1878년 뉴욕에서 열렸고, 2회는 시카고(1886년, 3회는 펜실베니아 알레게니(1895년) 그리고 4회는 필라델피아와 뉴욕(1904년)에서 개최되었다. 옥성득, 『한국 기독교 형성사』, 195-196

[299] 박용규, 『한국 장로교 사상사』 (서울: 총신대학교출판부, 2002), 258.

[300] George M. Marsden, *"Fundamentalism and American Culture: The Shaping of the Twentieth-Century Evangelicalism, 1870-1925"* (New York: Oxford University Press, 1980), 61. 박용규, 『한국 장로교 사상사』 (서울: 총신대학교출판부, 2002), 258에서 재인용.

영향을 주었다.[301]

마포삼열(Samuel A. Moffet)박사의 아들인 모펫(Samuel H. Moffett)박사에 따르면 윌리엄 블레어(William N. Blair)는 선교사들 가운데 어떤 이들은 선교사의 회원권을 전천년주의자들에게만 줄 것을 시도하기도 했었다고 한다.[302]

초기 한국에 파송된 선교사 대부분은 그 배경이 복음적이고, 보수적이며, 경건주의적이었다는 것은 사실이다. 한국의 초기 선교사들은 무디의 부흥주의와 세대주의 영향을 받았다. 세대주의적 전천년설은 북미의 선교 이론과 선교 운동의 형성에 중요한 역할을 했으며, 그리스도의 재림의 임박성에 대한 믿음과 그리스도 없이 죽은 자들의 절망적 운명에 대한 믿음이 결합하여 선교 운동에 강력한 추진력을 제공했다.[303] 그렇지만 미국의 대각성 부흥 운동은 천년왕국에 대한 종말 신앙이다. 한국의 대부흥 운동과 마찬가지로 미국의 대부흥 운동 역시 세속화되는 영적 암흑기의 시대에 일어났다. 미국 경제 대공황으로 산업과 경제가 동반하여 붕괴하여 공장들은 폐업하고, 은행들이 파산하였으며, 수많은 실업자가 속출하였다. 그뿐만 아니라 노예의 문제는 폭력으로 분출하였다. 그야말로 국가적 상황은 내란 직전이었다. 여기에 가장 심각한 것은 교회와 학교의 영적인 무기력이었다.[304] 이러한 시대적 상황이 결국에는 낙관주의적 사고가 무너지면서 후천년설이 퇴보하고 역사를 비관적으로 보는 전천년설이 주류로 부상하는 계기가 되었다.

제3차 대각성 운동을 기점으로 무디와 동료들은 전천년설을 주장하면

---

301) 옥성득, 『한국 기독교 형성사』, 194.
302) Samuel Hugh Moffett, "사무엘 오스틴 마펫의 생애와 사상에 대한 자녀들의 기억들," 「장신논단」 6집 (서울: 장로회신학대학교, 1990): 15.
303) 옥성득, 『한국 기독교 형성사』, 197-198.
304) David O. Beale, 『근본주의의 역사』, 김효성 역 (서울: 기독교문서선교회, 1994), 30.

서 열정적인 선교 활동과 복음 전도 노력을 하도록 했다. 그리고 무디의 매사추세츠 자택 근처에서 열린 노스필드회합으로부터 선교운동기관인 학생자원운동(SVM)이 1886년에 탄생했다.[305]

한국 초기의 선교사들은 무디 부흥 운동의 직간접적으로 영향을 받았다는 것은 잘 알려진 사실이다. 미국의 경제 대공황에 따른 사회, 경제적 문제와 세계대전으로 인한 불안 등이 후천년설을 거부하고 전천년설을 받아들이는 계기가 되었다. 그뿐만 아니라 미래에 대한 불확실성과 비관적인 시각이 대부흥 운동과 맞물리면서 임박한 종말론에 의한 전천년설을 받아들였다. 이러한 시대적 상황 속에서 한국에 파송된 선교사 대부분은 전천년설 신봉자들이었다. 민족의 자주와 구원을 바라는 비운의 현실 속에서 이들의 사상과 신학은 한국교회에 그대로 전이(轉移)되었다. 전천년설에 따른 천년왕국 신앙을 전국적으로 확산시키는 데 큰 영향을 미친 사람들은 당시 길선주(吉善宙), 김익두(金益斗)와 같은 평양 장로회신학교 졸업생들과 교수들이었다. 더 엄밀히 말하면 그 신학생들을 가르쳤던 신학교 교수인 선교사들이었다. 따라서 선교사들에 의해 전파된 기독교 천년왕국 신앙은 한국교회 신학 체계 안으로 융화되면서 지대한 영향을 미쳤다. 1930년대 이후 성결교회 부흥사들을 통하여 이러한 신앙이 더 일반화되었다. 보수적 장로교회의 대표적인 신학자인 박형룡과 박윤선이 길선주의 전통을 이어 전천년설을 고수하며 교수하였다. 이러한 경향은 한국장로교회가 개혁주의를 표방하지만 신앙적인 측면에서는 경건주의와 복음주의의 영향을 받았음을 보여 주는 것이라 할 수 있다.[306]

앞에서부터 계속 살펴본 것처럼 한국인들의 심성 밑바닥에는 종교 심성이 강하게 자리를 잡고 있다. 특히 조선의 숭유억불(崇儒抑佛) 정책에 따

---

305) George M. Marsden, 『미국의 근본주의와 복음주의 이해』, 홍치모 역 (서울: 성광문화사, 1992), 36-37.
306) 김영재, "교회역사에서 본 이단과 종말론", 개혁신학회 『개혁논총』 제30권(2014): 66-69.

라 불교가 자리를 잡지 못하면서 도교가 백성들의 종교 심성에 그 자리를 차지했다. 나라 안팎의 고난과 혼란의 시대적인 상황 속에서 극심한 고통을 겪어야만 했던 백성들은 도교가 말하는 현실을 초월한 이상향(理想鄕)에 대한 갈망으로 표출되었다. 무엇보다도 길선주와 김종섭 등 당시 기독교로 개종했던 상당수가 도교인들이었다. 그로 인하여 도교에서 말하는 신선 사상(神仙思想)과 선계(仙界)에 의한 지상천국에 대한 개념이 기독교에서 말하는 구원의 개념과 천국에 대하여 쉽게 수용할 수가 있었을 것이다. 그리고 도교에 바탕을 둔 동학(東學)이 주장하는 후천 개벽설은 전천년설을 아무런 거부감 없이 수용하게 했다.

2) 초기 한국 선교사들의 예배

한국교회의 예배 형식과 성격은 초기 선교사들에 의해 정립(定立)되었다. 그렇다면 한국에 파송된 선교사들이 시작한 예배는 어떤 형식으로 진행되었으며, 오늘날 드려지고 있는 예배의 모습과 어떤 차이가 있느냐는 질문이 생긴다.

한국과 미국의 수교 조약(1882년 5월)[307]이 체결된 후 1884년 9월 20일 알렌(Dr. Horace N. Allen)이 입국하고 1885년 4월 5일 부활절 주일 아침에 북장로교회의 언더우드(H. G. Underwood)와 아펜젤러(Henry G. Appenzeller)가 입국[308]하였지만 공개적인 예배를 드릴 수 없었다. 선교사들은 한국 정부의 여러 규정을 존중하며 정부를 자극하여 마찰이 일어나는 것을 피했고, 직접 전도도 삼갔다.

---

307) 미국과의 조약은 정치적인 사건이었지만, 이것은 선교 관계를 수립하는 계기가 되었다. 1882년 미국과의 조약 이후, 1883년 11월 26일 영국과 독일과도 조약을 체결하였고, 1884년 7월에는 러시아와 1886년 6월 4일에는 프랑스와도 조약을 체결한다. 조선은 이제는 은둔의 나라, 조용한 아침의 나라가 아닌 서구 열강들의 각축장이 되었다.
308) 김영재, 『한국교회사 개정3판』 (수원: 합동신학대학원출판부, 2017), 89-90.

알렌은 선교사 자격이 아닌 공관의 자격으로 입국하여 가정에서 가정 예배를 드렸고, 언더우드와 아펜젤러 역시 입국 후 2년이 지난 후에 한국인들이 참여하는 예배를 드리기 시작했다. 언더우드와 아펜젤러는 큰 꿈을 안고 입국하였지만 바로 선교 현장으로 뛰어들지 못하였고, 한동안 선교사들과 한국에 거주하는 외국인들이 모여 예배를 드렸다. 알렌의 일기에 의하면 처음 예배를 드리기 시작한 것은 1885년 6월 21일[309]이다. 알렌 의사 부부, 스크랜튼 여사(스크랜턴 선교사의 어머니) 및 헤론 의사 부부가 모여 첫 주일예배를 드렸고,[310] 이 모임에서 외국인 연합교회가 출발했다.

첫 예배를 시작한 지 4개월이 지난 1885년 10월 11일 아펜젤러 부부, 스크랜턴 부부, 스크랜턴 여사, 언더우드 목사, 알렌 부인, 헨리 루미스, 방한 중인 미국 마리온 호 함장 밀러(M. Miller), 회계 주임 트레일리치(Trailich), 의무관 크레이그(Craig) 등 12명이 참석한 가운데 한국 최초의 성찬식을 거행했다. 일본에서 활동하는 미국 성서 공회 동양 책임자 헨리 루미스(Henry Loomis)가 이날 설교를 했고 언더우드와 아펜젤러가 성찬식을 집례했다.[311]

처음으로 한국에서 세례식이 거행된 것은 1886년 4월 25일 부활주일이었으며, 언더우드와 아펜젤러가 입국한 지 1년이 지났을 때다. 이날 스크랜턴의 딸 마리온 스크랜턴(Marion Fitch Scranton)과 아펜젤러의 딸 앨리

---

309) 김원모는 그의 역서(譯書) 『알렌의 일기 (구한말 격동기 비사)』 (서울: 단국대출판부, 2017), 89 - 91에서 알렌의 일기에 따라 역사적인 한국에서의 첫 예배일은 1885년 6월 21일이라 한다. 박용규도 그의 논문 "한국교회 예배의 변천, 역사적 고찰"에서 첫 예배일을 1885년 6월 21일이라 한다. 그러나 김영재는 그의 책 『한국교회사 개판』 113에서 선교사들의 첫 예배를 1885년 6월 28일이라고 하였고, 민경배도 『한국기독교회사』 184에서 1885년 6월 28일로 기록하고 있다. 두 그룹의 일자 차이는 7일의 차이가 난다. 하지만 알렌의 일기를 통해 본다면 1885년 6월 21일에 힘이 실린다.

310) Horace N. Allen, 『알렌의 일기 (구한말 격동기 비사)』, 김원모 역 (서울: 단국대출판부, 2017), 89 - 91. 알렌의 1885년 6월 21일 일기이다. "우리는 오늘 저녁 8시 이 땅에서 첫 공식 주일예배(First State Sunday service)를 드렸다. 이 예배에는 헤론 선교사 부부, 스크랜턴 선교사의 어머니. 그리고 알렌과 알렌 부인이 참석했다."라고 기록하고 있다.

311) 박용규, "한국교회 예배의 변천, 역사적 고찰", 한국복음주의신학회, 「성경과 신학」 제6 (2012): 115.

스(Alice Rebecca Appenzeller)가 유아세례를 받았고, 1885년 가을 일본 공사관 직원으로 부임해 아펜젤러 집에서 외국인 집회에 참석했다가 예수를 믿게 된 하야가와 데츠야가 이날 아펜젤러에 의해 세례를 받았다. 1886년 4월 25일 아펜젤러가 자신의 일기에 기록한 것처럼 이날의 세례 예식은 "조선 땅에서 베풀어진 최초의 개신교 세례식"이었다.[312]

한국에 온 선교사들은 기회가 생기는 대로 한국인들을 신앙으로 인도하였다. 1886년 6월 11일 노도사(魯道士)로 알려진 노춘경이 언더우드에게 세례를 받았다.[313] 그렇지만 한국인들을 대상으로 한 정일예배가 시작된 것은 언더우드와 아펜젤러가 각각 새문안교회(1887년 9월 27일)와 정동감리교회(1887년 10월 8일)를 설립하면서부터이다. 그리고 그해 12월 세례 교인 7명이 참석한 가운데 장로교 첫 성찬식이 거행되었다.[314]

한국교회 예배는 처음부터 '예배(예전이 있는 예배)'로 시작된 것이 아니었다. 선교사들이 조용한 아침의 나라에 입국했을 때 회중도 없었고, 교회도 없었다. 오직 전도해야 할 대상만 있었다. 각처에 다니며 복음을 전파하는 노방전도의 순회전도 상황에서는 예배 형식을 기대하기 어려운 것이며, 복음 선포가 주목적일 수밖에 없었다. 흥미를 느끼고 찾아오는 사람들에게는 신앙의 기초를 설명하는 '성경 교육' 혹은 '사경회'로서의 모임이 되었다.

사무엘 마펫(S. A. Moffet)이 1895년 출판한 『위원입교인규도 (Manual for Catechumens, 位願入敎人規道)』에 다음과 같은 예배가 소개되어 있다.

---

312) 박용규, "한국교회 예배의 변천, 역사적 고찰", 115-116.
313) 김영재, 『한국교회사 개정3판』, 114.
314) 김영재, 『한국교회사 개정3판』, 114-116.

〈표-1〉 마펫이 소개한 주일예배 순서(1895년)

찬송
기도
성서 봉독
회중의 기도
찬송
성서 교훈
기도
봉헌
찬송

이 예배 형식은 목회자나 선교사가 없는 교회의 평신도 지도자가 인도하는 경우를 가정하여 만들어진 것이다. 그래서 '설교' 대신 '성서 교훈'으로, '축도' 대신 '찬송'으로 끝맺게 된다.[315]

이러한 전도 집회 형식의 예배로 정착하게 된 것은 노방전도와 목회자의 부재라는 상황에 대처하기 위한 이유 말고도 또 다른 원인이 있다. 그것은 선교사들이 본국에서 배우고 지키던 예배의 형식이었다. 선교사들은 19세기에 북미에서 왔다. 당시 미국은 18세기 대각성 운동(Grate Awakening)과 부흥 운동(Revival Movement)을 통하여 시작된 '개척지 예배(Frontier Worship)'라는 것이다. 당시 천막 집회에 유행하던 복음 전도를 주목적으로 하는 전도 집회 형식[316]이다.

개척지 예배(이하 전도집회 형식 예배로 한다.)는 북미 대륙에 교파의 구분 없이 광범위하게 퍼졌다. 이러한 19세기의 전도 집회 형식 예배가 주일예배까지도 바꾸어 놓았다. 1905년에 출간된 『감리교 찬송가 (Methodist

---

315) 조기연, 『한국교회와 예배 갱신』(서울: 대한기독교서회, 2004), 34.
316) 조기연, 『한국교회와 예배 갱신』, 33-35.

Hymnal)』[317]에 명확하게 나타난다. "공적 예배"의 순서는 다음과 같다.

〈표-2〉 공적 예배 순서

오르간 주악(Voluntary)
찬송(Hymn)
사도신경(Apostles' Creed)
기도(Prayer)
주기도문(Lord's Prayer)
성가(Anthem)
구약성경 봉독(Old Testament lesson)
영광송(Gloria Parti)
신약성경 봉독(New Testament lesson)
광고(Notices)
헌금(Offering)
찬송(Hymn)
설교(Sermon)
초청(Invitation)

이것이 한국교회에 형성하게 된 예배 형식이다. 오늘날 한국교회의 예배 형식과 구별할 수 없을 만큼 이 기본 구조는 변함없다. 다만 세련되어졌다는 것 외에는 차이가 없다.

한국교회의 예배가 전도 집회 형식의 예배로 형성된 또 다른 이유는 선교사들의 언어 한계성 때문이었다. 선교사들의 한국어 습득 수준이 높지 못했기 때문에 예전을 갖춘 예배를 드린다는 것은 불가능했다. 그러므로 신앙이 있는 한국인에게 예배 대부분을 위임할 수밖에 없었고, 그로 인해

---

317) White, 『개신교 예배』, 304.

단순한 형태의 예배가 될 수밖에 없었다.[318] 그리고 전도 집회 형식 예배에서는 성서 이야기나 설교가 예배의 중요한 요소였다.

예배는 여기에 찬송과 기도를 덧붙인 단순한 형태이었고, 이는 '사경회'로 발전되었다. 이 사경회가 기도회와 결합하면서 한국교회 특유의 부흥회가 생겨났다. 부흥회는 4일 또는 일주일씩 열리는 경우가 보통이었다. 오전 3시간은 성경공부를 하고, 오후에는 둘씩 짝을 지어 전도한다. 밤에는 전도한 사람들을 대상으로 집회가 열린다. 저녁 집회를 위해 강사가 초빙하기도 하였으며, 이런 부흥회는 교회의 행사로 자리 잡게 되었다. 부흥회에서는 개인의 회개와 결단, 그리고 회심을 촉구하는 것이었다.

선교 초기의 이러한 부흥회는 1907년 대부흥 운동으로 영향을 미친 것은 사실이다. 그러나 지금의 한국교회는 아직도 같은 부흥회를 기존의 신자들을 위해 연례행사로 하고 있다. 여전히 감정적인 접근으로 일관하고 있다.[319] 이런 배경에는 미국적인 교파교회의 예배 형식과 내용에 직접 연결되어 있다. 민경배는 미국 교파교회 선교사들의 배경을 "부흥회적인 형태, 감리교적 생태의 복음주의자들(Evangelicals)"[320]이라고 지적한다. 미국의 부흥 운동을 통해 형성된 생활과 체험 중심의 부흥회 예배 형식(개척지 예배)과 내용이 한국교회에 자리 잡게 되었다. 선교 초기의 부흥회가 불신자를 대상으로 했던 것이라면, 이제는 신자들을 위한 구도자 예배 등으로 다양하게 접근해야 할 것이다.

한국선교 초기의 상황에서는 예전을 갖춘 예배의 필요성보다 전도를 목적으로 하는 집회형식의 예배가 필요했기 때문에 생긴 불가피한 선택이었을 것이다. 그리고 전도 집회 형식 예배(또는 개척지 예배)는 아직 복음을

---

318) 조기연, 『한국교회와 예배 갱신』, 35-36.
319) 조기연, 『한국교회와 예배 갱신』, 37-38.
320) 민경배, 『韓國基督敎會史』(서울: 연세대학교출판부, 2000), 144.

접하지 못한 자들을 대상으로 한 예배였고, 목회자나 선교사가 없는 교회의 예배였기 때문에 당시에는 어쩔 수 없는 선택이었다 하더라도 지금은 목회자가 없는 교회가 없다. 또한, 교회 믿는 성도들이 모여 예배하는 곳이 되었다. 이제라도 성숙한 교회답게 예전이 갖추어진 예배 형식을 가져야 할 것이다.

그리고 한국 근대화와 관련해서도 기독교의 역할을 빼놓고 이야기할 수 없다. 의료와 교육, 한글판 성경 보급에 큰 공헌을 했다. 이렇게 한글의 보급 정책이 기독교의 대중화와 문맹을 깨치는 계기가 되어 민족의식을 고양하는 계기가 되었다. 기독교의 수용과 교회의 부흥은 기독교적 윤리관과 정의관을 한국 사회에 심어지게 하여, 자주 독립의식으로 3.1운동에 앞장서게 했으며, 이후에는 민중 지도자의 출현에 이바지했다. 또한, 러일전쟁 이후 1905년에 시작된 구국기도회는 1907년에 홍 운동으로 확산하였고, 개인의 회심과 구원뿐만 아니라 애국애족(愛國愛族)의 마음을 고취했다. 그것이 1909년에 백만 구령 운동으로 전개되었다.[321]

선교사들은 일상생활에서 윤택한 주거환경과 한국 고용인들을 두었고, 여행길에서는 가마꾼, 짐꾼, 마부를 고용하여 고관대작의 행렬을 연상케 하는 위세를 과시하여 한국민들에게는 세력 있는 '양대인(洋大人)'으로 인식[322]되는 폐단도 있었다. 이러한 선교사의 힘을 의지하여 관료들의 부정부패에 항거하는 반봉건적 성격을 띤 운동도 일어났다. 그리고 선교사들의 신앙과 신학은 한국교회에 그대로 수용되어, 한국 신학의 경우 지나칠 정도로 미국 의존적 경향을 나타낸다. 그도 그럴 것이 선교사들이 떠날 때까지 신학을 주도했기 때문에 이런 상황에서 비판하는 주장은 정죄의 대상일 수밖에 없었을 것이다. 이는 본래 의도한 것은 아니었겠지만 부수적

---

321) 이만열, 『한국기독교와 민족의식』 (파주: 지식산업사, 2018), 18-19.
322) 이만열, 『한국기독교와 민족의식』, 471-473.

으로 따라온 부정적인 결과였다.

2. 초기 한국교회 예배의 특성

한국교회의 예배에 대한 특성을 살펴보기 위해서는 그 형성 과정의 배경에 대한 탐구가 선행되어야 한다. 한국교회 예배의 형성 영향은 크게 두 가지로 이야기할 수 있다.

그 첫 번째는 앞장의 '초기 선교사들의 신학 사상과 예배 형식'에서 선교사들이 한국교회 미친 영향에 대해 살펴보았던 것처럼 초기 선교사들과 관련되어 있다. 한국 초기 선교사들의 신학과 신앙적 배경은 매우 중요하다. 장로교 선교사였던 언더우드(H. G Underwood)는 초교파적인 배경에서 성장했다. 그리고 그의 신앙에 영향을 준 것은 New Brunswick의 독일개혁교회였다. 그곳에서 지속적으로 부흥회 모임에 참여하였고 아침, 저녁 기도회에 참석하는 열정적 인물이었다. 언더우드는 성례전적 회복을 모색하던 개혁교회에서 자랐으나 그에게 영향을 준 것은 대각동이었다.[323]

감리교 선교사였던 아펜젤러(Henry Appenzeller)는 독일개혁교회에 속한 부모의 영적 영양 아래에서 성장했다. 특히 그의 어머니는 메노나이트[324]

---

323) 김순환, "한국교회를 위한 예배 신학적 재고와 방향", 복음주의실천신학회, 「복음과 실천신학」 제2권 (2001): 208.
324) 메노파(Mennonites) 혹은 메노나이트는 기독교에서, 종교개혁 시기에 등장한 개신교 교단으로 유아세례를 인정하지 않는다고 하여 재세례파의 일파로 분류되었다. 메노파란 메노 시몬스의 신학을 따르는 자들이라는 뜻이다. 메노파 신앙의 역사는 16세기 종교개혁 당시에 성경의 가르침에 근거한 근원적(Radical) 개혁을 요청했던 그룹에서 시작되었다. 이들은 성경이 증언하는 세례의 참 의미가 당시의 유아세례에 있지 않음을 분명히 말하고, 이미 유아세례를 받은 성인 크리스천으로서 진지한 신앙고백과 함께 신자의 세례(Believers' baptism)를 서로에게 주었기 때문에 아나뱁티스트(재세례파)라고 불리게 되었다. "메노파"라는 이름은 박해로 인해 재세례파 운동이 사라질 위기에 처해있을 때, 재세례파 리더로 활동했던 네덜란드의 가톨릭 사제였던 메노 시몬스(Menno Simons)의 이름에서 비롯되었다. 16세기의 초기 메노파들은 스위스, 독일, 네덜란드를 중심으로 활동하였으나, 박해로 말미암아 프

배경을 가지고 있었다. 메노나이트는 말씀 순종에 대해 강조하고 상징성을 배제하며 성례전적 기능을 축소화하는 신학적 특징을 가지고 있다. 이런 영향 아래에서 그의 예배 신학적 관점에 영향이 미친 부분이 있을 것이다.[325]

그리고 두 번째는 초기 선교사들의 선교에 이은 대각동인 1907년 부흥 운동과 연관되어 있다. 부흥 운동은 네비우스 선교정책[326]에 따른 성경공부(사경회)의 확산으로 시작되었다. 네비우스 방식은 자주적이고 토착적 교회 조직 형성과 성경공부이다. 즉 한국 초기 선교사들은 네비우스 선교 방법으로부터 영향을 받은 것은 자급과 사경회 제도였다. 감리교도 네비우스 선교 방법을 실천했다.[327] 이후 성경공부반이 확산하고 부흥 운동이 확산하였다. 부흥 운동이 확산하면서 1903년 원산 부흥회 이후 5년 만에 교인 수가 4배가 증가하였다.[328]

부흥 운동은 한국교회의 독특한 예배 형식 형성에 주된 역할을 했다. 다시 말해서 주관적인 종교적 경험을 특징으로 하는 부흥회 형식의 예배를 형성하게 하였다. 여기서 한 가지 더 살펴볼 것은 매킨타이어(John MacIntyre)와 로스(John Ross)에 의해 만주에 형성된 최초의 한국인 예배 공동체이다. 1879년에 중국에 파송된 매킨타이어에 의해 이응찬, 백홍준, 이성하 그리고 이진기가 세례를 받고 한국 최초의 개신교 신자가 되었다.

러시아, 러시아, 미국, 캐나다로 이주하였다. 신앙의 자유를 보장받을 수 있는 미국과 캐나다에 정착한 후, 신자들의 교회 운동의 중추적인 역할을 감당하며, 많은 교단에 영향을 끼치게 되었다. 재세례파 운동은 퀘이커, 역사적 평화교회에 직접적인 영향을 주었으며, 간접적으로는 침례교, 청교도 운동, 감리교 운동에 영향을 끼치기도 했다. Cornelius J. Dyck, 『아나뱁티스트 역사』, 김복기 역 (대전: 대장간, 2013)

325) 김순환, "한국교회를 위한 예배 신학적 재고와 방향", 207-208.
326) 네비어스(John L. Nevius)와 로스(John Ross)는 19세기 말 영국선교회의 총무 벤(Henry Venn)과 미국 공리회 해외 선교부 총무 앤더슨(Rufus Anderson)의 삼자이론을 실천하여 선교지의 교회들이 자립(自立), 자치(自治), 자전(自傳)하는 토착교회로 성장하는 토착 교회론을 펼쳤다. 허도화, 『한국교회 예배사』(서울: 한국강해학교 출판부, 2003), 33-37.
327) 허도화, 『한국교회 예배사』, 37.
328) 김순환, "한국교회를 위한 예학적 재고와 방향", 209.

이어 1879년 로스가 서상륜, 김청송에게 세례를 주었다. 이들은 선교사를 만난 후 사역을 돕는 권서인(勸書人) 또는 매서인(賣鋪人)이 되어 선교사들에 한글을 가르치고 자신들의 복음 전도로 형성된 예배공동체에서 한국인을 위한 예배를 드렸다. 한국이 아닌 만주 지역이었지만 1879년 10월 한국어로 예배를 시작한 것이 최초 한국인들의 공식 예배가 되었다.[329]

그렇다면 한국인의 정기적인 예배는 어떤 형태였는가? 라는 질문이 생긴다. 초기 한국교회의 예배가 형성되면서 나타난 예배 형태는 구도자들을 위한 것이었다. 설교도, 강연(講演)도 아닌 회중으로부터 질문에 답하는 청담(淸談) 형식이었다. 그 이유는 기독교에 관하여 무지한 자들을 가르치기 위함이었기 때문이다. 또 구도자들의 신앙 부흥을 위해 찬송과 기도가 많이 사용되는 예배로 진행되었다. 주일예배는 신앙 부흥을 위한 영적인 분위기를 강조한 것이다.[330] 즉 최초의 한국인 공동체 예배 역시 구도자 중심의 전도 목적으로 주일 부흥회식 예배와 주중 성경공부(사경회) 중심의 예배였다. 이와 같은 신앙 부흥 중심의 예배 형식은 초기 선교사들의 자국에서의 경험이었던 프런티어(Frontier) 예배가 그 배경이다.[331] 예배는 점차 회심자를 얻기 위한 설교 중심의 부흥회식 예배와 그 회심자를 위한 세례 교육을 강조하는 사경회 형식으로 진행되었다.[332]

초기 한국 선교사들은 소속 교단과 예배 경험이 달랐어도 기도회와 주일예배를 연합으로 인도하였다. 그들은 장로회와 감리교라는 교파와 교리 차이까지 극복하고 한국에서 하나의 교회를 세우려 했다.[333] 그러나 1890년대 후반 교단, 교파 구별 없이 연합으로 예배를 드리던 한국교회는 예배

---

329) 허도화, 『한국교회 예배사』, 28-29.
330) 허도화, 『한국교회 예배사』, 32-40.
331) 허도화, 『한국교회 예배사』, 41.
332) 허도화, 『한국교회 예배사』, 47.
333) 옥성득, 『다시 쓰는 초대 한국 교회사』, 344.

당이 건축되면서 예배의 형식에 교단적인 특징이 나타나며 교파교회를 위한 선교의 시대로의 변화가 생겼고, 예배 의식의 토착화 양상이 나타나기 시작했다.

먼저 한국에 세워진 첫 번째 개신교 조직교회인 정동교회(새문안교회의 전신)[334]의 예배 형식을 살펴보자. 새문안교회의 초기 주일예배는 1958년에 출판된 새문안교회 70년사에서 발견된다. 이 예배 형식은 마펫(Samuel A. Moffett)이 발행한 위원입교인규도(位願入敎人規道)[335]와 유사하다.

〈표-3〉[336] 초기 한국장로교회의 주일예배 형식

초기 한국 장로교회의 주일예배 형식(새문안교회)		
순서	마펫의 위원입교인규도(1895)	새문안교회 주일예배
1	찬송	찬송
2	기도	기도
3	성경봉독	성경봉독
4	기도들(회중)	
5	찬송	
6	성경강도	전도설교
7	기도	기도
8	봉헌	봉헌
9	찬송	찬송

이처럼 장로교의 예배가 간단한 형식을 갖게 된 것은 피 선교자들에게 가능한 한 빨리 예배의 주도권을 넘겨주려는 네비우스 선교정책의 영향이

---

334) 1887년 9월 27일(화)에 서울 정동 언더우드의 사택에서 14명의 남자 세례교인으로 시작되었다.
335) 위원입교인규도(位願入敎人規道)는 교리문답의 내용을 담고 있는 장로교 입문서로 신앙 초신자들에게 기도와 찬송과 함께 교회 정치와 예식을 제공하고 있다.
336) 허도화, 『한국교회 예배사』, 59.

다. 그리고 기도는 목회자가 아닌 성도가 인도한다.[337] 이는 토착민을 위해 만들어진 네비우스 선교정책의 예배 형식을 정착시킨 것이다. 오늘날도 회중 기도라 하여 성도가 회중을 대표하여 기도하고 있다. 이와 같은 예배 형식의 형성은 비 예전적 예배로 발전하였다.

이와는 반대로 아펜젤러는 한국 감리교의 예배에 미국 감리교의 예전 형식을 소개하며, 한국 감리교의 예배가 예전적이기를 희망하였다.[338] 특징을 살펴보면 대표 기도에서 준비된(또는 작성된) 기도문을 사용하였고, 평신도가 아닌 교역자에 의해 진행되었다. 즉흥 기도가 아닌 준비된 기도문의 사용은 미국 교회의 예전적 특징 중 하나이다. 둘째는 2회(구약공과와 신약공과)의 성경 봉독(성서일과)을 준비하였다. 셋째는 주기도가 예배에 포함되었다.[339] 감리교의 주일예배는 예전적 성격이 있음이 보인다.

3. 초기 한국교회의 성례전

한국교회의 예배 형식과 성격은 초기 선교사들에 의해 형성되었다. 초기 선교사들이 중요하게 여겼던 것은 예배 예식과 교회보다는 성서번역과 복음 전파에 있었다. 그러므로 예배의 형식은 비 예전적 예배, 부흥회식 예배였다고 정의한다.[340] 초기 한국교회는 선교사들의 신학과 신앙 그리고 그들의 예배 형태를 비판 없이 받아들였다.

초기 선교사들은 교파와 교리 차이를 극복하며 한국에서 하나의 교회를

---

337) 허도화, 『한국교회 예배사』, 59.
338) 허도화, 『한국교회 예배사』, 63.
339) 허도화, 『한국교회 예배사』, 65-68.
340) 허도화, 『한국교회 예배사』, 231.

세우려고 했으나,[341] 예배 형식의 전환점이 된 것은 예배당이 건축되면서 교단적 특성이 나타나기 시작했다. 앞에서 살펴본 것과 같이 장로교 예배의 형태는 마펫 선교사의 예전 형태와 큰 차이 없이 간단한 형식의 예배로 토착민을 위해 만들어진 네비우스 선교정책의 예배 형식을 정착시킨 것이다. 1887년 9월 새문안교회 창립 예배 시에도 성찬 예전은 이루어지지 않았다.[342] 그렇다면 '초기 한국교회 예배는 모든 교단이 이처럼 부흥회식, 집회 중심의 예배 형식이었는가?', '한국교회에 성례전이 온전히 정착하지 못한 이유는 무엇인가?'라는 질문이 생긴다.

초기 한국기독교는 복음주의적 열정으로 가득한 비 예전적 개신교 전통의 선교사들에 의해 복음을 접하게 되었다. 이들 중에는 서구의 신학교에서 성례전에 대한 신학적 교육을 접한 사람도 있지만, 당시 서구에서 유행하였던 집회 중심의 변방 예배, 즉 프런티어 예배에 익숙한 이들이 많이 있었다. 더욱이 선교 초기 한국교회의 상황은 성례전적인 요소가 자리 잡기에는 많은 제약이 있었다. 예문을 읽는 것도 문맹률의 높음으로 인해서 어려움이 있었고, 성찬을 행하기 위해 빵과 포도주를 마련하는 것도 쉬운 일은 아니었다. 더욱이 성찬을 집례할 수 있는 목회자의 수가 많은 것도 아니었다. 그 무엇보다도 성찬에 대한 이해를 경험할 수 없었다.

또 다른 상황적 이유 중의 하나는 초기 한국교회는 부흥 운동이라는 큰 물결을 통하여 선교사들이 전해 주었던 기독교 신앙의 의미를 경험하게 되었다.[343] 이러한 자기 체험을 중요시한 집회 중심의 부흥 운동은 기도, 찬양, 설교, 간증이 예배에 중심이 되는 비 예전적 예배의 틀을 형성하는 계기가 되었고, 집회형식의 예배를 통하여 한국 기독교인들이 은혜를 경

---

341) 옥성득, 『다시 쓰는 초대 한국 교회사』, 344.
342) 허도화, 『한국교회 예배사』, 59.
343) 이덕주, 『한국 토착교회 형성사 연구』 (서울: 한국기독교역사연구소, 2000), 165.

험하기에 충분했다. 그로 인하여 전도설교를 중심으로 한 노방 전도용의 간단한 예배의 형식[344]과 은혜의 수단으로 집회 중심의 예배가 한국교회 예배의 정형화된 모습으로 정착하게 되었다.[345] 이러한 현실 속에서 성례 전적 요소는 자연스럽게 약화하였고, 한국교회 예배에서 비정기적으로 행해지는 형식적인 예식으로 인식되는 계기가 되었다. 그렇지만 초기의 선교사들 가운데는 성찬을 정착시키고자 교육을 통하여 회중들의 이해를 넓히려고 노력하기도 했다.[346] 하지만 여전히 초기 한국교회가 바라본 성찬은 선교사들에 의해 전해진 하나의 낯선 예식에 불과하였다. 이러한 인식 속에서 초기 한국교회는 성례의 견고한 바탕 위에 세워지지 못했다.

김영태는 초기 한국교회 예배가 모두 집회 중심의 부흥회식 예배만 있었던 것이 아니라고 강조한다. 1887년 10월 9일 정동제일교회 모체인 벧엘 예배당에서 한국 감리교의 첫 예배를 드렸다. 그리고 10월 23일 한국 감리교 최초로 성만찬을 하였는데 이때 감리교 예식서를 사용하였다. 이 예식서는 중국어로 번역된 예식서였고, 예식로 성만찬에 참여했다고 한다. 그리고 이 예식서는 감리교가 발간한 것이었지만 장로교에서도 사용했을 가능성이 크다. 왜냐하면, 그 당시는 교단, 교파를 초월하여 연합으로 예배를 드렸고, 출판된 문헌을 공통으로 사용했을 가능성이 있기 때문이다.[347] 당시 아펜젤러(Appenzeller)가 드린 주일예배의 형식을 살펴보면, 1884년과 1888년 미감리회의 『장정』(DDMEC)[348]과 거의 동일하다. 최초의 한국감리교회 예배는 간단하고 비예전적 형식의 예배로 시작된 것 같으나 아펜젤러는 『장정』에 따른 예전적 예배로 발전시키고 있다. 김영태

---

344) 허도화, 『한국교회 예배사』, 123.
345) 박해정, 『빛을 따라 생명으로』(서울: 도서출판 동연, 2016), 293-294.
346) 허도화, 『한국교회 예배사』, 131.
347) 김영태, "초기 한국감리교회 주일예배의 형성과정 연구", 복음주의실천신학회, 「복음과 실천신학」 제18권 (2008): 204-205.
348) 교리와 헌법 규정과 규칙 그리고 예식서 등이 여러 조목으로 나뉘어 있는 감리교 규정집이다.

는 "한국감리교회가 세례와 성찬이 없는 집회 중심의 예배 혹은 설교 중심의 예배로 흘러간 것은 선교 초기부터 그랬던 것이 아니라 시간이 지난 후 성만찬을 자주 시행할 수 없었던 한국선교 당시의 사정이 있었기 때문"[349) 이라고 한다.

허도화는 '한국 감리교의 예배는 처음부터 미국 감리교회의 예배 형식을 따르면서 어느 정도는 예전적인 성격을 유지하고 있었다.'[350)라고 한다. 이렇게 볼 때, '초기 한국교회 예배는 집회 중심의 예배였다.'라고 단정하기는 어렵다. 그러나 초기 한국교회는 예전적 요소를 지닌 예배도 있었지만 비예전적 예배로 흐르게 된 까닭은 부흥 운동 이후 한국교회의 급속한 성장과 부흥회와 기도회 등의 영향으로 감정적인 집회 형태로 발전하였고, 이와 함께 예전을 집례할 목회자가 부족해서 일어난 현상으로 보는 것이 적절하다 할 것이다.

4. 초기 한국교회 예배의 토착화

한국교회는 세계 선교 역사상 보기 드문 부흥 성장과 교세 확장을 이루었고, 세계 교회의 주목을 받는 경이로운 사실이 되었다. 그러나 기독교가 전래되는 동안 한국 전통 종교와 사상이 부지중에 기독교와 혼합된 모습을 보이기도 한다. 한국에 복음이 토착화되는 과정에서 한국 전통 종교의 기복 사상에 근거한 신앙적 요소의 침투와 오염으로 오늘날까지 작용하고 있어 성경적인 교회의 본래 모습을 퇴색시키고 있다.

"한국의 기독교는 신학과 지식이 곁들이지 않은 감정적이며 맹신적인

---
349) 김영태, "초기 한국감리교회 주일예배의 형성과정 연구", 206.
350) 허도화, 『한국교회 예배사』, 139.

경향을 띠고 있으며, 참된 기독교와 동떨어진 모습을 나타내고 있다. 더구나 민중신학과 해방신학이라는 신학이 한국기독교에 파고들어 와 복음을 타락시키고 있다. 또한, 양적으로만 자랐으며 주체적인 자각 없이 수입신앙, 수입신학을 무비판적으로 받아들이는 경우도 많다."[351]는 한국교회를 향한 날 선 비판의 목소리도 있다. 한국 전역에 신속한 복음화를 위한 자급, 자전, 자치를 통해 본토인들이 주체가 되는 토착적인 교회를 설립하여 확장하는 네비우스 선교정책은 선교 초기 적합한 방식이었다. 초기 한국 교회는 네비우스 선교정책에서 성공하여 1907년 이후 세계에서 가장 역동적으로 성장하는 교회가 되었다.[352] 1907년 평양 동은 한국교회에 복음주의를 정착시키고, 토착화된 의례와 영성을 구형했으며, 한국인 지도자 군(群)을 형성시킨 획기적인 사건이었다. 그 중심에 민중 도교에서 개종한 길선주가 있었다. 그는 평양을 중심으로 한 서북지역에 도교적 영성과 의례를 기독교적으로 토착화하고 정착시켰다. 이어서 길선주를 중심으로 도교에서 기독교로 개종한 도교인들이 발전시킨 토착 기도 운동인 새벽기도회가 있다.[353] 그렇지만 토착화의 과정에서 한국교회에 그릇되게 채색된 부분은 없는지 살펴보고자 한다.

1) 토착화의 정의와 개념

"토착화"의 개념을 정의하란 쉬운 일이 아니다. 선교사들을 통한 초기 신앙 형성의 시기를 제외한다면 토착화 신학의 역사는 한국인들의 독자적인 신앙고백의 관점에서 볼 때 세 단계로 나눌 수 있다. 1907년 독립적인

---

351) 박창환, 『교회와 신학』 (서울: 홍익사, 1989), 14-15.
352) 옥성득, 『다시쓰는 한국 교회사』 (서울: 새물결플러스, 2016), 374-375.
353) 옥성득, "평부동과 길선주 영성의 도교적 영향", 한국기독교역사학회, 『한국 기독교와 역사』 제25호 (2006): 57.

교회의 설립, 1962년 토착 신학의 시작[354], 그리고 1984년 토착화 신학의 재론이다.[355]

토착화[356](土着化, Indigenization)는 라틴어 indigenus에서 유래했으며, indigene란 단어의 사전적 의미는 '토착민'이며, 형용사인 indigenous의 의미는 '토착적인, 자연적으로(흙에) 속하는'이다. 따라서 indigenization은 그렇지 않은 것을 토착적으로 만들거나 그렇게 되는 것을 전제로 하는 말이다.[357] 이 말에는 고의적이며 목적적인 행위, 곧 일정한 목표를 위해 계획되고 수행하는 것이 포함될 수도 있다. 그러나 '토착화'는 기독교와 타종교를 적당히 혼합하여 제3의 종교적 특성으로 만들어 내는 인간적인 행위가 아닌 복음의 씨가 비옥한 밭을 근거 삼아 뿌리 내리고 싹을 틔워 꽃과 열매를 맺는 은혜의 사건이다. 즉 토착이란 '토양에 뿌리내림'[358]이다. 건강한 토착화를 위해서는 문화를 중요하게 이해해야 한다.

루즈베탁(Louis J. Luzbetak)은 토착화가 문화 이해와 통합하는 과정이라고 보았다. 문화가 복음의 씨앗을 가지고 있으며, 그 씨앗은 하나님에 의하여 존재하고 그리스도에 의하여 심어지며, 성령에 의하여 키워진다고 보았다.[359] 네비우스 선교정책 역시 이 원리를 따랐다, 자립(自立), 자치(自治), 자전(自傳)을 통하여 토착화 교회를 세워나간 것과 같이 토착화 신학은 복음과 문화 그리고 교회 사이에 역동적인 상호작용 가운데 일어난

---

354) 60년대 "토착화"라는 용어의 사용은 '창조 설화의 토착적 소고'라는 장병일의 논문에서 사용되었고, 이 개념을 체계적이고 학문적으로 전개한 사람이 유동식이다. 장병일, "단군신화에 대한 신학적 이해: 창조 설화의 토착적 소고", 「기독교 사상」, (1961): 70-77; 유동식, "복음의 토착화와 한국 선교의 과제", 「도와 로고스」(1978): 45.
355) 천병석, 「한국 신학의 정체성과 보편성」(서울: 쿰란출판사, 2016), 12-13.
356) 토착화 또는 현지화의 사전적 의미로는 어떤 제도나 사상, 풍습 따위가 그 지방의 성질에 맞게 동화되어 뿌리를 내리게 됨이다.
357) 기독교 대백과사전 편찬위원회, 「기독교 대백과사전」(서울: 기독교문화사, 1992), 371.
358) 김광식, 「토착화와 해석학」(서울: 기독교 출판사, 1991), 25.
359) Louis J. Luzbetak, 「교회와 문화」, 채은수 역 (서울: 한국 로고스 연구원, 1972), 70.

다. 그러나 대중 종교의 소리를 무비판적으로 들을 때 종교 혼합주의 또는 이중종교 체계와 같은 부작용이 나타날 수 있다. 토착화에 대한 견해는 자칫 잘못하면 오해하기 쉽다. 긍정적인 견해와 부정적인 견해가 있으나 많은 사람에게서 부정적인 면이 더 회자한다. 다시 말하면 복음적 진리의 변질과 타협을 복음의 토착화라고 생각하는 측면이다. 이러한 토착화의 부작용을 줄이기 위해 비판적 상황화가 필요하다.[360]

2) 초기 한국교회 예배의 토착화 현상

토착화의 이러한 개념을 한국인으로 처음 사용한 사람은 백낙준이었다. 1927년 그는 '한국교회 토착화의 모퉁이 돌'이라는 말과 함께 한국교회의 독립성을 표현하려 했다. 그리고 토착화의 현상을 1907년 대부동에서 이해했다.[361] 1907년은 "한국교회의 신앙 형태를 구형한 대전환점"[362]이었다. 당시 19세기 말의 한국인은 유불선 3교와 샤머니즘을 상황에 따라 선별적으로 실천한 다종교 정체성을 가지고 있었다. 한국 종교사에서 19세기 말부터 20세기 초는 유교를 대신해 유불선과 기독교를 통합하거나 변혁한 동학(이후 천도교로 발전), 증산교, 대종교, 원불교 등의 신종교가 등장하는 신흥종교 발흥기였다. 지역적 차별을 받던 서북지역에서는 유교의 대안으로 반체제 특성을 가진 도교(선도)를 수행하는 자들이 형성되었다. 이들이 평양의 장로교인들이 되었고, 이들에 의해 개신교도 다른 신종교들이 가진 다종교 융합의 한 형태로서 도교와의 습합이 일어났다.[363]

---

360) 홍기영, "토착화의 관점에서 바라본 1907년 평양대부흥운동", 장로회신학대학교 세계선교연구원, 「선교와 신학」 제18집 (2006): 15-20.
361) 천병석, 『한국 신학의 정체성과 보편성』 16-17.
362) 민경배, 『한국기독교교회사』 (서울: 대한기독교출판사, 1982), 260.
363) 옥성득, "평양대부흥운동과 길선주 영성의 도교적 영향", 58-59.

(1) 토착화의 영향

토착화는 기도의 열정, 사경회, 영적 리더십, 말씀 선포와 전도의 열정 등 많은 긍정적 영향이 있다. 그중에 기도와 사경회 그리고 영적 리더십에 대해 살펴보겠다.

1907년 평양 대부흥은 기도의 운동이었다고 해도 과언이 아니다. 부흥의 불씨인 1903년 원산 부흥은 한국 부흥의 근원이었다. 하디(R. A. Hardie)를 비롯한 서구 선교사들이 사경회와 기도회를 통하여 영적 대각성을 체험했으며 하디의 통회는 부흥의 기폭제가 되었다. 성령의 임재와 은사를 사모하는 사경회와 기도회의 노력은 1907년 평양 대부흥을 불러왔으며, 저변을 확대하는 결정적 역할을 하였다.[364] 이 기도회는 장대현교회에서 흥회 기간에 계속되었고 죄의 자복과 통회가 이어졌다. 민경배는 "통성기도의 음성은 신비로운 조화와 여운을 가지고 있었으며, 통회의 울음은 설움의 폭발이라기보다 성령의 임재에 압도되는 넘치는 영혼의 찬양 물결과 같았다."[365]라고 표현한다.

장대현교회의 길선주는 박치록과 함께 국가의 위기를 걱정하며 새벽에 나가 기도하기 시작한 것이 새벽기도회의 시작이었다. 길선주가 중심된 새벽기도회에 300~500명이 모이기 시작했다. 이는 세계 어느 교회에도 없는 한국교회 특유의 기도회라고 김인수는 평가하였다.[366] 이 새벽기도회가 한국교회에 뿌리를 내리면서 교회 성장과 성도의 영적 생활에 큰 영향을 주었다. 그러나 한국교회의 새벽기도회는 한국에 기독교가 들어오면서 무교 혹은 도교와 같은 동양적 새벽기도와 같은 관습에 익숙해 있던 사람들에 의해 개인적으로 자연적으로 시작되었다고 보는 것이 타당하다.[367]

---

364) 민경배, 『한국기독교회사』, 258.
365) 민경배, 『한국기독교회사』, 252.
366) 김인수, 『한국기독교회의 역사』 (서울: 장로회신학대학교 출판부, 1997), 247.
367) 옥성득, "평양대부흥운동과 길선주 영성의 도교적 영향", 75-81.

그리고 또 다른 한국 고유의 기도 형태는 통성기도이다. 1907년 1월 14일 월요일 저녁 선교사 그래함 리(Graham Lee)가 짧게 설교하고 함께 기도하자고 하자 온 회중이 일제히 소리 내어 기도하기 시작했다. 기도 소리는 혼란스럽지 않았고, 조화가 있었으며 마치 폭포수와 같았다. 이 기간에 철야기도가 생겼다. 저녁 집회가 밤늦게까지 되었으므로 멀리서 온 교인들은 교회에 남아 철면서 다음날 새벽기도회를 참여했다. 이날은 사도행전의 오순절 역사의 재현이었다.[368] 1907년 대부흥을 통하여 새벽기도, 통성기도 그리고 철야기도인 한국 고유의 기도 형태가 정착되었다. 1907년 부흥은 한국교회 성도들의 기도 생활을 심화시켰고, 기도를 신앙생활에서 가장 중요한 일로 자리매김하게 하였다.

두 번째는 성경공부(사경회)이다. 1907년 대부흥을 추진한 원동력은 사경회에 있었다고 해도 과언이 아니다. 사경회는 기도, 성경공부, 전도로 구성되어있다. 이 세 가지는 사경회에서 필수적인 요소들이며,[369] 1907년 대부흥에서는 사경회가 중심이 되었다. 사경회의 시작은 선교사들이 중심이 되어 한국인들에게 성경을 가르치는 것이었지만, 이 사경회에 참석하기 위해 수백 리 길을 걸어왔고, 어떤 여자 성도는 아이까지 업고 자기들이 먹을 쌀을 이고 오기도 했다.[370] 한국 교인들의 성경 사랑은 어느 민족보다 강했다. 사경회는 네비우스 선교정책의 구체적인 실천 방안으로 성경을 체계적으로 공부하는 훈련의 수단으로 뿌리내렸다. 이 사경회는 여러 이름으로 실시되었는데 지역교회에서의 사경회, 도 사경회 그리고 전국적 사경회가 있었다.[371] 1907년 대부흥은 사경회 기간 성경을 공부하는 가운

---

368) 박용규, 『한국기독교회사』, 862-863.
369) 박용규, 『평부동』 (서울: 생명의말씀사, 2000), 201-202.
370) 옥성득, 『다시쓰는 한국 교회사』, 361-362.
371) Charles Allen, Clark, 『한국교회와 네비우스 선교정책』, 박용규·김춘섭 역 (서울: 대한기독교서회, 1994), 114.

데 시작되었다.

알렌 클락(Allen D. Clark)은 1907년 대부흥 운동에 대하여 다음과 같이 평가한다.

> 이 운동 후의 결과는 전적으로 좋았다. 교회는 높은 영적 수준으로 올라갔으며, 열광주의는 없었는데, 그 이유는 사전의 성경공부가 있었기 때문이다. (…) 2,000명이나 되는 사람들이 성경을 공부하기 위해 한 장소에 모였다. 수천 명은 읽기를 배우고 질문을 하였다. 술주정뱅이들, 도둑들, 간음자들, 살인자들, 스스로 의인인 유교자들, 죽은 불교인들, 그리고 수천 명의 마귀를 숭배하는 자들이 그리스도 안에서 새로운 피조물이 되었다.[372]

이렇게 사경회는 기독교를 한국 토양에 적응케 했으며, 한국 교인들의 도덕성을 향상하게 하였고, 성경공부와 기도를 습관 시켰다. 사경회를 통하여 한국교회는 성장하였고, 매서인, 전도자 그리고 목회자까지 배출하였다. 한국교회 성장의 밑거름은 부흥운동이었고, 그 부흥의 중심에는 사경회가 있었다. 1907년 당시의 성경공부(사경회)는 오늘날 닮아가야 할 모델이며, 채택해야 할 성장의 기본 도구이며, 전략이다.

그리고 토착화의 긍정적 영향 세 번째는 토착 영적 지도자이다. 1907년 대부흥의 중심에는 서구 선교사들과 함께 길선주와 김익두와 같은 한국의 지도자가 있었다. 길선주는 평양 대부흥, 백만인 구령, 그리고 그 이후의 부흥에서 중요한 역할을 감당했다. 그가 인도하는 집회에서는 회개의 역사와 영적 각동이 일어났다. 그는 성경 구절을 막힘없이 암송하였고, 주

---

[372] Allen D. Clark, History of the Korean Church (Seoul: The Christian Literature Society of Korea, 1916), 132를 홍기영, "토착화의 관점에서 바라본 1907년 평부흥운동", 장로회신학대학교 세계선교연구원, 「선교와 신학」 제18집 (2006): 32에서 재인용.

권 상실로 절망에 빠졌던 민족에게 희망을 선포했다. 1907년 2월 서울 숭동교회에서 부흥회를 인도할 때 그의 설교를 들은 사람들은 고꾸라져 울부짖었다. 그의 선포는 두 날을 가진 검보다 예리하였다. 그의 설교는 선교사들이 평가한 것과 같이 "열심 있는 성경연구자", "본토 장로교회에서 가장 재능 있는 설교자". "한국교회가 낳은 가장 위대한 설교자이며 전도자"[373]였다.

김익두는 1907년 부흥 운동이 한창일 때 길선주와 함께 부흥회를 인도하였다.[374] 김익두가 부흥회를 인도한다고 하면 수십리 밖에서도 몰려와 인산인해를 이루었다. 그 당시 한국인으로서 김익두의 힘 있는 설교를 듣지 않은 사람이 거의 없을 정도였다. 주기철도 그의 설교를 듣고 은혜를 받았으며, 이성봉도 그의 부흥 운동의 후계자가 되었다.[375]

김익두는 부흥회를 인도하면서 병 고치는 이적을 많이 행하였다. 1920년 9월 경상남도 부산진교회에서 김낙언의 아들 김두수가 난 지 8개월에 앉은뱅이가 되어 8년을 지내오다 김익두의 안수기도를 받고 일어나는 기적이 일어났다.[376] 이 밖에도 1920년 경산에서 풍증에 고통받던 김손금의 치유, 사월리교회에서 혈루증을 앓던 임수경의 치유 등 많은 신유의 기적이 일어났다.[377] 김익두는 영적 사랑과 함께 육적 사랑을 강조하였고, 성령의 능력과 기도의 힘, 소박한 신앙, 그리고 고생 후엔 낙이라는 메시지를 전했다. 그의 설교는 내향적이었다. 그렇지만 그것이 민족에게 희망의 길을 열어 주는 통로가 되었다. 그는 한국교회가 낳은 세계적 부흥사였으며,

---

373) 박용규, 『평부동』, 301.
374) 김광수, 『한국기독교인물사』(서울: 기독교문사, 1974), 198. 김광수에 의하면 "부흥 운동을 계속하여 인도한 지도자로는 영계의 아버지 길선주 목사가 있고, 그와 함께한 김익두 목사가 있어 양대 인물로 추앙된다"라고 하였다.
375) 김광수, 『한국기독교인물사』, 201.
376) 김광수, 『한국기독교인물사』, 202.
377) 민경배, 『한국기독교교회사』, 354.

기도치병의 기적을 수행한 능력의 기도인이었다.[378]

한국의 영적 지도자들이 복음의 열정을 가지고 전국을 누비며 사경회와 부흥회를 인도하면서 부흥 운동을 전국으로 확산시켰기 때문에 한국교회는 성장할 수 있었다.

(2) 토착화의 수용
① 당시의 환경

1910년 이전의 한국교회는 중국 개신교회가 두 세대에 걸쳐 만든 여러 좋은 문서, 정책, 신학을 수용해서 사용했다. 중국 기독교는 서구 기독교가 한국기독교로 넘어가는 가교의 역할을 했으며, 유불선 전통 종교에 대한 그들의 종교 신학은 한국에서 기독교를 유불선 그리고 동학 등과 유기적으로 접목할 수 있도록 하는 역할을 했다. 토착화의 좋은 예가 정감록에 나와 있는 구원의 방도인 '궁궁을을'(弓弓乙乙)[379]을 십(十)자가로 해석한 것, 무교, 불교, 도교의 귀신 쫓기 의식을 기독교의 축귀 의식으로 바꾼 것, 추도회 만들기 등이다.[380]

선교사들에 의해 형성되기 시작한 예배 의식은 무교, 유교, 불교, 도교

---

378) 민경배, 『한국기독교교회사』, 354-355.
379) 『정감록』, 『격암유록』, 「궁을가」 등의 예언서에 주로 등장하는 표현으로, 천부(天父)의 이치를 자신의 몸에 실행시키는 원리를 간결하고도 핵심적으로 표현한 말이다. 궁궁(弓弓), 궁을(弓乙), 양궁(兩弓), 을을(乙乙), 을을궁궁(乙乙弓弓)이라고도 한다. 조선시대의 민간 예언서인 『정감록 鄭鑑錄』에 등장한 이후, 동학과 원불교 등 민족 종교의 중요한 가르침으로 자리매김하였다. 문자 그대로는 각각 '활'(弓)과 '십간(十干)의 두 번째'(乙)를 의미하지만, 조합하여 사용되면서 오묘한 의미를 지니는 것으로 여겨져 왔다. 하지만 그 의미가 분명히 드러나지는 않으므로 각 용례에 따라 간접적으로 추론할 수 있을 뿐이다. 동학에서는 '궁궁' 또는 '궁궁을을'이라는 표현에 좀 더 종교적인 의미를 부여하면서 영원한 생명, 완전무결을 상징하는 것으로 간주하였다. 또한 인간의 내면에 있는 신명을 가리킨다는 설도 있다. 『정감록』에서 특정한 공간을 지칭하기 위해 사용되었던 용어가 동학에 와서는 종교적이고 추상적인 의미를 지니는 용어로 변모하게 되었다. 참고: 두산백과, https://terms.naver.com/entry.naver?docId 접속: 2021년 10월 9일 21:09
380) 옥성득, 『다시쓰는 한국 교회사』, 375-376.

(선도) 그리고 한국 전통문화와의 대결 구도를 가질 수밖에 없는 토양이었다. 토착화는 교회의 건축 양식으로부터 시작했다. 마루로 된 내부에서 기도할 때는 무릎을 꿇고 머리를 땅에 대는 절하는 형식 그리고 남자와 여자의 예배 시간을 따로 하던지, 아니면 좌석을 분리하는 ㄱ자 모양의 건축 양식[381)]을 취하였다.

② 이름 용어의 수용

최고 유일신에 해당하는 엘로힘(데오스)는 다양한 번역 가능성 때문에 특정한 언어 문화권에 토착화할 수 있고 다른 문화권으로 이주하여 정착할 수 있다. 그래서 중국에서는 상제(上帝)로, 일본에서는 가미(かみ, 神)로, 한국에서는 하나님(하느님)으로 불린다.

1870년대 후반 한글 성경을 번역한 로스는 한 도교 사원의 주지와 요한복음 1장에 관하여 대화하면서, 그가 요한복음의 상제와 도교의 조화옹인 상제를 동일한 창조주로 보았다. 그는 1882년 첫 한글 복음서인 누가, 요한복음에서 하느님을 사용했다. 그 의미는 하늘+님이었다. 그러나 언더우는 하느님이 다신교인 무교의 지고신이므로 배격하고 천주(天主)를 선호하였다. 반면 다른 선교사들은 하느님을 의견일치를 보았고, 헐버트(H. B. Hulbert)는 단군신화에서 환인은 성부, 성령 환웅과 웅녀 사이에 태어난 단군을 신인으로 정자와 유비된다는 삼위일체론적 해석을 제시하였다. 천주를 주장하던 언더우드도 건국신화를 연구한 결과 한국에 계시(啓示)로 주어진 하느님에 대한 원시 유일신 신앙이 있었고, 그 흔적이 남아 실천되고 있다는 주장을 수용하여 1904년 하느님을 수용하였다.[382)] 그러나 이 하나님은 단순히 하나+님이 아니라, 하늘의 초원성과 위대성이라는 토착성

---

381) 현재 보존된 강경침례교회가 남녀를 구분하기 위한 ㄱ자 모양의 건축 양식이다.
382) 옥성득, 『다시쓰는 한국 교회사』, 452-456.

과 유일성이라는 개신교의 정체성이 결합한 한국기독교의 용어이다.

③ 입교 절차

불신자가 교인이 되기 위해 준비하는 절차로 발전된 성경연구반은 1894년부터 구도자들에게 교리와 기본 신앙 수칙을 가르치는 학습 제도가 되었다. 초기 한국교회는 입교하여 학습과 세례를 받을 때까지 1년 동안 신앙훈련을 받을 것을 요구하였다. 1897년 입교자들에게 세례의 조건으로 제시한 일곱 가지 규정[383]이 있다.

첫째, 조상신을 섬기는 제사는 어떤 경우에도 용납될 수 없다. 둘째, 안식일을 거룩히 지켜야 한다. 셋째, 부모를 공경하라. 넷째, 불법적인 혼인관계를 금하라. 다섯째, 자신의 가족에게 복음을 전하라. 여섯째, 생업에 근면하고 계명을 지키라. 마지막 일곱째, 악한 범죄를 피하라. 이처럼 분명한 신앙훈련을 요구하는 규정을 따라 6개월 동안 훈련과 세례 교육을 거친 후에 세례를 받고 정회원이 될 수 있었다.

이는 초기 한국 선교사들의 청교도 신앙훈련 배경으로 교인들에게 철저한 신앙훈련과 실천이 있었음을 보여 주는 증거이다. 그렇지만 그들의 신앙고백은 죄 회개, 제사 포기, 주일 성수, 효도, 가족 전도, 그리고 낙태, 축첩, 노름 등을 버리겠다는 토착화된 신앙고백의 강조였다.[384] 선교사들과 한국교회는 제사 포기를 세례의 첫 조건으로 할 정도로 엄격한 반(反) 제사를 고수하였고, 5계명에 근거하여 부모에 대한 '산 제사'를 강조했다. 또한, 제사의 정신을 살린 '추도회'를 대안으로 제시함으로써 접촉점을 통한 토착화를 모색하였다.[385] 세례식에 사용된 물 또한 토착화의 증거이다. 새

---

383) 허도화, 『한국교회 예배사』, 70-74.
384) 허도화, 『한국교회 예배사』, 75
385) 옥성득, 『다시쓰는 한국 교회사』, 515.

벽마다 기도하던 정화수 물을 흰 사발에 담아 사용하였다. 이와 같은 토착화의 과정을 통해 초기 한국교회의 예배 의식 속에 유, 불, 선 그리고 무교의 영향이 스며들었다.

④ 축귀 의식

네비우스 사후에 출판된 *Demon Possession*(1896)은 중국 산동 지역에서 활동하던 선교사들과 목회자들을 대상을 12년간에 걸쳐 축귀 현상을 조사한 내용이다. 귀신들림은 영적인 현상으로 1세기 팔레스타인과 같이 19세기에 중국에서 발생하는 현상이며, 성령의 능력과 기도로 귀신을 쫓아낼 수 있다고 주장했다. 이 책은 산동처럼 무교가 성행한 한국 서북지방에서 사역하는 선교사들에게 큰 영향을 주어, 축귀 행사의 이론적 근거가 되었다. 1890년대 말부터 한국개신교는 무교를 귀신숭배로 규정하고 금하였고, 한 집안이 예수를 믿으면 가신(家神)들을 모셨던 신줏단지나 옷감, 부적 등 주물(呪物)을 마당에 모아 불사르며 십자군의 찬송가를 부르고 예수의 축귀 구절을 읽고 기도하는 축귀 행사를 거행했다. 그리고 귀신이 그 집안에 다시 들어오지 못하도록 벽에 주기도문이나 십계명, 예수의 성화를 걸었다. 무당에서 개종한 전도부인의 경우 과거의 무교적인 영적 권능이 기독교적 권능으로 대체되어 축귀 의식을 행하기도 했다. 전도부인의 등장은 선교사들에게 전근대적 귀신관을 수용하게 하였고, 축귀를 실시하도록 했다. 그뿐 아니라 무교의 최고 신인 하느님을 수용하고, 한국인에게 원시 유일신 개념이 존재했음을 인정하게 했다. 그들은 신령한 하나님이 바로 성경의 하나님이며 귀신보다 강한 영이라고 전도했고 그 실례가 축귀로 나타났다.[386]

---

386) 옥성득, 『다시쓰는 한국 교회사』, 470-475.

⑤ 토착화의 과정, 타 종교와의 공생

초기 한국교회 예배의 토착화 과정의 모습은 유교 의식의 부성적(父性的) 영성에 접근하면서 설교를 강조하는 교훈적 예배 경향을 나타냈다. 이는 선교사들이 강조한 청교도의 엄숙한 분위기 강조는 유교의 가부장적 분위기와 연결되면서 토착화되었고, 회개와 윤리의식을 강조하는 설교가 한국적 예배의 모습으로 자리 잡게 되었다.

둘째는 무교의식의 영성에 접근하면서 감정에 호소하는 부흥회식 예배의 경향이 나타났다. 무교의 감정적이고 축제 적인 특징은 무속적 부흥회 성격을 지니는 데 중요한 발판이 되었다. 신유, 기적, 기복 그리고 신비를 강조한 부흥회 성격의 예배는 1907년 부흥 운동 이후 확산하여 1970년대의 성령 운동으로 퍼져나갔다.

셋째는 불교와 도교 의식의 영성에 접근하면서 경건을 강조하는 기도 중심의 예배 경향으로 나타났다.[387] 묵상기도로 시작하는 예배에 많은 기도 순서를 포함하고 있다. 그리고 기도는 미리 작성된 기도문으로 하는 것이 아니라 즉흥 기도로 진행했다.

⑥ 새벽기도의 토착화

1906년 길선주와 박치록에 의해 시작된 새벽기도는 개인의 신앙과 교회에 큰 영적인 변화가 일어나기를 기대하며 했다. 당시 한국교회에는 새벽기도라는 것이 없었다. 그러나 예수 믿기 전 선도(仙道 또는 도교)를 수련했던 그는 새벽마다 기도하는 습관으로 새벽이면 종종 교회에 나와 기도를 드렸다. 이 습관을 기독교 신앙의 한 형태로 활용한 것이다.[388] 또 그는 영

---

387) 허도화, 『한국교회 예배사』, 77-79.
388) 길진경, 『길선주-부흥의 새벽을 열다』, 117.

생국에 들어가기 위해 부지런히 게으르지 말고 주를 섬길 것을 강조[389]한 근면 강조 역시 도교적 수련과 불교적 정진의 노력이라고도 할 수 있을 것이다. 또한, 10세에 관성교에 입문하여 29세까지 선도(도교)에 매진한 사상적 영향과 선도의 독송 영성이 체득된 상태로 남아 개종한 이후에는 성경 독송과 암송을 했다. 이것은 유(儒) 불(佛) 선(仙) 등 한국 전통 종교의 '독송(讀誦)' 혹은 '독경(讀經)' 문화에서 가져온 토착화 신앙의 전통[390]이 한국교회 예배의 특징으로 자리 잡게 되었는데, 사적인 소원을 빌었던 도교의 기도와 비교하면 개신교의 기도는 민족적 위기에 교회와 민족 공동체를 위한 공공성을 지니고 있었다. 그렇지만 도교 영성의 기독교 토착화는 개인 구원 중심으로 환원될 위험성을 내포하고 있었다. 1907년 7월 고종이 강제 퇴위 되자 전국에서 정미의병이 분연히 일어났을 때, 길선주는 "권세는 하나님께서 부여하신 것이다"(로마서 13:1)라는 성경 구절을 근거로 한 선교사들의 정교분리 원칙을 수용했다.[391] 그러하지만 '새벽기도회'는 초기 한국교회의 영성의 맥을 형성하는 큰 역할을 감당했다.

서정민은 이 새벽기도회는 오늘날까지 한국교회만의 전통이며, 한국인의 전통과 그 심성 속에 용해된 기독교 신앙의 의례적 표현의 하나라고 한다.

> 한국 민중의 탁월한 종교성이 한 변수로 작용하기 시작했다. 선교 후 20년이 지나면서 이제 기독교도 한국인에게 완전한 종교로 용해되기 시작한 것이다. 불교든, 유교든 나름대로 토착화하며 발전시켰던 한국인의 종교성은 기독교의 경우도 일단은 그것을 내면적으로 수용하는 데 있어 신비적인 체험을 하였다. 새벽기도의 모델은 한국교회가 한국인 종교적 심

---

[389] 길선주가 평양신학교 시절 저술한 게으름(해타, 懈惰)을 피하여 부지런히 신앙생활을 할 것을 권고한 내용의 책이다. 길진경, 『길선주-부흥의 새벽을 열다』, 128.
[390] 허호익, 『길선주 목사의 목회와 신학사상』, 147-149.
[391] 옥성득, "평동과 길선주 영성의 도교적 영향", 95.

성에 연결한 토착적 종교 행위의 대표이다. 비로소 한국 교인들은 기독교의 종교적 향내에 심취하고 이를 완연한 종교로 수용하기 시작했다.[392]

이 새벽기도회는 대부흥 운동의 불길을 댕기는 역할을 감당하였고, 새벽기도회의 경건과 신비적 모델은 초기 한국교회의 성숙의 원동력이 되었다. 그리고 급변하는 사회의 변화와 영적 변화에도 한국교회를 지키며 성도들의 기도 영성을 유지하게 하는 작용을 하고 있다.

유대민족으로부터 시작된 기독교라 하더라도 하나님을 섬기는 성전은 저마다의 고유한 건축 양식을 따르고 있다. 그러나 한국의 교회는 한국인의 숨결을 느낄 수 있는 모습이나 공간이 없다. 서양인들의 문화와 그들의 양식으로 지어진 공간에서 예배를 드리는 것을 당연하게 생각한다. 한국의 땅에서 이방인의 집처럼 세워져 있는 교회의 모습, 그리고 한민족의 심성에 뿌리내린 음정과 가락의 찬송이 없이 다른 사람들의 감정의 찬송을 부르고 있다[393]는 사실도 안타깝다. 한국의 그리스도인들이 이 땅의 옷을 입고 성삼위 하나님을 예배할 때가 되지 않았느냐는 고민이 있어야 한다.

예배에 있어 토착화의 대표적 예는 루터이다. 그는 미사가 경건과 열정으로 집례 되기를 힘쓰면서 라틴어 미사에 독일어와 독일어 찬송을 첨가하여 독일민족이 살아 있는 예배를 드리도록 하였다. 루터는 예배를 통하여 복음의 빛이 더욱 빛나게 하는 데 그 초점을 두었다.[394] 물론 토착화에는 하나님 앞에서의 예배보다 예배하는 자들을 즐겁게 해 주는 오류를 가져올 위험이 있다. 그러기에 복음의 본질이 토착적 전개에 가려지지 않도록 주의를 기울여야 한다. 유동식은 "토착화의 목적은 복음의 변질이 아니

---

392) 서정민, "초기 한국교회 대부흥 운동의 이해", 『한국기독교와 민족운동』 (서울: 종로서적, 1986), 245.
393) 정장복, 『예배의 신학』 (서울: 예배와 설교아카데미, 2018), 62-69.
394) 정장복, 『예배의 신학』, 68.

다. 다만 초월적인 보편적 진리가 어떻게 개별적인 현실 속에 내재하여 그 생명력을 발휘하게 하느냐의 방법론의 명칭이다."[395]라고 한다. 기독교가 한국에 상륙하여 두 세기째 접어든 한국교회는 오늘도 고집스럽게 한국문화와의 연접(延接)을 기피하고 거부하는 것이 바른길인지, 아니면 주체성을 회복하면서 우리 옷의 소중함을 인식하고 입히는 작업을 해야 하는지 고민할 때가 되었다.[396] 조심스럽지만 우리의 옷을 입고 우리의 영성으로 예배를 드리며 하나님과의 만남을 가져야 할 때가 아닌가 한다. 신(神)을 경외하고 감사하는 표현이 민족에 따라 다를 수밖에 없고 찬양의 내용과 감정이 그 문화마다 특유(特有)할 수밖에 없다. 그리고 한국에 들어온 예배가 하나님이 사용하셨던 유대세계의 원형 그대로인 것처럼 생각하는 착각에서 벗어나야 한다. 한국에서 맞이한 기독교 예배는 미국의 신대륙에서 100년이 넘도록 머물다 이 땅에 들어온 예배이다. 찬송 또한 다른 사람의 감정과 곡조를 부르고 있다. 찬송은 성도들의 기도요, 신앙고백이며 결단의 표현이다. 그런데 우리 심성에 뿌리내린 음정과 가락이 찬송에 없다는 것도 아쉬운 부분이다.[397]

5. 요약 및 평가

한국에 복음이 상륙했을 때는 미국 전역에 부흥집회가 왕성하고 예배의 전통이 지켜지지 않던 시절이었다. 그때 선교사들은 예배·예전의 경험해 보지 못한 채 뜨거운 선교적 열정만 가지고 왔다. 그래서 지금 우리의 예

---

395) 유동식, 『한국종교와 기독교』, 248.
396) 정장복, 『예배의 신학』, 54.
397) 정장복, 『예배의 신학』, 54-65.

배 순서의 모습이 1870년대 이전의 침례교 예배 순서나 피니의 예배 순서와 거의 동일한 순서를 지속해 오고 있다. 그리고 복음을 받아들일 당시의 환경이 예전적인 예배(Liturgical worship)를 드릴 수 있는 수준이 아니었다. 이렇듯 한국교회 예배의 부흥회식 또는 집회식 예배 모습은 19세기 미국 서부 개척기의 예배 모습과 유사하다.[398]

한국에 상륙한 복음의 선교적 열정은 대부동을 일으켰다. 1907년 대부동은 성령 운동이며, 회개 운동이고, 복음전도 운동이며, 그리고 한국적 토양에 부합하는 교회를 세우려 했던 토착화 운동이었다.[399] 1907년 대부흥 운동의 특징을 정리해 보면 첫째는 도덕적 신앙 각성 운동이었다. 둘째는 개인적 차원을 넘어 사회적 차원의 구국 기도 운동이었다. 그리고 셋째는 사경회와 기도회로 이어진 전도 운동이었다. 사경회와 새벽기도회는 대부흥 운동의 열기를 지속시킨 두 개의 축이고 산물이다. 사경회와 새벽기도회가 한국교회의 예배에 미친 영향은 엄청나다. 사경회와 새벽기도회를 통하여 성경공부를 통하여 신앙생활의 경건을 강조하였으며, 문맹을 타파하는 계몽 활동도 함께 일어났다. 성경공부의 열정은 설교형식으로 정착되었고, 열성적인 기도, 통성기도 그리고 철야기도 등은 다양한 형식의 토착적 예배 형태로 자리매김하였다. 기도문 형식의 기도가 아닌 자유 형식의 기도, 통성기도 등 즉흥적인 기도는 경건성 나타내는 것으로 인식되었으며, 성령의 기도라는 등식으로 성립시켰다. 막힘과 끊임이 없는 즉흥 기도는 한국교회를 열정과 흥분의 상태로 몰아가기에 충분하였고 부흥과 성장이라는 큰 업적을 이루는 기틀이 되었다. 그리고 성경공부와 기도에 대한 열정은 성령 체험을 강조하는 예배를 낳았다. 성령 체험에 대한 강조는 치유, 신유, 기적, 기복 그리고 신비 등을 체험하려는 감정적 부흥회식

---

398) 정장복, 『예배의 신학』, 438-439.
399) 홍기영, "1907년 동의 선교학적 고찰", 한국기독교학회, 「한국기독교신학논총」 제46집 (2006): 375-376.

예배 전통을 낳게 되었다. 윤리적 생활을 강조한 성경공부, 경건과 성령의 역사를 강조한 기도회형식의 예배는 한국교회에 비예전적 예배 전통을 세우게 하였다. 그렇지만 초기 한국교회 예배는 비예전적 예배만 존재했던 것은 아니었다. 급속한 교회 성장과 목회자의 부족 그리고 외부적 요인으로 인하여 예전적 예배가 약화하는 상황이 나타났지만, 초기의 선교사들 가운데는 성찬을 정착시키고자 교육을 통하여 회중들의 이해를 넓히려고 노력하기도 했다.[400] 하지만 초기 한국교회가 바라본 성찬은 선교사들에 의해 전해진 하나의 낯선 예식에 불과하였고, 이러한 인식 속에서 안타깝게도 초기 한국교회는 성례의 견고한 바탕 위에 세워지지 못했다.

1910년 이전 초기 한국개신교 성장의 2대 요인으로 기독교 민족주의 형성과 기독교 문명의 보급으로 이는 정치적 요인과 문화적 요인이었다. 그리고 여기에 한 가지를 더한다면 기독교 토착화가 한국교회 성장 요인의 세 번째일 것이다. 개신교는 민족의 문제에 참여적이었고, 봉건적 가치를 부정했으며 근대적 가치인 자유와 평등을 추구하는 새로운 문명을 소개했다. 동시에 전통 종교들에서 접촉점을 찾아 기독교화하는 토착화를 이루었다.[401] 그리고 1907년 대부흥은 선교사들의 예배 신학과 더불어 즉흥 기도의 훈련과 성경 연구에 대한 열정, 그리고 사경회라는 모임이 어우러져 만들어진 값진 열매요, 성령의 역사하심이다. 그러나 위에서 살펴본 바와 같이 부흥 운동 당시에 사람들이 경험한 예배 상황과 그 상황 속에서 전통적 영성과 토착적 사상의 영향으로 등장한 예배의 유형이 있다. 초기 한국교회가 귀신을 내쫓은 자리에 물질적 기복신앙, 은사 체험주의, 감정을 호소하는 예배, 물신주의가 자리를 차지했다. 이렇듯 한국교회 영성에 영향을 미친 주요 인물의 사상을 살펴보고자 한다.

---

400) 허도화, 『한국교회 예배사』, 131.
401) 옥성득, 『다시쓰는 한국 교회사』, 369.

| 제2절 |

초기 한국교회 부흥 운동의 주요 인물 사상과 한국 오순절 운동

1907년의 부흥 운동은 조선 말 비운의 역사가 그 시대적 배경을 이루고 있다.[402] 국모 살해[403], 고종의 퇴위 그리고 경술국치(庚戌國恥)[404]와 같은 역사적 사건은 의지할 곳 없는 민중을 종교와 신앙에 의지하게 하였다. 1900년도의 대영 해외 성서 공회 보고에는 조선의 현실을 다음과 같이 보고했다.

사생활에서나 공생활에서 한국 국민은 확신을 상실한 지 오래다. 모든 마음은 병들었고, 모든 영혼은 좌절 속에 있다. 나라는 폐허와 같다. 우리는

---

[402] 주재용, "한국교회 부흥 운동의 사적 비판", 대한기독교서회, 「기독교 사상」 제243호 (1978. 9): 64

[403] 을미사변(乙未事變)은 1895년 10월 8일(음력 8월 20일) 경복궁(景福宮)에서 명성황후 민씨가 조선 주재 일본 공사 미우라 고로(三浦梧樓)의 지휘 아래 일본군 한성 수비대 미야모토 다케타로(宮本竹太郎) 등에게 암살된 사건이다. 이외에 명성황후 암살 사건(明成皇后暗殺事件), 명성황후 시해 사건(明成皇后弒害事件)이라 부르기도 한다. 한영우, 『명성황후와 대한제국』(서울: 효형, 2001), 12-14.

[404] 일제는 1904년 러일전쟁에서 승리한 직후부터 한국을 식민지로 재편하기 시작하여 1910년대에 이를 완성했다. 한국을 오랫동안 안정적으로 지배하고 자신들이 필요로 하는 식량 원료공급지로 만들기 위해 외형상 근대화의 모습을 띠고 진행되었다. 대표적인 것이 1899년 경의선 개통과 1901년 경부선 개통 그리고 1906년 경의선 철도의 개통이다. 차근히 수탈을 위한 구축 작업을 한 일제는 1910년 8월 29일, 우리나라 역사상 처음으로 국권을 상실한 치욕의 날을 맞이하게 한다. 즉, 한일병합조약을 강제로 체결한 날이다. 8개조로 된 이 조약은 제1조에서 '한국 전부에 관한 일체(一切)의 통치권을 완전히 또 영구히' 일제에 넘길 것을 규정하고 있다. 경술년에 일어난 국가적 치욕이라는 의미에서 '경술국치(庚戌國恥)'라고 부르는데, 일제는 조선의 국권을 침탈한 자신들의 행위에 정당성을 부여하기 위해 '한일합방(韓日合邦)', '한일합병(韓日合倂)' 등의 용어를 썼다. 한국사특강편찬위원회 편, 『한국사 특강』 (서울: 서울대학교출판부, 1998), 231-237.

이런 상황에 성서 사업의 특별한 보람을 찾게 된다.[405]

　　1903년 원산에서 시작된 부흥이 평양에서 절정을 이루고 전국으로 확대되어 1907년 부흥 운동을 가능하게 했다. 이 부흥은 선교사의 기도회에서 시작[406]되었고, 국가 비운의 시대적 상황이 하나님의 도움 외에는 의지할 곳이 없다는 신앙에서 힘을 얻게 되었다. 길선주 목사가 평양에서 한국 최초로 시작한 새벽기도회의 열정은 이 부흥 운동의 직접적인 동기가 되었다. 부흥의 용솟음치는 샘은 원산의 정춘수, 전계은 그리고 평양의 길선주 이 세 사람의 신앙 체험에서 불길을 댕겼다.[407]

　　당시 선교사들의 역할을 무시할 수는 없지만, 평양 대부흥운동은 길선주라는 한 조선인의 종교적 성향과 회개 양태가 하나의 모형이 되어 한국 교회의 독자적 역사로 진행되었다고 평가했다.[408]

　　길선주의 개종 과정은 현세적 구복(求福)과는 거리를 두고 진리 자체에 대한 내면적 욕구를 추구한 과정이었다. 다시 말해 길선주는 자신 안에 생성된 신앙 양태를 부흥 운동의 신앙 원류로 승화시켜 확산한 주도자였다. 3.1운동으로 옥고를 치르고 난 후 묵시록 강의나 말세학 강의에 주력했던 사실은 당시 민족의 현실 앞에서 그나마 미래에 대한 비전과 희망을 제시할 수 있는 가장 기독교적인 선포였다. 길선주를 중심으로 한 1907년 대부흥운동은 망국(亡國)의 슬픔 가운데 묵시 문학적 희망을 불어넣은 운동이었다.[409]

　　1930년대는 김익두와 이명직을 거쳐 이용도의 무교적(巫敎的) 사상이

---

405) 민경배, "한국교회의 신비주의사", 대한기독교서회. 「기독교 사상」 제156호(1971. 1): 72에서 재인용.
406) 민경배, 『한국기독교회사』, 289.
407) 민경배, 『한국기독교회사』, 291.
408) 민경배, 『한국기독교회사』, 293-294.
409) 유동식, 『한국 신학의 광맥』 (서울: 다산글방, 2000), 122. 유동식은 이를 유교적 전통에 입각한 부성적(父性的) 부흥 운동이라고 했다.

바탕이 된 신비주의적 부흥 운동이 생성되었다. 이용도의 신비주의 운동은 새로운 토착적인 신생 교단을 형성할 만큼 강력한 심동이기도 하였다.

당시 한국인들의 심성 속에 정감록이나 천지개벽과 같은 종말 사상이 성결교회의 핵심 진리인 전천년왕국설을 수용하는 기틀이 되었다. 이 수용에 처음 공헌한 사람이 길선주였다. 이와 때를 같이하여 재림을 부흥회의 주제로 삼고 열심을 낸 사람은 김응조였다. 그는 1917년 9월 13일에 그리스도의 재림에 관한 환상을 보게 되었다. 그리스도의 임박한 재림 환상은 그의 삶을 성결의 삶과 연결하게 했고, 신자들에게 거룩한 삶을 살 것을 주장하였다.[410]

1910년과 1920년대 한국교회 부흥 운동은 길선주 목사와 김익두 목사가 주도하였다. 암담한 민족의 앞날을 계시록의 말씀으로 위로와 희망을 주었고, 치유와 이적의 권능으로 하나님의 역사하심을 보여 주었다. 그렇지만 그들의 메시지의 내용은 '지금, 여기서'의 결단을 촉구하는 회개 운동이었다는 점에서 종말론적 성격을 띠고 있다.[411]

사실 어느 종교든지 현세적 기복적 동기와 구도적 동기 그리고 개벽(開闢)적 동기 등의 요소를 지니고 있다. 동양의 종교가 일반적으로 서양보다는 신비주의의 전제와 경건에 더 가깝다는 점과 함께 한국교회 안에 신비주의가 그 근저에 깔다.

1930년대 한국 기독교회의 광적 신비주의[412]는 일종의 기독교 신앙의 압

---

410) 김응조, 『은총 90년: 김응조박사의 자서전』(서울: 성광문화사, 1983), 33-34.
411) 민경배, "한국종교의 신비주의적 요소", 연세대학교신과대학(연합신학대학원), 「신학논단」 제8집 (1964): 166.
412) 당시 광적 신비주의자들의 대표적 인물은 원산의 백남주와 한준명, 원산의 감리교회에 유명화, 그리고 간도에 이민 갔던 황국주 등이다. 유명화는 자신에게 예수가 친림(親臨)했다고 한다. 영흥교회 부흥회에서 예수처럼 모양을 내고 다른 여자에게 강신(降神)의 극(劇)을 했다. 입류접신 신비주의자인 원산 신학산(神學山)의 백남주는 유명화와 이유신과 같은 접신녀와 결탁하여 신탁을 빙자했다. 1932년 10월까지 책잡을 것 하나도 없었던 이용도는 평양에 와서 입류녀 이유신과 함께 30일간의 강신극을 하며 태혼(胎婚)을 자행했다. 민경배, 『한국기독교회사』(서울: 연세대학교출판부, 2007), 468-475.

제와 핍박에 대한 일종의 돌파구였다. 그러나 불행하게도 광적 신비주의는 신적 직통 계시를 빙자하여 입신(입류접신, 入流接神), 신유, 혼음, 심지어 예수님의 친림(親臨)으로 나타난다. 그리고 이러한 광적 신비주의는 1950년에는 성령 운동으로 탈바꿈하여 일어났다. 그리고 1990년대에는 기복신앙과 치유 목회로 나타나서 한국교회와 사회에 물의를 일으킨 바 있다. 교회는 기복신앙이 아니며, 오순절 이후의 직통 계시가 아닌 하나님과 인간의 영적 관계를 의미한다. 한국교회는 철저한 교육과 온전한 신앙을 통한 건전한 신앙 운동을 전개해야만 할 것이다.

한국기독교 신비주의에 관한 모든 것을 다루었으면 좋겠으나, 여기서 다루고자 하는 것은 1907년 부흥 운동과 그 이후의 부흥 운동을 주도했던 대표적인 길선주와 김익두 그리고 이용도의 신비주의 성향에 관한 것이다.

1. 길선주의 말세 신앙

1) 길선주(吉善宙, 1869-1935)의 생애(소년기와 청년기)

'조선 기독교의 아버지'[413] 길선주(吉善宙)의 생애를 살펴보면, 나라가 어렵고 혼란스러운 시대인 1869년 3월 15일 평남 안주(安州)에서 아버지 길봉순(吉鳳順)과 어머니 노복순(盧福順)의 둘째 아들로 태어났다. 본관은 선산(善山)이다. 아명(兒名)은 칠성(七星)이고, 자(字)는 윤열(潤悅)이며, 호는 영계(靈溪)이다. 그의 부친 길봉순은 무관[414]으로 건강, 지식, 정직, 견인, 그리고 창의성을 가훈으로 엄격하게 교육했다. 4세 때부터 한학

---

413) 허호익, 『길선주 목사의 목회와 신학사상』(서울: 대한기독서회, 2009), 5.
414) 길봉순이 1882년 무과에 급제하여 이듬해인 1883년에 안주 노강첨사(老江僉使)로 부임했다. 당시 무관계급인 첨사는 종3품으로 오늘날 준장급에 해당한다. 수군통제사 이순신이 종2품인 것을 볼 때 첨사 또한 무관 고위 관직이다.

에 조예가 깊었던 모친에게서 한문을 익히고, 7세가 되던 해 당시 명망 있는 한학자(漢學者)에게서 한학을 공부하였는데, 길선주는 총명하여 학업이 남달리 뛰어났으며 사고력과 정서도 풍부하였다.[415] 길선주는 당시의 풍속[416]에 따라 11세 때 안주 성내의 같은 무관인 신협의 외동딸 선행과 결혼하여 슬하에 3남 1녀를 두었다.

학문을 연마한 길선주는 13세에 초인직(招引職)[417]이라는 군속(軍屬)으로 안주 본부에서 15세까지 근무하면서 인정받았다. 1884년 조선을 근대화로 탈바꿈하려는 목적으로 갑신정변을 일으킨 김옥균의 정변이 삼일천하로 끝나고 향리끼리 당파 투쟁을 벌이는 세상이 어수선한 그해 봄, 길선주는 안주에서 불량배로 무위도식하던 윤학영 삼 형제가 그의 집을 침입하여 거의 죽을 지경까지 구타당했다. 그들은 길선주의 형을 시기하던 무리였다. 그의 부친은 아들의 원수를 갚기 위해 식구를 거느리고 평양에 이주까지 했으나 마음에 깊은 상처를 입은 길선주 자신은 인생의 고뇌를 더욱더 뼈저리게 느꼈다. 또한, 부친이 기생첩을 둠으로써 고통받는 어머니의 모습을 보며 삶이란 허울뿐이고 실(實)이 없다는 생각에서 인생의 허무를 느꼈다. 그리하여 그의 염세적인 사상은 허망한 현세에서 불변의 영계(靈界)를 동경하게 했으며, 그의 일생은 영원의 세계 탐구에 몰두하게 했다.[418]

17세에 길선주는 평양의 거상 이재경의 상점에서 1년 동안 상도(商道)를 익히고 18세에 따로 상점을 시작하였다. 그러나 그는 세속에 휩쓸려 살 수밖에 없는 자신의 환경에 환멸을 느꼈고, 결국 상업에 실패하고 말하였다. 그 후 길선주는 친구 문승호, 이정화와 평양 근처의 용악사에서 요양하며

---

415) 길진경, 『길선주-부흥의 새벽을 열다』 (서울: 두란노, 2007), 12-13.
416) 당시 여러 가지 악습 중의 한 가지인 결혼하지 못한 청년은 성인의 대우를 하지 않는 것이다. 재주와 기질이 훌륭해도 사춘기가 지나 결혼하지 못한 자를 인간 낙오자로 취급받기 때문에 조혼의 풍속이 성행했다.
417) 초인직(招引職)은 공직부서의 하나로 업무와 관련하여 사람을 부르는 직책이다.
418) 길진경, 『길선주-부흥의 새벽을 열다』, 16-19.

건강을 회복하기 위해서 입산했으나, 오히려 수도하다가 중병에 걸려서 집으로 돌아왔다. 부모의 극진한 정성으로 건강은 회복되었지만, 그의 마음은 사회가 싫어졌고, 어딘가 더 나은 세계가 있으리라는 관념에 사로잡혀 현실 세계를 부정했고 이상 세계를 더듬기 시작했다.[419]

19세 때 관성교[420]의 보고문을 일만 번 정성 들여 외운 그해 여름, 길선주는 꿈을 꾸고 난 뒤에 을밀대[421]로 이서방과 김순호(창일 거사)가 다가와 말하기를 "이 젊은이는 염세적인 데다가 의롭지 못한 것을 보면 원통하고 슬픈 마음을 이기지 못해 도를 수양하려는 생각이 간절하다. 그런데 어찌 친구들과 어울려 호방하게 놀 수 있겠냐?"라고 하여 길선주는 자기 마음을 환히 꿰뚫어 보는 것으로 보아 필경 도사임에 틀림이 없다고 생각하고 그 사람에게 정중히 인사하고 제자 되기를 간청하였다. 길선주가 칠성문[422] 밖까지 그의 뒤를 따라가면서 제자로 삼아 줄 것을 여러 번 간청했더니 창일 거사는 산신차력주문(山神借力呪文)을 써주어 그길로 대성산 두타사에 가서 밤낮으로 산신차력주문을 외우기 시작하였다. 잡념을 없애고 사흘 만에 무아지경(無我之境)에 이르게 되자 차츰 몸이 떨려오더니 기력

---

419) 길진경, 『길선주-부흥의 새벽을 열다』, 19-22.
420) 중국 촉한(蜀漢) 때의 관우(關羽)를 숭배하는 종교이다. 동관왕묘(동묘)는 선조 33년(1600)에 명나라의 칙령으로 건립하여, 선조 35년(1602)에 준공하였다. 우리나라에서는 1920년 박기홍(朴基洪)·김용식(金龍植) 등이 창시했다. 그 본부는 서울 종로구 숭인동 동묘(東廟)이다. 관성교는 관운장의 신명을 신으로 받들고, 그의 위엄신(威嚴神)을 봉안하여 제사를 지냈다. 신도들은 관우의 영(靈)이 하늘에 올라가, 인간의 선악·사정(邪正)은 모두 그의 영에 의해 상주(上奏)된다고 하여, 정성으로 그 신명을 받들면 관운장의 신이 현몽 된다고 믿었다. 그 후 관우 외에 제갈 양(諸葛亮)·유비(劉備)·장비(張飛)까지를 신주로 한 종교가 1945년에 창시되었다. 본묘(本廟)에 관운장의 입체 초상(肖像)을 봉안하고, 별관 아래층에는 옥황상제(玉皇上帝)와 지신(地神:女像)을 안치하였으며, 그 위층에는 천신(天神:男像)과 사두칠성(四斗七星:婦人像)을 그려 놓고 섬겼다. 신도들은 관우의 신이 병을 고쳐 주고 자손을 주며 소원을 달성하게 해주는 축복자이니, 모든 것은 관우 신의 음조(陰助)에 의해서 이루어진다고 믿어, 가정에서도 축대를 쌓고 해가 뜰 때와 해질 때 2차례 청수(淸水)를 올려 빌었다. 관성교에서는 음력 3월 3일과 9월 9일을 대제일(大祭日)로 지낸다.
421) 평양 금수산 마루에 있는 정자이다.
422) 평양 모란봉에 있는 고구려 내성(內城)의 북문.

이 되살아나기 시작했다. 길선주는 희망을 품고 7일간 계속해서 주문을 외웠다. 예정된 일주일이 지나자 몸과 마음이 상쾌해지고 생기가 돌아 병에서 완전히 놓이게 되었다. 비로소 삶의 비결을 찾은 것 같았다. 이때 길선주가 심취한 종교가 바로 관성교(關聖敎)라는 것으로 이것이 길선주의 이교적(異敎的) 삶의 기초가 되었다. 참 도(道)에 목말라하던 길선주는 본격적으로 수도에 전념하기 위해 평양의 선도가(仙道家) 장득한을 찾아가서 선도를 수련하기 시작하였다. 장득한은 신선이 되기 위해 수련하며, 옥경[423]을 연구한 자(者)이다. 길선주는 그에게서 옥경(玉經)을 배우고 구령삼정주송법(九靈三精呪誦法)[424]과 삼령[425]주문(三靈呪文)을 외우며 기타 많은 술법을 수련하였다. "삼령(三靈)은 상천영보천존(上天靈寶天尊), 태청도덕천존(太淸道德天尊), 뇌성보화천존(雷聲普化天尊)인데 삼위천존(三位天尊)을 합칭(合稱)하여 구천응원뇌성보화천존(九天應元雷聲普化天尊)이라 한다."[426]

장득한에게 받은 삼령 주문은 다음과 같다.

> 비천(飛天) 중천(中天)하니 삼령신군(三靈神君)이라 삼령신(三靈神) 삼령신(三靈神) 사사어천(事事於天) 제자(弟子) 길선주신(吉善宙身) 하소서. 도유신(道有神)하고 신유통(神有通)하니 천(天)이라. 천(天)은 천(天)에 천(天)하니 사수사수(事授事授) 대(大) 하소서.[427]

---

423) 하늘 위 옥황상제가 산다는 곳이다.
424) 인간의 몸에는 아홉 개의 큰 구멍과 세 개의 혼(魂: 天, 地, 人)이다. 몸의 머리는 天魂에 속하고, 地魂은 몸이며, 다리는 人魂에 속하는데 이를 이름을 달리하여 三精이라 한다.) 즉, 세 개의 정(精)이 있으니 이 경문은 몸에 있는 아홉 개의 영(靈)과 세 개의 정(精)을 맑게 하고 일깨우는 도가(道家)의 경문이다.
425) 천(天), 지(地), 인(人)의 신을 이르는 말이다.
426) 이능화, 『조선 도교사』, 268-269..
427) 길진경, 『영계 길선주』 (서울: 종로서적, 1980), 30.

이때부터 19세에 시작한 관성교 연구를 포기하고 선도 훈련에 모든 힘을 쏟았다.[428] 선도와 산신차력으로 얻은 힘은 심신을 어느 정도 자유롭게 해 주었으나 이내 만족하지 않고 수차력과 정좌법[429]을 병행하여 보통 사람이 주먹으로 힘껏 쳐도 꿈쩍이지 않을 만큼 배가 단단해졌다. 또 약(藥)을 스스로 조제해 복용하므로 놀라운 기력을 소유하게 되었다.[430]

기독교를 접하기 전까지의 길선주는 한학(漢學)의 바탕이 되는 유교적 삶이 그의 소년기를 지배하였고, 청년기는 관성교와 도교(또는 선도)의 영향 아래 내단(內丹)과 외단(外丹) 수행의 삶이었다. 길선주는 사상이 확립되는 중요한 시기인 소년기와 청년기는 관성교와 선도 수련 그리고 한국 전통 종교의 영성에 심취한 이교적(異敎的) 사상 속에서 지낸 삶이었다.

2) 길선주의 사상 이해

길선주는 도교 수련을 통해 세속적인 욕심을 버리고 마음을 순결하게 유지하여 노력했으나 그의 공허함은 충족되지 않았다. 길선주와 함께 도교 수련을 하면서 의형제 결의를 한 김종섭[431]은 1895년 널다리교회[432]에

---

428) 길진경, 『길선주-부흥의 새벽을 열다』, 22-26.
429) 수차력은 자정마다 한 번에 물을 일곱 대접의 물을 마시는 것이고, 정좌법은 두 손을 마주 잡고 앉아서 정신 통일을 하며 복식 호흡을 하여 정신 수양과 신체의 건강을 꾀하는 방법이다. 이는 도교 수련의 내단법이며, 약을 스스로 조제 해 먹는 것은 도교 수련의 외단법이다. 이러한 수련을 통해 통나무 목침을 주먹으로 부수고, 다듬잇방망이를 손으로 끊어 사람들이 '호랑이'라고 부를 만큼 초인적인 힘을 소유했다고 한다. 길진경, 『길선주-부흥의 새벽을 열다』, 28.
430) 길진경, 『길선주-부흥의 새벽을 열다』, 27-29.
431) 김종섭(金鐘燮, 1862-1940)은 1885년 세례를 받고 1900년 7월 15일 장대현교회의 최초 장로로 장립되었고, 1901년 평양신학교에 최초로 입학하여 1910년 3회로 졸업하여 목사가 되었다. 박용규, 『평양산정현교회』 (서울: 생명의말씀사, 2006), 39.
432) 평양의 첫 장로교회인 널다리(장대현)교회는 8명의 세례교인(최치량, 이동승, 전재숙, 조상정, 음봉태, 한태교, 박정국)과 2명의 학습 교인으로 1894년 1월에 설립되었다. 마펫은 1894년 1월7일에 첫 교인들에게 세례를 베풀었다. 옥성득, 『한국 기독교 형성사』 (서울: 새물결플러스, 2020), 626-627.
길진경은 『길선주-부흥의 새벽을 열다』에서 널다리골 교회의 창립이 1983년 2월 마펫(마포삼열) 선교사의 집에서 창립되었다고 한다. 그해 10월에 첫 학습(최치량, 이동승, 전재숙, 문흥준, 조상정, 음봉태) 예식이 거행되었고 그다음 해인 1894년 1월에 세례를 받고 평양에서 장로교회의 첫 세례교인이

서 세례를 받고 영수가 되어 길선주의 회심에 결정적인 역할을 한다.[433] 그의 전도를 통해 기독교를 접하게 되었고, 마펫(마포삼열)[434]선교사를 만나 신약성경을 얻어 읽게 된 것이다.

김종섭의 전도로 일군(一群)의 도교인들, 즉 길선주를 비롯한 김성택, 옥경수, 정익로, 계윤조, 이재풍, 백응숙 등이 기독교로 개종하였다. 이들은 1907년까지 대부분 장로나 목사로 안수받았다. 평양에서 처음으로 기독교로 개종한 사람들은 상인과 객주들이었고 두 번째로 개종한 이들은 도교인들이었다. 도교적 영성을 무장한 이들이 회심하여 영적 지도력을 펼치므로 평안도와 황해도 지방에서 개신교의 급성장과 부흥 운동과 전도 운동의 확산에 크게 기여했다. 평양의 도교 실천자들은 1890년대 한국 사회의 총체적 위기 상황에서 개종했다. 이들의 개종과 영성이 초기 한국기독교 복음주의 영성을 규명하는 단초가 될 것이다.[435]

1984년을 전후하여 길선주는 새롭고 놀라운 충격을 받게 되는 사건을 만난다. 그 첫 번째가 1894년 갑오개혁(동학혁명)으로 야기된 청일전쟁의 결과는 충격이었다. 전통적으로 중국으로부터 유래된 유불선을 신봉하던 종교인들에게는 정체성의 위기로 다가온 것이다. 서양 문명을 수용한 일본의 승리는 한국인들이 가진 전통 종교에 관한 생각을 각성시켰고, 서양

되었다고 한다. 길진경, 『길선주-부흥의 새벽을 열다』(서울: 두란노, 2007), 40.
박용규는 1893년 10월 복음을 전해 들은 22명을 대상으로 첫 학습반을 조직하여 성경과 교리를 가르쳤고, 1984년 1월 8일에 그중 7명에게 세례를 베풀고 처음으로 평양에서 성찬식을 거행했다고 한다. 세례와 성찬이 분리되지 않고 함께 이루어졌음은 눈여겨보아야 한다. 이들 최초의 7명의 세례자를 중심으로 평양 최초의 널다리골교회가 창립되었다. 마포삼열이 시작한 학습반 22명 가운데 토마스에게 성경을 건네받았다는 사람이 있었다고 한다. 박용규, 『한국 기독교회사 1』(서울: 생명의 말씀사, 2004), 670-672.
433) 허호익, 『길선주 목사의 목회와 신학사상』, 38-39.
434) 미국 북장로회 선교사로 평양신학교를 세우고 초대 교장에 취임하였고, 조선의 근대교육에 앞장섰다. 또한, 평양에 많은 교회와 학교를 설립했으며 일제의 만행을 미 선교부에 보고하여 국제 여론을 환기하게 시켰다. 마포삼열은 사무엘 마펫의 한국 발음 표기이다.
435) 옥성득, 『한국 기독교 형성사』(서울: 새물결플러스, 2020), 622-623.

종교인 기독교에 대한 반감을 해체하게 했다. 이 사건은 중국이 세계 중심이라는 화이관(華夷觀)의 전통 세계관이 해체되는 일종의 '정신적 혁명 또는 충격'이었다.[436]

김종섭의 권유와 전도로 기독교의 책들을 탐독하면서 기독교의 진리에 대한 호기심을 갖기 시작했다. 그를 기독교를 이끈 결정적인 책은 '천로역정'이었다. 그러나 그가 예수를 믿기로 작정한 것은 김종섭의 권유에 의한 기도 중에서 하나님의 음성을 들은 경험에서였다. 길선주의 중생 체험의 회심의 사건을 김인서는 다음과 같이 전해 준다.

> 만뢰구적(萬籟俱寂)한 가을 밤에 새로 한 시(時) 쯤에 꿀어 업데여 '예수가 참 구주(救主)이신지 알게 하여 주옵소서' 간절히 기도하는 옥저(玉箸) 소리와 갓흔 청량한 소래가 방에 들리더니 총소리 갓흔 요란한 큰 소래가 잇어 공기를 진동하는지라. 선생이 크게 놀래여 잠잠하니 공중에서 '길선주야, 길선주야, 길선주야' 삼차(三次) 부르거늘 선생이 더욱 두렵고 떨니여 감히 머리를 들지 못하고 업대여 '나를 사랑하는 나의 하나님 아바지시여, 나의 죄를 사(赦)하여 주시고 저를 살녀 주옵소서'라고 기도하면서 방성(放聲) 대곡(代哭)하니 그때의 선생의 몸은 불덩이처럼 달아서 더욱 힘써 기도하였다. 선생은 밤 새여 기도하는 중 희열(喜悅)이 충만(充滿)하야지고 감사의 눈물이 샘 솟듯하여 여광여취(如光如醉)한 마음 우에는 평화가 주장하시엇다.[437] 길선주는 10세에 관성교에 입문하여 29세까지 선도(도교)에 매진하였으나 결국, 그가 영적 만족을 얻은 것은 기독교였다. 1897년 8월 15일 30세가 되던 해에 이길함 선교사[438]로부터 세

---

436) 옥성득, 『한국 기독교 형성사』, 623.
437) 김인서, "영계선생소전 상", 「신학지남」 13권 6호, 통권 제60호 (1931.11): 41; 길진경, 『길선주-부흥의 새벽을 열다』, 56-61.
438) Graham Lee(1861-1916, 한국명: 이길함)는 미국 일리노이 주에서 1861년에 출생했다. 맥코믹신학

례를 받고 기독교인이 되었다.[439] 그 이듬해 1898년 널다리골(장대현) 교회 영수(領袖)[440]로 파견되었다. 민족교육에 뜻을 두었던 그는 교회 내에 글방을 차리고 교육을 시작했다. 그 글방은 교회학당으로 발전하였고, 사람들은 그곳을 '예수학당'이라고 했다. 예수학당의 학생 수는 날마다 증가했고, 1907년 숭덕과 숭일학교로 발전하였다. 길선주는 학회장으로 10년 동안 교육 사업의 전 책임을 맡았다.[441]

길선주는 1903년 봄 평양신학교에 입학하였고, 1907년 6월 10일 장대현교회 뜰 안에서 제1회 졸업식이 거행되었다. 그는 한국 최초의 장로교 7인 목사[442] 중 한 명이었으며, 1907년 1월 6일 주일 저녁 장대현교회와 평양 네 곳의 교회[443] 그리고 각 학교에서 일제히 일어난 부흥의 운동의 지도자

교를 졸업하고 1892년 북 장로교 선교사로 내한하여 1912년까지 민족적 수난을 겪고 있던, 전환기의 한국과 민족 그리고 한국교회에 새로운 희망을 불어넣어 주었던 선교사였다. 그는 관서지방 개척 선교에 착수하여 복음의 불모지 평양을 동방의 예루살렘으로 끌어올리는 데 중추적인 역할을 하였다. 1897년, 그의 집(평양 신양리 26번지)에 소학교가 세워졌는데, 이는 후에 평양 숭의여학교로 발전했다. 1901년 봄, 평양신학교가 개교했을 때 그는 교회 역사와 신구약 주해 그리고 성례와 교회 정치 등을 가르쳤다. 당시 이길함, 마포삼열 선교사에게 가르침을 받았던 학생 2인이 김종섭, 방기창이다. 1907년 1월 2일부터 15일까지 2주간 자신이 담임하고 있는 장대현교회에서 열린 '평양 남도 도 사경회' 때 설교와 기도회 인도를 통해 평양 대부흥을 발흥시킨 주인공이기도 하며, 장대현교회의 담임목사로서 평양 대부흥의 한복판에 섰던 사람이었다. 1912년에 귀국하였고 4년 후, 1916년 12월 2일 캘리포니아 길로이(Gilroy)에서 55년의 생을 마감했다. 탁지일, "방기창목사의 목회 리더십", 김수진, 차종순, 장성한, 임희국, 탁지일, 『장로교 최초 목사 7인 리더십』(서울: 쿰란출판사, 2010), 20-21.

439) 길진경, 『길선주-부흥의 새벽을 열다』, 65.
440) 영수(領袖)는 우리나라 선교 초기 한국교회의 평신도 직분 중 하나로 조사(助事)를 돕고, 교회의 모든 일을 관리하는 봉사직이다. 영수는 교회 종치기, 청소, 행정은 물론 설교자가 없을 때 설교도 했다고 한다.
441) 길진경, 『길선주-부흥의 새벽을 열다』, 79-82.
442) 평양신학교 제1회 졸업생이며 한국 최초의 장로교 목사 7인은 길선주, 이기풍, 서경조, 방기창, 양전백, 한석진, 그리고 송린서이다. 길진경, 『길선주-부흥의 새벽을 열다』, 162.
443) 1907년 1월 6일 주일 저녁 부흥의 불길이 올랐다. 한 장소에 다 모일 수 없어서 장대현교회에는 남자 성도 2,000여 명이 모였고, 여성 성도들은 다른 네 곳의 교회에 모이고, 남녀중학교와 소학교 학생들은 강당에 모였다. 찬송 소리는 우렁찼고, 기도에 응답하는 회중의 '아멘' 소리는 장내를 흔들었다. 다음날도 발 디딜 틈 없이 사람들이 모여들었고, 통회하는 자들이 생겨났으며, 공동체 앞에서 자신의 죄

가 되었다. 그가 주도한 부흥집회에서는 체험적으로 고백하는 죄의 통회(痛悔), 집단적 성령 강림의 현상이 보고되었다.[444] 이는 당시 한국교회 신앙에서 발견되는 사회 참여적 신앙과는 차이를 보이는 새로운 형태의 모습이었다.

장로교 최초의 지도자들은 1907년까지 장로나 목사로 안수받았던 도교인들[445]로 평양의 도교적 기독교 영성을 형성했으며, 이러한 평양의 도교적 영성이 한국(장로)교회의 영성을 형성했다. 도교적 영성의 기독교화를 보여주는 찬송이 언더우드의 『찬양가』(1894)에 실린 후 평양 선교사들의 주도로 만든 『찬셩시』(1895)와 감리교의 『찬미가』(1897)에 재수록되었다.[446] 그 1절을 보면,

하늘엔 곤찬코 쟝싱불로 신뎨가 쾌ᄒᆞ야 쟝싱불로
괴롭고 힘드러 셰샹사룸 짐졌네 하늘엔 곤찬코 쟝싱불로[447]

기독교의 영생 개념을 도교의 '장생불노(長生不老)'에서 빌어 사용한 이 찬송은 도교의 기독교화가 진행된 1890년대 후반 한국교회의 영성을 증명한다 할 수 있다.[448]

길선주는 1906년 개인의 신앙과 교회에 큰 영적인 변화가 일어나기를 기대하며 박치록 장로와 함께 새벽기도를 시작했다. 교회에는 새벽기도라는 것이 없었다. 그러나 예수 믿기 전 선도(仙道 또는 도교)를 수련했던 그

를 고백하는 공개 회개가 시작되었다. 장대현교회로부터 시작된 부흥의 불씨는 평양을 거쳐 조선 전 국토로 번져 나갔다. 이것은 한국교의 오순절이었다. 길진경, 『길선주-부흥의 새벽을 열다』, 142-153.
444) 길진경, 『길선주-부흥의 새벽을 열다』, 142-146.
445) 송인서, 김종섭, 길선주, 김성택, 옥경숙, 정익노, 이재풍. 그리고 김찬성 등이다.
446) 옥성득, 『한독교 형성사』, 630-31.
447) H. G. Underwood, 『찬양가』(예수성교회당, 1894). 옥성득, 『한국 기독교 형성사』 631에서 재인용.
448) 옥성득, 『한독교 형성사』, 632.

는 새벽마다 기도하는 습관이 있어서 새벽이면 종종 교회에 나와 기도를 드렸다. 이 습관을 기독교 신앙의 한 형태로 활용한 것이다.[449]

유동식은 길선주의 이러한 기도의 영성에 대해 "새벽기도회가 불교(佛敎)의 새벽 예불(禮佛)과 선도(仙道)의 정시(定時) 기도에서 그 전통을 배운 바 있다면, 성경에 대한 그의 열의는 불교의 경서(經書) 연구열을 이어받았는지도 모른다."[450]라고 했다.

영생국에 들어가기 위해 부지런히 게으르지 말고 주를 섬길 것을 강조[451]한 그의 근면 강조 역시 도교적 수련과 불교적 정진의 노력이라고도 할 수 있을 것이다. 또한, 10세에 관성교에 입문하여 29세까지 선도(도교)에 매진한 소년기와 청년기의 사상적 영향과 선도에 정진하는 십수 년 동안 주문을 몇십만 번 송독한 독송의 영성이 그대로 그의 몸에 체득된 상태로 남아 개종한 이후 성경 독송과 암송을 했다. 이는 유(儒). 불(佛). 선(仙) 등 한국 전통 종교의 '독송(讀誦)' 혹은 '독경(讀經)' 문화에서 가져온 토착화 신앙의 전통이 되었다.[452]

3) 길선주의 신비주의적 성향

길선주가 참된 도(道)를 찾기 위해 애쓰던 그 당시의 한국, 특히 평양의 사정은 혼란의 극을 달리고 있었다. 정치적인 불안과 사회적 혼란은 종교와 윤리의 근간까지 무너지게 했다. 부패와 미신이 만연했던 그 시기에 그를 기독교 이끈 결정적인 책은 존 번연의 '천로역정'이었다. 후일 1904년 천로역정의 구성으로 '해타론'을 발행했다. 그러나 그가 기독교로 개종하

---

449) 길진경, 『길선주-부흥의 새벽을 열다』. 117.
450) 유동식, 『한국신학의 광맥』. 58.
451) 길선주가 평양신학교시절 저술한 게으름(해타, 懈惰)을 피하여 부지런히 신앙생활을 할 것을 권고한 내용의 책이다. 길진경, 『길선주-부흥의 새벽을 열다』. 128.
452) 허호익, 『길선주 목사의 목회와 신학사상』. 147-149.

게 된 것은 앞에서 언급한 것과 같이 김종섭의 권유로 기도하면서 하나님의 음성을 들은 경험이었다. 신비한 회심 체험으로 그는 관성교와 선도를 버리고 기독교인이 되었다.[453]

우리는 '한국교회 안에 신비주의가 그 밑에 깔려 있다.'라는 말 앞에 자유롭지 못하다는 것을 부인할 수 없을 것이다. 그렇다면 여기서 신비주의가 무엇을 말하는지를 간단하게 살펴볼 필요가 있다.

틸리히(Paul Tillich)는 『그리스도교 사상사, A History of christian Though』 에서 신비주의를 궁극적 실재인 신(神)과의 교통과 합일(合一)을 추구하는 것으로 보았다.[454] 민경배는 신비주의를 신비적 존재와 인간(나)과의 직접적인 교섭(交涉) 또는 융합(融合)을 지칭해서 쓰는 말이라고 해석했다.[455] 그리고 문상희는 신비주의의 핵심이 궁극적 실재와의 합일에 있기에 신(神)과의 합일을 신비주의의 기본 구조로 이해했다.[456] 이상의 견해를 종합해 보면 신비주의는 신과 인간 상호 간의 합일, 교통, 헌신, 체험 그리고 교섭 등 양자 사이의 관계성을 묘사한다고 할 수 있다.

신비주의가 지닌 특징은 첫째, 신의 세계와 나의 세계와의 혈연적 연결을 전제하고 가능하면 빨리 현 상황에서 탈피하여 본질적 나의 근원과 합일하는 것을 갈망한다. 둘째, 신과 나 사이의 중보자를 필요로 하지 않는다. 셋째, 인간의 육체를 수치로 여기며 역사 내에서의 존재를 환상과 꿈으로 돌린다. 넷째, 신적 계시에 의존하기보다는 신적으로 흥분된 마음에 집중한다. 그리고 다섯째. 이 세상을 무가치한 것으로 여기며 현실에 대한 저항으로 타계주의적(他界主義的)-현실 도피적-성향과 금욕주의를 수

---

453) 길진경, 『길선주-부흥의 새벽을 열다』, 48-65.
454) Paul Tillich, 『그리스도교 사상사』, 송기득 역 (서울: 대한기독교서회, 2005), 180.
455) 민경배, "한국의 신비주의", Francis Grierson, 문상희, 민경배, 정성구, 여규식, 김성환, 『신비주의 (목회총서2)』 (서울: 세종문화사, 1972), 190.
456) 문상희, "기독교와 신비주의", 『신비주의 (목회총서2)』, 169.

반하는 특징이 있다.[457] 그렇다고 해도 모든 신비주의가 같은 특징이 나타나는 것은 아니다. 사상과 인물의 성향에 따라 특징적인 면들이 나타날 수 있다.

길선주가 소식으로 집필한 책인 『해타론』(1904)[458], 『만수성츄』(1916)[459] 과 『말세학』(1926)을 보면 그의 신비적인 성향이 드러난다. 그리고 말세학에서는 그 성향이 더욱더 짙어졌음이 보인다.

『해타론』에서 현실의 세계를 '소원성(素願城)'이라고 하고 자기가 원하는 바를 이루었을 때의 세계를 '성취국(成就國)'이라고 한다. 소원성에서 성취국에 이르는 과정을 소설의 형식으로 쓴 책이다. 『해타론』은 길선주가 평양 장로회 신학교 재학 중 총 17면으로 된 전서이다. 내용을 살펴보면, 사람이 소원성(所願城), 성취국(成就國) 그리고 영생국(靈生國)에 이르기까지 사로(思路), 은란로(淫亂路), 취주로(醉酒路), 연락로(演落路), 급심로(急心路), 자만로(自慢路) 그리고 이심로(二心路) 등을 거쳐야 하는데 이 길목에는 해타(懈惰, 게으름)[460]이란 짐승이 도사리고 있어 사람을 잡아먹어 게으름에 빠져 소원을 성취하지 못하게 한다는 내용으로 꾸며져 있다. 마지막 장은 성취국에 들어간 사람들의 사적을 기술하면서 태평성대를 이룬 요임금, 순임금과 타 종교의 성현들인 주매신, 공자와 서양의 바울 그리고 예수와 함께 언급하고 있다.

---

457) 민경배, "한국의 신비주의사", 『신비주의 (목회총서2)』, 192-193.
458) 천로역정과 유사한 상징 소설로 게으름이 민족을 파멸시키는 근본 요인이라 생각하고 이를 계몽하기 위해 집필하였다. 그는 특히 기독교인들은 부지런하여 그들의 사명을 감당해야 한다는 점을 강조했다. 허호익, 『길선주 목사의 목회와 신학사상』, 317.
459) 『해타론』을 확대하고 제목을 바꾸어 출판했다. 그가 이 책에서 '신앙의 부지런함'은 말세가 임박할수록 더욱 요청되는 것으로 강조하였으며, 7년 대환란 때 '게으른 교회나 교인'은 크게 환란을 당하게 될 것이라고 경고하였다. 허호익, 『길선주 목사의 목회와 신학사상』, 318.
460) 불교에서는 해타(게으름)을 해태(懈怠)라는 용어로 사용한다.

"요 님군은 백성의 정사 살피기를 위하야 사사의복을 닙고 부즈런이 거리에 놀으섯고 순님군은 농업을 근이 힘써 항상 력산에서 밧갈므로 사업을 엇어 님군이 되엿스니 이 두 님군은 성군을 일우엇고 서국에 이세택은 우물 방 틀 돌이 드레줄에 달어 깁히 패임을 보고 부즈런함을 깨다러 성현을 일우엇고 동양에 공자도 가죽 책이 세 번식 해여지도록 공부하여 성현이 되엿스며 주매신은 곡식 멍석이 비에 뜨는거슬 깨닷지 못하도록 공부하여 벼슬을 하엿고 십이 성도의 바울도 아라배에 가서 항상 긔도를 부즈런이 하엿고 예수끠서는 십자가에 못박히기 전 날 밤에 산에 가서 긔도하시고 도라와서 제자들이 게을너 잠자는거슬 보시고 심이 근심하여 갈아사대 항상 깨여 긔도하여 위태함을 면하라 하섯스니 이 모든 이의 사적은 성취국으로 드러간 사적이라"461)

『해타론』에서의 길선주는 기독교인들이 각 사회의 전반에서 소원을 성취하는 방법은 나태하지 않고 성실한 삶으로 고난을 이겨 낼 것을 주장한 것으로 보인다. 그런 점에서 그의 신앙의 영성은 세속적이면서 현실적인 모습을 보인다. 허호익의 주장처럼 구원의 보편성462)과 부지런함을 강조하기 위해 동양의 성인과 바울, 그리고 요임금, 순임금과 예수를 같이 성취국에 들어간 자라고 했다고 해도 지나친 면이 있다.

『만스성츄』에서는 한 걸음 더 나아가 성취국에서 다음으로 이르는 세계는 무궁한 안식 세계인 '영생국(永生國)'이다. 이와 같은 소원성에서 성취국, 성취국에서 영생국으로 이르는 과정이 『말세학』에 이르러 그리스도의 재림을 중심으로 한 말세신앙으로 구체화한다. 그의 말세학의 신학적 동기는 두 가지로 분석된다. 그 첫 번째가 외적(外的)으로 3.1운동의 실패와

---

461) https://koreanchristianity.tistory.com/924 길선주의 해타론 원문. 접속 2020년 11월 20일 20:30.
462) 허호익, 『길선주 목사의 목회와 신학사상』, 329

이에 따른 좌절로 이 땅 위의 참된 평화는 주님의 재림을 통해 이루어질 수 밖에 없다는 말세신앙에 기울어지게 된다. 그리고 두 번째는 말세 준비가 신앙의 토대이며, 신앙의 근간으로 나태와 게으름을 탈피하여 열심 있는 신앙생활의 모습이 될 것으로 보았다.[463]

길선주의『말세학』의 기본 구조는 선교사들의 영향으로 성경을 문자적으로 해석한 세대주의적 전천년설의 범주에 속하는 것으로 평가되었다.[464]

그의 재림론은 전천년설의 입장이다. 즉 예수의 재림이 천년왕국설립 이전에 이루어진다고 본 것이다. 예수의 재림은 2차에 걸쳐 이루어지는데 1차 공중 재림에는 부활한 성도와 지상의 참된 성도가 공중으로 들려 올려진다고 한다. 이때 게으른 성도와 교회들은 7년 대환란을 겪어야 한다는 것이다. 7년의 환란을 잘 견뎌 낸 성도들은 예수의 2차 재림인 지상 재림 때 천년 세계의 주인공이 되어 낙원을 이룬다. 최후의 심판이 끝난 후 세 가지의 세상이 있는데 공중에서 이루어지는 천상의 낙원(새 예루살렘), 땅 위에 이루어지는 지상낙원(새 하늘과 새 땅) 그리고 지옥이다. 길선주의 말세학의 특징은 최후의 심판 후에 이 삼계는 영원하다는 '말세삼계설'이다.[465] 이러한 '삼계설'은 한국 민속종교의 신앙과 무속신앙에서 전승되어 온 천상계와 지상계 그리고 지하계의 삼계설에 상응하는 것으로 평가된다. 엘리아데가 지적한 바와 같이 샤머니즘의 우주관은 천상, 지상, 지하의 3층 구조[466]로 되어 있기 때문이다. 그의 삼계설은 샤머니즘에 기초

---

463) 허호익, 『길선주 목사의 목회와 신학사상』 309-316.
464) 허호익, 『한국조직신학의 이해』 (서울: 대한기독교서회, 2003), 194.
465) 허호익, 『길선주 목사의 목회와 신학사상』 309-316.
466) 샤먼이 지니는 최고의 기술은, 하나의 우주역에서 다른 우주역으로 -현 세상에서 천상계로 혹은 현 세상에서 지하계로- 넘어가는 기술이다. 즉 우주에는 세 개의 우주역이 있다. 추크치인(人)은 북극성을 "천상의 구멍"으로 믿었을 뿐만 아니라 천상, 지상, 지하의 삼계(三界) 역시 이와 유사한 구멍으로 연결되어 있으며, 바로 이 구멍을 통해 샤먼과 신화적인 영웅들이 찬상과 교통하는 것이라 믿는다. Mircea Eliade, 『샤마니즘』 이윤기 역 (서울: 까치글방, 2014), 243-245.

한 한국의 전통 삼계설이 반영되었다고 볼 수 있다. 또 그는 성경이 말하는 '새 하늘과 새 땅'(벧후 3:13, 계 21:1)을 신천신지(新天新地)의 천지개벽(天地開闢)의 개념으로 수용한다. 이러한 천지개벽 사상은 그가 선도를 수행하던 1860년대의 「정감록」이나 동학사상을 통해 알고 있던 개념이었을 것이다. '새 하늘과 새 땅'을 천지개벽으로 이해했던 것은 어쩌면 당연한 일이었을 것이다.[467]

그의 말세학의 요점은 이 지상낙원인 새 하늘과 새 땅에 있다. 그는 이것을 '무궁세계'라고 부른다.[468] 이 '무궁세계'의 실현이 이 지구상에 이루어진다고 봄으로써 그의 말세 신앙이 단순한 현실 도피의 신앙이 아닌 바로 이 지구에서 이루어질 세계였다. 이런 측면에서 신비주의를 형성시켰다. 그의 지구 개조론이나 지구 영존설은 이 땅에 이루어질 '무궁안식세계'에 대한 소망이었다. 그의 말세학을 살펴보면

> 예수가 밟으시던 지구는 결코 폐멸되지 아니하고 예수의 피에 젖은 지구는 새 땅이 되어 영원히 있을 것이오. 에덴의 위치이던 지구는 소멸될 거시 아니라 불꽃 검으로 수호하던 에덴은 다시 나타나서 이 지구는 무궁안식세계의 장소가 될 것이다.[469]

길선주의 강력한 소망은 우리 민족이 택한 백성이 되고, 삼천리 방방곡곡에 예배당이 세워지며, 이 땅이 거룩한 성지가 되게 하는 것이었다.[470] 그렇게 됨으로써 일제의 지배에서 벗어나 그리스도 함께 영원히 남게 될

---

467) 허호익, 『길선주 목사의 목회와 신학사상』, 325.
468) 허호익, 『길선주 목사의 목회와 신학사상』, 319-324.
469) 허호익, 『길선주 목사의 목회와 신학사상』, 327.에서 길선주의 『말세학 14』, 「신앙생활」 (1936. 11), 9 원문 재인용..
470) 길진경, 『영계 길선주』, 256.

것이라고 믿었다. 그리고 말세 삼계설의 다른 특징은 지상낙원설 또는 이중낙원설이다. 이것은 지상의 낙원과 천상의 낙원이 있다는 주장이다. 또한, 무궁 안식세계를 '극락강산(極樂江山)'이라고 명시하고 있다.

> 이 나라 대궐보좌 위에는 영생하시는 하나님과 성자 예수께서 앉아 계신 곳인데 빛나는 무지개가 보좌 사면에 둘러 있고, 그 보좌 좌우편에는 옛날 성현 군자들과 모든 성도들이며 천천만만 천사들이 다 머리에 금 면류관을 쓰고 손에 금 거문고를 잡고 구름 같이 시위하여 하나님의 크신 권능과 구주 예수의 지극히 인애하신 공덕을 찬송하며 영영무궁 쾌락성가를 노래하니 참 영생세계요 극락강산(極樂江山)이로다.[471]

이러한 이중 낙원설은 선도 수행을 하며 소망했던 노이불사(老而不死)와 무릉도원(武陵桃源)의 선경(仙境)이다. 그리고 '극락강산'이라고 표현한 것은 윤학영 일파의 습격으로 큰 상처를 입어 평양 용악사에서 휴양할 때 접한 불교의 영향[472]이 묻어나는 것으로 보인다.

살펴본 바와 같이 그의 말세학에서 한국 전통 종교의 신앙과 유, 불, 선의 사상의 신비가 비쳐 난다. 그리고 종말론적 신앙을 극대화한 신앙 사상도 나타난다. 통성기도와 회개기도, 성경 암송과 사경회 등으로 표상되는 개인적이고 수직적 영성 그리고 피안의 성격이 강한 현실 도피적 말세 신앙은 아니었는가 하는 것이다. 그렇지만 그의 『말세학』은 조국의 독립과 정치적 평화에 대한 좌절과 절망 속에서 하나님의 초월적 간섭으로 이 땅에 이루어질 참된 평화의 세계의 이상을 제시한 것은 인정해야 할 것이다.

---

471) 허호익, 『길선주 목사의 목회와 신학사상』, 328에서 길선주 『만수성츄』(평양: 광문사, 1916) 49-50 원문 재인용..
472) 길진경, 『영계 길선주』, 24-26.

2. 김익두의 은사·신유 신앙

1) 김익두(金益斗, 1874-1950)의 생애

1880년을 전후해서 나라는 외국 군대들의 무력 앞에 흥선 대원군이 유지해 오던 통상 수교 거부(鎖國)정책도 무너지고 외국 군대의 무력 앞에 통상의 문을 열기 시작하던 국내 정세의 불안기인 1874년(고종 11년) 11월 3일 황해도 안악군 대원면 평촌리 청풍 가문인 아버지 김응선(金凝善)과 어머니 전익선(田益善) 사이에서 안악골 제일가는 부잣집 외동아들로 태어났다. 평촌리 마을은 넓은 평야와 맑고 깨끗한 물이 있어 땅이 기름지고 곡식이 잘되어 다른 고장에 비해 부자들이 많이 모여 사는 지방이다. 그중에서도 김응선의 집은 첫째가는 집으로 꼽혔으니 아무 구애됨 없이 성장했다.[473]

부친은 한학자(漢學者)의 전통적 가문의 선비로 풍채가 늠름하고 인간미 넘치는 호걸풍의 부자여서 가난한 자들과 거지들을 불러 잔치를 베풀기도 하며, 노인들이나 과부들 그리고 고아들을 불쌍히 여기고 양식을 풀어 나누어 주었던 선량한 사람이었다고 한다. 김익두는 6세가 되던 해인 1880년 서당에서 천자문, 명심보감, 소학, 대학을 탐독하였고, 10년간 사서삼경(四書三經)과 유학을 공부하여 1890년 16세에 과거에 응시하였으나 낙방한다. 후일 그가 회심 후에 10개월 동안 한문으로 된 신약성경을 100독(讀)을 하게 된 것은 보수적인 유교 교육을 받았기 때문일 것이다.[474] '기대가 크면 실망이 크다'라는 말처럼 워낙 극과 극의 성품이었던 김응선은 아들에게 걸었던 기대가 실망으로 다가오면서 병이 들고 결국 숨을 거두게 되었다. 그래서인지 김익두 역시 극단적인 모습이 엿보인다. 아버지

---

473) 오병학,『신앙위인전기시리즈24 김익두』(서울: 규장, 1999), 11-12.
474) 한춘근,『죽지않는 순교자 김익두』(서울: 성서신학서원, 1993), 11-12.

의 죽음 앞에서 그는 인생의 무상(無常)과 공허(空虛)를 느끼고 가까운 산사(山寺)에서 생식하며 도(道)를 깨우치기 위해 수도(修道)의 길에 들어선다. 인생의 허무와 고뇌에서의 구원의 답을 찾았지만, 그가 원하는 답을 얻을 수 없었다. 오히려 불교의 윤회설에 회의와 실망만 얻고 산사에서 내려왔다.[475]

절에서 내려온 다음부터 낙심으로 하릴없이 무의미한 시간을 보내는 아들을 보고 모친은 생기를 찾게 해 줄 의도로 장사를 권하였고, 그는 평양에서 물건을 구매하여 안악 장터에 팔고, 안악의 특산물을 평양시장에 내다 파는 장사를 하게 된다. 장사를 통해 인생의 수고로움과 세상의 풍파를 겪으며, 나이에 비해 조숙함을 보였다. 어느 알 시장 중앙에 있는 큰 상점에서 거액의 돈이 분실되는 사건이 발생한다. 소문을 들은 김익두는 자기 일처럼 뛰어다니며 잃어버린 돈을 찾아 상점 주인에게 찾아준 일이 있었다. 그 사건 이후 상점 주인은 김익두를 신임하게 되고 그에게 상점을 맡겼다. 그의 성실과 정직함으로 상점은 번창하게 되어 삶이 나아졌을 때 친지의 중매로 김익진(金益眞)과 혼인을 한다. 그의 나이 18세이고, 김익진은 16세였다.[476]

결혼 후 모든 것이 새롭고 희망찬 날들이었으나 그 즐거움도 오래가지 못하고 인생의 전환기가 되는 사건이 일어난다. 평소 잘 알고 지내던 친구가 그를 찾아와 동업을 제의하였으나 대답을 머뭇거리자 재정보증을 요청하는 그에게 마지못해 일천 냥에 대한 채무 보증을 해 주었다. 수개월 후 그 재정보증으로 부친의 유산이 집과 전답을 잃고 가족 대대로 살아오던 정든 집을 떠나 모친과 여동생 그리고 부인과 갓난아이를 데리고 초라한 셋집의 불편한 삶을 살게 되었다. 예기치 못한 사건으로 큰 충격을 받은

---

475) 한춘근, 『죽지않는 순교자 김익두』, 14-17.
476) 한춘근, 『죽지않는 순교자 김익두』, 17-18.

그는 실망과 낙심의 삶이 되었고, 이때부터 그의 삶이 빗나가기 시작했다. 매일 술로 자신의 괴로움과 아픔을 마비시켜야만 했다. 방탕한 삶으로 남과 다투기 일쑤였고, 아무나 시비를 걸고 트집을 잡아 싸움을 벌여 패거나 맞기도 했으며, 때로는 칼부림의 행패까지 부렸기에 안악사람들의 원성의 대상이 되었다.[477] 그의 행패가 얼마나 다른 사람들을 힘들게 했으면 장을 보러 가는 아낙네들이 "오늘 장에 가서 김익두를 만나지 않게 해 주세요"라고 서낭당에 빌 정도로 포악과 취사 몽롱 방탕한 삶의 연속이었다.[478] 이러한 심리적 상태는 우울증으로 정서 조절이 안 되고 타인과 갈등을 만들며 이로 인해 관계 악화가 되어 나타나는 공격적 행동이다.[479]

김익두는 술과 방탕, 폭력과 악행이 심하여 안악군 일대에서 그를 모르는 사람이 없었다. 사람을 괴롭히고 가정생활에도 진정성을 보이지 않던 그에게도 인간으로서 가져야 할 고민도 있었다. "사람은 왜 죽는가? 불사(不死)의 도(道)는 없는가?"였다.[480] 끊임없이 의문이 되어 갈등을 일으켰다. 그는 고민하며 벽곡(辟穀)도 해 보고, 동학에도 참여해 보았지만, 도저히 인생의 고민을 해결하지 못했다. 그러나 그에게 변화가 찾아왔다. 그의 나이 26세 때 안악 장터에서 금발의 여인[481]이 전도지를 건네준 일이다. 그

---

477) 한춘근, 『죽지않는 순교자 김익두』, 19-21.
478) 한춘근, 『죽지않는 순교자 김익두』, 23
479) 정신적 병의 원인을 환경적 요인과의 상호작용을 가정하고 있다. 환경적 요인으로 오는 대표적인 것이 스트레스이다. 한 예로 어떤 사람이 스트레스 사건을 경험하면서 이를 극복하는 높은 '회복력'을 보이지만, 또 다른 사람은 그 문제에 압도될 수 있다. 우울한 사람은 대인관계에서 부적절한 방식으로 행동하게 되고, 관계를 악화시킨다. 사회 기능이 손상되어 주변 사람들과 역기능적인 상호작용으로 오히려 스트레스를 가중하는 결과를 만들고, 폭력성으로까지 이어지게 한다. 권호인 "우울증에 영향을 미치는 인지적 취약성과 대인 관계적 취약성구", (박사학위논문: 고려대학교대학원, 2008), 28-30.
김익두는 상당한 금액인 일천 냥의 채무 보증으로 부친의 유산 전체를 잃고, 정든 집을 내어주고 어느 집 헛간을 빌어 빈궁한 삶을 살게 된 자신의 모습에 인생의 무상함과 억울함으로 자포자기의 상태가 된 것이었다. 부친의 묘소 앞에서 억울함을 호소하며 통곡하고, 삭이려고 했지만, 울분은 더 끓어오르기만 했다. 그의 모습은 환경적 요인에서 오는 극심한 스트레스로 인한 우울증의 상태였다.
480) 김진환, 『한국교회 부흥 운동사』 (서울 : 크리스챤 비젼사, 1976), 126.
481) 한춘근은 안악 장터에서 전도하는 금발의 서양 여인을 황해도 지역에서 선교하던 스왈른(W. L.

전도지 첫머리에는 다음과 같은 성경 말씀이 적혀 있었다.

> '모든 육체는 풀과 같고 그 모든 영광이 풀의 꽃과 같으니, 풀은 마르고 꽃은 떨어지나 오직 주의 말씀은 세세토록 있도다'(벧전 1:25-25)

그의 마음을 사로잡은 것은 '세세토록 있도다'였다. 김익두는 억울함과 답답함, 그리고 괴로운 생각으로 방탕하고 이성을 잃은 폭력적인 행동으로 고통을 잊으려 하였지만, 마음 깊숙한 곳에서는 괴롭고 우울한 갈등이 있었다. 그러던 중 친구 박태환[482]의 권유로 금산교회 부흥 집회에 가게 되었고, 그곳에서 스왈른(W. L. Swallen)의 선교사의 설교를 듣게 된다. "여러분, 아무리 흉악한 죄를 범하였어도 하나님의 아들인 예수 그리스도를 믿으면 여러분의 모든 죄가 용서함을 받습니다."

"용서"라는 말에 그가 고뇌하던 문제가 일시에 풀려나가는 듯한 상쾌한 해방감이 스며 왔다. 1900년 엄동설한이 풀리는 초봄, 26세의 김익두는 그리스도를 영접하는 극적인 순간이 일어났다.[483]

2) 김익두의 사상 이해

회심 이후 그는 신비적인 체험을 경험한다. 부흥사경회를 통하여 새롭게 태어난 김익두는 더는 깡패와 주정꾼이 아니었다. 집으로 돌아와서 기

Swallen)의 부인이라고 한다. 당시 스왈른(한국명 소안론, 蘇安論)은 금산교회에서 부흥집회 중이었다. 한춘근, 『죽지않는 순교자 김익두』, 32.
482) 김익두를 금산교회 부흥회로 인도한 인물이 한춘근과 오명학은 박태호라고 기록하고 있다. 한춘근, 『죽지않는 순교자 김익두』, 32; 오병학, 『신앙위인전기시리즈24 김익두』, 52. 박용규는 박태후라고 기록한다. 이성호의 「김익두 목사 설교 약전집」에서는 그를 박태환 (후에 장로가 됨)으로 기록하고 있고, 박명수 역시 박태환으로 표기한다. 박명수, 『한국교회 부동 연구』 (서울: 한국기독교역사연구소, 2014), 65; 이찬영의 『황해도 교회사』에서 박태환은 재령에서 1914년 장로로 장립되었다. 이찬영, 『황해도 교회사』 (서울 : 소망사, 1995), 523-524.
483) 한춘근, 『죽지않는 순교자 김익두』, 29-33

도하기 시작하였으며 성경을 읽고, 전도했다. 오랜 술친구였던 김선봉을 전도한 김익두는 그와 함께 교회 안팎의 궂은일과 힘든 일들을 해내는 좋은 동역자가 되었다. 그러던 어느 날 기생집에 가서 전도하기로 하고 김익두는 김선봉과 함께 술집을 찾았고 김익두의 진심 어린 전도로 평소에 알고 지내던 기생, 월선과 옥화가 예수를 믿기로 작정한다. 전도한 일에 기뻐하며 마지막의 이별주 한 잔씩 하자는 모두의 제의에 거절했으나 그들의 설득에 동의하고 술을 마셨다. 그런데 갑자기 술을 마시던 김익두가 새파랗게 얼굴이 변하고, 신음하며 쓰러졌고, 1주일 동안 혼수상태를 거듭하였다. 이레 만에 겨우 일어나게 된 김익두는 예수 믿은 후 다시 술을 마신 것을 회개하며 3일간 금식하고 통회하였다.[484] 변화된 그는 성경을 탐독하며 기도와 경건의 삶을 시작한다.

김익두는 기생집에서 있었던 사건으로 "예수를 다시 믿어야 하겠다"라는 마음으로 산에 들어가 정신일도(情神一道) 하며, 금식 기도를 시작한다. 금식 기도가 3일째 되는 날 자신을 부르는 신비한 음성[485]을 듣게 되고 가슴으로 불덩이가 파고들어 오는 체험을 하게 된다. 그는 이때의 경험을 "가슴을 칼로 찢는 것 같다"라고 한다.[486]

그의 신유 집회에서 치유의 기도 받기 전 반드시 자신의 죄를 회개할 것

---

484) 한춘근, 『죽지않는 순교자 김익두』, 36-38.
485) 이와 같은 사건은 길선주의 회심에 관한 사건에도 동일하게 등장한다. 1896년 가을 회심의 사건을 길선주가 데이비스에게 직접 전한 최초의 기록이다. "그러던 어느 날 자고 있을 때 누군가가 나의 이름을 반복하여 부르고 있는 듯한 소리가 내 귀에 쟁쟁하게 들려 그만 잠에서 깨었습니다. '길선주야! 길선주야!' 부르는 소리가 두 번 반복되는 것을 듣고 이것이 나의 아버지, 하나님의 음성이라는 사실을 마음으로 깨달았습니다. (…) 한순간 나는 자신이 구원받은 죄인이라는 것을 알게 되었습니다. (…) 바로 그 순간 불공드릴 때는 한 번도 느껴보지 못했던 영혼의 파도가 밀려왔으며 영광스러운 구원의 확신이 찾아왔습니다." 이러한 길선주의 개종은 사도바울 이래로 세계교회사에 그 유례가 없는 특이한 것으로 세계 교회에 알려지게 되었다. 허호익, 『길선주 목사의 목회와 신학사상』, 54-57; 길진경, 『길선주-부흥의 새벽을 열다』, 60.
이런 유례가 없는 이례적인 현상이 1896년 길선주와 4년 후인 1900년 김익두에게 등장한다.
486) 박명수, 『한국교회 부흥운동 연구』, 71.

을 요구하는 것[487]이 자신의 신비적인 체험에 기인한 것으로 보인다. 대구의 기생 김경애가 김익두의 신유집회에 참석하여 기도를 받으려 하자 김익두는 먼저 회개할 것을 요구했다. "내가 너를 위하여 기도한들 네가 회개치 아니하고 네가 간절히 기도하지 않으면 어찌 낫기를 바라겠느냐"[488] 이 여인은 권면을 듣고 눈물을 흘리며 간절히 병 낫기를 기도하였다. 그 후 이상한 꿈을 꾸게 되었고 병에서 치료받았다.[489] 사실 질병의 치유는 죄의 용서와 깊은 관계가 있다. 마음의 죄에서 용서받을 때 육신의 질병에서도 치유가 되는 것이다.

김익두는 1901년 7월에 소안론 선교사에게 세례를 받고 1902년 그의 나이 28세에 재령 교회 담임 전도사가 된다. 1906년 평양신학교에 입학하고, 1911년 김익두, 우종서외 26인은 평양신학교 3회 졸업생이 된다. 그의 나이 37세였다. 그리고 이듬해인 1912년 12월 5일 독노회였던 황해노회 제3회 정기노회에서 목사 안수를 받고[490] 본격적인 목회자의 길을 걷는다.

김익두는 평양신학교 졸업 직후인 1911년부터 부흥회를 인도하기 시작했고, 그의 사역 대명사인 이적(異蹟)을 일으키기 시작했다. 특히 1919년 대구 달성의 현충 교회 집회를 기점으로 수많은 이적이 일어나게 되는데 일제 강점이라는 민족적 고난과 좌절에 빠져있던 국민에게 큰 위로가 되었다. 성령을 강조하고 내세 지향적 설교를 지향한 그의 성향이 신앙을 통해 탈출구를 모색하던 당시 사람들의 기대에 부응하였다. 하지만 그의 이적 행진은 교회 안팎의 수많은 비난을 불러일으키기도 했다. 하지만, 그의 신유집회는 간절한 기도 준비와 안수기도로 이어진다. 그는 기도의 사람

---

487) 박명수, 『한국교회 부흥운동 연구』, 81.
488) 임택권, 『조선예수교 이적명증』 1-2. 박명수, 『한국교회 부흥운동 연구』 81에서 재인용.
489) 박명수, 『한국교회 부동 연구』, 81.
490) 한춘근, 『죽지않는 순교자 김익두』, 41-54.

이었다.[491] 김익두의 목회 가까이에서 지켜본 한춘근은 이렇게 말한다.

> 김익두 목사의 일반적인 일과 중에는 대체로 매일 새벽기도회를 인도하고 6시부터 약 두 시간 정도를 개인적으로 기도했습니다. 그는 항상 마루에 무릎을 꿇고 얼굴을 파묻은 자세로 기도했고 8시부터는 1시간 30분 정도 성경을 읽었는데 대개 신약성경을 매일 7장씩 읽어 나갔습니다.[492]

김익두는 "기도는 하나님과 교제하는 기관으로 하나님과 교제가 끊어지면 죽은 사람"[493]이라고 역설했으며, 하나님의 존재와 능력을 강조하며 기도하면 반드시 하나님께서 응답하신다고 가르쳤다. 기도의 응답에 대한 확신과 하나님을 인격적으로 신뢰하는 그는 집회 중 환자를 치유(治癒)하기 위해 기도하는 시간을 가졌으며 찾아온 병자들을 고쳐 주시도록 간절하게 기도하는 그의 믿음은 능력의 원천(源泉)이었고, 목회의 원천이었다.

1920년 8월 13일부터 열린 사리원 집회 때에는 4, 5천 명이 모인 가운데 환자가 수천 명이며, 이들 대부분이 그의 안수기도를 기다리므로 이들 감당할 수 없어 다른 방법을 고안했는데 병자들의 종류대로 앉게 하고(예를 들면 두통, 눈, 귀, 목, 폐 등) 각각의 병을 위하여 통합(統合) 치유기도(통이기도)를 행하였다.[494] 다음 날 병 나은 사람은 간증하게 했다.

이와 같은 통이기도는 여의도순복음교회의 예배 현장에서도 보인다. 파송의 예전인 축도 전에 '신유의 기도'라 하여 회중들이 자신의 아픈 부위에 손을 얹고 있고 목회자가 치유의 기도를 하는 순서가 있다. 이는 김익두의 통이기도와 무관해 보이지 않으며, 조용기 목사의 신유 사역 역시 김익두

---

491) 박명수, 『한국교회 부흥 연구』, 80.
492) 한춘근, 『죽지않는 순교자 김익두』, 66.
493) 김익두, 『한국 기독교 지도자 강단 설교』, KIATS 편 (서울: 홍성사, 2008), 24.
494) 박명수, 『한국교회 부흥 연구』, 82.

의 신유운동과 동일한 궤적을 그리고 있는 것으로 보인다.

그리고 그의 부흥 집회 중요한 특징 가운데 하나는 헌금이다. 그는 정성스러운 헌금을 강조하였다. 자신이 목회하던 신천교회에서 1920년 8월 21일부터 부흥 집회를 하였는데, 이때 신자들의 연보를 조사하여 보고 1전짜리 동전을 골라 집어 던지며 "너희 믿는다는 사람들아! 엿을 한 개를 사려 해도 5전이나 10전은 주고 사서 먹는데 1전이 무슨 말이냐? 하나님을 업신여기느냐? 저 문밖 걸인에게 1전을 주면 불만한 생각이 있거든 너희 하나님을 걸인만치도 대접하지 아니하느뇨!"하고 책망하였다. 그는 하나님을 하나님으로 대접해야 하며, 이것은 물질에도 나타나야 한다고 가르쳤다.[495]

이 같은 그의 헌금관은 현재의 부흥 집회 현장에서도 심심치 않게 만난다. 작정 헌금 표를 나누어 주어 쓰게 하고, 하나님과의 언약을 속히 이행하라고 강요하는 모습은 어제오늘의 일이 아니다. 성경에는 우리가 물질을 드림으로써 하나님께 헌신하는 것을 표현하는 방법이라고 가르치는 구절이 없다. 하나님께서 진실로 원하는 것은 우리 소유의 일부분이 아니라 우리 전체를 드리는 것이다. (고전 10:31; 골 3:17, 23) 정작 중요한 것은 성도들의 전체 삶으로써 하나님께 어떻게 드려야 하는지가 더 중요하다. 그리고 그들에게 교회는 공동체적으로 하나님의 성전으로 각각은 교회를 세워 나가는 데 있어 책임 있는 존재라는 것이 강조되어야 한다.

그의 신유 집회는 교회 안팎의 수많은 비난을 불러일으키기도 했다. 1926년 자신이 시무하던 서울 남문밖교회에서 배척당했다. 1920년대 후반에 들어서는 김익두 신유 집회에 대한 반대와 사회주의의 등장으로 그의 신유 운동은 쇠퇴하게 되었다.[496] 강양욱이 정치적으로 김익두를 이용하려고 1946년 조선기독교연맹에 가입 날조된 일로 곤욕을 당한 일도 있

---

495) 임택권, 『조선예수교 이적명증』 70-71. 박명수, 『한국교회 부흥 연구』 87에서 재인용.
496) 박명수, 『한국교회 부흥 연구』 92.

었다.[497] 김익두는 1947년 25년 만에 신천 서부교회에 다시 부임한다. 이후 이북의 여러 지역을 돌며 부흥회를 인도 했다. 그러나 한국전쟁이 시작된 1950년 10월 14일 새벽예배 중에 후퇴하는 북한 인민군에게 총검에 피살[498]되어 그의 뜨거웠던 삶을 마감했다.

3) 김익두의 신비주의적 성향

김익두는 한국교회의 최대 신유 사역자이다.[499] 그리고 위대한 부흥사였으며 신유의 이적을 수행한 능력의 기도인이었다. 그가 한국교회 성장에 미친 영향은 절대로 적지 않다. 그를 통해서 부흥회가 정착되었고, 암울한 민족 고난의 역사 속에서 희망을 품을 수 있도록 역할을 감당한 인물이기도 하다.[500]

그가 인도하는 부흥회는 병자들로 인산인해(人山人海)를 이루었다. 1919년 12월부터 1921년 1월까지 안수기도를 받아 병 고침 받은 사람의 총수는 100여 명이다.[501] 김익두는 병 고침의 기적이 일어나지 않는 것은 기도하지 않기 때문이며, 기도하지 않는 것은 믿음이 없기 때문이라고 주장했다.[502] 이 같은 극과 극의 극단적인 모습이 그의 사상 속에 담겨 있다.

김익두의 부동의 중요한 주제는 신유이다. 3.1운동 직후 한국교회는 매우 혼란했다. 한편에서는 사회주의가 등장하여 사회를 혼란스럽게 하였고, 다른 한편에서는 자유주의가 한국교회를 동요시키고 있었다. 이런 상황 속에서 그의 신유 집회는 한국교회에 새로운 바람을 일으켰다.[503]

---

497) 한춘근, 『죽지않는 순교자 김익두』, 87-91.
498) 한춘근, 『죽지않는 순교자 김익두』, 175-190.
499) 박명수, 『한국교회 부동 연구』, 65.
500) 조인목, 「김익두의 부흥 운동과 신앙양태에 관한 연구」 (서울: 연세대학교출판부, 1995), 5.
501) 민병소, 『한국종교사(하)』 (서울: 왕중왕, 2006), 84.
502) 김인서, 「김익두목사 소전」 김익두저작전집 제5권 (서울: 신망애사, 1976), 98-100.
503) 박명수, 『한국교회 부동 연구』, 65.

1907년 대부흥운동 가운데 한국의 새로운 선교단체가 등장했다. 오늘날 성결교회의 모체인 '동양선교복음전도관'이 1907년 5월 30일 김상준과 정빈 전도사에 의해 시작되었다. 이 단체가 주장한 것은 사중복음(중생, 성결, 신유, 재림)이다. 성결교회는 그리스도의 복음이 죄에서 해방시켜 줄 뿐만 아니라 질병에서 해방시켜 준다고 가르쳤다. 즉 영혼 구원과 더불어서 육체적 치유를 전하는 것이 성서의 복음에 충실한 것이라고 믿었다. 김상준은 1918년 『묵시록강의』를 간행하여 한국교회의 재림 사상에 큰 영향을 미쳤다. 그리고 1921년에는 『사중교리』를 출간했다. 사중교리의 '신유'편에는 병은 무엇이며, 왜 일어나며, 무엇으로 나타나는가?' 그리고 '신유는 미신인가?' 등으로 구성되어 있다. 박명수는 이러한 신유사상이 김익두의 신유운동과 한국교회에 영향을 미쳤다고 본다.[504]

김익두가 접근한 사람들은 빈곤(貧困)과 병고(病苦), 그리고 의지할 곳 없는 소외층이었다. 그는 이들 계층의 가난, 소박함을 높이고 부(富)에 경원(敬遠)하며 현 질서의 종말을 심판으로 외쳤다. 그의 천년왕국적인 종말론은 현실의 죄악성 단죄 때문에 소외층에게 환영을 받았다. 영적 사랑과 함께 육적인 사랑도 강조했다. 이후 그의 부흥 운동을 통하여 전천년왕국설이 퍼져 한국교회의 두드러진 현상이 되었다. 부흥 운동이 항상 한국교회를 위해 유익하지만은 않았다.[505]

김익두는 천국에 이를 수 있는 길을 성령과 기도로 나누어 설명하면서 하나님의 은총인 성령과 인간의 의지적 행위로서의 기도를 강조한다. 인간의 의지적 행위로서의 결단과 고통스러운 노력을 강조한 그의 신학은 '칠중의 좁은 문'이라는 설교에서 잘 나타난다.[506] 그의 설교를 살펴보면 천

---

504) 박명수, 『한국교회 부동 연구』, 69-74.
505) 일제 강점기하의 한국교회 II (한국교회 부동과 신비주의), 조병하 교수의 이야기 교회 (http://www.igoodnews.net) 2020년 12월 6일 22:20 접속.
506) 이성호, 『김익두목사 설교 및 약전집』 (서울: 해문사, 1969), 58-63.

국에 들어가기 위해서는 7개의 문을 통과해야 하는데 그 네 번째 문이 기도의 문이라는 것이다. 그는 하나님의 전적인 은총을 강조하면서도 그의 삶에 깔린 신앙은 의지적인 고행이 상당수 반영되어 있다. 기도를 힘들다 하면서도 기도하기를 멈추지 않았고, 집회하는 동안 새벽부터 밤까지 쉬지 않고 인도했던 것은 상당히 고행적인 행동으로 보인다. 아마도 회심 이전의 자신이 저지른 수많은 잘못과 자신의 삶에 대한 자책으로 비롯한 신앙의 양태로 보인다. 그가 회개를 강조한 것도 이와 무관하지 않을 것이다. 또한, 그의 신비주의적 성향은 치유 사역에서 찾아볼 수 있을 것이다. 신비적인 치유 사역이 하나님과의 합일이라는 것은 전통적인 칼빈주의[507]와 배치되는 것이다.

그의 신비주의적 치유 사역은 갑자기 출현한 것은 아니다. 북장로교의 리차드 베어드(Richard Baird) 선교사는 "기독교가 한국 사회에 침투해 들어가 한국 전통과 예리하게 싸우던 초창기에 축귀(逐鬼)는 교회의 중요한 활동이었다. 이것으로 인해 교회는 급속히 성장하게 되었다."[508]라고 했다. 그런데 이 신유를 한국교회 중심에 부각하게 하고 신유 부흥 운동의 원형을 제공한 사람이 김익두였다. 그의 신유 운동은 가난한 자들의 눈물을 닦아 주는 것이었다. 그 결과 1920년대의 새로운 부흥을 경험하게 되었다. 그러나 신유 운동이 미신이라는 비판과 더불어 신유 운동의 열기가 식은

---

507) 하나님의 절대 주권을 강조하는 개혁주의 신학 사조. 종교개혁자 존 칼빈이 집대성한 신학 사상을 말한다. 핵심 사상은 주로 다섯 가지로 요약된다. 첫째, 오직 성경(Sola Scriptura): 진리 유무를 판별하는 유일한 권위는 성경 말씀뿐이다 둘째, 오직 그리스도(Solus Christus): 구원은 다른 어떤 수단이 아닌 오직 예수 그리스도의 십자가 공로로만 가능하다. 셋째, 오직 은혜(Sola Gratia): 구원은 인간의 어떤 조건과 상관없이 오직 하나님의 전적 은혜로만 이루어진다. 넷째, 오직 믿음(Sola Fide): 오직 믿음을 통해서만 구원에 이른다. 그리고 다섯째, 오직 주께만 영광(Soli Deo Gloria): 구원받은 자는 무엇을 하든지 오로지 하나님의 영광만을 구해야 한다. 개혁교회의 근간을 이루는 칼빈주의 사상은 「기독교강요」에 잘 나타나 있다.
508) Martha Huntley, 『한국 개신교 초기의 선교와 교회성장』 차종순 역 (서울: 목양사, 1995), 244-246.

1920년대 후반 한국교회는 다시 쇠퇴의 길을 걸어갔다.[509] 그의 영향력이 부정적이든 혹은 긍정적이든지 신비한 기도의 능력을 통해 신비적 치유의 사역이 한국교회 부흥으로 이끌었다는 것은 계속 연구되어야 할 것이다.

3. 이용도의 신비주의

1) 이용도(李龍道, 1901-1933)의 생애

1884년 미국 선교사들의 한국선교로부터 시작된 프로테스탄트 교회는 3.1운동 이후 일제의 교회 압제는 선교사들이 개척지인 한국에서 떠나는 계기가 되었다.[510] 1920년대 선교사들의 영향력 감퇴와 그에 따른 한국교회의 후견인 상실의 현상 속에서 한국교회는 스스로 힘으로 지탱해 나가야만 했다. 이용도의 표현처럼 "조선의 신앙의 역사"가 실험의 장(場)에 올라왔다. 이용도는 한국교회가 살길이 회개와 거듭남에 있다고 보았다.[511] 당시 한국교회와 민족이 겪는 고난을 숙명으로 받아들이며, 그 고난의 상황을 성자 예수의 고난에서 민족의 고난으로 승화시켰다.

> 이 십자가가 얼마나 신비스러우며 귀중한가! 그 못자욱에 나리는 피와 엽구리에서 흐르는 물과 피는 우주를 둘너싼 이 인간고를 다 업시하고도 남음이 있는 것을 밋을 것이다.[512]

---

509) 박명수, 『한국교회 부동 연구』, 93-94.
510) 류금주, 『이용도의 신비주의와 한국교회』 (서울: 대한기독교서회, 2017), 5.
511) 류금주, 『이용도의 신비주의와 한국교회』, 33-34.
512) "인간고와 삽자가," 『기독신보』, 1930년 4월 9일자. 류금주, 『이용도의 신비주의와 한국교회』, 39에서 재인용.

그때는 우주의 크신 주님이시오, 만왕의 왕으로 펼치시는 하나님의 구원은 멀게만 느껴졌다. 지금 나와 함께하며 고난을 겪고 있는 영혼을 위로하시는 성자 하나님을 찾고 있었다.[513]

이용도는 1901년 4월 6일 황해도 금천군의 시골에서 시장 거간꾼이며 대주가(大酒家)이던 부친 이덕홍(李德洪)과 독실한 신자였던 모친 양(梁)마리아(전도부인) 사이의 4남 1녀 중 삼남으로 가난한 가정에서 태어났다. 어머니의 영향으로 13세 때부터 교회 종각에 올라가 몇 시간을 기도하는 등 일평생 기도의 삶에 헌신하였다. 14세 때 하늘에서 천사의 날개가 내려 덮이는 것을 보았다. 민경배는 '그가 환상을 잘 보는 심리적 통로는 우울증과 그리고 고난과 가난한 우울한 가정환경에서 온 것'[514]이라 한다.

1914년 고향의 시변리 공립보통학교를 졸업, 1915년 개성 한영서원에 입학하였다. 재학 중에 독립운동을 하다가 세 차례 옥고로 인하여 1923년 8월 출옥하여 졸업을 위해 복학하였으나, 당시 교장이었던 왓슨(A. W. Wasson)은 독립운동에 헌신하는 이용도가 학교에 돌아오면 학교가 소란스러워질 것을 염려하여 협성신학교(현재의 감리교신학대학교) 입학을 권유하였다. 1924년 스물네 살이라는 나이에 신학과에 입학하였다.[515] 이용도는 독립운동에 투신했다가 네 차례나 투옥되어 3년간의 옥고를 치르는 등 그의 청년 시절의 삶은 고뇌와 눈물의 시간이었다.[516]

신학생 이용도가 고난의 문제에 구체적으로 다가서게 된 것은 폐병 3기라는 뜻밖의 선고를 접한 1926년 11월, 신학교 3학년 때부터이다. 급우였던 이환신의 고향인 평안남도 강동에서 병 요양을 하며 그와 함께 지내게

---

513) 류금주, 『이용도의 신비주의와 한국교회』, 39.
514) 민경배, "이용도의 신비주의(내면화의 신앙과 그 여운" 변종호 편, 『이용도 목사 관계문헌집』 (서울: 장안문화사, 1993), 44.
515) 류금주, 『이용도의 신비주의와 한국교회』, 54.
516) 안수강, 『이용도의 신비주의와 예수교회 설립사』 (성남: 북코리아, 2019), 124.

된다. 그곳 작은 교회의 부흥회 인도를 요청받았는데 예배를 인도하던 중 뜻밖의 경험을 하게 된다. 민경배는 이 사건을 가리켜 '강동체험'(江東體驗)[517]이라고 지칭했다. 이 '강동체험'은 이용도에게 있어 새로운 전환점이 되었다.

신학교 졸업 시절, 이용도의 '강동체험'이 그의 신앙과 접속되는 사건이 일어난다. 1927년 성탄절 연극에서 십자가를 지는 예수의 역할을 한 이용도는 십자가를 지고 가는 예수의 고난에서 시대적 고난과 상통하는 접점을 보게 된 것이다. 이 경험은 이용도 생의 여정에서 계속 반향을 일으킨다.

> 나는 이 모든 핍박을 말없이 당하려 합니다. 주도 당하셨음에 나도 마땅히 당하나이다. 주와 나와의 사이같이 가까운 사이가 없습니다.[518]

그는 복학하여 학업을 마치고 1928년 1월 28일 감리교단에 의해 강원도 통천의 작은 감리교회로 파송 받는다. 이듬해에 자신의 구역에서 부흥회를 인도하였고, 이후 부흥사의 삶을 시작한 이용도는 조선교회에 예수의 생명이 없음을 날카롭게 비판하였다. 하지만 30세의 젊은 나이에 전국적인 부흥사로 명성을 얻었던 그는 한국교회의 신비주의적이라는 비난을 받고, 급기야 이단이라는 정죄[519]의 거센 파도에 헤매다가 황해도 해주의 집회를 마지막으로 역사의 길에서 사라져 갔다. 1933년, 설상가상(雪上加霜)으로 감리교 중부연회에서도 강제 휴직 처분을 받게 된다. 한국교회에서 버려진 그는 병든 몸을 이끌고 신앙 내면화의 신비주의들의 거처인 원산

---

517) 민경배, 『일제하의 한국기독교 민족 신동사』 (서울: 대한기독교서회, 1991), 344-345.
518) 변종호 편, 『이용도 목사 서간집』, 7-10. 류금주, 『이용도의 신비주의와 한국교회』, 48에서 재인용.
519) 장로교가 이용도를 '이단'으로 단죄한 것은 1933년 9월 제22회 총회 때이다. 민경배, 『한국기독교회사』 (서울: 연세대학교 대학출판문화원, 2015), 465.

으로 간다. 그리고 그곳에서 시무언(是無言)[520] 이용도는 1933년 10월 33살의 나이에 지병인 폐병으로 생을 마감한다.[521]

감리교단은 1998년 10월 30일 감리교 23회 총회에서 복권을 결의하고 1999년 3월 9-10일 감리교 서울연회(19회)에서 그의 모든 직위를 복권하였다.[522]

2) 이용도의 사상 이해

이용도의 신앙 배경은 일제 강점기의 식민정책의 억압적 시대 상황과 관련이 있다. 3.1운동 이후 1920년대, 한국인의 이성과 심성을 일본 국체에 동화시키려는 시대적 정황은 신비주의와 묵시문학을 발흥시키는 터전이 되었다.

한국의 독립과 민족을 위해 살아야 할 것을 사명으로 여긴 이용도는 신학으로서는 이 사명을 감당할 수 없다고 판단하여 신학교 입학도 사양했을 정도이다.[523] 그러나 신학의 확신 없이 신학교에 입학[524]하여 졸업 후 목회 사역을 하면서 그의 민족애는 신비 성향을 띤 신앙 양태로 변했다. 그의 부흥 운동은 열정적 부흥 운동이라는 새로운 차원으로 승화되었고, 민족이 당하는 고통은 그리스도의 고난에 편승시킴으로 고난의 신비주의

---

520) 이용도의 호 시무언은 수리아 아데나 출신 성 시메온의 생애와 밀접하다. 그는 시메온의 교훈적 행적인 그리스도가 당한 고난의 영광의 욕과 수치를 갈구하는 자세, 원수까지도 사랑하는 교훈 그리고 헌신의 삶을 살았던 시메온처럼 살아가고자 했다.
521) 민경배, 『한국기독교회사』, 466.
522) 1999년 3월 9일부터 10일까지 서울 정동제일교회에서 개최된 제19회 서울연회에서 박봉배는 1933년 3월에 내려진 이용도의 강제휴직 건은 이용도 자신에 대한 문제성이라기보다 그를 추종하던 자들의 탈 교회적인 자세가 문제였다는 복권의 당위성을 제시하였고 김진호의 복권 동의, 그리고 김석순의 제창으로 이용도의 복권이 만장일치로 가결되었다. 안수강, 『이용도의 신비주의와 예수교회 설립사』(성남: 북코리아, 2019), 80-81, 374.
523) 변종호 편, 『이용도 목사 전(傳)』(서울: 장안문화사, 1993), 80-81.
524) 류금주, 『이용도의 신비주의와 한국교회』, 61.

로 간다. [525]

그의 신비주의 형성 배경은 앞에서도 언급되었듯이 그의 어린 시절 불우한 집안 환경과 신학교 시절 강동에서의 체험(민경배는 이것을 '강동체험'이라고 했다.), 성탄절 성극 체험 그리고 양양에서의 마귀 격퇴 체험 등 독특한 그의 체험이 신비주의의 길을 걷게 하였다.

양양에서의 마귀 격퇴 체험은 이용도가 주일학교 강습회에서 시기를 받아 쫓겨난 후 실의에 잠겨 있을 때 정오(正午)경 잠을 자지 않는 상태에서 신기한 환상을 본다. 무서운 형상의 두 사람이 나타나 이용도의 강론을 듣기 위해 모인 수많은 사람을 살육하고, 그를 향해 칼을 겨누었을 때 입김을 내자 두 형상이 쓰러졌다. 변종호는 이 현상이 꿈이 아니었으며, 이때 엎드려 기도하던 이용도는 하늘로부터 직접 계시를 들었다고 한다. "네 입에 내 능력을 주노니 나가서 외치고 외쳐 마귀를 물리쳐라"는 신탁이었다. [526] 이런 승마(勝魔)체험은 그의 신비주의 신앙을 확고하게 했다.

이용도의 신비주의는 개인적 체험들뿐만 아니라 인물을 통해서도 영향을 받았다. 모친을 통하여 눈물과 헌신, 믿음과 기도의 영향을 받았다. 불신자인 부친 이덕홍의 핍박 속에서 모친은 유일한 피난처였다. 그는 부흥집회에서 모친이 자신을 주의 길로 가게 했다고 간증했다.

> 내가 이렇게 주의 일을 위하여 나서게 된 것은 오직 나의 어머니의 신앙과 기도의 힘이올시다. (…) 나의 어머니는 자기의 신앙을 위하여, 친척과 자녀들의 신앙을 위하여 참으로 애도 많이 쓰시고 우리도 많이 하시고 기도도 많이 하셨습니다. 이번에 만일 작은 능력이 나타나셨다면 이는 오직 나의 어머니의 기도의 힘이요, 이적이나 기사가 보여졌다면 이도 오직 어

---

525) 안수강, 『이용도의 신비주의와 예수교회 설립사』, 110-111.
526) 변종호 편, 『이용도 목사 전(傳)』, 65-66.

머니의 믿음의 힘으로 되어진 것이올시다.[527]

모친의 헌신과 눈물, 그리고 기도의 배경 속에서 그는 신앙을 붙들 수 있었다. 또 다른 인물로 선다 싱(Sundar Singh)의 전기를 읽고 그에게 공명(共鳴)[528]되는 점이 많다고 한다. 선다 싱에게 받은 영향은 우선적으로 명상 훈련인 것으로 보여진다. 이용도가 "명상(冥想)과 기도는 창조의 발견에 나라로 들어가는 관문(關門)"[529]이라고 했다. 1930년 3월에 쓴 한 일기에서 선다 싱을 언급하며 예수가 걸었던 길을 밟으러 떠난다는 다짐과 함께 '명상'이라는 단어 등장하고 있다.

> 썬다 싱의 전기를 읽다. 그는 나의 스승! 나의 공명되는 점이 많다. 성적순례(聖蹟 巡禮)![530] 나는 거룩한 주의 자취가 남아 있는 성적을 밟으러 떠난다. 감격, 눈물, 찬송, 병(炳)뿐이 뒤끌어 오른다. 명상, 추억, 감사 기쁨이 솟는다.[531]

그의 명상 훈련과 예수의 고난의 흔적을 찾아 나아가는 열정은 '고난의 신비주의'를 더욱 상승시켰다.

이용도의 신앙에 영향을 미쳤던 많은 인물 중 대표적인 인물들을 살펴보았다. 이들 몇 명의 인물들로 이용도의 신비주의 신학을 다 말할 수는 없다. 다만 그들을 통해서 바라볼 수 있는 것은 그가 걸었던 신비주의의 발걸음이다. 그들의 고난의 여정 뒤에 따르는 공통되는 점이 있다. 그것은 세

---

527) 변종호 편, 『이용도 목사 전(傳)』, 47-48. 일자와 장소가 기록되지 않은 부흥 집회에서의 간증이다.
528) 공명(共鳴)이란 남의 생각이나 말에 동감(同感)하여 자기도 그와 같이 따르려는 생각을 일으키는 것을 말한다.
529) 변종호 편, 『이용도 목사 전(傳)』, 17.
530) 단어의 의미는 성스러운 발자취를 따라 찾아다니며 참배함이다.
531) 1930년 3월 18일 이용도 목사의 일기를 류금주, 『이용도의 신비주의와 한국교회』, 98에서 재인용.

상의 더러움에서 벗어나 자신부터라도 그리스도 고난의 자취를 따르며 고행의 거룩한 삶을 추구하는 고난의 삶이 이용도에게 이어지고 있다. 그는 1929년 8월, 이용도는 자신의 길을 찾았고 본격적으로 신비주의 들어섰다.

> 방황하든 나는 이제야 길을 찾았나이다. (…) 그 길이란 곳 예수님이 밟으신 길입니다. 나는 그냥 믿고 그 길로만 따라 나가려나이다. 남이야 나를 가리켜 시대에 뒤떨어진 자라고 하든, 케케묵었다고 하든, 못난이라고 하든, 나는 이제 탓하지 않으려 합니다. 나는 도로혀 그런 소리를 듣는 것을 무상의 영광으로 압니다.[532]

그의 글에서 나타나듯이 그는 자기의 확고한 신앙의 형태인 신비주의 길에서 벗어나지 않을 것이라는 다짐이 엿보인다. 세상의 평가에 흔들리는 것이 아니라 오히려 세상의 비난이 여광(餘光)으로 알고 오직 '고난받으시는 그리스도'와 동행하겠다는 결심이다.

3) 이용도의 신비주의적 성향

이용도가 정죄나 비판을 받았던 배경에는 언제나 신비주의라는 것이 중심에 자리 잡고 있었다. 비 서북지역[533] 교회에서 처음으로 시작한 그의 신비

---

532) 1929년 8월 23일 이용도 목사의 일기를 류금주, 『이용도의 신비주의와 한국교회』, 52에서 재인용.
533) 비 서북지역은 미 북장로회가 관할하지 않은 지역을 말한다. 대표적으로 서울, 원산을 중심으로 함경도, 강원도, 전라도 지역이다. 서북지역은 평양을 중심으로 평안도, 황해도, 그리고 경북지역으로 등 대부분의 북한 지역이지만, 일반적으로 기독교계에서 서북지역이라고 지칭하는 곳은 미 북장로회가 관할했던 지역이다. 이 지역은 한국개신교 최초의 세례자가 나오고, 1898년에 전체 장로교인 중 약 80%에 해당하는 사람들이 서북지역일 정도로 개신교 교세가 강했던 지역이다. 서상륜, 함석헌, 이승훈, 안창호, 조만식, 한경직 등 주요 기독교인 인물들이 또한 서북 출신이며, 1907년 평양 대부흥이 이 지역에서 기독교가 더욱더 깊숙하게 자리 잡아 평양을 '동방의 예루살렘'이라고 불리게 만든 사건이었다. 한국 초기 선교 상황 그리고 그 이후에도 서울과 평양의 갈등과 대립 양상이 한국교회가 겪은 가슴 아픈 상처로 남아 있다. 당시 평양은 모펫(한국명: 마포삼열) 선교사를 중심으로 한 복음주의 선교사들이 있었고, 서울은 언더우드를 비롯한 약간의 우호적인 선교사들이 있었다. 서울에 파송된 선교사들

주의는 간절한 마음으로 성육신하는 예수를 바라보는 것에서 시작되었다.

1929년 12월 말 원산의 온정리 교회에서 "진정한 크리스마스"라는 제목으로 성탄 설교를 하게 된다.

> 구년 삼십일 주일 온정리교회에서 아침 예배 '진정한 크리스마스' - 예수를 환영하는 것, 그의 신, 남을 구하기 위하여는 말구유 위에라도 강림하신, 남을 위하여 종야 기도, 자기의 십자가를 지고 가시다가 쓰러지고 쓸어졌다가 또 이러나심, 그리하여 끝까지 지고 가심, 골고다에서 정사[534]하시되 원수를 원망치 않으심, 밤에는 고성교회 - 과거를 통회하고 새 마음을 눈물로 반죽하여 예수의 피로 인치자.[535]

그의 설교 제목에서 나타나듯이 진정한 크리스마스는 따로 구분되어 있다는 신비주의자 특유의 역사 이해를 보게 된다. 이용도는 역사의 속박된 고통의 굴레에서 진정한 성탄절은 따로 분리되어 존재할 수 있다고 보았다. 그에게 있어 성육신 예수는 말구유부터 골고다까지의 예수이다. 즉 세상에 계셨던 성육신한 예수가 전부였다. 이 세상에 오시기 전이나, 십자가 이후의 예수에 대해서는 말이 없다. 이것이 그의 신비주의 이미지 특징이며, 이것을 '성육신적 신비주의'라고 불린다. 이 성육신하신 예수의 중심적인 이미지는 '고난받으시는 그리스도'의 모습이다.[536] 고난받으시는 그리스도 고난의 시간이 이용도를 압도하였고, 자신의 고난과 민족이 당하는 고난을 그리스도의 고난에 승화시켰다. 그가 자신의 신비주의 성향에

을 우호적이라 말하는 것은 복음 전파 외에 의료, 교육, 산업과 같은 전반적인 문제까지 교회가 도와야 한다는 소신이 있었기 때문이다.
534) 정사(釘死)는 못 박혀 죽으심을 뜻한다.
535) 1929년 12월 30일 이용도 목사의 일기를 류금주, 『이용도의 신비주의와 한국교회』, 64.에서 재인용.
536) 류금주, 『이용도의 신비주의와 한국교회』, 64-65.

서 유독 '고난받으시는 그리스도'의 고난에 초점을 맞춘 것은 자신이 체험한 삶의 고통과 역경 또는 민족의 수난과 슬픔을 반영하려는 것으로도 보인다. 또한, 그의 신비주의 심각성은 신인합일(神人合一) 사상에 있다. 신과 인간과의 구분의 모호함과 신과 인간의 신분상의 차이마저 무너뜨리며 '연합'이 아닌 '본질적, 본체적 합일'을 나타냈기 때문이다.

이용도는 예수와의 '일화(一化)'[537]와 '합일(合一)'이라는 단어를 거침없이 사용한다.

> 주님은 나에게 끌리시고 나는 주님에게 끌리어 하나를 이루는 것이었습니다.(一化) 나는 주의 사랑에 삼키운 바 되고 주는 나의 신앙에 삼키운 바 되어 결국 나는 주의 사랑 안에 있고 주는 나의 신앙 안에 있게 되는 것이라 아 오묘하도다 합일의 원리여! 오 나의 눈아, 주를 바라보자. 일심(一心)으로 주만 바라보자 (…) 나의 시선에 잡힌 바 주님은 나의 속에 안주하시리라.[538]

박영관은 위 문장에서 나타난 사상에서 이용도를 '일화(一化)주의'라 한다. 신과 합일될 때 체험할 수 있는 황홀경(悦惚境, 엑스터시, Ecstasy)의 상태를 의미하는 것으로 이해했다.[539]

이용도의 '일화', '합일'의 감격은 비참한 고난의 그리스도와 연결된다. 그에게 고난이란 철저하게 성(聖)과 속(俗) 이원론에 입각하고 있으며 세상을 탈피하여 그리스도께 나아가는 금욕주의적 고행과 흡사하다. 이러한

---

537) 일화(一化)는 하나의 모양으로 바뀌는 것을 말한다.
538) 1937년 1월 27일 이용도 목사의 일기를 안수강, 『이용도의 신비주의와 예수교회 설립사』, 150에서 재인용.
539) 박영관, 『이단종파 비판(II)』 (서울: 예수교문서선교회, 1984), 48.

그의 신비적 성향은 고행과 탈물질주의의 프란시스[540]와 선다 싱의 영향이 있었을 것이다.

그의 합일 사상의 문제는 그리스도의 고난이 단순히 그리스도 고난의 차원에서만 머무는 것이 아니라 자신에게 전이(轉移) 되면서 그리스도와 자신의 신분 구분이 사라지고 합일의 경지로 간다는 점이다. 신비주의의 가장 위험한 요소 중의 하나가 신과 인간 구분이 없어지는 '단일성'(單一性, Unity)으로서의 합일 사상이다.

> 오 현대의 조선천지에서 주님의 역할을 할 자 누구인고! (…) 아 한국의 양들은 누구를 보고 주를 생각할 수 있아요. 누구의 생활을 통해서 주를 이해할 수 있나요. 그 사람은 어디 있느냐. 주의 일을 할 자 어디 있느냐. 어서 나오라. 어서 나오라. 오 주여 나는 무슨 역을 할까요. 나는 나의 적임지를 압니다. (…) 오 너 예루살렘의 거리야 너는 어디 있어 나를 기다리누. (…) 그 길을 밟던 내가 여기 이으니 그의 선혈을 마시던 골고다야 너는 또 어디서 나를 기다리느냐. 우리 주님이 입으셨던 홍포어니 엮었거든 가져다 내게 씌우라. (…) 제사장의 무리여 나를 차거라. (…) 그리하여 어서 속히 나로 하여금 나의 완성을 선언케 하라. 내 살과 내 피를 마신 후에야 내가 어디로부터 왔었는지 너희가 알리라. 나를 땅 위에 보내신 자는 오직 내 아버지이심으로 그때에야 너희가 알지니라. (…) 오 나는 다 이루었다. 어서 이날이 와지이다.[541]

---

540) 프란시스 아시시(Francis of Assisi, 1182-1226) 이탈리아의 로마 가톨릭교회 수사이자 저명한 설교가이며, 프란치스코회의 창설자이기도 하다. 1223년 프란치스코는 처음으로 베들레헴에서의 예수 탄생 사건을 재현한 성탄 구유를 만들었다. 1224년 그는 그리스도의 수난 당시 그리스도가 받았던 상처인 성흔을 받았다. 그는 가난을 매우 사랑하였다. 가난은 그의 본질적 행로였으며, 생전에 마지막으로 저술한 책에서 절대적으로 가난한 삶이 필수적임을 강조하였다. 이용도는 1930년 무렵 프란시스의 전기를 읽으며 고행과 탈물질주의의 교훈을 받았다.

541) 1933년 4월 4일 이용도 목사의 일기를 안수강, 『이용도의 신비주의와 예수교회 설립사』, 153-154에

류금주는 위의 글에서 이용도가 고난에서 합일을 말할 때 그것은 주의 일, 주의 기능으로서 이해된 고난과의 합일이지 본체와의 합일은 아니라고 이해한다.[542]

류금주의 주장은 일리가 있다. 그렇지만 "누구의 생활을 통해 주를 이해할 수 있나요?"라는 문장에서는 신분이 '주님'과 '나(이용도)'로 구분되어 있다. '누구의 생활'이라는 표현에서 거룩한 삶이 요청되는 것으로 보아 주의 기능'으로 이해된다는 것도 타당하게 보인다. 그러나 "제사장의 무리여 나를 차거라", "나의 완성을 선언케 하라", "내 살과 피를 마신 후에 내가 어디서부터 왔는지 알게 되리라"라는 등의 문장의 '나'는 이용도 자신을 가리키는 것으로 보인다. "다 이루었다"는 표현은 합일의 절정으로 고난받는 그리스도가 자신인 임을 표현하는 것으로 나타난다. 위 문장에서 나타난 합일은 본체의 합일 즉, Unity로서의 합일을 나타내는 것이라 볼 수 있다.

이용도가 주최한 마지막 집회의 현장을 본 피터스 선교사는 그 집회에서 몸이 비정상적으로 떨리는 모습이 나타나고 신내림[543] 현상 같은 무아지경에 몰입되는 등 무속 세계에서 나타나는 증상들이 발생했다고 한다. 이는 하나님의 운동이 아니라 악령이 개입된 현상이었다고 유감을 표명했다.[544]

1932년 9월경에 이용도를 몰락하게 하는 결정적 사건이 발생한다. 유명화의 만남과 그녀가 이용도에게 내린 신탁이 문제가 되었다. 이때 유명화를 만나게 한 인물은 이용도의 절친 이호빈이었다. 이호빈은 "주께서 스웨덴보르그에게나 선다 싱에게는 간접 나타나셨지만, 유명화에게는 직접 친림하셨습니다. 주(입류신)께서 우리 조선에 친림하시니, 이는 조선 지대

서 재인용.
542) 류금주, "이용도의 신비주의의 형성과정과 그 구조", (박사학위논문: 연세대학교 대학원, 2000), 106-107.
543) 이는 무속에서 나타나는 접신(接神)의 현상으로 보여진다.
544) Victor Wellington Peter, 『이용도 목사의 영성과 예수 운동』 박종수 역, (서울: 성서연구사, 1998), 93-94

(地帶)의 영광입니다."⁵⁴⁵⁾라고 하며 이용도가 속히 방문하여 유명화를 만나 볼 것을 촉구했다. 그해 9월 유명화를 만나 그녀의 말소리에서 예수의 소리를 들었다고 착각하여 그 앞에서 '주여'라고 고백했다.⁵⁴⁶⁾

이 사건은 큰 파장을 일으켰으며, 그는 점차 설 자리를 잃었고 급기야 목사 휴직이라는 징계로 몰락과 고독의 길을 걷다 그가 그렇게 사랑했던 예수의 나이와 같은 33세에 생을 마감했다.

사탄에게도 배울 것이 있으며, 불경(佛經)이나 사회주의 책에서도 배울 것이 있다고 강조하는 등 신비주의 오류에 빠졌지만,⁵⁴⁷⁾ 빈한과 절망의 시대를 같이한 이용도의 그 뜨거웠던 열정 그리고 가난과 고난을 그리스도의 고난으로 승화시키며 고난의 길을 기쁨으로 걷기를 원했던 그의 신비주의적 경건은 한국교회에 열광적인 신앙으로 이끌었던 그의 열정은 부인하지 못한다. 다시금 한국교회에 부흥의 열정이 타오르기를 기대해 보며 한국교회의 부흥을 이끌었던 길선주, 김익두 그리고 주기철로 이어지는 신앙의 맥(脈) 안에 있는 이용도의 신비주의는 계속해서 연구되어야 할 것이다.

4. 한국 오순절 운동

1) 오순절 운동의 기원과 특징

한국교회는 신비와 신비주의의 경계를 지키지 못하는 위험성을 주의해야 한다. 그러므로 은사와 신비의 바른 신학이 요구된다. 은사와 신비를 강조하는 오순절 운동에 대해 살펴보고자 한다.

---

545) 1934년 4월 『신앙생활』 Vol. 3을 민경배, 『한국기독교회사』, 469에서 재인용.
546) 민경배, 『한국기독교회사』, 470.
547) 민경배, 『한국기독교회사』, 464.

오순절 전통은 20세기와 함께 탄생한 새로운 개신교 예배 전통이다. 오순절 전통의 주요 특징은 예배에 대한 체계적으로 조직되지 않은 접근으로 성령이 예배의 내용뿐만 아니라 순서와 결과까지도 가르쳐 주는 것으로 이해한다. 많은 오순절교회는 19세기 감리교에서 유래한 성결교회들에서 그 기원을 찾는다.

오순절 운동은 1901년 미국 캔사스의 토페카(Topeka)에서의 성령강림을 그 시작으로 삼고 있다. 찰스 팔햄(C. F. Parham) 목사는 벧엘 성경학교를 세우고 성령 침례를 갈망했다. 1901년 1월 1일 벧엘 성경학교에서 아그네스 오즈맨(Agnes Ozman)이라는 학생이 방언을 체험한 사건이 일어난 이후에 소위 '순복음'(Full Gaspel) 또는 '오순절'(Pentecostal)로 칭해지는 치유를 강조하는 설교로 성공을 거두었다. [548] 토페카 부흥은 아주사 부흥으로 이어졌고, 팔햄의 제자 윌리엄 시무어(William J. Seymour)는 1906년 L. A.에서 성령세례의 표적이 방언이라고 선포했다. 기본적으로 오순절주의자들은 방언 현상을 교리적으로 중요성을 부여하고 사도행전 2장에 기록된 오순절에 있었던 '성령세례'의 체험이 모든 그리스도인이 체험할 수 있고, 또 체험해야 하는 것이라 믿는다. [549]

오순절 운동은 '카리스마 운동', '은사 운동'이라고 한다. 이것은 오순절 운동이 영적인 여러 은사인 예언, 방언, 방언 통역, 치유 등을 강조하기 때문이다. 오순절 영성의 특징은 다음과 같다.

첫째는 '성령세례와 방언'이다. 오순절주의자들은 성령세례와 방언을 중요시한다. 세례를 받으면 방언을 해야 한다고 주장한다. 방언이 곧 성령세례의 표징 또는 증거라 하며, 성령이 충만할 때 방언은 항상 수반된다고 한다. [550]

---

548) James F. White, 『개신교 예배』, 김석한 역 (서울: 기독교문서선교회, 2009), 331-333.
549) Vinson Synan, 『세계 오순절 성령의 역사』, 박명수, 이영훈 역 (서울: 서울 말씀사, 2008), 122-127.
550) Harold Smith, 『오순절 운동의 기원과 전망』, 박정열 역 (군포: 순신대학교출판부, 1994), 16-17.

둘째는 '신유'이다. Donald W. Dayton은 "오순절 운동의 특색을 이루는 것은 신유의 기적을 하나님 구원의 일부로 그리고 교회 안에 하나님의 능력이 현존하고 있다는 증거로 인식되고 있다."[551]라고 한다.

그리고 셋째는 '종말론적 신앙'이다. 오순절운동은 사도행전 2장 17절에 기록된 선지자 요엘의 인용 본문인 "말세에 내가 내 영으로 모든 육체에게 부어 주시는" 사건[552]이라고 오순절주의자들은 말한다. 이들은 기도에 대한 응답으로서 기적적인 신유가 가능하다는 교리와 예수 그리스도의 재림과 다가올 미래인 천년왕국에 관한 긴박한 기대를 하고 있다.[553]

한국에는 아주사 부흥회에서 영향을 받은 럼시 선교사에 의해 1928년 전해졌다. 럼시(Mary Rumsey) 선교사는 한국의 허홍과 함께 한국 오순절 첫 번째 교회인 서빙고교회를 세웠다. 그가 세운 한국교회의 새로운 사업은 성경학교였다. 그 첫 번째 학급에 불교에서 개종한 조용기라는 젊은이가 있었다. 럼시가 한국에 도착했던 1928년에는 한국 토착적 오순절 사역이 이용도에 의해 시작되었다. 이용도는 자신의 집회 중 많은 사람을 방언과 신유의 은사 체험으로 인도했다. 럼시가 한국교회에 끼친 큰 영향은 1928년 최초로 시작한 '기도원'(Prayer Mountain)이다.[554] 한국의 오순절교회들은 1953년 기독교 대한 하나님의 성회 교단을 결성했고, 교단 중심으로 오순절운동을 펼쳤다.

2) 한국 오순절 운동의 성장

한국 오순절 운동 특히 오순절교회인 순복음교회가 급성장한 시기는

---

551) Donald W. Dayton, 『오순절 운동의 신학적 뿌리』, 조종남 역 (서울: 대한기독교서회, 1993), 121.
552) D. J. Hesselgrave, 『현대선교의 도전과 전망』, 장로회신학대학교세례원 역 (서울: 대한예수교장로회총회출판국, 1991), 138.
553) Donald W. Dayton, 『오순절 운동의 신학적 뿌리』, 22.
554) Vinson Synan, 『세계 오순절 성령의 역사』, 165-180.

1960~1990년대이다. 한국전쟁을 통해 겪은 희석되지 못할 동족 간의 비극과 정치적 혼란, 경제적 빈곤, 문화적 공백으로 국민은 의지할 곳이 상황으로 내몰렸다. 그리고 폐허가 된 잿더미 위에서 탄식할 수밖에 없었다. 마치 1907년 대부흥 운동의 시기에 겪었던 것과 같은 유사한 상황이었다. 이러한 상황 속에서 정신적 위로와 건강, 신유, 물질적 축복을 심어 주고 유대감을 제공하는 오순절 운동은 그들의 정신과 삶을 사로잡기에 충분했다. 이는 목회적 환경에 적합한 방향으로 설교와 목회 상황화의 결과이다. 그리고 이것은 교회 성장의 중요한 원인이 되었다.[555] 이러한 상황화는 인본주의화를 한다. 다른 말로 하면, 성경은 스스로 자유롭게 서 있는 것이 아니라 다른 요소들, 곧 문화, 인종, 역사 등을 고려하는 가운데 성경의 메시지는 그런 것에 맞추어 조정되어야 한다는 것이다. 이러한 상황화는 사람과 문화가 바뀐다고 말하면서 그리하기 때문에 하나님의 말씀도 바뀌어야 한다는 것이다. 그러나 바뀌어야 하는 것은 사람이다. 메시지가 사람을 맞추는 것이 아닌 사람이 성경에 맞게 바뀌어야 한다.[556]

오순절교회인 순복음교회가 주장한 메시지의 핵심인 현실적 필요의 충족과 희망의 메시지인 '오중복음'과 '삼박자 축복'은 마른 대지에 내리는 단비처럼 들렸을 것이다. '오중복음'은 중생, 성령 충만, 축복, 신유, 재림[557]이다. '삼박자 축복'은 요한복음 3장 2절인 "내 사랑하는 자여 네 영혼이 잘 됨같이 네가 범사에 잘 되고 강건하기를 간구하노라"에 근거하여 영혼의 구원과 사업적 성공(물질적 성공) 그리고 육체의 건강[558]을 말한다.

순복음교회의 주된 목회 방향은 "현실적 필요 충족"이다. 천막교회 교인

---

555) 천세종, "조용기목사가 한국교회 성장에 끼친 영향에 대한 연구", 「피어선신학논단」 제8권 2호 통권 15집, (2019): 102-103.
556) Roger Oakland, 『이머징 교회와 신비주의』, 황스데반 역, (서울: 부흥과 개혁사, 2010), 62-65.
557) 조용기, 『오중복음과 삼중축복』 (서울: 서울말씀사, 1997), 33-35.
558) 조용기, 『오중복음과 삼중축복』, 249-250.

들은 천국과 지옥에 대한 가르침이 아니라 당장 허기를 채울 수 있는 양식과 잠을 잘 수 있는 이불을 요구하였다. 가난한 교인들은 몸이 병들고 아파도 병을 치료할 수 있는 여건이 안 되었다. 이런 교인들의 필요를 채우기 위한 방향으로 목회 방향이 설정되었고, 아픈 병자들의 머리에 손을 얹고 병의 치유를 위해 기도하는 신유의 복음을 선포하였다. 신유의 복음 선포와 병 치유 기도는 순복음교회가 성장하는 중요한 요인으로 작용하였다.[559] 그리고 "천국의 복음과 더불어 살아 계신 하나님이 지금 바로 여기서, 삶의 현장에서 먹고 사는 문제를 해결해 주는 분이심을 증거"하는 것이었다. 삶과 연관이 없는 설교는 공허한 소리에 불과하며, 설교는 "삶의 문제에 대한 해결"로서의 선포였다. 그리고 선포의 중요 주제는 "희망"이었다. 이는 성장의 중요한 세 번째 요인이 되었다.[560]

순복음교회의 영성운동은 성경의 진리나 복음보다 신유와 신비적 체험이 강조되는 기복적 신앙의 문제점이 있다.[561] 은사(방언) 체험과 신비적 체험(치유, 신유)을 강조함으로 복음의 본질보다 눈에 보이는 현세적 축복이 강조되었다. 샤머니즘적 제재기복(除災祈福), 성공적 은사주의, 물질적 세속주의의 위험성을 초래하였다. 그렇지만 사회적 약자의 요구에 부합하는 순복음식 영성운동은 양적으로 급성장하는 결과를 가져왔다.

오순절 성장에 대해 유근재(주안대학원대학교 교수)는 "오순절 은사주의는 기존 복음주의와 달리 사후세계, 천국에 대한 관심과 현세적 축복을 중시한다. 또한, 실용적인 복음을 선포해 질병, 가난, 외로움, 악령 등 현실적인 사항을 다루며, 전 세계적으로 복음주의 교회보다 2.5배 증가하고 있다"라고 한다. 그 성장의 원인으로 "하나님을 직접 체험하는 것을 강조하면서

---

559) 천세종, "조용기목사가 한국교회 성장에 끼친 영향에 대한 연구", 103-104.
560) 천세종, "조용기목사가 한국교회 성장에 끼친 영향에 대한 연구", 104-105.
561) 서광선 외 3인, 『한국교회 성령운동의 현상과 구조』(서울: 크리스찬 아카데미, 1981), 56-57.

지식과 이성에 호소하는 교파 신학의 한계를 넘어섰기 때문"[562]이라고 분석했다. 오순절교회는 성령의 은사에 의한 사역에 치중하여 빠른 교회 성장을 거둘 수 있었다. 순복음식 영성운동은 김익두, 이용도의 신유 운동, 종말론은 세대주의의 영향을 받은 길선주의 전천년주의와 그 궤를 같이한다고 볼 수 있다. 그리고 성령의 권세를 현세적 가치와 연계시켜 세속적 이익을 추구하게 하는 구조를 낳았다.

한국교회가 조심스럽게 오순절교회를 바라보며 고민해 보아야 할 부분이 있다. 그 첫 번째는 구원의 현재성과 구체성이다. 한국교회에서 전통적으로 강조한 구원은 죽음 이후 이루어지는 것으로 예수를 믿고 고백하는 자는 죽음 이후 영원한 생명을 얻는다고 가르쳤다. 이런 측면은 영적인 구원과 내세적인 차원이 강조된 개념이었다. 구원은 죽음 이후에만 경험되는 것이 아니라 구원의 기쁨과 하나님 나라를 경험하며 사는 것은 인간 삶의 현장에서 경험되는 사건이다. 오순절교회는 그 구원의 구체적인 체험을 질병으로부터의 자유와 가난으로부터의 해방임을 주장하였다. 두 번째는 희망을 바라보게 하는 복음의 선포이다. 조용기 목사는 가난과 질병 속에서 절망하고 있는 교인들에게 희망의 메시지를 선포하였다. 영혼이 잘됨을 통해 가난의 굴레를 벗어날 수 있고, 물질적 번영을 누릴 수 있다고 역설하였다. 물론 현세적 축복을 강조한 기복적 문제점을 안고 있다. 그렇지만 교인들의 생각을 새롭게 하고 건강하고 풍요로운 미래를 꿈꾸며 삶의 구체적 그림을 그리게 하는 실천적 선포가 필요할 것으로 보인다.

---

562) 2021년 8월 18일 자 국민일보 '오순절·은사주의 교회에 대한 연구가 필요하다.'

5. 요약 및 평가

1903년 초기 선교사들로부터 원산에서 시작된 회개의 영적 대각성 운동은 한국의 부흥 운동의 시초가 되었다. 원산 부흥 운동은 한국인들에게 기독교의 본질적 신앙 체험을 하게 하였고, 기독교를 '서구의 종교'에서 '한국인의 종교'로 나아가는 계기가 되었다. 이 부흥의 불길은 평양에 이르러 1907년 대부흥 운동으로 확산하였고, 부흥회에서의 통성기도는 민족의 한(恨) 풀이가 되었다. 암울하고 비참했던 시기에 회개의 부흥 운동은 한이 종교적으로 표출된 회개적 영성이었다. 이 부흥운동의 영성은 성령 부흥 운동을 일으켰고, 한국교회 부흥의 주역이 되었다. 그리고 이 영성은 현대 한국교회에 다양한 형태로 정착되었다. 첫째는 전도의 영성으로 정착되어 백만 구령의 대전동이 일어났다. 둘째는 선교 영성으로 한국전쟁 이후 타문화권으로 선교를 시작했고, 1980년대를 거치면서 많은 선교사가 파송되었다. 셋째는 성경 연구 중심의 사경회식 영성으로 정착되었다.[563] 넷째는 초원적인 실재와의 만남을 추구하는 체험적 신앙으로 정착되었다. 그리고 다섯째는 현세적이고 내세 지향적인 영성으로 정착했다. 이 신앙의 양태를 '현세 지향적인 기복신앙'으로 특정한다.[564] 이는 현세와 내세를 추구하는 영성으로 정착되었음을 알 수 있다. 이 부흥 운동의 중심에 한국인 목사 길선주가 있었다. 그는 목회자로, 부흥사로 초기 부흥 운동을 성공적으로 이끈 인물이다. 그러나 1920년대에서 1930년대 그는 초기 부흥 운동과는 다르게 종말론적 사상으로의 변화가 나타난다. 이러한 그의 사상적 변화는 민중들의 고통과 상처에 대한 회복을 장차 도래할 세계, 고통이 없는 완전한 세상인 종말에서 찾으려 하였다. 악을 정복하는 심판주로서의 주

---

563) 김중기 외, 『한국교회의 성정과 신앙양태에 대한 조사』 (서울: 현대연구소, 1982), 135.
564) 김중기 외, 『한국교회의 성정과 신앙양태에 대한 조사』, 78.

의 재림을 바라본 것이다. 종말론이라는 내세적 교리를 통한 탈(脫) 현세 신앙으로 현실의 고통과 아픔을 벗어나 희망의 날을 고대한 그의 종말론적 영성은 한국교회의 종말 사상의 틀을 제공하였다.

김익두는 1920년대 혼란하고 어려운 현실 속에서 고통받는 병자들과 빈곤층과 같은 서민층을 대상으로 신유 중심의 부동을 이끌었다. 그의 이적 치병(異蹟治病)이 중심이 된 은사주의적 영동은 한국교회 영성을 이해하는 중요한 단초가 된다. 그의 영동의 사역은 많은 사람이 눈으로 목격하게 하여 직접적인 체험으로 가시적 징표를 구하던 성도들에게 영향을 미쳤다는 것은 긍정적 평가이다. 그런 의미에서 그의 영동은 대중성을 확보하였고, 수적 성장을 가져왔다. 그렇지만 믿음 또는 능력이 마치 입신해서 엑스터시에 빠져야만 하는 것으로 오해하고 신비 체험이나 방언, 엑스터시(Ecstasy)만 높이 평가하고 갈구하는 오해를 낳기도 했다. 또한, 그런 엑스터시의 체험을 누구에게나 요청하며 그런 경험이 없는 사람은 능력이 없는 사람으로 평가하는 풍조가 생겨났다.

이용도는 새로운 방식의 파격적 영성 집회를 했다. 기존의 집회와는 다른 개인적인 신비주의에 입각한 집회로 즉흥적이고 원칙이 없이 이루어지는 개인의 영적인 감동에 의존한 집회였다. 영감이 떠오르지 않으면 설교하지 않고 기도만 몇 시간씩 한다거나 회중 기도를 3-4시간 시키기도 했다. 그의 영성 집회의 특징은 '신인합일' 즉 '고난받는 그리스도와의 합일' 축구였다. 이용도가 형식화된 교회와 직업적 부흥사들을 향한 날 선 설교를 할 때 이용도의 집회를 감찰하려고 온 목사들이 듣고 통회하며 회개한 사건이 있었다. 이를 볼 때 예언자적이고 또한 설교의 권세도 있었음을 보여 주는 표징이다. 그의 청빈한 삶도 오로지 그리스도만 바라보았던 그의 신앙관은 높이 평가할 수 있겠지만, 지나친 신비주의의 경향은 부정적 평가를 받는다. 그의 극단적 신비주의 해석은 사탄에게도 배울 것이 있고,

불경(佛經)이나 사회주의 사상에서 배울 것이 있다고 하며 기독교 교리를 공격함으로써 신비주의 오류에 빠지게 되었다.[565] 또 그리스도의 사랑을 이성 간의 성애(性愛)로 전락시킨 해석적 오류도 낳았다.

이 세상의 종교 가운데 신비성을 내포하지 않은 종교는 없다. 종교는 그 자체가 신비성을 내포하고 있기 때문이다. 그래서 성도는 신비적 체험을 갈망하는 것이다. 성경에도 신비[566]적인 요소가 있으며 교회 역사 어느 시대에서든지 신비주의적 신앙 형태는 발견된다. 한국교회 역시 마찬가지이다. 영성에서 신비는 필요하나 신비주의의 위험성에 주의해야 한다. 한국교회 영성의 위험성은 바로 신비와 신비주의의 선을 지키지 못하는 것이다.

신비주의적 영성은 초월적이고 신비적인 존재와 합일을 통해 인간의 한계를 초월하고 절망을 극복하며, 미래에 대한 희망을 품게 한다. 일제 강점기부터 오늘에 이르기까지 험난한 역사의 풍랑 속에서 기독교는 부흥회나 기도회 영적 은사 집회를 통해 서민들의 마음을 위로하고 삶의 희망을 불어넣었다. 하지만 이러한 민족적 아픔을 뒤로한 채 개인 구원에 치중한 부흥회식과 은사. 신유적 예배에 대한 반대의 기류가 등장했다. 민족의 아픔을 돌아보지 않고 개인 구원으로 기울은 한국교회를 비판하며 '한국적 기독교', '조선산 기독교'를 주창하는 이들 등장했다. 이들이 본 당시 한국교회는 현실로부터 탈피하여 종교적 카타르시스를 구하려는 '부흥회'적 신

---

565) 민경배, 『한국기독교회사』, 437.
566) 출애굽기 15장에 모세의 누이 미리암은 온 이스라엘 백성과 함께 홍해를 건너는 사건 속에서 발견한 하나님을 찬양하고 있다. 그들은 상상하지 못했던 경험을 하고는 그 신비와 하나님의 인도 앞에 나아와 하나님을 예배하며 찬양하고 있다. 신약성경을 통하여 만나는 예수님의 열두 제자는 3년간 예수님과 동고동락했다. 하지만 그들이 언제나 경험했던 것은 이해할 수 없는 신비였고 놀람이었다. 이처럼 계시와 신비, 이 두 가지 요소는 우리로 하여금 예배로 인도한다. 계시를 보지 못한 사람은 하나님의 신비를 경험할 수 없다. 사람은 계시 안에서 하나님의 임재를 경험하고 신비의 면전에서 하나님을 두려워한다. 사람은 자신의 생활에서 하나님을 의식 할 수 있으나 하나님의 궁극적인 뜻은 결코 충분히 이해할 수 없다. 우리는 예배에서 신비(하나님의 초월성)와 의미(하나님의 내재성)를 둘 다 경험한다.

앙 형태와 치병, 이적(즉각적) 위주의 은사적 신앙 형태였다.[567]

오늘날에도 해마다 축복 성회를 통해 사람들은 복을 기원하고, 철야기도, 금식기도, 새벽기도 등을 통하여 문제 해결과 안녕을 추구하고 있다.[568] 이러한 영성과 신비주의로 인하여 등장한 예배 유형에 대해서는 4장에서 다룰 것이다.

---

567) 정하은, 『한국 근대화와 윤리적 결단』 (서울: 대한기독교서회, 1975), 40-56.
568) 유장춘, "영성의 다양성과 한국인의 토착적 영성 그리고 교회사업적 과제", 인간과 복지, 「교회사회사업」 2호, (2004): 206-207.

| 제3절 |
한국 초기 기독교의 토착 신학 사상 수용

1. 다석 유영모의 다원적 사상

1) 다석 유영모(多夕 柳永模, 1890-1981)의 생애

다석(多夕) 유영모(柳永模)의 생애를 살펴보면, 그는 1890년 3월 13일 서울에서 유명근(柳明根)의 아들로 태어났다. 어려서 한학(漢學)에 몰두하였다. 1900년 수하동(水下洞) 소학교에 다니고, 1905년 경성일어학당(京城日語學堂)을 거쳐 1907년 경신학교 과정을 마쳤다. 1912년 일본으로 유학하여 동경물리학교에서 수학하며, 우치무라 간조(內村鑑三)의 강연에 큰 영향을 받고 출세 거부의 결단에 따라 유학 도중 귀국하였으며, 종교철학을 독학으로 탐구하여 나갔다. 1905년 대한기독교청년회연맹(YMCA)에서 행한 명사들의 강연을 들으러 다니다가 초대 YMCA 총무 김정식(金貞植)의 인도로 연동교회에 나간 것이 계기가 되어 기독교에 입교하였다. 1909년 경기도 양평학교(楊平學校) 교사가 되었다. 이듬해부터는 2년간 평안북도 정주(定州)의 오산학교(五山學校) 교사로 재직했다. 1921년 조만식(曺晚植)의 후임으로 오산학교 교장에 부임하여, 1년간 재직했다. 오산학교는 유영모에게 큰 의미를 지닌 곳으로 이곳에서 신채호, 이광수 등의 지우를 비롯하여 톨스토이도 만나게 되고 제자 함석헌도 만나게 된다. 유영모가 톨스토이를 알게 된 것은 이광수로 인함인데, 기성교회를 비판하고 러시아 정교회로부터 파문당한 자로 그의 사상은 1910-20년대를 풍미했다. 그의 비판은 신앙의 근본 교리에 있어 교회가 독단적인 신조만을 주장한다는 것인데 이와 같은 사상이 유영모에게 영향을 미쳤다. 1914년 최남선(崔南善)과 교류하며 『청춘』지에 「농우(農牛)」·「오늘」 등을 1918년까지 기고하였다. 다석은 1921년부터 1년간 오산학교 교장으로 재직하는 동안 김교신(金敎臣)·함석헌(咸錫憲)·이승훈(李昇薰) 등 제자들에게 큰 감화를 주었다. 1928년부터 35년간 YMCA 성경연구반 지도를 하면서 김교신의 『성서조선(聖書朝鮮)』지에 신앙의 글들을 발표하여 성서조선 사건으로 1942년 종로경찰서에 구금되어 문초를 받기도 하였다.

다석은 한국의 대표적인 개신교 사상가로 교육자, 철학자, 종교가로 널리 알려져 있다. 우리 말과 글로 철학을 했던 최초의 철학자이자 동서 회통의 사상가로 우리 고유의 사상을 바탕으로 그 자신만의 독특한 신학적 이해를 구축하는 데 몰두했다. 기독교, 유교, 불교, 노장사상을 넘나들며 동서고금의 다양한 사상과 종교를 공부하고 철저히 금욕적인 삶을 실천한 끝에 깨달음을 얻었다.[569]

다석은 나라가 주권을 잃었던 1905년 기독교 사상을 받아들이고 서구 정신과 문화를 익혔으며, 경신학교에서 기독교 사상을 배웠다. 그리스도교에 입교한 후 7년 동안 교회주의 정통신앙인으로 살다가 톨스토이와 노자, 불경으로부터 많은 영향을 받아 무교회주의적인 입장을 취하였다.[570]

2) 다석 유영모의 사상 이해

19세기와 20세기를 한국에서 삶을 살았던 유영모의 기독교 이해를 위

---

569) 오정숙, 『다석 유영모의 한국적 기독교』 (서울: 도서출판 미스바, 2005), 57-82.
570) 박재순, "다석 유영모의 평화 사상", 서울대학교 평화연구원, 『평화통일』 제10집 1호 (2018): 122-124.

한 사상적 배경으로는 한국 전통사상인 삼재론(三才論)[571]과 불교와 유교 그리고 도교를 들 수 있다. 이 배경은 한국 사람이라면 누구에게나 해당한다. 우리 민족의 역사와 전통이 이런 사유 아래 전개되어 왔기 때문이다.

유영모는 삼재론, 불교, 유교 그리고 도가라는 고유의 한국적 사유 위에서 서구의 낯선 기독교를 받아들이고 융합시켜 한국적 기독교라는 변혁적인 기독교를 이루어 냈다. 유영모가 이해하는 기독교는 무엇보다 인간인 내가 예수 그리스도를 모범 삼아 나를 갈고 닦아 성령의 나(我)로 거듭나야 하는 것이었다. 그는 땅에 대한 집착을 끊고 한아님 아버지와 하나가 되어야 한다고 한다. 이는 도교적 수련의 모습과 매우 유사한데 기독교를 한국적으로 이해하게 하는 계기가 있었다. 오산학교 시절 동생 영묵의 갑작스러운 죽음으로 유영모에게 큰 영향을 미친다. 이때부터 노자와 불경을 읽기 시작하고 이 세상은 상대계(相對界)이고, 절대(絶對) 진리는 하늘에만 있다고 생각하면서 다른 차원의 기독교를 바라보게 된다. 이렇게 유영모는 일식(一食)과 해혼(解婚)[572]을 중심으로 한 일좌식(一座食), 일언인(一言仁)이라는 구체적인 수도 생활로 들어간다. 식색지명(食色知名)을 끊는 생활도 들어간 것이다. 기독교의 동양적 한국적 해석이다.[573]

또한, 일식(一食)을 가리켜서는 이는 성만찬이요 하나님께 드리는 산 제

---

[571] 삼재론(三才論)은 고대 동양 사상에서 우주의 세 가지 근원을 뜻하는 말로, 삼재(三材), 삼극(三極)이라고도 하는데 이는 천(天), 지(地), 인(人)을 가리킨다.
[572] 일식(一食)은 하루에 한 끼만 식사하는 것이고, 해혼(解婚)은 이혼과는 다르며, 부부가 함께 살면서 부부관계를 갖지 않고 사는 것을 말한다. 그가 해혼을 주장하고 실천하는 이유는 남녀는 생산(生産)을 위해서 만나야지 그 외는 만나서는 안 된다고 한다. 그는 남녀의 만남을 자녀 생산, 신뢰성의 기초한 성례전의 하나로 보았으나 아담 이후 인간이 가진 성은 죄적 본성을 지니고 있다고 보았다. 본래 낙원에서의 성은 죄가 없는 깨끗한 것이었지만 타락의 결과로 정결을 상실하고 더럽혀진 죄적 본성을 지니게 되었다는 것이다. 그는 남녀의 만남 자체를 죄악시 하지 않는다. 다만 색(色)도 식(食)과 마찬가지로 탐욕에 빠져서는 안 된다는 것이다.
Rosemary Radford Ruether, 『가이아와 하느님』, 전현식 역 (서울: 이화여자대학교 출판부, 2000), 165-166.
[573] 오정숙, 『다석 유영모의 한국적 기독교』, 65-76.

사, 몸과 마음으로 드리는 예배라 한다. 유영모는 성만찬을 예수님의 살과 피인 동시에 내 살과 내 피를 먹고 마시는 것으로 생각하여 이는 자기 죽음을 기념하는 것이고, 죽어서 사는 것이다. 일식은 가장 짧은 금식으로 금식은 자기 살과 피를 먹고 마시는 것이기 때문에 성만찬이라는 것이다.[574]

유영모는 기독교의 핵심 교리인 '기독론(Christology)'에 대해 다음과 같이 설명한다.

> 기독교를 믿는 이는 예수 그리스도라 하지만 그리스도는 예수만이 아니다. 그리스도는 영원한 생명인 얼나(靈我)이다. 하느님이 보내시고 하느님으로부터 오는 성령이다. 그리스도는 우주 전체의 생명(하느님)이지 어떤 시대, 어떤 인물의 것이 아니다. 예수 전에도 보내신 이(그리스도)가 있었다. 보내신 이는 아담 시대 전부터 있었다. 예수의 독특한 범은 하느님의 얼의 씨를 싹틔워 완성한 것이다.[575]

이렇게 그의 사상은 예수뿐만 아니라 석가모니도 영원한 생명이라고 주장하는 얼나로 다시 태어난 존재라고 강조하고 있다. "그러나 예수와 석가는 하느님 나라(니르바나)에 다다른 이들이다. 예수와 석가는 다른 이들도 그들처럼 사색과 명상(기독)을 통해서 하느님 나라(니르바나)에 다다라 하느님의 생명인 얼나로 영원한 생명을 얻으려 했다." 그는 예수와 석가가 강조했던 하나님 나라와 니르바나(Nirvana, 열반)를 같은 것으로 인정하고 있다.[576]

한국의 다원 종교 상황 속에서 살면서 사서오경(四書五經)과 동양고전

---

574) 김홍호, "유영모, 기독교의 동양적 이해", 『동양 사상과 신학』 (서울: 솔, 2002), 15-18.
575) 박영호, 『씨알의 메아리-다석 어록』 (서울: 홍익재, 1993), 92.
576) 박영호, 『다석 유영모가 본 예수와 기독교』 (서울: 두레, 2000), 77-78.

에 정통한 다석 유영모는 태극(太極)과 절대무(絶對無)를 그리스도교의 하나님으로 해석하였다. 서구의 이원론적 사고로는 포괄적인 하나님 개념을 이해하기 어렵다고 생각하고 음양원리(陰陽原理)의 상호의존과 상호보완의 사상에 근거한 동양적 사고로 '없이 계시는 하느님'을 이해하려고 하였다. 그의 하나님 이해는 대개의 그리스도인이 이해하는 것과는 다르고 전통적인 그리스도교 교리와는 거리가 있다. 이러한 독특한 하나님 개념은 역사적인 것도 아니고, 임시적인 것도 아니다. 예측할 수 있는 것도 아니다. 이러한 개념은 시작도 없고 끝도 없으며 쉼도 없이 계속된다. 이것은 어제의 일도 아니요, 오늘의 일도 내일의 일도 아니다. 이러한 사고는 시간을 넘어 영원히 계속된다. 이러한 개념은 동양 사상이 강조하는 절대무(絶對無)과 절대허공(絶對虛空)의 사고에서 나온다. 하나님의 일은 그 자체가 시간과 공간인 절대 현재, 영원한 현재에서 이루어진다. 하나님의 일은 완전한 사랑이요, 전적으로 연대순 배열이나 목적론의 어떤 유형이나 형식에서 벗어나는 것이다. 일련의 순차적인 시간 개념을 넘어, 절대 현재에서, 무(無)로부터 천지를 창조하신 일이다. 무(無)에서 천지를 창조한다는 말은 불교도들에게는 귀에 익은 소리다. 아마도 불교 교도들은 공(空)의 이론을 생각하며 받아들일 것이다.

  유영모에게 '무(無)'의 개념은 하나님의 유일성 혹인 신비성을 드러내는 개념으로 쓰였다. 여기서 '무'는 '절대적 무' 자체가 아니라 알 수 없는 그래서 '없이 계시는 하느님'이다. 알 수 없다는 측면에서 유영모가 말하는 무의 개념은 도(道)의 개념과 비슷하다. 도가철학에서 도는 무수한 것들의 원초적 근원이며, 순환적 움직임 안에서의 종착지이기도 하다. 유영모 역시 같은 사고를 보여준다. "우리는 으뜸으로 돌아간다. 복원(復元)하는 것이다. 우리는 하나로 돌아간다. 귀일(歸一)하는 것이다. 우리는 맨 처음 나온 대로 돌아가는 것이다."[577)]

여기서 근원으로서의 도(道)는 이름 할 수 없는 것이며, 인간의 한계를 넘어선 것이다. 그래서 『도덕경』[578)]은 그로부터 모든 것이 태어나고 움직이는 도의 근원적 특성에 대해 "이름 지을 수 없는 이름"이라고 묘사한다. 그리고 유영모에게 있어서 궁극적 니르바나의 구현은 본질적 '공(空)'을 인식함으로써 절대적 무가 아니라 조리어 전체 '공'으로 현존하는 하나님을 인식한 것이다.[579)]

이렇게 볼 때, 유영모는 다수의 기독교 사상가들이 서구의 사상을 중심으로 한국 사상을 비판하는 분위기 속에서 동양의 철학인 유교, 불교, 도가 사상과 기독교의 연관성을 찾고자 했던 사상가라 할 수 있다.

3) 다석 유영모의 기독교 이해

유영모는 기독교에서 말하는 성부 하나님을 모든 우주 만물의 주재자이시면서 없이 계신 하나님, 내 속에 계신 하나님 그리고 참나 되신 하나님으로 이해한다. 이는 하나님을 창조주로서 인간 외부에 절대자로 계신 유신론으로 말하는 전통 기독교 신관(神觀)과는 다른 이해로, 한국적, 동양적 사유로의 이해이다.

태극(太極)과 무극(無極)은 유영모의 신(神) 이해에 있어 초월성과 내재성의 구별을 잘 보여 주는 개념들이다.

---

577) 박영호, 『씨알의 메아리-다석 어록』, 49.
578) 有物混成, 先天地生(모든 것이 섞여 있었으니 하늘과 땅이 생기기 전이었다).
寂兮寥兮, 獨立不改(고요하고 비었구나. 독자적으로 존재하며 변하지 않는다).
周行而不殆, 可以謂天下母(어디에나 작용하며 멈추지 않으니 천하의 모체라 할 수 있다).
吾不知其名(나는 그 이름을 알지 못한다).
字之曰道, 强爲之名曰大(억지로 도라 쓰고 억지로 부르자니 크다고 한다). 『도덕경』 25장
579) 김진희, "동양 사상의 우주론에 입각한 유영모의 신학", 김성수, 김진희, 박경미, 서현선, 양현혜, 이동철, 『서구 기독교의 주체적 수용』(서울: 이화여자대학교출판부, 2006), 15-18.

없이 계시는 하느님께로 가자는 것이다. 없이 계시는 데까지 가야 크다. 태극에서 무극에로 가자는 것이다. 이것이 내 철학의 결론이다. 그래서 내가 태극도설(太極圖說)을 말한 것이다.[580]

유영모는 "없이 계시는 하느님"은 보이지 않으면서도 존재하는 하나님이라는 뜻이다. 하나님의 부재(不在)와 현존(現存)을 아울러 나타낸 말로 동양적 의미의 무(無)적인 하나님이다.[581] 그는 그렇게 "없이 계시는 하나님"을 태극에서 무극으로 나아가는 것으로 설명하고 있다. 태극도설은 주돈이(周敦頤, 1017-1073)가 쓴 것으로 우주와 만물의 근원으로 보는 존재론 혹은 동양적 우주론이라 할 수 있다. 태극도설에 따르면, 태극의 움직임(動)과 고요함(靜)으로 양(陽)과 음(陰)을 낳고 양이 변화하고 또한 음과 결합함으로써 이 세계를 이루는 물(水), 불(火), 나무(木), 금속(金), 흙(土)의 다섯 기(氣)가 만들어지게 된 것이다. 여기에 노자(老子)의 무극 개념을 덧붙여 "무극이태극(無極而太極)"이라 말한다. "무극이태극"이란 말은 무극이 곧 태극이며, 태극이 근본적으로 무극이라는 의미이다. 주자(朱子)는 이 태극을 이(理)로 규정하여 형체도 없고 작용도 없는 형이상학적 존재이면서 동시에 모든 존재가 존재자이게 할 수 있는 근원 존재로 보았다.[582] 유영모도 "무극이태극"이라는 개념을 사용하여 자신의 "없이 계시는 하느님"을 설명한다.

하느님은 절대요 하나(一)이다. 무극이태극(無極而太極)이라 오직 하느님뿐이다. (…) 절대(絶對)에 서야 상대(相對)가 끊어진다. (…) 아무리 상

---

580) 박영호, 『씨알의 메아리-다석 어록』, 73.
581) 정양모, "다석 유영모 선생의 신앙", 85.
582) https://terms.naver.com/entry.naver?docId=530477&cid=46649 한민족대백과사전. 2021년 12월 19일 17:35에 접속.

대지(相對知)가 많아도 절대지(絶對知)에 비하면 없는 것이나 마찬가지이다. 그러니까 절대요 전체요 하나인 진리(하느님)를 깨치는 것이 가장 급선무(急先務)이다.[583]

"무극이태극"은 상태적인 이 세계를 초월하는 절대요 전체인 하나님을 가리키는 표현이다. 상대적인 이 세계의 근원 창조주로서의 태극이 이 세계에 대한 하나님의 내재성을 의미한다면, 무극은 이 세계의 존재자들인 피조물에 의해 인식되거나 이해할 수 없는 하나님의 초월성으로 유영모는 이해한다. 또 다른 개념인 "하나(一)"라는 개념으로 하나님의 이해를 설명한다.

유영모에게 무(無)는 유·무를 내포하면서 동시에 초월하는 절대적 '하'를 의미한다. 여기서 '하나'라는 것은 전체로서의 '하나'이며, 아무것도 없는 '하나'이다.

> 하느님은 '없는 하나 오직 하나(無一唯一)'이다. 그래서 없이 계시는 빈 탕한데(허공)의 하느님이다. 아무것도 없는 하나(無一)만이 전체인 오직 하나(唯一)이다.[584]

유영모에게 있어 하나님은 있고, 없고를 초월하는 "하나"인 것이다. 도교의 도(道)라는 것이 자연 만물이 저절로 흘러가도록(自然無爲) 해주는 내적 원리인 것처럼, 하나님도 "저절로 되게"하는 이 세계에 대한 내재성을 지닌 존재로 이해한다.[585]

---

583) 박영호, 『씨알의 메아리-다석 어록』, 64-65.
584) 박영호, 『씨알의 메아리-다석 어록』, 215.
585) 김진희, "동양 사상의 우주론에 입각한 유영모의 신학", 90-91.

살펴본 유영모의 신론(神論)은 전체로서의 '하나'라는 개념, 무한으로서의 '빈탕한데(허공)'라는 개념이 통합된 것이다. 언어적, 사상적으로는 지극히 동양적이나, 우주 만물을 창조한 창조주로서의 하나님, 유일하고 영원한 하나님 그리고 우주 내에 내재하는 하나님이면서 동시에 이 세상을 초월한 절대자로서의 하나님의 개념에 합류되어 있다고 볼 수 있다.

유영모의 '없이 계시는 하느님'은 삼재론 이해의 계와 불교 이해의 허공, 그리고 유교 이해의 바탈[586] 사상이 뒷받침되어 나왔다. 계, 허공, 바탈은 모두가 보이지 않지만 존재하는 절대 존재이다. 무극이태극이고, 진공묘유(眞空妙有)[587]다. 이러한 이해로 기독교의 하나님이 없이 계시는 하나님으로 이해되었다.

유영모의 신학과 사상은 기독교를 다원주의적 종교사상으로 바라보았으며, 동양의 유불선 사상을 회통(回通)하여 다원주의 종교철학을 형성했다. 그의 삶 자체가 종교 다원주의이다. 다만 동양 사상과 기독교의 접목을 꾀하였다는 것은 분명 선각자적인 면모가 보인다. 그렇지만 이는 신학적 성찰에 기인한다기보다 동양 철학적 사상의 영향이 더 크다고 할 수 있다.

---

586) 다석 유영모가 주장한 신학적 개념으로서, 모든 인간이 하나님으로부터 부여받은 타고난 본성을 의미한다.
587) 불교의 근본 교리 가운데 하나인 공(空)은 이 세계의 만물에 고정불변하는 실체가 없음을 표방하는 개념이다. 대승불교 중관학파의 용수(龍樹)는 초기 불교에서 말하는 연기(緣起)가 바로 공의 뜻이라고 설(說)했다. 연기는 이 세계의 만물이 다양한 인(因)과 연(緣)의 조합에 의해 생기는 것이지, 고정불변의 실체로 존재하는 것이 아님을 뜻한다. 불교도들은 진공(眞空), 곧 참된 공이란 이 세계의 사물 그 자체의 존재 양상을 가리키는 것이라고 보았다. 또한, 이 세계에 있는 만물의 관점에서 볼 때, 만물은 고정불변의 실체로 존재하는 것이 아니기 때문에 다양한 생성과 변화가 가능해진다. 다시 말해 만물이 공(空)하므로 비로소 생동감 있게 존재할 수 있는 것이다. 이처럼 이 세계의 만물과 공의 원리가 서로 장애함이 없는 관계로 존재하는 것이라고 파악할 때, 진공 그대로 묘유(妙有)가 된다는 것이다.

2. 김교신의 조선산 기독교 사상

김교신(金敎臣, 1901-1945)의 조선산 기독교가 무엇인지를 알고자 할 때, 선행해야 할 것은 선교사들의 그늘을 어떻게 걷어 내고 조선의 기독교를 세워 나가려고 했으며, 일본인 우치무라 간조의 가르침과 영향을 조선인으로서 어떻게 주체적으로 수용하고 발전시켜 나갔는가 하는 점이다.

김교신은 일본에서 시작된 무교회주의를 신앙의 논리로 삼으면서도 일본의 조선 지배에 저항[588]하는 한편, "미국적 기독교"를 비판하며 "조선산 기독교"를 주장했다.[589] 김교신은 1935년 4월 "성서 조선의 해(解)"라는 글에서 조선산 기독교는 "성서를 조선에" 주고, "조선을 성서 위에" 세움으로 가능한 것으로 보았다. 즉 일본적 기독교나 선교사들이 전한 서구적 기독교가 아닌 성서를 조선에 줌으로 조선산 기독교를 이루려 했다. 그가 추구했던 사상의 배경은 무엇이며, 어떻게 수용되었는지를 살펴보려 한다.

1) 김교신의 생애

김교신은 1901년 4월 18일 함경남도 함흥, 유교적 가문의 부친 김염희(金念熙)와 모친 양 신(楊 愼) 사이에서 장남으로 태어나 해방을 앞둔 1945년 4월 25일 세상을 떠났다. 우리 민족의 최대 수난기에 민족의 열정을 태운 생애였다. 그는 함흥차사 박 순과 동행한 김덕재의 후손으로 엄격한 유교 집안에서 한학(漢學)을 수학했으며, 함흥보통학교를 거쳐 1919년 함흥농업학교를 졸업했다. 그해 3월 일본으로 건너가 도쿄(東京) 세이소쿠 영어학교(正則英語學校)에 입학했다. 김교신은 일본 유학 중이던 1921년 무교회주의 기독교의 창시자인 우치무라 간조(內村鑑三, 1861-1930)의 가르

---

588) 박성수, 『독립운동사 연구』 (서울: 창작과 비평사, 1980), 9-10.
589) 양현혜, "김교신과 무교회주의 I", 대한기독교서회, 『기독교 사상』 제425호(1994.5): 110.

침을 받으며 기독교 신앙에 들어갔으며, 그 후 약 7년간 우치무라가 주도한 '성서연구회'의 일원으로 참석했다. 1925년부터는 우치무라의 문하인 한국인 유학생 6인이 함께하여 조선 성서연구회를 만들어 원문으로 성서 연구를 시작했다. 이때의 동인은 함석헌, 송두용[590], 정상훈, 유석동[591] 그리고 양인성이다.

김교신은 우치무라를 기독교 신자인 동시에 일본 제국주의에 반대하고 일본 기독교의 자주성을 주장한 일본의 진정한 애국자로 이해하면서, '진정한 기독교 신자가 되는 것이 조국 조선을 구하는 일'이라는 신념을 지니게 되었다. 세이소쿠 영어학교를 졸업한 후, 김교신은 1922년 4월 도쿄고등사범학교(東京高等師範學校) 영어과에 입학했다. 이듬해 서적보다는 천연물에 친밀감을 느낀 그는 지리박물과로 전과(轉科)하여 1927년 3월 졸업했다.

귀국한 김교신은 1927년 4월 고향인 함흥 영생여자고등보통학교에서 교편생활을 시작했으며, 오랜 염원이었던 『성서조선(聖書朝鮮)』을 월간지로 1927년 7월 발간했다. 이듬해 서울 양정 고등보통학교로 옮겨 12년간 재직하다가 1940년 3월에 사직했다. 그 후 1940년 9월부터 경기중학교에서 다시 교편을 잡았으나, 불온한 인물로 주목받다가 6개월 만에 추방되었다. 1941년 10월에는 개성에 있는 송도 고등보통학교에 부임했다. 이듬해 1942년 3월 이른바 '성서조선사건'으로 15년에 걸친 교사 생활에 종지부를 찍게 되었다. 지리박목을 담당했던 김교신은 수업 중 학생들에게 독립 정신과 민족혼을 불러일으키는 민족주의적 교육으로 일관했다.[592] 그러나 김

---

590) 송두용(宋斗用, 1904년~1986년)은 대한민국의 무교회주의 기독교 사상가, 출판인, 교육자, 독립유공자이다. 그의 부인은 배계복여사로 일생 신앙의 동반자였다. 「성서조선」지의 동인으로서 식민통치를 비판하다가 서대문형무소에 투옥되었었다.
591) 초대 발행인과 편집인은 일본에 있는 유석동과 정상훈이었다. 발행소는 도쿄성서조선사였다.
592) 김정환, 『김교신 그 삶과 믿음과 소망』 (서울: 한국신학연구소, 1994), 17-24. 부록3 김교신연표. 395-399.

교신이 교편생활 이상으로 혼신의 힘을 쏟았던 것은 월간 잡지『성서조선(聖書朝鮮)』의 발행이었다. 김교신의 궁극적 목표는 참된 기독교를 천명하고 성서에 의해 새롭게 거듭나는 인간을 양성하여 조선의 참된 독립을 추구하는 것이었다.「성서조선」은 일제에 의해 불온한 책으로 지목되어 감시를 당하다가, 1942년 3월호(제158호)에 실린 권두언(卷頭言)인 "조와"(弔蛙/개구리의 죽음을 슬퍼함)가 어떤 혹한에도 살아남는 민족의 희망을 개구리의 생명력을 빌어 찬양했다는 이유로 끝내 폐간 처분을 당했다.[593]

내용은 이러하다. 추운 겨울이 되자 못이 얼어붙고 개구리들도 자취를 감추었다. 이윽고 봄이 돌아와 얼음이 녹고 못이 풀렸는데도 못에는 죽은 개구리들이 떠다니는 처연(悽然)한 풍경이었다. 그런데 자세히 보니 못 밑에는 아직도 몇 마리의 개구리들이 살아남아 움직이지 않는가! 그리하여 '조와(弔蛙: 개구리를 애도하며)'는 "아! 전멸은 면했나 보다"[594]라는 탄성으로 끝을 맺는다.

이것은 물론 단순한 개구리 이야기가 아니라 일제 강점기에 수난을 받던 우리 민족을 상징한 글이며, 그는 이 못에서 무서운 시련에도 죽지 않고 살아남아 다시 웅비할 이 민족의 앞날을 내다보았다. 조와는 개구리를 빗대어 잠자는 민족을 깨워 희망의 싹으로 돋아나게 하기 위한 최고의 명문으로 꼽히는 글이었다. 이 사건으로 김교신을 비롯하여 함석헌, 송두용, 류달영 등은 서대문형무소에서 1년 동안 옥고를 치렀다. 이것이 이른바 '성서조선사건'이다. 김교신은 1943년 3월 불기소처분을 받아 출옥한 후 1년간 전국 각지를 순회하면서 전도 활동을 전개했다.

김교신은 '무레사네'(물에 산에)라는 동아리를 만들어 주일마다 서울 근교의 고적과 명소를 심방하고 참배하면서 청년들에게 우리 국토와 자연의

---

593) 김정환,『김교신 그 삶과 믿음과 소망』, 19.
594) 민경배,『한국기독교회사』(서울: 연세대학교출판부, 2007), 438.

아름다움과 문화적 탁월성을 발견하게 했다. 역사와 지리 선생인 그는 "동양이 산출한 사상이 있다면, 그 반만년의 내용을 한약 탕기에 넣고 다려 내어 짜낸 진액은 필연코 이 한반도에서 찾을 수 있을 것"이라고 했다. 그는 또 고국 강토 한반도에 대해 "물러나 은둔하기는 불안한 곳이지만, 나아가 활약하기는 이만한 데가 다시없다"[595]며 움츠린 청년들의 어깨를 활짝 펴게 했다.

그는 자기중심적인 탐욕의 성취를 위해 방법을 가리지 않는 정복적인 서구의 기독교적 모습을 비판했다. 선교사업에 의해 유지되는 교회는 진정한 우리의 교회가 될 수 없다는 것과 국적이 명확하지 않고 민중의 가슴과 생활에 파고들지 못하는 기독교는 우리의 기독교가 될 수 없다는 것이다. 그리고 성서를 통해 민족의 혼을 깨워 진정한 독립의 정신적 기틀을 만드는 것이 진정한 민족교육이라는 것이 그의 폐간호(1942년 3월호) 권두언에 흐르는 사상이다.[596] 미국 기독교를 모방해 격정적이고 반지성적인 기독교의 신앙에 오히려 찬물을 끼얹어 이성적 신앙을 갖게 했다. '미국이나 일본의 기독교'가 아니라 은근하고 담박한 조선인의 심성과 동양 정신의 진수라는 그릇에 그리스도의 정신을 담은 '조선의 기독교'를 열려고 한 것이다.

김교신은 그 후 1944년 7월부터 흥남의 일본 질소비료 공장에 입사하여, 용흥(龍興) 공장에서 근로과(勤勞科) 주택계장으로 일하면서, 5,000명 조선인 노동자들의 복지를 위해 진력했다. 김교신은 죽는 날까지 일본식 성명 강요와 신사참배를 거부하고 강제 징용된 동포들에게 기독교의 참된 신앙 정신과 독립 정신을 고취하다가 발진티푸스에 걸려[597], 그토록 고대

---

595) 조현, "짧은 생보다 더 위대한 조선의 기독인", 대한기독교서회 「기독교 사상」 제622호 (2010. 10): 203에서 재인용.
596) 김정환, 「김교신 그 삶과 믿음과 소망」, 23-24.
597) 흥남 일본질소비료공장 회사 내의 발진티푸스 환자를 밤새워 간호하던 중 그도 감염되어 병사했다고

하던 민족의 해방을 100여 일 앞둔 1945년 4월 25일 만 44년의 길지 않은 생애를 마감했다.

2) 김교신의 사상 이해

김교신의 인격은 한마디로 '그리스도를 만난 조선의 선비'라고 표현할 수 있다.[598] 어릴 때부터 체득한 논어를 비롯한 한학(漢學)은 이후 그가 유교를 떠난 후에도 그의 품성과 기독교에 대한 이해에 커다란 영향을 미쳤다.[599] 그는 젊은 날, 공자의 '칠십이종심소욕불유구'[600](七十而從心所欲不踰矩)를 10년 단축하여 '육십이종심소욕불유구'(六十而從心所欲不踰矩)를 달성해 보리라는 야심을 품었으나, 막상 '팔십이종심소욕불유구'(八十而從心所欲不踰矩)마저도 불가능하다는 것을 깨닫고 도덕적인 '낙망의 심연'에 떨어졌다가, 기독교에 입문하여 '새로운 희망과 용기'를 얻었다고 고백한다.

김교신은 기독교를 '조선 김치 냄새나는 기독교'로 만들 것을 목표로, 일생 한국인의 심령에 뿌리를 박은 기독교를 추구했으며, 이를 위해 '인공적인 부흥(復興)의 열(熱)'[601]을 배제하고 '천품의 이성과 인간 공유(共有)의 양심'을 견지하면서 '냉수를 쳐가며' 성경을 연구했다. '조선을 알고, 조선

한다.
양현혜, 『김교신의 철학』(서울: 이화여자대학교출판문화원, 2013), 15.
598) 노평구 편, 『김교신 전집 I』(서울: 도서출판 부키, 2001), 10.
599) 양현혜, 『김교신의 철학』, 25.
600) 김교신은 논어(論語)에 子曰: "吾十有五而志於學, 三十而立, 四十而不惑, 五十而知天命, 六十而耳順, 七十而從心所欲不踰矩."을 인용하여 자신의 목표를 피력했다. (자왈: "오십유오이지어학, 삼십이립, 사십이불혹, 오십이지천명, 육십이이순, 칠십이종심소욕불유구.")
공자가 말했다. "나는 열다섯 살에 학문에 뜻을 두었고 서른 살에 자립하였으며, 마흔 살에는 미혹되지 않았고 쉰 살에는 천명이 무엇인지를 알았으며, 예순 살이 되어서는 귀가 뚫려 한번 들으면 곧 그 이치를 알았고 일흔 살에는 마음속으로 하고 싶은 대로 해도 법도에서 벗어나지 않았다."
601) 김교신은 한국인의 심성 특징인 감성적 요소가 변질되어 비이성적인 '부흥회적 열광주의 신앙 행태'에 대한 극복을 주장했다. 김경재, "한국교회 비주류 신동의 비판정신의 본질", 대한기독교서회. 「기독교사상」제677호 (2015. 05): 41.

을 먹고, 조선을 숨 쉬다가 장차 그 흙으로 돌아가리니 불역열호(不亦說 乎)'라고 말한 그의 글에서 우리는 진정한 조선 선비의 풍모를 접하게 된 다. 김교신이『성서조선』을 158호까지 간행한 것은 '성서의 진리' 위에 '조 선'을 세우고자 한 강력한 의지의 실천이었다.[602]

1942년 '성서조선사건'으로 김교신과 그 동지들이 옥고를 치를 때, 취조 에 나섰던 일본 경찰들이 그들에게 한 말은 역설적으로 김교신이 일생 추 구한 목표가 무엇이었는지를 잘 요약해 주고 있다.

> 너희 놈들은 우리가 지금까지 잡은 조선 놈들 가운데 가장 악질적인 부류 들이다. 결사(結社)니 조국이니 해 가면서 파뜩파뜩 뛰어다니는 것들은 오히려 좋다. 그러나 너희들은 종교의 허울을 쓰고 조선 민족의 정신을 깊이 심어서 백 년 후에라도, 아니 5백 년 후에라도 독립이 될 수 있게 할 터전을 마련해 두려는 고약한 놈들이다.[603]

김교신이 일생 심혈을 기울인 것은『성서조선』의 간행이었다. 김교신은 『성서조선』을 위해 실로 자신의 모든 것을 바쳤다.『성서조선』지는 김교신 의 삶에서 최대의 것이고 또 전부였다.

일제 강점기하에서의 사상 탄압과 해방 후의 반공주의는 한민족에게 사 상의 부재를 가져오게 했다. 억압적 국가 권력은 사상과 이념의 창출을 막 음으로써 결국 한국 사회에는 서구의 근대화의 주체였던 양심적이고 검소 한 중산층의 자본주의 논리가 부재하게 되었다. 도덕적 부재는 사회를 혼탁 하게 만들고 빈부의 격차로 인한 갈등을 초래하게 하였다. 이에 김교신은

---

602) 박상익, "김교신이 오늘 한국교회에 던지는 질문", 대한기독교서회,「기독교 사상」제677호 (2015. 05): 56.
603) 조현, "짧은 생보다 더 위대한 조선의 기독인", 대한기독교서회,「기독교 사상」제622호(2010. 10): 202에서 재인용.

과학적 지식, 상공업 그리고 사회주의 사상에 뿌리를 둔 국가가 아닌 성서의 진리 위에 선 국가만이 흔들리지 않는 민족과 국가가 되리라 생각했다.

1935년 4월 『성서조선』 권두언에서 다음과 같이 주장한다.

> 과학적 지식의 토대 위에 새 조선을 건설하려는 과학 조선의 운동이 시대에 적절하지 않음이 아니요, 그 인구의 8할 이상을 차지한 농민으로 하여금 텐마아크식 농업 조선을 중흥하려는 시도가 맞지 안 함이 아니며, 기타 신흥도시를 위주한 상공조선이나 사조에 파도치는 공산조선 등이 다 그 진심 성의로만 나온 것일진대 해로울 것도 없지만, 이를테면 이런 것들은 모두 풀의 꽃과 같고 아침 이슬 같아서, 오늘 있었으나 내일에는 자취도 찾아볼 수 없을 것이며, 모래 위의 건축이라 풍우를 당하여 파괴됨이 심하지 아니치 못할 것이다. 그러므로 이러한 외형적 조선 밑에 영구한 기반을 넣어야 할 것이니 그 지하의 기초 공사가 곧 성서적 진리를 이 백성에게 소유시키는 일이다. 넓게 깊게 조선을 연구하여 영원한 새로운 조선을 성서 위에 세우라. 그러므로 조선을 성서 위에.[604]

그는 이렇게 성서를 통하여 민족의 갱생을 꾀하였다. 그의 성서 운동은 소수 무리의 철저한 자각 위에 선 '스스로'의 운동이었다. 이는 조직적인 교회 밖에서, 교파 밖에서 이루어졌다. 그는 교회라는 하나의 큰 조직과 교파라는 하나의 고정화된 교리에서 벗어나려 했다.

그는 자신들의 기독교 성격을 1928년 7월 『성서조선』 권두언에서 이렇게 말한다. "조선에는 재화도 필요하다. 힘도 필요하다. 학문도 필요하다. 그러나 가장 필요한 것은 기독교다. 그러나 그것은 불행히 기독교 청년회의 기독교가 아니다. 교회의 기독교도 아니다. 제도의 기독교가 아니다.

---

604) 노평구 편, 『김교신 전집 I』, 22.

의식의 기독교가 아니다. 16세기 종교개혁자들이 체험한 기독교다. 영적 기독교다. 산 기독교다. 즉 그리스도다. 우리는 교회를 필요로 하지 않으나 그를 필요로 한다."[605] 그의 '무교회'라는 표현은 교회를 없앤다는 표현이 아니라 교회 밖에서 순수한 신앙생활을 하며, 경직되고 생명력을 잃은 교회의 굴레를 벗어난다는 뜻이다. 한마디로 요약하자면 껍질만 남은 교회에 대한 저항이기도 한 것이다.

김교신은 교회의 권위주의자들이 갖고 있던 형식주의에 대해서도 비판한다.

'권세'란 무엇인가. 권세에는 능력, 권위, 엄중, 도덕적 혹은 영적 권위의 뜻이 있다. (…) 기독교에는 옛날 선지자 시절 시대로부터 두 가지 종류의 권위가 흘러왔음을 볼 수 있다. 하나는 인공적 권위니, 이를테면 신학교 졸업 증서, 기타 학위, 안수례(按手禮) 등등으로서 권위를 붙이는 것이요, 다른 것은 하나님께서 친수(親授)[606]하시는 권위니 모세, 이사야, 예레미야, 아모스, 세례 요한, 예수, 바울의 군위는 다 후자에 속한 것이었다. (…) 예수는 '권세 있는 자'처럼 말씀하셨다 한다. 대개 하나님 외에 최고, 무결(無缺)한 권위를 가졌던 예수의 권세란 것은 어떤 모양의 것이었던가. 저는 필경 자기의 권위에 의탁하여 설교하려는 생각은 추호도 없었을 것이요, 진리와 생명이 약동하며 유로(流露)[607]하노라니까 자연히 권위가 첨가해졌을 것이다.[608]

김교신은 기독교인이 된다는 것은 바로 이러한 형식주의적 도덕성과의

---

605) 김정환, 『김교신 그 삶과 믿음과 소망』, 33-34.
606) 왕공(王公), 귀인(貴人)등 지위가 높은 자가 친히 줌.
607) 감정이 어떤 상태로 나타남 또는 드러냄.
608) 노평구 편, 『김교신 전집 IV』(서울: 도서출판 부키, 2001), 227-228.

결별을 뜻하는 것을 강조한다. 그의 이러한 형식주의에 대한 거부는 그를 무교회주의자로 이끌게 했다. 그의 사상은 그의 스승이었던 우치무라 간조(內村鑑三)와 밀접한 연관성을 지니고 있다. 우치무라 역시 기독교의 위대함을 도덕성에서 찾고 있다. "기독교는 우리가 율법을 지키도록 해 준다는 점에서 이교주의보다 더 큰 의미를 지니며 더 강하다. 이교주의에다 생명을 더한 것이며, 율법을 지킬 수 있게 해 주는 유일한 종교이다."[609] 그가 기독교인이 되었던 것도 기독교의 도덕에 깊이 매료되었기 때문이다. 그가 윤리적 완성을 꾀하던 중 기독교의 도덕률을 접하게 된다. '己所不欲 勿施於人(네가 원하지 않는 것을 남에게 베풀지 말라)'이란 것과 기독교의 '己所欲施於人(네가 원하는 것을 남에게 베풀어라)', 그리고 '見義不爲無勇也(의를 보고도 행하지 않음은 용기가 없는 것이다)'라는 공자의 말과 "선을 보고도 행하지 않는 것은 죄이다"[610]라는 성경의 말씀, 또 '以直報怨 以德報德(바른 것으로써 원수에 보답하고 덕으로써 덕에 보답한다)'이란 공자의 교훈과 "적을 사랑하며 오른뺨을 치는 자에게 왼뺨을 향하라"[611]라는 그리스도의 교훈을 비교하게 되었다. 그는 유교를 능가하는 기독교 도덕의 깊이에 매료되어 자기완성의 도덕률을 기독교에 의거(依據)하고자 하였다. 그러나 그는 행위의 결과만이 아니라 그 내면의 동기까지 중요시하는 기독교의 요구 앞에서 죄의식에 이르게 되었다.[612] 유교적 수행에 의한 자기완성을 꾀하던 그는 자신의 유한성을 깨닫고 1920년 6월 도쿄 야라이초(矢來井) 성결교회에서 세례를 받고 기독교인이 되었다. 그러나 세례를 받았던 교회가 세속적인 이권 투쟁에 전념하다 목사가 추방되는 사태가

---

609) 內村鑑三, 『우치무라 간조 회심기』, 양혜원 역 (서울: 홍성사, 2004), 281.
610) 야고보서 4장 17절 "그러므로 사람이 선을 행할 줄 알고도 행하지 않으면 죄니라"
611) 마태복음 5장 39절 "나는 너희에게 이르노니 악한 자를 대적하지 말라 누구든지 네 오른편 뺨을 치거든 왼편도 돌려 대며"
612) 노평구 편, 『김교신 전집 II』 (서울: 도서출판 부키, 2001), 442-443.

일어났고, 교회 내분에 실망하여 1920년 11월 교회를 떠났다. 신앙의 방황 날들 속에서 1921년 우치무라를 만난 것이다.[613] 제도권 하의 교회 정치와 형식주의에 대한 거부는 그를 무교회주의자로 이끌게 했다.

교권주의와 전통적인 유교 문화의 형식주의가 혼합되어 권력을 누리고 있는 한국교회의 현실과 기독교를 자본주의와 일치시키며 기복적(祈福的) 신앙을 가진 한국 기독교인들에게 김교신의 도덕성을 바탕으로 한 국가와 인간관계의 성립에 대한 강조는 다시 살펴보아야 할 필요가 있다고 본다.

3) 김교신의 기독교 이해

김교신은 이스라엘에서 율법이라는 인간적인 교훈이 그리스도에 의해 완성된 것과 같이 그리스도의 복음이 전래되기 이전의 모든 문화에도 그리스도에 의해 최후의 완성을 기다리는 현자(賢者)의 교훈이 있다고 보았다. 즉 복음이 천도(天道)라면 현자의 교훈은 인도(人道)로 소크라테스, 마호메트, 부처 그리고 공자 등의 교훈도 이스라엘에서 율법의 역할과 같이 복음의 전사적(前史的)인 의의를 지닌다고 생각했다.[614]

그는 이교(異敎)의 성현(聖賢)들이 그리스도를 모르고 죽었다는 이유만으로 영원의 멸망에 떨어진다는 것은 믿을 수 없다고 말한다. 그리스도의 제자라는 것은 교회에서 세례를 받았는가에 관계없이 그리스도의 가르침을 실천하려는 사람이므로 비기독교적인 기독교인들보다 오히려 유교의 선비들이 그 행동과 품격 면에서 그리스도의 제자가 될 자격이 있다고 생각했다.[615] 즉 그는 유교 형식으로 표현된 조선 재래의 정신이 조선 기독교

---

613) 양현혜, 『김교신의 철학』, 29-31.
614) 노평구 편, 『김교신 전집 IV』, 80-81.
615) 노평구 편, 『김교신 전집 IV』, 250.

의 존재 양식이 내포되어 있다고 생각했다. '朝聞道夕死可(아침에 도를 깨달으면 저녁에 죽어도 좋다)'라고 하는 유교의 일 구(句)에 집약된 정신적 이상을 순교적인 자세로 관철한 그들과 십자가에서 죽기까지 순종했던 그리스도와 실천적인 자세에서 다름이 없다고 보았다.[616)]

이러한 강한 정신적 이상이라는 조선 재래 정신의 존재 형태를 기독교 복음이 들어오기 이전의 조선 문화에 깃들어 있는 복음적 요소로 보고 이 재래 정신에 기독교를 접목하려고 했다. 그에게 기독교는 민족적 주체성을 형성시키는 동력이 되었다.

또한, 김교신은 기독교 신앙이란 철저히 신의 사랑과 그것을 체득한 인간의 응답으로서의 믿음이라는 관계 안에서 성립하는 것으로 '신과 사람 사이에 살아 있는 관계성' 안에서 본 것이 그의 기독교 이해의 첫 번째 특징이다.[617)] 오직 신에게만 의지함으로써 자기 안에서 일하시는 신의 섭리와 경륜을 의식하고 자유의 독립자로 서는 것이 기독교인으로 중요하다고 인식했다. 그의 '의뢰적 주체성'은 고립된 개별성이 아니라 자신을 죽기까지 사랑한 신을 사랑하는 것은 자신과 마찬가지로 신이 죽기까지 사랑한 이웃을 사랑하는 것과 다름이 없다. 이것이 기독교의 '윤리의 시작이며 신앙의 완결'이라고 보았다.[618)] 자기를 비우고 그리스도와 일치하여 그 사랑의 힘으로 타자를 죽기까지 사랑하는 것이 기독교인의 삶이라고 생각했다.[619)] 이러한 '의뢰적 주체성'을 확립하는 것이 기독교 신앙의 중요한 요소라고 본 것이 그의 기독교 이해의 두 번째 특징이다.

김교신의 기독교 이해의 세 번째 특징은 기독교인 일상의 삶 속에서 생활로 나타나야 하는 '직접성'이다. 기독교 신앙을 각자가 직접 해야 하는

---

616) 노평구 편, 『김교신 전집 Ⅴ』(서울: 도서출판 부키, 2002), 293.
617) 노평구 편, 『김교신 전집 Ⅳ』, 139.
618) 노평구 편, 『김교신 전집 Ⅰ』, 32.
619) 노평구 편, 『김교신 전집 Ⅰ』, 57-58.

주체적이고 실존적 '자기 실험'이라고 본 것이다. 그의 교육 활동도, 『성서조선』을 통한 '조선산 기독교'의 고취도 이를 실천하기 위함이었다.[620]

신앙을 일상의 삶으로 본 그는 전도에 대해서도 남다른 견해를 가지고 있다. "전도는 아름다운 언사나 문구로 하는 것이 아니라 십자가의 사실과 부활하신 주 그리스도의 능력으로 되는 일이다. 특히 현대와 같이 기독교의 껍데기만 길가에 뒹구는 세대에서 그러하다. 지금은 설교로 또는 문서 전도로써 복음을 증거 할 시대가 아니요, 신도의 전 존재 그것으로 입증할 때이다."[621] 신자의 모든 생활 안에서 그리스도의 증인 되는 '존재의 전도'만이 진정한 기독교인의 전도로 보았다. 신앙의 생활화를 추구하는 그 '실천성'이 그의 기독교 이해의 네 번째 특징이다. 김교신에게 기독교 신앙이란 생활화를 의미했다.

이러한 특징을 갖는 그의 기독교 이해와 무교회주의는 어떤 연관성이 있느냐는 질문이 생긴다. 김교신은 기독교인으로서의 신앙을 위해서는 성서 연구가 절대적으로 필요하다고 보았다. 그 이유는 그리스도와 살아 있는 만남을 위한 유일한 방법이라고 보았기 때문이다. 그에게 기독교 신앙의 궁극적인 책임의 주체는 교회가 아니라 신자 개인이었다, 이러한 신앙의 이해 속에서 당시 조선의 기독교를 보았을 때 많은 점이 실망스러웠다. 기독교 신앙을 "교회에 열심히 출석하는 것이요, 날마다 성경 보고 목소리 높여 찬미하고 장강유수(長江流水)의 기도를 드리는 것이요, 연보하고 구제하는 것"이라고 생각함으로써 교회에 대한 충성을 신앙과 동일시했다.[622] 그 결과 교회는 신앙과 구원을 독점하는 기관이 되었고, 신자들의 신앙생활도 형식화·교리화되어 공허해지고, 그 공허감을 탈출하기 위해

---

620) 양현혜, 『김교신의 철학』, 73-74.
621) 노평구 편, 『김교신 전집 I』, 251-252.
622) 노평구 편, 『김교신 전집 I』, 28.

감성적 뜨거움과 현실 도피적 엑스터시를 추구함으로써 신앙이 건강하지 못하다고 보았다. 사실 이러한 지적은 과장된 것만은 아니다. 길선주, 김익두 목사 등을 중심으로 한 부흥회적 신앙 운동이 조선을 오히려 미신화시키고 있다고 비판을 받기도 했다.[623]

김교신의 동인(同人) 함석헌 역시 한국기독교가 기복적이고 주술적인 면에서 벗어나 윤리와 정의에 앞장서야 한다고 지적했다. 그는 기독교계에 대한 실망 속에 그의 스승 우치무라 간조의 무교회주의 의의를 다시 한 번 확인하고 "교회밖에는 구원이 없다"라고 하는 교회 만능주의자들과 교회주의자들에 대해 "교회 밖에도 구원이 있다"라고 항의하고 무교회를 주장했다.[624]

살펴본 바와 같이 김교신은 성직자, 성례전 그리고 조직이라는 매개 없이 성경 강해 중심으로 한 평신도 성경공부라는 형식으로 자신들이 직접 운영한 것이다. 그러나 이 또한 기성교회가 형식화, 권력화의 위험에 노출되어 있는 것처럼 무교회 역시 사제 간의 권위주의, 주지주의적 성서 연구에 경도될 위험에 노출되어 있다.

김교신의 무교회주의 주장은 '완전한 교회'의 대안을 제시하지는 못했다. 그러나 신앙의 일차적인 주체는 개개인이라는 점, 지상의 모든 교회는 불완전한 것으로 늘 깨어서 스스로를 개혁하고 정화해야 한다는 점, 그리고 정화의 주체 역시 개개인의 신앙이라는 점을 선명하게 드러낸 점에서 커다란 의의가 있다 할 수 있다.

---

623) 한국기독교역사연구소 편, 『한국기독교의 역사』(서울: 기독교문사, 1989), 159-161.
624) 노평구 편, 『김교신 전집 II』, 305-306.

3. 함석헌의 씨올, 혼 사상

정인보[625]는 "내가 조선에서 무서운 사람이 없는데 유영모는 무섭다"고 말했을 정도로 유영모를 높게 평가했다. 그런데 그런 유영모가 "내가 대륙의 땅끝에 나서 두 태양을 보았다. 하나는 스승인 남강 이승훈 선생이요, 하나는 제자라 할 수 있는 함석헌이다."[626] 함석헌은 불안하고 고통스러운 한국 현대사를 치열하게 살았던 인물이다. 그는 하나의 사상에 머무르지 않고 기독교를 중심으로 유교, 불교, 도교의 정신과 사상을 종합하였다. 그의 조카 김상죽은 함석헌을 "절망을 모르는 사람"[627]이라고 한다. 그의 강인한 생명력은 어디서 온 것이며, 그의 정신과 사상은 어떻게 이루어진 것일까?

1) 함석헌(咸錫憲, 1901 - 1989)의 생애

정식 아호(我號)는 없지만 신천옹(信天翁) 혹은 씨올이라고도 불리는 함석헌(咸錫憲)[628]은 20세기가 시작되는 해 1901년 평안북도 용천군 부라

---

625) 정인보(鄭寅普, 1893~1950). 아명은 경업(經業). 자는 경시(經施). 호는 위당(爲堂)·담원(薝園)·수파(守坡)·미소산인(薇蘇山人). 상하이(上海)에서 박은식, 신채호와 함께 동제사(同濟社)를 조직하여 동포 계몽에 힘썼으며, 《동아일보》 논설위원으로 일본 총독부의 정책을 비판하였다. 저서에 《조선사 연구》, 《담원 시조》, 《담원 문록》이 있다. 참고: https://ko.dict.naver.com/#/entry/koko/2020년 9월 27일 접속.
626) 박재순, 『함석헌의 철학과 사상』(파주: 도서출판 한울, 2012), 37.
627) 박재순, 『함석헌의 철학과 사상』, 38.
628) 함석헌(咸錫憲, 1901~1989)은 자신의 호를 만든 일도 없고 또 누구에게서 받은 일도 없다. 언제부터인가 사람들이 그를 존경하여 함석헌 '옹'(翁)이라 했다. '옹'이란 칭호에 부담을 느끼던 함석헌은 일본인들이 '바보새'라고 부르는 '신천옹'(信天翁)이 생각이 났다. 자신은 하늘만 믿고 산 바보라고 할 수 있을 것 같아 어떤 때에는 호 아닌 호로 스스로 '바보새', 아니면 '신천옹'이라고 하기도 했다. 아무리 실패는 했더라도, 하나님의 발길에 채어오느니만큼 하늘을 믿었다고는 할 수 있기 때문이다. 바보새 신천옹에게는 그를 서게 한 두 다리가 있는데, 하나는 한민족이요 또 하나는 기독교이다.
유동식, 『풍류도와 한국의 종교사상』(서울: 연세대학교 출판부, 2007), 321-2. 함석헌, 『함석헌 전집 4』(서울: 한길사, 1983), 308.

면 원성동 사점마을에서 아버지 함형택과 어머니 김형도 사이의 2남 3녀 중 장남으로 태어났다. 함석헌은 「나의 어머니」[629]라는 글에서 어머니 김형도(金亨道)는 50세가 될 때까지 글자는 한 자도 몰랐지만, 그 어머니를 생각하면 맨 먼저 느끼는 것은 끊임없이 올라가자는 뜻의 사람이었다고 한다. 평북 용천 사점마을, 그곳은 예수가 살았던 갈릴리와 같이 소외된 지역[630] 가난한 소작농의 외아들과 결혼해서 7남매를 낳아 2남 5녀를 키우는 동안 '물아랫 놈들'이라는 멸시를 받는 감탕물[631] 먹는 바닷가에서 살았지만, 그녀는 인간다운 의식을 가지고 끊임없이 올라오려 한 보통이 아닌 사람이었다고 한다. 함석헌은 고향에 대해 이렇게 말했다.

> 본래 평안도는 한국의 '이방 갈릴리'여서 여러 백년을 두고 '상놈'이라 차별을 받아 왔습니다. (…) 밑바닥이니만큼 그 심한 정치적 혼란의 망국 시기에 있어서도 거기는 탐낼 곳이 없는 곳이니 평화가 있었습니다. 너도나도 다 상놈이니 계급 싸움이 있을 리 없습니다. (…) 양반 상놈도 보지 못했습니다. 종이 어떤 것인지 몰랐습니다. 이리해서 나는 타고난 민주주의자가 됐습니다.[632]

나라에서는 소외된 지역이었으나 중국으로 오가는 길목으로 새 세상의 물결이 가장 먼저 들어오는 자리였기에 일찍이 신학문과 기독교 신앙을 어려서부터 받아들일 수 있었다. 또한, 경계의 지역은 전통이 없으니 거부감 없이 새것을 받아들일 수 있었다.

---

629) 함석헌, "나의 어머니(그건 사람이 아니냐)", 남승원 편, 『함석헌 수필 선집』 (서울: 지식을 만드는 지식, 2017), 218.
630) 박재순, 『함석헌의 철학과 사상』, 40.
631) 아주 곤죽같이 된 흙, 갯벌 또는 냇가의 질퍽질퍽한 진흙물. 바닷가 뻘밭에 사는 것을 의미한다.
632) 함석헌, 『함석헌 전집 4』 (서울: 한길사, 1983), 206.

함석헌에 의하면 전통 종교가 창조적인 생명력을 잃은 형식적 전통에 불과할 때 '바닷가 상놈'의 고장으로 알려진 자기 마을에 새로 들어온 기독교는 사람들에게 희망과 의욕을 넣어주었다고 한다. 그는 기독교(장로교) 소학교인 덕일소학교에서 '하나님과 민족'을 배울 수 있었던 것[633]을 다행으로 여겼다.

평양고등보통학교 3학년 그의 나이 19세가 되던 해에 전국 규모의 3.1운동이 일어났다. 평소에는 순진한 기독 소년이었던 그가 독립선언서와 태극기를 인쇄하여 나며 목숨을 걸고 독립만세 운동에 직접 참여했다. 이때의 경험이 그에게 역사에 대한 깊은 관심과 이해를 형성하도록 했다. 후에 함석헌은 이때를 그의 일생에 있어 '큰 돌아서는 점'으로 작용한다고 했다.[634]

1921년 함석헌은 그의 사촌인 함석규 목사를 통해 오산고등보통학교 3학년으로 편입한다. 함석규는 함일형의 아들로 그가 살던 지역의 최초 목사였다. 오산학교는 남강 이승훈이 세우고 고당 조만식이 교장으로 있었고, 후임으로 다석 유영모가 있었던 학교로 오산학교 시절은 그의 사상 형성에 결정적인 영향을 미쳤다. 함석헌은 오산학교의 정신을 세 가지로 정리한다. 첫째, 청산맹호식의 민중 정신이요, 둘째, 자립 자존의 민족정신이요, 셋째, 참과 사랑의 기독교 정신이다.[635]

함석헌은 오산학교 시절을 이렇게 말한다.

> 오산학교는 민동, 문동, 신동의 산불도가니였습니다. 그때 그 교육은 민족주의, 인도주의, 기독교 신앙이 한데 녹아든 정신교육이었습니다.[636]

---

633) 함석헌, 『함석헌 전집 4』, 88.
634) 함석헌, 『함석헌 전집 4』, 210.
635) 함석헌, 『함석헌 전집 4』, 150.
636) 함석헌, 『함석헌 전집 4』, 212.
함석헌은 이 시절 오산학교 교육을 통해 민족, 민중 정신과 이것을 기독교 신앙으로 종합하여 기독교 사상을 형성하게 되는 것을 보면서 교육의 중요성을 깨닫고 일본 유학 시 사범학교를 택하게 되었다.

오산학교 시절 함석헌은 남강 이승훈과 다석 유영모를 만나 스승과 제자의 인연을 맺고 많은 영향을 받는다. 남강 이승훈은 강한 자립정신과 봉사 정신을 가지고 사업에 성공하여 뜻을 찾던 중 도산 안창호의 연설에 감동하여 오산학교를 세워 민족정신을 북돋웠다. 3.1운동 때에는 기독교의 대표로서 지도적 역할을 수행한 애국적 신앙인이었다.[637] 함석헌은 남강 선생을 통해 민족정신의 영향을 받았다.

다석 유영모는 기독교 신앙을 동양 사상 속에 흡수하고, 삶에서 그리스도와 자아를 일치시켰다. 유영모는 고당 조만식에 이어 오산학교의 교장이 되어 학생들이 스스로 생각할 수 있도록 하기 위한 단초를 제공해 주었다. 유영모의 가르침 가운데 함석헌은 노자, 톨스토이, 로맹 롤랑에 관한 이야기와 타고르의 「기탄잘리」[638], 웰스의 「세계문화사대계」 등을 통해 그의 종교와 역사, 과학, 국가관의 테두리를 형성하게 된다.[639]

함석헌은 유영모와의 만남을 통해 그리스도교에 대해 새롭게 생각하게 되는데, 즉 유영모를 통해 "성경이란 깊이 생각을 하며 봐야 하는 책"[640]이라는 것과 "남을 따라서 미리 마련된 종교를 믿기보다는 좀 더 깊고 참된 믿음이 있어야겠다."[641]는 것이다. 또한, 유영모를 통해 '씨알'의 의미를 배우고 이것은 나중에 함석헌 사상의 핵심이라 할 수 있는 '씨올사상'의 배경이 된다.

1923년 오산학교를 졸업한 후 함석헌은 남강 이승훈 선생의 주선으로

---

637) 함석헌, "함석헌이 본 남강 이승훈," 한국기독교사회문제연구원 편 『기사연 무크2』, (서울: 민중사, 1990), 305-327. 기사연 무크는 1, 2, 3권이 출간되었다.
638) 인도의 시인 타고르의 서정 시집이다. 『기탄잘리』는 '신(神)에게 바치는 송가(頌歌)'라는 뜻으로, 157편을 수록하여 1910년에 출판하였다. 그중에서 57편을 추려 타고르 자신의 영역(英譯)으로 1912년에 영국에서 출판하였고, 다음 해 노벨문학상을 수상하였다.
639) 함석헌, 『함석헌 전집 4』, 213-214.
640) 함석헌, 『함석헌 전집 4』, 190.
641) 함석헌, 『함석헌 전집 4』, 214.

동경 유학을 떠나 동경고등사범학교에 입학하여 역사와 윤리, 교육 과목을 공부한다. 이러한 가운데 성서 연구 집회를 통해 우치무라 간조(內村鑑三)를 만나게 된다. 이때 함께 공부하던 동기들이 김교신, 송두용, 정상훈, 유석동, 양인성 등으로 이후 이들과 함께 무교회 동인이 되었다. 함석헌 평생을 통해 가장 큰 영향을 준 사람은 유영모이고, 그다음이 우치무라이다. 그는 우치무라에게 세례를 받았다고까지 고백하고 있다.[642]

함석헌 생애의 전반기를 살펴보았다. 그의 삶의 전반기는 남강 이승훈과 다석 유영모의 오산학교에서의 신앙적 민족교육과 우치무라의 무교회 신앙이라는 기독교적 신앙에 입각한 민족정신과 민중 정신을 조화시켜서 일제의 식민지로부터 나라의 독립을 찾기 위한 몸부림의 시기였다. 그의 생애 후반기는 퀘이커 신앙과 간디의 비폭력 평화 운동의 사상적 영향을 받아 철저하게 비폭력적 방법을 견지하면서 반독재 민주화 투쟁과 세계 평화를 위해 헌신하며 투쟁한 시기라 할 수 있다.

2) 함석헌의 사상 이해(理解)

함석헌 사상의 중심은 나를 찾고 나를 세우는 데 있다. 그는 "우리 고난의 역사의 근본 원인은 나를 깊이 파지 않는 데 있다."[643]고 한다. 생명과 정신의 근본 원리가 '스스로' 함이기 때문에, 스스로 생각하고 스스로 행동해야 한다. 힘 있게 살려면 나를 찾아야 한다. 나를 찾는 길은 생각하는 길밖에 없다. 함석헌은 생각함을 철학과 종교의 근본 행위로 보았다.[644] 또한, 생각은 과학적 사유와 종교적 사유를 통합한다. '하는 생각(推理)'과 '나

---

642) 김용준, 『내가 본 함석헌』 (서울: 아카넷, 2006), 114.
643) 함석헌, 『뜻으로 본 한국 역사』 (서울: 한길사, 2003), 185.
644) 함석헌, 『함석헌 전집 3』 (서울: 한길사, 1983), 213-214.

는 생각(靈感)'이 통전(統全, Integrate)⁶⁴⁵⁾된다. ⁶⁴⁶⁾ 그에게는 생각하는 이성이 종교의 중심에 있다. 따라서 함석헌의 믿음은 생각하는 믿음이다. 생각 없는 맹목적 믿음은 생명과 이치와 방향을 모르고 헤매게 되며, 믿음 없는 생각은 생명과 역사의 뜻을 모르는 허울만 있는 껍데기 위에서 겉돌 수밖에 없다. 그러나 생각의 주체는 '나'만이 아니다. '내'가 생각하는 것은 내 속에 계신 분이 주는 생각을 받으려는 것이다. ⁶⁴⁷⁾ 그에 따르면 생각은 하나님과 나를 이어줄 뿐만 아니라, 객관적 현실(역사적 사실)과 주관적 삶(自我)을 결합하는 것이다. ⁶⁴⁸⁾ 함석헌에게 생각은 영적인 종교 생활의 핵심일 뿐만 아니라 사회적·역사적 삶을 형성하는 중요한 요인이고 내용이다.

한국은 유교·불교·도교의 정신과 문화가 뿌리 깊게 내려 있는 상태인데다, 짧은 기간에 빠르게 자리 잡은 기독교가 중요한 종교로서 공존하고 있다. 비빔밥의 고유 재료들이 한 곳에 어우러져 있는 상황 속에서 함석헌은 주체성을 지키면서 동서 문명을 아우르는 사상을 형성했다. 그는 기독교 신앙을 바탕으로 유교, 불교, 도교를 아우르며 민(民, 씨울)⁶⁴⁹⁾을 중심에 세우는 종합적인 사상을 형성했다. 그의 사상도 하나님을 모시고, 사람을 하나님처럼 섬기며, 사람 속에서 씨앗을 본다는 점에서 동학의 시천주(侍天主), 사인여천(事人如天). 인내천(人乃天)으로 표현된 동학사상과 비슷하다. 그러나 사람의 본성과 하늘을 동일시하는데 머물지 않고⁶⁵⁰⁾ 사람의 속을 파고들어 내적 초원을 지향한 것은 동학의 인내천 사상을 벗어난

---

645) 통전(統全, ntegrate)은 '완전하게 완성하게 하다.' '완전하게 결합, 융합시키다.'로 해석된다.
646) 함석헌, 『함석헌 전집 8』 (서울: 한길사, 1984), 56.
647) 함석헌, 『함석헌 전집 8』, 56-57.
648) 함석헌, 『함석헌 전집 1』 (서울: 한길사, 1983), 27.
649) 함석헌은 민중이라는 단어는 순수한 우리 말이 아니어서 사용을 꺼렸다. 그 대신 민(民)을 뜻하는 '씨울'이라는 표현을 의도적으로 사용했다.
650) 함석헌, 『함석헌 전집 18』 (서울: 한길사, 1987), 190.

것이다.⁶⁵¹⁾ 또한, 동학의 대중적 정서와 감정을 움직인 것과는 달리 생각을 사상의 중심에 두었다.

함석헌은 기독교인으로서 한국 정신과 풍토 속으로 깊이 들어갔다. 그는 '한 사상'에 주목했다. "한 혹은 흔이 우리 정신생활의 등뼈다.⁶⁵²⁾ 우리 사람은 한사람이요, 우리나라는 한나라요, 우리 문화는 한문화다. 그리고 그것을 인격화해 대표하는 것이 한님 곧 하나님, 환인(桓因)이다."⁶⁵³⁾ 그는 한민족이 가슴 깊이 담고 있는 이 한, 한님을 기독교 신앙과 연결하게 한다.

> 사실 우리나라 사람이, 조상 공경을 우상숭배라 해서 종래의 도덕을 뿌리째 흔드는 기독교를 쉬이 이해하고 받아들이고 있었던 것은 몇천 년 동안 내려오며 민중의 가슴 속에 뿌리박아 내려온 이 하ᄂ님 사상이 있었기 때문일 것이다.⁶⁵⁴⁾

함석헌은 한겨레의 정신적 고유성을 드러내는 '한'을 기독교 신앙의 대상인 하나님과 일치시키고, 이 '한(하나님, 하나 됨)'을 사상의 중심에 놓음으로써 민족정신과 기독교 신앙을 그의 사상 속에 결합했다.

함석헌의 사상과 정신은 유교, 불교, 도교의 동양 종교에서 말하는 '천(天: 신, 자연 또는 불성)과 인간의 합일' 사상, 그리고 홍익인간과 인내천과 같은 한국적 인본(人本)·인존(人尊) 사상에 기초한 것이다. 그러나 독설과 역설을 퍼붓는 격정적인 저항정신과 자유혼은 기독교의 순교자적인 예언자 정신이 결합함으로써 나올 수 있었다. 그가 '스스로 함'을 강조하고 무위자연(無爲自然)을 추구한다는 점에서 노장(老壯)사상과 이어지고, 사

---

651) 함석헌, 『함석헌 전집 1』, 381.
652) 함석헌, 『함석헌 전집 12』 (서울: 한길사, 1984), 232.
653) 함석헌, 『뜻으로 본 한국 역사』, 105.
654) 함석헌, 『뜻으로 본 한국 역사』, 105.

람과 하나님을 연결하고 사람(씨올)을 하나님처럼 섬긴다는 점에서 동학 사상의 시천주(侍天主) 사인여천(事人如天)과 통한다. 또 성경적 종말론적 역사관을 따르고 '생각'을 중심에 놓는다는 점에서는 계몽철학의 이성적 주체에 대한 강조를 받아들인다.[655] 거칠게 말하자면, 함석헌의 사상은 동양적 사유 정신과 기독교적 신앙 정신의 반영이요, 한민족의 고유한 '한(하나이고 큰)' 정신에서 비롯된 것이라 할 수 있다.

3) 함석헌의 기독교 이해와 영향

함석헌은 『성서적 입장에서 본 조선역사』에서 한국의 종교들에 대해 평가했다. 유교와 불교는 한민족의 정신을 심화하고 정화하는데 기여했다고 평가하면서도 그 한계를 지적한다. 유교는 깊은 도덕과 품격을 한민족에게 주었다. 그러나 지배계급인 양반과 결합함으로써 사대주의를 조장하고 고유한 정신과 문화를 억누르기도 했다. 불교는 민족정신과 깊이 만남으로써 민족 고유의 종교와 문화를 각성하는 데 기여했다. 그러나 은둔적인 성향과 세속주의와의 유착으로 한민족의 역사와 정신을 새롭게 하지 못했다. 함석헌은 유교와 불교가 이뤄 내지 못한 변화의 새 생명력을 고난의 종교인 기독교가 제공할 수 있기를 기대했다.[656]

함석헌의 삶과 사상은 그의 종교와 결코 떼어 놓고 이야기할 수 없다. 1923년 우치무라에게 일본 유학 시절 무교회 신앙을 배웠다. 그에게 무교회 신앙은 일제 암흑기를 이겨 내는 정신적 힘이 되어 무교회 신앙 동지들[657]과 순수한 신앙과 민족애를 키워 나갈 수 있었다.[658] 그러나 무교회 신앙에 머물 수 없었다. 그 이유는 첫째, 우치무라를 맹목적으로 추종하는 신앙 태도

---

655) 박재순, 『함석헌의 철학과 사상』, 56-72.
656) 함석헌, 『성서적 입장에서 본 한국 역사』(서울: 성광문화사, 1950), 224-226.
657) 김교신, 송두용, 정상훈, 유석동, 양인성 등이다.
658) 함석헌, 『함석헌 전집 4』, 85-86, 183-184.

를 거부하고 독자적이고 주체적인 신앙을 갖고자 했다. 둘째, 현재 상황에 대처하려면 우리 현실에 맞는 '우리의 종교'가 필요했다. 그리고 셋째, 급변하는 역사 속에서 민중을 깨우려면 기성 종교에 안주할 수 없었다.

그는 무교회 신앙을 버린 후 1960년 퀘이커 모임에 참여하기 시작했다. 함석헌이 퀘이커주의에 흥미를 느끼게 된 계기는 문헌이나 사상이 아니라 역사 속에서의 '직접적인 행동' 때문이다. 그가 퀘이커주의가 된 것은 "사람이 죽은 후에 하늘나라에 가는 것보다 지금 이곳 세상의 평화와 사회정의를 이루는 일에 힘을 써야 한다는 데 공감했기 때문이다."[659]라고 했다. 기성교회의 무조건적인 막강한 권위가 아닌 자신의 성향과 비슷한 탈권위적 성향의 퀘이커주의에 고무되었을 것이다.

함석헌의 종교사상에서 핵심 중 하나는 '나'의 문제이다. 그는 '나'를 오늘 나의 삶 속에서 이해했다. '나'와 하나님을 직결함으로써 오늘 '나'의 삶에 관심이 집중된다. 모든 것의 중심에는 '내'가 있으므로 나와 하나님이 이원론적 분열을 넘어선다. 그러나 곧 '내'가 하나님은 아니다.[660] 함석헌에게 있어서 하나님은 내재해 있기 때문에 초월해 있고, 초월해 있기 때문에 내재해 있는 역설적인 존재이다.

> 하나님을 온누리 사이에 찾는 동안에 맘은 하나님의 자취를 간 곳마다 본다. 스스로 담긴 제 발자국을. 제 자국이기 때문에 그것이 참참, 참어짊, 참아름다움은 아니다. 하나님은 아무 데도 안 계신다. 계시지 않는 하나님이 어떻게 내 안에 오셨을까? 하나님은 계신다. 내가 닿지 못하게(超越) 계신다. 속들어(內在) 계시기 때문에 계신(超越) 하나님이다.[661]

---

659) 함석헌, 『함석헌 전집 3』 (서울: 한길사, 1983), 153.
660) 함석헌, 『함석헌 전집 4』, 389.
661) 함석헌, 『함석헌 전집 4』, 384-385.

나를 중심에 놓는 사고는 『천부경(天符經)』에서 "사람 안에 하늘과 땅이 하나다(人中天地一)"[662]라고 말한 것과도 상통한다.

'오늘의 나'와 '오늘 나의 삶' 속에 살아 있는 하나님에게 집중했기에 역사적 예수를 신앙의 대상으로 받아들이기를 거부한다. 함석헌은 역사적 예수를 거부하고 '그리스도 됨'을 말한다. 즉 예수 그리스도에게 모든 책임을 맡기는 것이 아니라 자신이 그리스도와 하나가 되어 그리스도 자리에 서는 것이다. '내'가 십자가를 지고 그리스도의 역할을 해야 한다. 그래서 그는 '사람 됨(人格)'은 곧 '그리스도 됨'이라고 말한다.[663] 생명의 기본 원리가 '스스로 함'에 잇듯이 내 안에 절대적인 존재가 있으므로 구원도 '스스로 얻는 것'이다.[664] 나 스스로 고난의 짐을 짐으로써 나의 세상이 구원에 이른다는 것이 그의 종교사상의 핵심을 이룬다.[665] 또한, 함석헌은 단순히 예수를 믿으려고 하지 않고 예수의 십자가를 지고 예수의 삶과 정신을 살리려고 했다.

함석헌은 '십자가의 공로로 죄를 대속 받는다'는 교리를 믿기만 하면 된다는 사상에 반대하고 그리스도와 인격적 체험을 강조했으며, 그렇게 되려면 십자가를 져야 한다고 주장했다.[666] 그래서 그는 그리스도가 고난을 당함으로써 인류의 죄를 씻고 화해와 구원을 가져왔듯이, 한민족이 고난의 짐을 짐으로써 세상을 화해와 구원의 세계로 이끌어야 할 사명이 있다고 보았다.

함석헌은 기독교인들이 사회적 책임과 실천을 촉구하기 위해 구원을 얻으려면 예수의 피만 의지하지 말고 직접 십자가를 지고 직접 피를 흘려야

---

662) 유동식, 『한국문화와 기독교』 (서울: 한들출판사, 2009), 43-44.
663) 함석헌, 『함석헌 전집 4』, 385.
664) 함석헌, 『함석헌 전집 2』 (서울: 한길사, 1983), 126.
665) 함석헌, 『함석헌 전집 5』 (서울: 한길사, 1983), 122-123.
666) 함석헌, 『함석헌 전집 2』, 82-83.

한다고 주장했다.[667]

함석헌은 그의 말과 글을 통해서 기독교의 근본은 종교적일 뿐만 아니라 사회적·정치적이어야 한다는 점을 부각시키고 강조하였다. 한국인의 종교관이 사회·정치관과 너무나 절묘하게 일치 관계에 있다는 점을 고려할 때, 함석헌이 주장한 자유 진보적 종교관은 한국의 사회·정치적 자유민주화운동에 큰 영향을 끼쳤다고 평가할 수 있다.

함석헌의 종교관으로부터 사상적 영향을 받은 장준하, 안병무, 김동길, 한완상, 이태영, 문동환, 김찬국 등의 진보적 기독교인들이 70년대를 통해서 무력화된 야당을 대신해 재야 민주화운동의 지도자로 떠오른 것은 이런 면에서 자연스러운 결과였다

함석헌에게 있어서 종교인이란 반드시 그가 속한 시대의 사회·정치적 상황과 고민을 민감하게 의식하는 것이 중요했다. 그러므로 함석헌은 한국의 기독교인이 성서적 근본주의 노선을 택하고 세속사에 대해 은둔적이며 도피적인 자세를 취하기보다는 사회문제에 책임 의식과 적극적인 현실 참여 정신을 가질 것을 주창했다.

함석헌에게 종교의 세계와 정치의 세계는 분리된 세계가 아니라 서로 뒤엉키고 얽힌 관계였다. 그는 종교를 인간의 내적 생활의 상징으로 보았고, 반면에 정치는 인간의 외적 생활의 상징으로 파악했다. 그러므로 그는 종교적 경외심을 결핍한 정치나, 정치 문제에 무관심한 종교를 생각할 수 없었다. 그에게는 성(聖)이 곧 속(俗)이었고, 속(俗)이 곧 성(聖)이었다.

---

667) 함석헌, 『함석헌 전집 6』 (서울: 한길사, 1983), 337.

4. 분석 및 영향

유영모, 김교신 그리고 함석헌, 이 세 사람은 기독교를 자신의 현실에서 주체적으로 수용한 사상가들이다. 그들은 일제 강점기의 조선, 우리 민족이 가장 힘들었던 시기에 활동했고 근대화와 민주화라는 과제를 실현해야 하는 역사적 현실에서 살았다. 이들은 공통점이라면 한국적 기독교였다. 그들의 사상은 다양한 성격을 지니고 있다. 하지만 기독교인이라고 한다면 사회를 등한시해서는 안 된다고 주장한다.

유영모는 우리의 것을 강조하는 배타적 민족주의를 넘어 종교 상호 간의 대화를 가능하게 한다. 영적인 깨달음을 얻은 자들에게는 종교적 차이가 없다는 다원주의적인 관점을 보인다. 그리고 그는 기독교인임에도 예수만이 진리의 길이라고 주장하지 않고 예수, 석가, 노자 모두 진리의 길을 보여 준 인물이라고 강조한다.[668] 즉 포괄적 다원주의, 포괄적 포용주의 사상이다. 이러한 사상의 기초에는 예수만이 구원의 통로라는 서구의 기독교 구원관을 거부하고 누구라도 하나님의 영을 받으면 누구나 하나님의 아들이 될 수 있다고 본 것이다.

식민지 조선의 무교회주의자 김교신은 우치무라의 무교회주의를 '조선'이라는 환경에서 어떻게 주체적으로 수용 전개해 갈 것인가라는 과제를 '조선산 기독교론'을 통해 분명히 보여 준다. 당시의 조선 기독교계의 현실은 김교신에게는 이해하기 힘든 상황이었다. 서구적 기독교에 종속되어 오히려 조선인 됨을 혐오와 열등으로 간주하며 자신을 스스로 비 주체화하는 것이 조선 기독교계의 대세로 비추어졌다.[669] 따라서 조선을 구원할 기독교는 미국 선교사나 선교 본부에 의지하지 않고 조선인의 심성 안에

---

668) 오정숙, 『다석 유영모의 한국적 기독교』, 321-326.
669) 양현혜, 『김교신의 철학』, 106.

직접 체득된 것이어야 한다고 보았다. 그리고 변화된 조선인에 의해 선교되어 그 정신 체계를 심화시키고, 역사를 변혁하는 '조선산 기독교'가 되어야 한다고 생각했다. 이러한 그의 입장은 서구(西歐)우월주의에 빠져 있는 미국 선교사들의 조선에 대한 인식을 비판한 것이다. 『운둔의 나라 조선』을 집필한 그리피스(W. E. Griffis)는 조선의 역사라는 것은 일본이나 중국의 경우와 같이 민족적 허영심과 동물 신화에 근거한 민담에 불과하며 그 연대기는 지역적인 가치 차원에서 어림잡은 것으로 역사라는 범주에 미치지 못하는 것이라고 규정했다.[670] 또한, 조선에는 유교, 불교, 도교 등의 사상 내지는 종교가 있으나 이것들은 오랫동안 지탱해 온 허위들로 기독교에 의해 분쇄되어야 할 쓰레기라고 한다.[671] 이러한 그리피스의 견해는 대다수 선교사에 의해 계승되었고, 그들의 의식 속에 역사 없는 반세계사적인 공간으로 폄하되었다.

김교신은 조선을 야만으로 규정하는 선교사들의 조선관에 강력히 대항할 필요를 느꼈다. 그에 의하면 미국 기독교회는 유일한 기독교도 절대적인 기독교도 아니었으며 세계 많은 기독교회 중의 하나일 뿐이었다.[672] 그뿐만 아니라 미국교회의 영향으로 조선교회가 교회 관계 잡지 발행 부수와 광대한 교회의 건축, 종교 집회에서의 신자 동원 수를 가지고 교회의 성공 여부를 가리는 경향을 우려했다.[673] 인간의 욕망을 긍정하고 그것을 성취하는 능력으로 보는 서구 근대의 결과중심주의를 개탄한 것이다. 조선 기독교계의 자기 상실의 위기를 민족 정체성을 담은 기독교를 모색하고자 했다. 그는 기독교의 윤리와 유교의 성(誠)의 사상과 유사성이 있다고 보았다. 즉 성(誠)은 천(天)의 길로 우주의 원리이고 그것에 따라 성(誠)스러

---

670) 이만열 편, 『아펜젤러』 (서울: 연세대학교출판부, 1985), 6.
671) 이만열 편, 『아펜젤러』 8.
672) 양현혜, 『김교신의 철학』 110.
673) 양현혜, 『김교신의 철학』 111.

워지기 위해 노력하는 것이 인간의 길이라고 한다. 이것은 기독교가 수용되기 이전의 조선 문화에 깃들어 있는 복음적 요소로 인식했다.[674] 그리고 민족의 고통인 망국의 아픔을 체험한 조선인에게 합당한 애국심은 한 사람 한 사람이 분투하는 것이 독립의 길이며, '조선산 기독교'는 사랑의 봉사를 통해 모두가 함께 서는 세계를 위해 세상의 모든 비진리와 싸우며 세상을 섬기는 '전투적 기독교'이기도 했다.

함석헌의 경우 성(聖)은 속(俗)이요, 속(俗)은 곧 성(聖)이라 한다. 다시 말해 정치, 사회와 종교가 분리될 수 없기에 세상에 대해 참여하지 않고, 목소리를 내지 않는 것은 진정한 기독인이 아니라고 한다. 그리고 그의 사상은 믿음의 주체인 나, 민중, 민족과 대상인 그리스도와 하나님과 일치시키며, 오늘의 '나' 또는 '민족'이 그리스도의 자리에서 십자가를 진다는 것을 강조하며, 구원을 스스로 성취한다는 그의 주장은 오늘의 삶을 강조하는 주체적이고 일원론적인 동양적 사고를 반영하고 있다.[675] 또한, 그는 한국 정신과 풍토 속에서 문화와 정신적으로 닦아 낸 한사상을 주목하며 겨레의 얼을 '한' 혹은 '흔'으로 직결시킨다. 그리고 그것을 인격화하여 한님 곧 하나님, 환인(桓因)이다. 함석헌은 한민족이 품고 있던 이 '한', 또는 '한님'을 기독교 신앙과 연결했다.[676]

이들이 당시 한국인들의 사상에 미친 영향을 살펴보자면, 유영모의 한국적 기독교는 기독교 신앙을 피상적인 차원이나 교리 신조의 고백 차원을 넘어 삶으로 살아내는 기독교로 이해했다. 예수를 믿는다는 것은 머리로 믿고 입으로만 시인하는 것이 아니라 몸으로 일식, 일좌, 일인, 일언이라는 십자가의 도의 삶을 사는 것이라 해석했다. 두 번째는 예수를 믿는

---

674) 양현혜, 『김교신의 철학』, 116-120.
675) 박재순, 『함석헌의 철학과 사상』, 59-60.
676) 박재순, 『함석헌의 철학과 사상』, 62-64.

목적이 오직 이 땅에서 영육 간에 잘되고 강건하기 위한 기복과 천국에 가기 위한 것만이 아니라 사람 되는 것에 있음을 말한다. 세속적 이익을 버리고 내 속에서 말씀하시는 하나님의 음성을 듣고, 행하며 인간성을 회복하여 하나님이 원하시는 본래의 나에 이르는 것이 목적이라고 한다. 즉 기독교인의 정체성에 대해 말한 것이다. 이러한 그의 주장과 영향은 그를 직접 대면하지 않았음에도 불구하고 우리 안에 습득되어 있는 영향이다.[677]

그렇지만 그의 한국적 기독교의 이해는 긍정적인 면만 있는 것은 아니다. 자칫 행함으로 구원을 얻을 수 있다는 율법주의로 착각될 위험성이 있다. 일좌식, 일언인을 십자가의 도라 하여 신앙과 삶이 하나 되는 실천의 삶을 지향하는 구체적 길이 되지만, 잘못 이해하면 몸으로 행하여만 구원에 이른다는 율법주의가 될 위험성도 있다. 일좌식, 일언인은 본래 믿음의 표현인 동시에 나를 벗어나 내 속의 하나님을 드러내기 위한 길이지만 그것 자체가 목적이 아닌 믿음의 표현이요 믿음에 이르는 길이다. 그런데 이것이 목적 자체가 되면 복음이 아니라 율법주의에 빠질 위험성이 있다. 그리고 두 번째는 내 속에 있는 그리스도가 살기 위해서 나에게 복종시키는 수신의 중요성을 말한다. 그래야 소아(小我)인 내가 죽고 대아(大我)인 그리스도가 드러나기 때문이다. 그러다 보니 기도와 교회 생활을 무시하고 내 힘과 내 의지로 나를 쳐서 다스리려는 자신과의 싸움만이 중요한 것으로 생각하게 한다. 그러나 하나님의 도움 없이 내 힘과 내 생각으로 몸과 마음을 다스리고, 교회의 도움 없이 하나님과 그리스도를 알기는 더욱 더 어렵다. 그가 인도했던 연경반도 일종의 교회였다. 조직과 교제가 부족하고 외부 활동도 부족했지만, 믿는 사람들이 모여 말씀을 듣고, 말씀에 귀 기울인 교회였다. 그의 사상과 한국적 기독교 이해는 그의 제자 김교신, 함석헌과 한국교회의 영성에도 영향을 주었다.

---

677) 오정숙, 『다석 유영모의 한국적 기독교』, 321-326.

김교신의 '조선산 기독교'는 미국과 일본에 대한 종속으로부터 그 문화적 평등성을 확보하려 했던 것이었으며, 암울한 시대에 '조선산 기독교'를 통해 희망을 보기를 원했다.

김교신은 당시의 조선 기독교회가 가지고 있던 문제점을 비판하지 않을 수 없었다. 조선 기독교는 선교 초기부터 교파들에 의해 교파 이식형(敎派移植形) 선교가 이루어졌다. 교파란 선교국 전개 과정에서 생겨난 것이지 조선 기독교에는 필연성이 없었다. 조선의 기독교인들 사이에서는 단일의 민족교회를 세우려는 움직임이 있었다. 초기 조선 기독교의 대표적 지도자인 최병헌, 한석진 등의 단일 민족교회 발언이나, 1905년 단일의 조선 기독교회의 창립을 목표로 한 '재한 복음주의 선교공의회'의 조직 등이 그 예이다.[678] 그러나 그러한 움직임은 실패로 끝나고 조선 기독교는 교파의 분립이라는 형태를 취하게 되었다. 그리고 천국에 가기 위해서는 우리 교파 아니면 안 된다는 식의 전도를 각 교파의 신도 쟁탈전이라고 비판한다. 또한, 그는 '부흥회'적 신앙을 비판했다. 당시 조선의 기독교적 신앙적 경향은 1919년 3.1운동을 계기로 두 가지 흐름으로 나타났는데, 사회문제에 적극적으로 참여하려는 사회적 기독교 운동의 경향과 현실로부터 탈피하여 종교적 카타르시스를 구하려는 '부흥회'적 신앙 형태였다.[679] 이 '부흥회'적 신앙 형태는 일본 통치가 점점 가혹해짐에 따라 조선 기독교의 대세가 되었고, 그 대표적 지도자가 길선주였다. 부흥회적 신앙 형태는 1930년대가 되면서 신비적인 경향을 띠게 되었는데 그 대표적 인물이 이용도이다. 이런 부흥회적인 신앙 형태는 기독교의 건전성을 위협하는 단계에까지 이르렀다.[680] 김교신은 부흥회적 신앙을 가진 사람들이 역사와 사회의 책임

---

678) 민경배, 『한국민족교회형성사론』 (서울: 연세대학교출판부, 1980), 35.
679) 정하은, 『한국 근대화와 윤리적 결단』 (서울: 대한기독교서회, 1975), 40-56.
680) 양현혜, 『김교신의 철학』, 140-141.

을 외면한 채 개인의 구원만을 추구하는 것을 비판했다. 따라서 그는 현실의 악을 대처해 나갈 때 기독교는 여타 개혁 운동과는 비교가 되지 않는 역사 형성력을 발휘할 수 있다고 보았으며, 그의 종말론적 희망은 언제나 역사의 한복판에서 책임을 지고 사는 것이었다. 그렇다면 그의 활동은 동시대의 기독교인들에게 어떠한 반향을 일으켰을까? 성경을 통해 기독교의 근간을 파악하고 일상에서 신앙과 생활을 일치시켜 참 기독교인, 참 조선인을 양성하자는 그의 주장은 교파를 넘어 기성교회 많은 사람과의 교분으로 이어졌다.[681] 김교신은 진정한 기독인은 그리스도의 사랑을 실천해야 하며, 그들의 삶에서 그 실천이 묻어 나와야 한다고 한다. 즉 믿음이 있다면 그것이 삶에 실천되어야 한다는 것이다. 그의 무교회 사상은 회당교회 인정 거부, 성직제도 불인정, 교회의 성서해석권 거부, 그리고 하나님이 한국 민족에게 주신 고유한 사명을 밝히지 않는 신학을 인정하지 않는다는 것이다.[682] 그러므로 서구의 기독교가 아닌 김치 냄새나는 '한국산 기독교', '조선산 기독교'를 이식시켜야 한다고 주장했다. 이와 같은 이들의 사상적 영향으로 진보적 성향을 띤 민중신학, 토착화 신학이 태동하는 기틀을 제공했다고 본다. 그렇지만 그의 '조선산 기독교'는 기독교의 조선적 토착화를 위한 형식을 제시한 것이기보다는 그것이 지향하는 정신적 좌표를 제시한 것이라 할 수 있다.

함석헌은 신분 질서 제약에 얽매이지 않고 민중과 함께하며 민중을 주체로 하는 회통의 사유를 이루었다. 이는 민중의 아픔을 자신의 마음으로 삼음으로써 유교, 불교, 도교와 무교를 회통하는 동학사상에 이른 것에 비

---

681) 양현혜, 『김교신의 철학』, 149-153.
김교신과 교분을 나누었던 분들은 장도원 목사, 함남의 전계는 목사, 나환자의 아버지 최홍종 목사, 감리교의 이호빈 목사, 장기려 박사, 함석헌의 스승 유영모와도 깊은 교분을 나누었고, 손양원 목사도 그의 잡지 「성서조선」의 독자였다.
682) 박용규, 『한국기독교 교회사2』 (서울: 생명의 말씀사, 2012), 671.

교할 수 있다. 이처럼 그는 민중의 고난과 절망을 자신의 삶과 마음에 받아들이고, 여기에 기독교와 근대화를 받아들여 대종합의 사상을 정립했다.[683] 사람(민중, 씨올)을 하나님처럼 섬긴다는 그의 사상은 동학의 시천주, 사인여천과 통한다. 그의 사상은 동양적 사유 정신과 기독교 신앙 정신의 반영이고, 한민족의 '한'정신에 기인한 것이라 여겨진다. 또한, 그는 선교사들과 한국 기독교인들의 보수적인 정통주의, 형식주의의 교리를 비판했다. 당면한 현실을 외면하고 십자가 사건과 성경에 관심을 기울이는 것은 실천 없는 무책임한 신앙, 감정과 관념에 머문 신앙이 된다고 비판하며, 역사와 삶의 뜻을 찾아 생각하는 종교가 되어야 한다고 한다. 그렇게 생각하는 자만이 종교를 가질 수 있고 역사와 삶의 주체가 될 수 있다는 것이다. 다시 말하면 내가 참여하지 않은 십자가 사건은 나에게 구원을 주지 못한다는 것이다.[684]

함석헌은 생각을 중심에 놓고 영적인 삶과 사상을 형성했다. 씨올사상은 생각하는 이성이 주체이며, 주체인 '나'를 초월해서 공동체적인 '참나'를 추구하는 영성이다. 씨올사상에서는 예수의 고난과 민족의 고난과 오늘의 '나'가 일치한다. 그러므로 씨올은 민족의 주체요, 민중이었다. 그에게 있어 계급을 벗어난 종교, 마음의 종교는 민중의 종교일 수밖에 없었다. 민중은 수탁과 억압받는 피동적 주체가 아닌 자율적이고 주체적인 존재로 본 것이다.[685]

이와 같은 사상적 영향으로 진보적 성향을 띤 민학, 토착화 신학이 태동하는 기틀을 제공했다. 그 예(例)가 함석헌의 씨올(민중)공동체[686](충남

---

683) 박재순, 『함석헌의 철학과 사상』, 66-70.
684) 박재순, 『함석헌의 철학과 사상』, 257-261.
685) 함석헌, 『함석헌 전집 8』, 66.
686) 1950년대 충남 천안시 봉명동 소재 씨올농장이다. 함석헌이라는 종교지도자는 있었으나 공동체를 관리하고 조직화할 수 있는 지도력의 부재와 목표 의식의 결핍으로 생활 공동체 유지에 실패하였다.

천안시 봉명동에 소재했었으나 현재는 재개발로 인하여 그 흔적도 찾아보기 어렵다.)이다. 사회 변혁과 문명 혁신의 확산이라는 씨올공동체는 가난, 조직, 제도, 권위 그리고 억압 등으로부터 자유를 추구하는 개인적 구원을 강조하였다. 이러한 공동체 운동은 사회를 바라보는 시각을 갖게 했으며, 종교운동의 대안적인 운동으로 부상시키게 충분했다. 이로 인하여 사회적 약자들의 편에 서는 도시 빈민 선교가 부각 되었다. 가난한 자, 억눌린 자들의 하나님, 역사 안에서 악한 세력을 심판하시는 하나님을 믿는 민중들이 스스로 깨어 일어나 스스로의 힘으로 인간화를 이루어야 한다고 주장한 민중신학은 인본주의적으로 치우쳐 교회의 영으로서의 성령과 말씀의 영으로서의 성령을 약화시켰다.

이들의 사상적 영향을 거칠게 말한다면, 유영모의 경우는 유교, 도가를 포함한 넓은 의미에서의 도교, 불교의 영향이 모두 나타난다. 김교신의 경우는 유교의 영향이 강하게 나타나고, 함석헌의 경우는 유교와 도교의 영향이 나타난다. 한국 근대 사상가로서 독특한 면모를 보인 이들의 독창성과 종교의 교의, 특성을 검토하는 것도 의미 있는 과제라 생각된다.

이들이 한국적 기독교를 강하게 외친 이유는 피안의 개인적 구원만을 위한 당시 한국기독교의 '부흥회식' 예배와 '신비적 경향 추구'에 대한 비판과 더불어 민족을 외면하고 분파로 치닫던 한국교회를 향한 자성의 목소리였다. 당시 길선주, 김익두 등을 중심으로 한 부흥회적 신앙 운동이 조선을 미신화시키고 있다고 비판을 받기도 했다.[687]

---

687) 한국기독교역사연구소 편, 『한국기독교의 역사』, 159-161.

제4장

한국 전통 종교적 영성과 토착적 사상으로 등장한 예배 유형

현재 한국교회의 예배에 대한 문제점을 인식하며 자성의 목소리가 나오는 것은 고무적인 일이다. 가스펠투데이 2018년 12월 18일 자 사설은 다음과 같다.

> 2018년 11월에 한국교회발전연구원에서 '한국교회의 예배, 어떻게 갱신할 것인가?'란 주제로 연구 발표회의 발제 내용이다. 김경진 교수의 발제에서 의미 있는 지적 중에 두 가지가 관심이 기울여진다. 그중 하나는 예배의 중심이 예배의 대상이 하나님이 아니라 인간의 기복적이고도 주술적이며 세속적 욕구를 담아낼 가능성이 크다는 지적이다. 부인하기 어려운 지적이다. 기복적인 요소와 세속적인 욕구를 반영하고픈 유혹을 극복하는 것은 교인의 예배 출석수가 한국교회의 자랑이 되는 상황에서 매우 어려울 것이다. 또 하나의 지적이 있다. 부흥운동의 연계 선상에 서 있는 찬양 운동의 문제점도 지적했다. 그는 일부의 찬양 운동은 전능하신 하나님을 등에 업고 세상을 정복하도록 독려하는 결과를 낳았다고 비판하면서. 이는 전통적인 교회가 하나님 앞에서 죄를 자복하고 하나님께 긍휼을 구하며 찬양하고 하나님께 용서받은 기쁨을 가지고 나가 세상을 위해 봉사하는 것과는 거리가 먼 것으로 보인다고 문제를 제기한다. 기독교 신앙의 핵심인 예배를 점검 해 보는 것은 너무도 당연한 일이다. 그런 면에서 몇 가지를 제안을 한다. 이제는 모으기 위한 예배, 즉 사람들에게 매력적인 예배를 만들어 내고자 하는 욕구로부터 자유로워야 한다. 예배는 예배 그 자체가 목적이다. 예배는 보여 주는 것이 아닌 하나님 앞에 나아가는 것이라는 사실을 모르는 그리스도인이 있을까? 사람에게 집중하는 예배에서 삼위일체 하나님께 집중하는 예배여야 한다.[688]

---

688) http://www.gospeltoday.co.kr 가스펠투데이 2018년 12월 18일자. 2020년 12월 19일 13:40에 접속.

한국교회에 당면한 이러한 예배의 문제점은 누구라도 인정할 것이다. 기복적인 예배, 부흥회식 예배 그리고 예전이 없는 설교 중심의 예배 등은 하나님께 초점이 맞춰진 것이 아니라 인간에게 맞춰진 예배의 모습들이다. 설교 중심적 부흥회식 예배의 배경은 선교사들뿐만 아니라 당시 한국 선교 환경과도 깊은 연관이 있다. 이런 전통은 한국교회의 부흥 운동과 맞물려 한국교회의 전형적인 특색으로 자리를 잡아 왔으며, 그 가운데 찬송, 기도, 봉헌 및 신경 등을 포함한 유형으로 한국교회들이 오랫동안 추구해 온 주요 관행이라 할 수 있다.[689]

예배는 인간의 삶에 있어서 최고의 경험이다. 예배를 통해서 하나님의 나라와 그 의가 표현되며, 하나님께 대한 인간의 경외심과 바람도 예배 가운데 표현된다. 예배를 통해서 하나님을 경험할 수 있으며, 영원한 영적 세계가 있음을 경험하게 된다. 이러한 의미에서 기독교의 예배는 하나님과 인간의 만남이라 할 수 있다. 예배는 영원하신 하나님을 높이고 찬양하는 것이다. 예수 그리스도가 이루신 일에 감사를 드리는 것이다. 그리고 성령의 임재를 간구하는 것이다. 만일 예배의 방향을 잃어버린다면 진정한 예배라 할 수 없다. 본 장에서는 한국교회의 예배 가운데 한국 전통 종교적 영성과 토착적 사상, 그리고 초기 선교사들의 영향으로 인하여 등장한 예배 유형들을 살펴보고자 한다.

---

689) 김순환, "한국교회 예배의 현주소와 그 발전적 미래 모색", 한국복음주의신학회, 「성경과 신학」 제63권 (2012): 30.

| 제1절 |
부흥회식 예배 유형

1. 배경과 예배 형식

한국에서 선교를 시작한 개신교 선교사들은 미국의 부동을 통해 형성된 복음주의와 경건주의의 이중적 신앙 형태[690]를 한국교회 예배에 적용하고 그들을 통해 생활과 체험 중심[691]의 부흥회 형식과 내용을 한국교회에 심었다. 한국의 개신교회가 복음을 받아들일 무렵의 환경 자체가 예전적 예배를 드릴 수 있는 수준이 아니었다. 그러하기에 기독교적 신앙과 지적인 수준의 차원 높은 예배, 예전을 따르기에는 역부족이었다.[692]

초기 한국에 파송된 선교사들의 대부분은 19세기 미국 부동과 선동으로부터 대부분 영향을 받은 자들이었다. 미국에서 회심을 강조하면서 형성된 부흥회식 형태의 예배는 선교사들의 경험으로 한국의 선교 현장에서도

---

690) 민경배, 『韓國基督敎會史』, 144.
691) 현대 신학의 아버지라 불리는 슈라이어마허(Friedrich Daniel Ernst Schleiermacher)의 신학적 통찰은 정통주의와 경건주의 그리고 계몽주의적인 사상들의 교차로 인하여 오직 교육적인 관점과 선교적인 맥락에서만 이해하는 기독교의 예배를 거절하고 그리스도를 통한 구원과 하나님의 은혜에 대한 감사로서의 예배가 이루어지도록 애썼으며, 기독교의 예배는 회중과 교회를 통한 신앙생활의 삶의 표현으로서 종교적인 신앙 행위로서의 예배를 제시하였다. 슐라이어마허는 예배의 도구적인 이해를 거절하고 경험에 의한 주관적인 발단을 중히 여겼다. 이러한 그의 예배 이해는 20세기 초까지 서구 예배에 큰 영향을 끼쳤다. 그의 신학은 정통적인 입장을 벗어나 자유주의 신학의 창시자로 평가되기도 한다. 정일웅, 『기독교예배학 개론』 (서울: 도서출판 이레서원, 2001), 118-119.
692) 정장복, 『예배의 신학』, 439.

적용되었다. 가능한 한 빨리 회심자를 얻으려는 선교사들의 열정이 비 예전적 형식인 부흥회 형식의 예배 형식을 취하였다. 이러한 예배 형식은 불신자들이 대상으로 점진적 신앙교육이나 양육보다는 급진적인 변화와 구원을 강조하는 선교 지향적인 예배의 형식이다.

　회심이 예배의 주된 기능이 된 것은 역사적인 중요한 변화이다. 당시 미국은 실용주의적인 접근과 변경 형식을 넘어선 자유로움으로 미국화의 과정을 진행하였다. 유럽의 예배 형식을 탈피하고 미국화된 예배 형식으로의 변화에는 서부 개척으로 이동 과정 중 미국의 자립정신을 예표 하는 새로운 종류의 평등을 이룸으로 보통 사람의 시대를 연 잭슨의 민주주의[693] 상황이 내재하여 있다. 많은 개척지(Frontier)교회는 안수받은 성직자 없이도 예배를 드렸고, 가장 유명한 부흥사 중의 한 명인 무디(Dwight L. Moody, 1837-1899) 역시 평신도였다. 교육을 받지 못하고 글을 읽지 못하는 사람들은 그들의 예배에 기도서 전통을 받아들일 수 없었고, 찬송도 쉽게 기억되도록 단순해야 했다. 그리고 예배 지도자들은 의도적으로 감정이 고조되도록 했다. 설교 중에 찬송을 부르고 감정을 노골적으로 드러내 소리치는 것은 회중에게 능동적 참여를 이루려는 방법이었으며, 회중은 자신들 열정의 표현으로 손뼉을 치거나, 하늘을 향해 손을 들어 올리는 등의 표현[694]으로 나타났다. 예배 계획을 하는 주최 측에서는 얼마나 많은 결신자를 끌어내느냐 하는 것이 그들의 관심이었다.

　한국교회의 예배가 예전을 소홀히 하고 설교에 지나치게 편중된 원인의 하나는 초기 선교사들의 예배가 설교 중심의 예배였다는 점이다. 오늘날

---

693)　미국 7대 대통령 앤드루 잭슨 Andrew Jackson(1829-1837)은 직접적인 유권자 호소를 통해 대통령에 당선되었다. 대통령 후보 선출에 있어서 비공식 간부회의가 아닌 전당대회를 통함으로써 귀족적인 정치 양태에 반발하여 보통 사람의 시대를 열었다고 평가된다. 이러한 잭슨의 민주주의는 인간 평등관에 입각한 민주주의 이념 잭슨은 개척자적인 인간 평등관에 입각한 민주주의 이념을 반영하였고, 그것은 선거권의 확장, 민선 관리의 증가, 공직 재임의 단축, 공직 취임권의 평등화 등으로 요약될 수 있다.
694)　White, 『개신교 예배』, 305-308.

한국교회에서 드려지고 있는 예배 형식은 시대적으로 볼 때 19세기 북미 지역의 부흥 운동과 선교 운동의 예배 형식인 소위 "개척지 예배"(Frontier worship)라고 하는 것에서 유래하였다. 이 개척자 예배의 문제점 가운데 결정적인 것은 예배가 목사 개인, 특히 설교자에게 지나치게 의존되어 있다는 것이다. 예배 시간의 절반 이상이 설교에 할애되고 설교가 곧 예배요, "예배는 설교를 듣는 것"이라는 인식하에서는 설교자가 개인의 자질이나 영성 등 개인적이고 인격적인 요소에 의해 예배가 좌우되며, 심지어 설교자의 언변에 예배가 좌우되기도 한다.[695]

개척지-부흥회식 예배의 전형적인 형태는 찬송가에 의해 구분되기 때문에 "찬송 샌드위치"라고 풍자되는 이 예배의 형태는 세 부분으로 구성되어진다. 준비 단계인 찬송, 회심으로의 부름인 설교 그리고 결신자 초청이다. 이는 준비 운동-회심으로의 부름-결신자 초청으로 이루어지는 전형적인 부흥회식 예배 구조이다.[696] 오늘날 한국교회 예배 형식과 크게 다르지 않다.

2. 부흥회식 예배의 신학

부흥회식 전통의 예배는 예배 형식뿐만 아니라 예배 신학도 단순성을 그 특징으로 한다. 무디의 경우를 보면 그의 메시지는 3R[697]로 요약된다. 첫째, 죄로 인한 부패(Ruin by sin), 둘째, 그리스도로 인한 구속(Redemption by Christ), 그리고 셋째, 성령에 의한 중생(Regeneration by Holy

---

695) 조기연, 『예배 갱신의 신학과 실제』 (서울: 대한기독교서회, 1999), 183-84.
696) White, 『개신교 예배』, 305.
697) Gundry, 『무디의 생애와 신학』, 110.

Ghost)이다. 또한, 그는 전도와 선교를 위해서는 성령을 받아야 함을 강조하며, 요약한 복음의 핵심 선포를 통해 회심을 유도하는 것이 그의 사역의 중심이었다고 볼 수 있다. 무디는 직접적으로 지옥 불에 대해 설교 하지는 않았으나 하나님의 진노, 지옥 그리고 미래의 심판에 대한 부수적인 언급을 자주 내포하고 있다.[698] 이렇게 죄를 지적하고 다가올 심판의 임박성을 선포하고 회중의 회심을 강조하며 회개를 촉구하는 부흥회식 예배(전도 집회) 형식이 두 번째 특징이다.

19세기 미국의 천막 집회에는 항상 앞자리에 "애통자의 자리(Mourner's bench)"가 놓여 있었다.[699] 그리고 예배는 개인적 차원의 구원과 "구원이 아니면 멸망"이라는 절대적인 개념의 이분법을 강조한 것이 특징이다. 회개와 죄 사함의 강조의 이유는 회심(결신자)을 유도하기 위함 때문이다. 이와 같은 모습은 한국 초기의 예배와 부흥집회에서 나타나며, 언제나 죄 용서의 복음을 제시하며 개인적 회개와 결단을 유도한 것과 일치한다. 철저한 회개는 삶의 변화를 요청하며, 인생의 방향을 바꾸게 하는 것이 세 번째 특징[700]이라 할 수 있다.

평양 대부흥회 기간 자신이 저지른 행위론적 죄의 고백과 함께 '나는 죄인이다'라는 존재론적 죄에 대한 공개적 고백과 함께 배상 또는 보상의 행위로도 이어졌다. 회개 운동이 주가 된 부흥 운동은 기독교인의 통회 자복으로 개인의 정서적 정화를 가져오게 하였으나, 개인이 책임져야 할 현실, 사회의식은 회피하고 신의 섭리에 맡기는 결과로 나타났다. 결국, 부흥 운동에서 나타난 회개 운동은 죄를 통회함으로써 개인의 심적인 평화와 정화를 일시적으로 누리며 현실의 복잡성에서 도피하게 하였으나 죄

---

698) Gundry, 『무디의 생애와 신학』, 123.
699) White, 『개신교 예배』, 304.
700) 조기연, 『한국교회와 예배 갱신』, 59.

의 중요한 원인인 구조적 악에 대해서는 외면하는 철저한 개인적 문제에만 집착하게 하였다.[701] 그리고 초기 한국교회에 '참회자의 좌석(Mourner's bench)을 둔 것'[702]을 보면 회개와 죄 사함을 강조한 미국 개척지-부흥회식 예배 전통과 정확하게 일치한다. 그리고 부흥회식 예배의 지향점은 바로 천국과 재림에 대한 소망이다. 현 세상의 사회적 참여보다는 현실을 넘어선 내세에 대한 소망을 바라보는 것이 특징이다.

한국교회 예배 속에 담겨 있는 부흥회식의 예배는 19세기 미국의 '개척지-부흥회식 예배' 전통에 속한다고 할 수 있다. 그 이유는 한국교회가 복음을 받아들일 무렵의 환경이 예전적인 예배를 드릴 수 있는 수준이 안 되었다. 그리고 한국 국민의 심성에 뿌리내린 종교문화는 제의적 행위만 맹종하고 있을 뿐이었다. 이때 민족의 심성과 지성을 깨우는 복음을 접하게 되었고 그 새로운 종교 경험은 놀라운 속도로 번져갔다.[703] 여기에 예전을 찾기보다 죄와 회개를 강조하여 결신자를 찾는 것이 더 급선무였다. 이러한 부흥집회식 예배 신학은 죄와 회개를 강조하는 단순한 복음 그리고 예배와 삶의 일치를 추구하는 개인적 구원에 초점이 맞추어져 있음을 볼 수 있다. 예배와 삶의 일치를 추구하고 회개와 죄 사함의 강조는 결신자를 얻기 위한 불신자들을 향한 개척자 예배의 모습이다. 그리고 목회자나 선교사가 없는 교회의 예배였다. 다음의 서술은 우리의 예배가 어디서 유래했는지를 잘 입증하고 있다.

> 변경(邊境)의 사람들은 흔히 교육을 받지 못하고 글을 읽지 못하기에 그들의 예배에 전통적인 예식서 전통을 받아들일 수 없었고, 그들의 찬송도 쉽

---

701) 이만열, 『한국기독교와 민족의식』, 250-251.
702) 조기연, 『한국교회와 예배 갱신』, 58.
703) 정장복, 『예배의 신학』, 439.

게 기억할 수 있도록 단순해야 했다. 예배 때의 감정 표출은 모순된 것이 아니었다. 때로 예배 인도자들은 의도적으로 감정을 격발시키기도 했다. 바톤 스톤(Baron Stone)은 이런 현상들을 "진동(경련)"; "춤의 행위"; "짖는 행위"; "웃음 행위"; "뛰는 행위"; "노래 행위"로 목록 했다. 그뿐만 아니라 설교 중에 힘찬 찬송을 부르고 감정을 노골적으로 드러내 고함 지르는 것을 포함하는 고도의 능동적 참여가 성취되었다. 또 자신의 열정으로 손뼉을 치거나, 하늘을 향하여 손을 들거나, 그 밖의 형태들로 나타났다.[704]

이와 같은 예배의 현상은 한국민의 전통 종교적 심성과 부합(符合)하는 것이었다. 손뼉을 치며 빠른 곡조를 부르며 감정을 끌어 올려 엑스터시(Ecstasy)를 추구하는 것이 무교적 종교 제의와 유사하기도 하다. 지금의 빈야드 운동이나 열린 예배 등에서 보여 주는 현상이 19세기 개척지 예배인 부흥집회에서 이어진 것이다.[705] 부흥집회가 한국교회를 양적으로 성장시키는 데 큰 몫을 담당하였다. 그러나 이 과정에서 한국교회는 예전적 예배를 경험하지 못하는 큰 손실을 보았다. 당시에는 어쩔 수 없는 선택이었다 하더라도 지금은 목회자가 없는 교회가 없다. 교회는 믿는 성도들이 모여 예배하는 곳이 되었다. 이제라도 성숙한 교회답게 예전이 갖추어진 예배 형식을 가져야 할 것이다.

---

704) White, 『개신교 예배』, 307-308.
 White, 『Protestant Worship』, 179.
705) 정장복, 『예배의 신학』, 440.

| 제2절 |
기복적인 예배 유형

1. 배경과 예배 형식

한국인들의 밑바탕에 있는 종교적 속성은 무속신앙이라고 해도 과언은 아니다. 초자연적인 존재에 정성을 다해 섬기면 복을 받는다는 신앙이 한국교회의 예배 안에도 자리 잡고 있다. 다만 초월적인 존재가 하나님으로 대치되었을 뿐이고 종교를 통해 얻으려는 것이 '현세의 번영과 물질의 부요'라는 것이다. 자신이 하는 일이 형통하기 위해 신을 의지하고, 질병을 치료받기 위해 기도하며, 물질적 부요를 바라는 마음으로 헌금하는 것은 무속신앙과 다를 바가 없다.[706]

이른 새벽 가정의 안녕을 위해 치성을 드렸던 무속적인 모습은 새벽부터 철야까지 기도하는 교인들의 모습으로 변화되었다. 그리고 이처럼 지극한 정성으로 예배하고 기도하는 것이 복 받는 비결이라고 여겼다. 지성이면 감천이라고 믿는 한국인의 심성이 예배와 교인의 삶으로 드러난 것이다. 많은 이들이 기독교의 신앙 행위를 주술적으로 실행하는 경우가 허다하다.

길선주에 의해 체계화된 (1) 성경 읽기, (2) 기도하기, (3) 전도하기, (4) 헌금하기의 신앙 형태는 기도와 독송과 근면의 한국적 영성으로 자리 잡

---

706) 이원규, 『한국교회 어디로 가고 있나』 (서울: 대한기독교서회, 2000), 69.

고 평양 부흥 운동을 통해 확산하였다. 여기에 십일조나 성미, 날 연보[707] 같은 헌금에의 열정도 포함하여야 할 것이다. 이러한 신앙의 양태는 성경 애독 신앙으로 발전하여 성경 암송, 사경회, 성경 통독, 성경 필사로 이어졌다. 기도 신앙은 새벽기도, 수요기도, 금요철야기도, 금식기도, 산상기도, 기도원 운동으로 전승되었다. 전도 신앙은 축호전도[708], 인가귀도(人家歸道)[709]를 위한 심방 전도로 발전되었다. 그리고 헌금 신앙은 십일조 그리고 수십 종의 각종 헌금 항목으로 정착되었다.[710]

예배에서 헌금한 자의 이름을 목회자가 호명하며, 헌금의 항목을 광고하고 그를 위해 복을 빌며 기도하는 일은 한국교회에서만 볼 수 있는 광경이다. 그뿐만 아니라 다양한 헌금의 종류는 신도들의 삶 전방위와 연관된 복락에 관한 것이기도 하다. 한국교회는 헌금이 지니는 복의 개념을 신앙적으로 정리해 주기보다는 오히려 부추기고, 강단에서는 목회자들이 '복 받기 위한' 헌금의 필요성을 강조하고 있다.

한국교회는 새벽, 철야, 산상, 그리고 금식기도 등 여러 성격의 기도를 강조하는데 그 내용과 형식은 거의 같다.[711] 기도는 하나님의 뜻을 구하는 신탁이다. 나의 뜻을 간구하고 관철하는 것이 아니라, 내가 행하여야 하는 하나님의 뜻을 묻는 것이 기도이다. 그런데 실제로는 '독백'적인 측면이 강하다. 내 뜻대로 살기를 간청하고 고집하면서도 그것을 대단한 신앙인 것처럼 칭송한다.[712] 한국교회는 하나님의 뜻을 듣는 기도에 가르치지 않으며,

---

707) 날 연보(day giving)는 성도들이 돈이나 쌀과 같은 물질로 헌금하는 것과 같이 하나님께서 기뻐하시는 일을 위해 자신의 시간을 드리는 것을 말한다. 농경사회의 날 품앗이 제도를 교회에 적용한 것이다.
708) 축호전도는 한 집 한 집 방문하여 복음을 전하는 것이다. 예수님의 제자들이 둘씩 짝을 지어 나가서 복음을 전할 때처럼 각 가정에 찾아가 개인과 개인으로 만나 인격적 대화를 통해서 전도하는 것을 말한다. 일종의 개인 전도이다
709) 인가귀도는 교회에 출석하는 가정의 믿지 않는 가족을 전도한다는 뜻이다.
710) 허호익, 『길선주 목사의 목회와 신학사상』 81-83.
711) 문승록, 『기도를 바르게 가르치라』 (서울: 복음문화사, 2001), 11-34.
712) 허호익, 『길선주 목사의 목회와 신학사상』 142-143.

오히려 우리의 간청이 이루어지는 것이 응답받는 기도라 역설하고 있다.

이러한 기복주의적 예배는 겉으로는 거룩하게 보이고 정성스럽게 보이지만 예배의 목적이 변질하였기에 심각한 결과를 초래할 수 있다. 현세에서의 출세와 성공, 물질적 축복을 직접적으로 연결하고, 신앙을 축복의 수단으로 전락시킨다. 이러한 실용주의에 빠진 십자가 없는 주술적, 상업적 성령 운동이 한국교회를 깊은 수렁으로 몰아넣고 있다.[713] 그리고 기복(祈福) 또는 구복(求福)의 욕구가 종교의 본질을 무시하게 되고 자기 성찰과 비판의 과정을 거치지 못하면 현세적 물질주의로 변질하고 만다.[714]

기복주의 근저에는 목적 달성을 위해 수단을 가리지 않는 공리주의가 자리하고 있다. 또한, 신앙이 좋으면 물질의 복을 받는다는 단순한 인과론적 이해 속에서 성경이 말하는 축복을 무시하는 경우가 허다하다. 즉 비윤리적 방법을 사용하더라도 결과만 좋으면 그것이 하나님의 축복이라고 간주하는 경향의 결과로 교회 내에 맘몬(Mammonism)가 침투하였다[715]. 목회 경우에서도 성도의 숫자적 부흥이 성공이라는 물량적 지표가 성공적 목회를 가늠하는 척도가 된 지 오래다. 여기에 세속적 평가가 자리하고 있어 교회 건축이 목회의 목적이 되는 것을 심심치 않게 볼 수 있다.

2. 기복주의적 예배의 신학

기복주의는 번영신학[716]과 맞물려 '예수를 믿으면 모든 일이 잘되고 복

---

713) 곽혜원, "한국교회에 대한 한국 사회의 인식", 『제2종교개혁이 필요한 한국교회』(서울: 기독교문사, 2018), 174.
714) 이학준, 『한국교회 패러다임을 바꿔야 산다』(서울: 새물결플러스, 2015), 72.
715) 이학준, 『한국교회 패러다임을 바꿔야 산다』, 72-73.
716) 번영신학(Prosperity theology, gospel of success, prosperity gospel, the health and wealth gospel)이란 재정적 축복이나 물질적 풍성함이 항상 하나님의 뜻이라고 믿으며 신앙이 자신들의 물질적 부를

을 받는다.'717)는 논리로 발전하게 되었다.718) 한국개신교 내의 기복주의는 크게 3가지로 볼 수 있다. 첫째는 한국의 전통적인 무교의 숨은 영향이다. 둘째는 미국교회에서 들어온 소위 "적극적이고 긍정적인 사고방식"이다. 그리고 셋째는 교회 성장주의, 번영 복음(Prosperity Gospel)의 영향이 한국교회의 중심에 서 있다. 이런 기복주의의 영향은 자본주의의 본격적인 도입과 경제 개발을 통하여 정당성을 얻었다. 이러한 경향은 삼박자 축복719)을 강조한 조용기 목사의 여의도순복음교회 영향을 통해 한국교회에

증가시킨다고 믿는 신학이다. 번영신학은 인간이 하나님을 믿는다면 그가 안정과 번영을 준다고 믿음으로 하나님과 인간 사이의 계약으로서 성경을 이해한다. 번영신학의 교리는 개인적인 능력을 강조하고, 하나님의 백성들에 대한 하나님의 뜻은 행복해지는 것이라고 주장한다. 미국의 복음 전도자 오럴 로버츠(Oral Roberts)목사가 그 효시다. 그리고 미국의 메가처치(Mega Church) 수정 교회를 개척한 로버트 슐러(Robert H. Schuller)목사를 비롯해서 조엘 오스틴(Joel Ostin)목사, 여의도 순복음 교회를 개척한 조용기 목사 등이 '번영신학'(Prosperity Gospel)의 선구자 그룹이다. Hank Hanegraaff, 『바벨탑에 갇힌 복음』 김성웅 역 (서울: 새물결플러스, 2010)

717) 정용섭은 그의 책 『속 빈 설교 꽉 찬 설교』에서 '예수 잘 믿으면 영혼 구원뿐 아니라 물질과 건강까지 얻는다'라는 조용기 목사의 '삼박자 축복'의 주장은 "겉으로는 축복인 것 같지만 실제로는 저주로 작용할 수 있다"라고 평가했다. 가난을 벗어날 수 없는 사람들이 참석한 공동 예배에서 물질의 축복을 좋은 신앙과 일치시킬 때 그들의 영혼이 상처를 받게 되고, 효도와 하나님의 축복을 일치시키는 설교는 어쩔 수 없는 상황으로 부모와 갈등을 겪는 사람들에게는 저주이며, 순결을 강조하는 설교는 그렇지 못한 사람들의 마음을 혼란하게 만들고 만다는 것이다. 정용섭은 특히 "개인을 자기의 재물과 건강, 성공에 끊임없이 집착하게 만듦으로써 기독교적인 영성의 심층과 하나님 나라의 역사적 성격을 근본적으로 훼손하고 있다"라고 덧붙였다.
http://www.hani.co.kr/arti/society/religious 접속일: 2020년 12월 23일 20:50.

718) 이원규, 『한국교회 어디로 가고 있나?』 70.

719) 삼박자의 축복은 요한3서 1장 2절 말씀을 근거로 한다. "사랑하는 자여 네 영혼이 잘 됨같이 네가 범사에 잘되고 강건하기를 내가 간구하노라" '3박자 축복'이라고 일컬어지는 신앙은 매우 매력적이다. 이것을 정리하면 다음과 같다. '믿음의 백성들은 예수를 믿고 죄 용서받아 구원을 얻었으니(영혼이 잘 되었으니), 저주의 속박에서 벗어나 이제 모든 일이 잘되는 형통의 복과 건강의 복을 누리게 된다.'라는 것이다. 이 선언은 '복음'처럼 들린다. 특히 예수께서 '사랑하는 자여'라고 부르시며 친히 '간구'하신다고 하셨으니 진리로 보이기도 한다. 힘들었던 시절을 살았던 많은 사람이 이 선언을 듣고 위로와 용기, 그리고 희망을 품은 것도 사실이다. 그러나 예수를 믿는다고 해서 모든 것이 잘되고 병에서도 완전히 자유롭게 되는 예는 없다. 누구나 예수를 믿어도 문제와 병을 만나게 된다. 가난을 벗어날 수 없는 사람들이 참석한 공동예배에서 물질의 축복을 좋은 신앙과 일치시킬 때 그들의 영혼이 상처를 받게 된다. 이와 같은 선언은 개인을 자기의 재물과 건강, 성공에 끊임없이 집착하게 만듦으로써 기독교적인 영성과 하나님 나라의 역사적 성격을 근본적으로 훼손하고 있는 것이다.

급속도로 퍼져 나갔다.[720]

한국교회는 선교만을 지상 과업으로 여기고 거기에만 가치를 부여하여 교회 확장을 위한 일은 모두 정당하게 여겨 왔다. 더 많은 사람을 인도하기 위해 교회를 크게 지어야 했고, 그러기 위해 재정을 확보해야 했다. 그렇게 교회 성장에만 목적을 두었고 그것이 축복이라고 여겼다. 예배에서 헌금한 자를 목회자가 호명하며 그를 위해 복을 빌며 기도하고, 그다음 주일 주보에는 헌금 액수까지 기록하는 것은 유교적 외형주의 영향일 것이다. 이는 물질적인 복을 갈구하는 대중의 기복적인 종교심을 만족시켜 준다는 목회적 배려심에서 나온 관행인데, 회중들이 하나님을 은밀한 가운데 보시는 거룩하신 하나님으로 이해하는 것을 가로막고, 물질을 바치는 데에 따라 복을 내리는 저급한 샤먼의 신(神) 이해에 머물게 한다.[721] 이러한 모습은 무교(巫敎)에서 나타난다. 무교의 모든 욕구는 현세적인 삶에 집중되어 있기에 내일에 대한 관심이 없다. 이러한 의식들이 한국교회에도 그대로 반영되어 현세의 복을 추구하는 기복신앙으로 흐르고 있다. 극단적으로 말한다면, 한국교회의 예배는 하나님을 경배하는 것보다 세상을 살아감에 있어 필요한 물질적이고 가시적인 복 받기 위하여 드리는 경향이 많다.[722]

현실이 이러함에도 오히려 교회 지도자들이 이러한 기복신앙을 방치하거나 조장하기에 많은 사람이 은사를 쫓으며, 그것이 종교적인 신험을 중요한 것으로 생각하는 폐단을 만들었다. 기복주의의 문제점은 개인의 물질적이고 가시적인 축복을 절대시하는 것에 반하여 하나님을 수단화한다. 즉, 하나님이 성도의 삶과 가치 중심이 계시는 것이 아니라 개인의 복을 가

---

720) 이학준, 『한국교회 패러다임을 바꿔야 산다』, 74..
721) 김영재, 『한국교회사 개정3판』, 423-425.
722) 김기현, 『한국교회의 예배와 생활』, 87.

져다주는 도구로 전락하는 것이 결정적인 문제이다. 이렇게 될 때 종교는 유아적이고 이기적인 욕망을 종교적으로 표현하는 물신주의적(物神主義的) 종교가 된다.[723]

한국교회의 기복주의 경향은 커뮤니케이션 구조를 통해서도 등장한다. 전형적인 목회자 중심의 한국교회는 성도들의 목회자에 대한 의존도가 상당히 높은 편이다. 이러한 현상 이면에는 종교 직능자에 대한 한국의 전통적 사유 체계가 근저에 있다. 목회자가 차지하는 위상은 무교에서 무격(巫覡)이 차지하는 위상과 비견할 수 있을 것이다. 신과 인간과 만남을 무격의 중재자 역할로 이루어지는 것처럼 한국교회에서 이 중재자의 역할이 종능자인 목회자에 집중됨으로 본래의 중재자이신 그리스도를 희석해 버리고 말았다. 실제로 목회자의 말이 지상명령이 되는 경우가 많으며, 그 말에 순종하지 않으면 문제가 있을 것 같은 두려움을 조성하기도 하는 것을 쉽게 볼 수 있다. 이와 같은 현상은 신도들의 주체적 신앙 형성을 어렵게 만들어 목회자에게 의존하여 복을 비는 기복 현상으로 심화하고 있다. 이러한 모습은 한국선교 초기의 모습에 기인한다 해도 가능하다.

신자에게 육체의 생존을 위해 양식이 필요하듯이 영의 양식으로 성경 말씀은 필수 불가결인 것으로 받아들이게 되었다. 성경 권위에 대한 절대적 복종이 가능하게 되면서 성경 말씀을 가르치는 선교사의 위상이 높아지게 되었고, 따라서 선교사들의 영적 권위에 대한 절대적 복종의 문화가 목회자에게 전이되어 목회자의 말이 지상명령처럼 받아들이게 된 것[724]이다. 오늘날 기복주의는 자본주의에 편승하여 맘몬니즘(물질숭배, Mammonism)[725]

---

723) 이학준, 『한국교회 패러다임을 바꿔야 산다』. 75.
724) 이만열, 『한국기독교와 민족의식』. 274.
725) 맘몬니즘(Mammonism)이란 부(富), 돈, 재산, 소유, 재물, 물질을 절대시하거나 그것에 최고의 가치와 의미를 부여하는 태도나 행위를 말한다. 맘몬은 '황금 우상' 또는 '물신(物神)'이라는 말로 대신하기도 한다. 맘몬니즘은 물질만능주의, 배금주의, 물신숭배의 풍조를 나타낸다.

의 모습으로 교회 깊숙이 들어와 있다. 상당수 교회가 미국의 대형 교회(Mega Church)들의 여러 방법론을 수용하여 적용하고 있다. 이런 자본주의적 경영 철학에 대한 냉철한 비판과 주의를 기울이지 않으면 전통적 무속 종교와 결합 된 새로운 기복주의의 위험으로 나타날 수 있다.

  세상의 가치가 지배하는 교회는 더는 그리스도의 몸 된 교회가 아니다. 맘몬니즘의 수렁에 빠진 이익집단에 불과하다. 이처럼 한국교회가 축복과 성장 지향주의를 추구하며 세속적인 성공을 추구하는 모습이 마치 하나님의 축복이라는 오류에 갇혀 있는 것같이 보인다. 입으로는 거룩한 영성을 외치지만, 실제로는 물질과 명예와 같은 세속적 가치를 추구하는 것은 예수보다는 물질과 성공 그리고 권력을 좇아가는 모습이다. 지금 예배 갱신의 자성 소리가 있는 지금도 사실 엄밀히 보면, 예배 신학적 문제에 대한 갱신이 아니라 교회 성장이 멈춘 상황에 대한 대안으로 예배 갱신을 외치는 것이다. 그렇다 하더라도 모두가 예배 갱신에 관심을 기울이는 지금이 신학적 점검이 필요한 시점이다.

| 제3절 |
은사 주의적 예배 유형

1. 은사와 예배와의 관계

은사는 하나님께서 교회를 온전히 세우시기 위해 그 뜻대로 성령을 통하여 각 사람에게 주신 것이다.[726] 즉 그리스도의 백성 된 자들에게 섬김을 위한 특별한 재능의 증여라고 정의할 수 있다.[727]

다음의 글은 2002년 8월 25일 자 아이굿 뉴스에 게재된 글이다.

> 열린 예배는 관계 중심·교회 중심의 사역이라고 표현한 바가 있다. 그와 비슷한 차원에서 생각할 때 반드시 포함되어야 할 부분은 바로 은사 중심의 사역이라는 것이다. 열린 예배의 성공이 좌우되는 요소 중에 하나는 '교회 안의 지체들에게 주신 하나님의 은사들이 얼마나 잘 반영되었나'라는 점이다. 흔히 쓰이는 '팀사역'의 개념처럼 열린 예배에서는 바로 이 '팀'의 개념이 사역의 핵심이라 할 수 있다. 다시 말해서 탁월한 기획력이 있는 열린 예배 기획자가 있어도 불신자들을 목자의 마음으로 품어 줄 수 있는 사람들이 교회 안에 없다면 문제가 될 수밖에 없다. 마찬가지로 아

---

726) 에베소서 4장 7절 "우리 각 사람에게 그리스도의 선물의 분량대로 은혜를 주셨으니"
  로마서 12장 6절 "우리에게 주신 은혜대로 받은 은사가 각각 다르니 혹 예언이면 믿음의 분수대로"
727) William McRae, 『교회에서의 은사 활용』, 김의장 역 (서울: 도서출판 엠마오, 1987), 16.

무리 멋있는 프로그램이 갖추어져도 전도하는 교인들과 전도의 열정과 은사가 있는 설교자가 없다면 어려운 일이다. 교제나 먹는 것도 중요하기 때문에 대접의 은사나 섬김의 은사로 도움을 주는 성도들의 힘이 모이지 않는다면 그것도 역시 무리다. 바로 이런 의미에서 성도들의 은사가 발견되고 각자의 은사들이 가장 적절한 방법으로 반영될 수 있는 준비 과정 또는 교육과 상담 과정이 중요한 것이다. 윌리엄 맥래(William McRae)는 오늘날의 교회를 비유하여 축구 경기장의 모습과 같다고 했다. 교회에 운집하는 수많은 성도는 경기장의 관객으로, 격무를 감당하는 교회의 유급 직원들은 고액의 연봉을 받는 프로 선수들로 비유한 것이다. 하지만 이것은 오늘날 우리의 교회가 안고 있는 기형적인 모습을 단적으로 보여 주는 것이라고 할 수 있다. 결국, 관객으로 전락한 대다수의 성도는 사역의 주체가 아니라 객체요 평가자일 뿐이고 섬김과 봉사의 여러 업무는 유급 직원과 소수의 평신도 헌신자들에 의해서 독점되고 있다고 말했다. 열린 예배에 대한 비전과 계획이 있는 교회라면 우선적으로 교회 안의 성도들을 중심으로 이 사역을 '함께' 감당할 수 있어야만 한다. 목회자에게 아무리 훌륭한 은사나 능력이 있다 해도 목회자만이 열린 예배를 스스로 감당하려 한다면 그 사역은 장기적으로 볼 때 여러 가지 모양의 시련과 어려움이 겪을 수밖에 없지만 다양한 은사들이 최대한 반영될 때 그만큼 건강한 열린 예배 사역을 지속적으로 감당할 수 있을 것이다.[728]

은사들은 교회를 위한 봉사와 교화를 위한 장비로서 각자에게 부여된 능력과 재능을 말한다. 인간 본래의 능력과는 구별되는 것이다.[729] 그리고

---

[728] https://www.igoodnews.net/news/articleView.html?idxno=3394. 아이굿뉴스 2020년 12월 28일 16:20에 접속.
[729] O. Sanders, 『성령과 그의 은사』, 권혁봉 역 (서울: 요나단출판, 1994), 169.

은사는 하나님의 은혜에 따라 그리스도의 몸 된 지체들에 주어진 특별한 속성으로서 그리스도 안에서 사용하도록 한다.[730] 따라서 은사는 개인을 위해서 주어진 것이 아니라 공동체를 위해 주어진 것이며, 이러한 사실을 잊을 때 은사 사용의 오용을 낳게 된다. 성경에서 은사의 사용은 "자기의 덕"을 위해 사용하는 것이 아니라 "교회에 덕을 세우는 것"을[731] 위하여 사용해야 한다고 강조하고 있음을 유념해야 한다. 이러한 성경의 가르침이 있음에도 불구하고 은사 예배에서는 성령의 잘못된 해석으로 오해를 일으키고 있다.

독일의 신학자 한스 큉(Hans Küng)은 은사에 대한 오해로 인하여 발생한 문제를 세 가지[732]로 지적한다.

첫째, 은사는 주님의 영광을 위해 주어진 현상임에도 불구하고 지나치게 특별하고 기적적이고 감각적인 것으로 여긴다. 둘째, 은사는 임무 수행을 위한 다양한 것임에도 오직 하나의 특정한 것으로 믿는다. 그리고 셋째, 은사는 그리스도의 몸 전체를 위한 것이다. 그런데 어떤 특별한 계급이나 신분의 소수자에게만 국한되어 있다고 생각하는 문제점을 내포하고 있다. 이러한 오해들로 인하여 은사에 대한 이상(理想)을 추구하는 욕심과 오류가 발생하게 된다. 그 대표적인 것이 은사 받은 자들이 영적 능력의 교만하여 자신의 능력을 과시하고, 방언, 신유, 기적 등을 은사 중 가장 높은 능력으로 취급하여 이를 선망의 대상으로 삼기는 위험에 빠지게 한다.

강신 체험과 엑스터시(Ecstasy)의 샤머니즘적 신의 상태는 기독교 안에서도 신비 체험과 엑스터시를 강조하는 경향을 띠게 되었다. 기독교의 성

---

730) C. P. Wagner, 『성령의 은사와 교회 성장』, 권달천 역 (서울: 생명의말씀사, 1993), 41.
731) 고린도전서 14장 5절 "나는 너희가 다 방언 말하기를 원하나 특별히 예언하기를 원하노라 만일 방언을 말하는 자가 통역하여 교회의 덕을 세우지 아니하면 예언하는 자만 못하니라" 고린도전서 14장 12절 "그러므로 너희도 영적인 것을 사모하는 자인즉 교회의 덕을 세우기 위하여 그것이 풍성하기를 구하라"
732) Hans Küng, 『교회란 무엇인가』, 이홍근 역 (왜관: 분도출판사, 2004), 41.

령 체험과 샤머니즘의 입신 현상과 비교하여 조사한 것을 보면 성령 체험자의 거의 모두가 그 증거로 손끝이 떨리고, 진동이 오고, 몸에 화끈거리는 불을 느끼고, 방언을 말하며, 환상과 환청을 체험하는 등의 외형적인 것만을 제시하고 있다.[733] 강단에서도 방언[734]을 하지 못하면 성령 받지 못한 자라고 공공연하게 말하는 것을 보게 된다. 또 어느 부흥 집회 현장에서는 '방언은 연습으로도 가능하다', '나를 따라 하라'며 종용하는 예도 있다. 은사는 다양하여 모든 성도가 받을 수 있는 공동의 선물이며, 기능적으로는 교회와 사역에서 담당해야 할 책임을 부여하고 있음을 놓치는 일이 없어야 한다.

2. 은사 주의적 예배의 신학

부흥 운동적 영성이 외형적 형태라면 은사·신비적 영성은 내면적 영성이라고 표현할 수 있을 것이다. 이 영성은 김익두의 신유 운동과 이용도의 신비주의 운동 그리고 한국 오순절 운동에 의해 발전되었다.[735]

은사를 강조하는 은사 예배주의자들이 지닌 문제점 중 몇 가지[736]를 말하고자 한다.

---

733) 김태곤, 『한국 무속연구』, 234-239.
734) 카리스마(은의)는 방언이 성령 경험의 증거라고 말하지만, 방언은 많은 은사(선물) 중의 하나이다. 1901년 미국 캔사스주 토피카의 베델성경대학에서 찰스 팔햄(Charles F. Parham, 1873-1929)의 지도 아래 애그니스 오우즈맨이라는 여학생이 성령세례를 사모하다가 방언 같은 현상을 경험하였다. 그리고 1906년 4월 미국 L. A에서 윌리엄 시무어(William Seymour, 1870-1922)의 아주사 거리 집회를 통해 방언 현상이 확산하였고, 이것을 신 오순절주의 또는 은의라 부른다. 은의의 최근 형태는 신사도 운동이다. Vinson Synan, 『세계오순절 성결운동의 역사』, 이영훈, 박명수 역 (서울: 서울말씀사, 2008), 114-123을 참고하라.
735) 김중기 외, 『한국교회의 성정과 신앙양태에 대한 조사』, 78.
736) J. I. Packer, 『성령을 아는 지식』, 서문강 역 (서울: 새순출판사, 1988), 250-258

첫째, 엘리트주의이다. 은사 주의자들은 단체 내에서 대단한 일을 수행하는 특권 계급에 속하여 있다고 느낀다.

둘째, 감정주의이다. 기쁨과 사랑의 감정만을 표현하는 데 몰두함으로 쉽게 감정 주의에 빠지게 된다. 감정을 자극하는 예배를 지향하므로 자신이 속한 삶에서의 긴장과 압박에서 어느 정도 자유로움을 느끼게 되어 현실 도피적이라 볼 수 있다.

셋째, 직통주의이다. 은사 운동은 예언을 통한 직접 계시의 부흥에 강조점을 두고 있다.

넷째, 극단적 초 자연주의의 모습이다. 하나님의 임재와 능력을 보여 주는 증거를 기대하며 하나님께서 사물의 본성에 역행하여 역사하심으로 상식이 깨질 때 가장 행복해한다.

그리고 다섯째 귀신의 압박이다. 은사 주의자들은 초자연적인 인격적 악의 실체에 대하여 인식하였다. 즉, 환경과 심리적, 육체적 요인을 고려하지 않은 채 악한 행동이나 질병이 다 사탄의 훼방이라는 식으로 접근함으로 극단 초자연적인 불건전한 방식의 축귀 행위로 발전해 나가게 된다.[737]

은사 주의적 예배가 한국교회에 유입되면서 강조된 것은 은사를 추구하는 것과 신유(神癒)였다. 이러한 은사와 신유를 강조한 은사 주의적 예배는 한국교회의 부흥과 신자들의 삶을 갱신하는 좋은 영향을 끼쳤던 것도 있지만, 많은 문제점이 나타나기도 하였다. 영적인 것을 추구함으로 현실을 경시하고 내세 지향적 삶이 되게 하였고, 탈세속적(脫世俗的) 삶을 추구함으로 세상과 단절하는 폐쇄성의 문제점을 낳았다. 이러한 내향적 삶의 축구와 타계 주의적인 모습은 우리의 심성(心性)을 1천 년 동안 지배한 불교적 영성의 영향이기도 하다. 그리고 성경 말씀보다는 자신의 체험을 강조하고, 기도를 지나치도록 강조함으로 감정적 신앙의 모습으로 변질하

---

737) Packer, 『성령을 아는 지식』, 250-258.

게 하였다.

성령에 대한 개인적 경험에 강조를 둔 은사 주위는 경험에서 출발하여 이제는 신학으로 움직여 가고 있다. 은사 주위의 영향을 받은 자들은 성령에 대한 신학적 성찰보다 경험에 의한 직접적인 결과에 더 열광한다. 도널드 맥가브란(Donald McGavran)의 교회 성장 원리를 자신의 '오순절적' 성향에 채용한 피터 와그너(Peter Wagner)는 그것을 '제3의 물결'이라고 칭하였다. 이 제3의 물결은 '표적과 기사' 특히 육체의 질병을 고치고 귀신을 쫓아내는 축귀 현상에서 나타난 하나님 나라의 초자연적 '능력'을 강조한다.[738] 그는 예수께서 행하신 '표적과 기사'를 오늘 우리도 '표적과 기사'를 통하여 하나님 능력의 나타남 안에서 성령의 '도구'가 될 수 있다[739]고 주장한다. 그러나 그는 오순절의 능력을 단지 성령 안에 두는 도구적 기능으로 간주하고 있기 때문이다. 말씀에 바로 서지 않으면 견고하지 못하며 감정적이고 주관적으로 될 수밖에 없다. 은사는 교회를 세우기 위해 주시는 하나님의 선물이다. 개인의 능력이 아니며 특정한 자에게만 특권이 아님을 알고, 그리스도의 몸을 세우는데 수고할 수 있는 그런 믿음의 모습을 신도들이 갖출 수 있도록 교회는 바른 소리를 내야 할 때이다.

---

[738] 박문옥, 『오순절 신학의 이해』 (서울: 도서출판 한글, 1999), 254-255.
[739] 박문옥, 『오순절 신학의 이해』, 258

| 제4절 |

요약 및 평가

전통적으로 종교는 마음뿐만 아니라 육체의 치유에 관해서도 관심을 지닌다. 질병은 인간의 고통 가운데 가장 본질적이기 때문이다. 사실 선교사들이 동토의 땅에 들어와서 귀신을 내쫓는 사역을 한 것은 아니었다. 이들은 계몽주의의 영향을 받은 자들로 귀신의 존재를 심각하게 받아들이지 않았고 오히려 미개한 시대의 것으로 생각하였다. 그런데 이들은 한국의 토착 사역자들이 귀신을 쫓아내는 것을 본 것이다. 미국 북 장로교의 리차드 베어드(Richard Baird)[740]는 "기독교가 한국 사회에 침투하여 한국의 전통과 싸우던 초창기에 축귀(逐鬼)는 교회의 중요한 활동이었다. 이것으로 인해 교회는 급속히 성장하게 되었다."[741]고 하였다.

1907년 대부흥이 폭발적으로 진행될 때에 성결교의 전신인 동양선교복음전도관이라는 단체가 등장한다. 이 단체는 신유의 네 가지 중심 복음인 중생, 성결, 신유, 재림을 강조하였고, 그리스도의 복음은 우리를 죄에서 해방시켜 줄 뿐만 아니라 육체의 질병에서도 해방시켜 준다고 가르쳤다. 영혼 구원과 육체적인 치유를 전하는 것이 복음에 충실하다고 믿었다. 그래서 이것을 온전한 복음(Full Gospel)이라 불렀으며 '순복음'이라고 번역

---

740) 리차드 베어드(1898-1995, 배의취)는 1898년 숭실 학당을 설립한 윌리엄 베어드(William M. Baird, 1862-1931, 배위량) 선교사의 아들이다. 윌리엄 베어드의 두 아들인 베어드 2세와 리차드 베어드는 아버지와 같이 한국 선교사로 헌신했다.
741) Huntley, 『한국 개신교 초기의 선교와 교회성장』, 244-246.

하여 사용하였다. 그리고 축귀와 신유를 강조하였다.[742]

1세대 선교사와 한국 토착 사역자는 귀신들림과 기독교 축귀에 관한 네비우스[743]의 관점을 수용하였으며, 샤머니즘에 대한 한국인의 믿음과 마귀 실존에 대한 경험이 선교사와 토착 사역자와의 접촉점을 제공하였다. 선교사들이 축귀와 치유의식을 허용한 신학적 절충은 선교 현장에 기초한 것이었지만 그 저변에는 오리엔탈리즘[744]이 깔려 있다고 할 수 있다.

한국교회가 신유를 강조했지만, 신유를 중심으로 떠오르게 하고, 신유 운동의 원형을 제공한 자는 김익두였다. 김익두의 집회는 대중집회적인 성격의 모습으로 1910년대의 한국교회 침체를 극복하는 계기가 되었다. 신유 운동은 교회 개척의 중요한 동력이 되었고, 치유는 당시 가정의 절실한 소원으로 서로의 필요가 채워지는 역할을 하였다. 이로 인하여 한국교회는 급성장의 일로로 달려갈 수 있게 되었다. 신유 운동은 가난한 대중들의 고통과 눈물을 닦아 주는 것이었다. 그 결과 1910년대의 침체를 극복하고 1920년대 새로운 부흥을 경험하게 되었다. 그렇지만 부흥의 이면(異面)에는 신비주의라는 문제가 도사라고 있었음을 인식하지 못하고 부흥, 성장, 세상적 성공이라는 푯대만 보고 달려갔다.

지금도 한국교회는 번영신학이라는 옷으로 갈아입은 기복신앙의 중독

---

742) 박명수, 『한국교회 부흥운동 연구』, 66-71.
743) 네비우스 선교정책은 '3자 원칙', 즉 토착인이 토착인에게 전도하도록 하는 '자전'(自傳, elf-propagation), 토착 교인이 토착 교회 목회자의 생활비와 교회 운영을 책임지도록 하는 '자립'(自立, elf-supporting), 그리고 토착 교회 문제를 토착 교인들이 처리하도록 하는 '자치'(自治, elf-governing) 등으로 소개되고 있다. 그러나 엄밀한 의미에서 위 '3자 원칙'은 네비우스보다 먼저 제시했던 인물들이 있었다. 그들은 1840~70년대 영국 교회와 미국교회의 해외 선교정책을 입안했던 헨리 벤(Henry Venn)과 루퍼스 앤더슨(Rufus Anderson) 등이었고, 네비우스는 그 원칙을 중국 선교 현장에 적용하여보다 구체적인 방법론으로 정립하였다고 할 수 있다. 참고: 한국민족문화대백과사전(네비우스 선교정책)http://encykorea.aks.ac.kr/Contents/Item/E0076564 접속: 2020년 12월 29일 12:56.
744) 한국인의 영성과 종교는 1900년 이전처럼 원시적이고 시대에 뒤떨어진 전근대적인 세계관에 머물러 있다고 본 것이다. 기독교의 축귀 의식과 샤머니즘의 굿 사이의 차이점은 기독교 신자들이 함께 환자를 위해 시행한 집단 기도회였다는 것이다.

과 세속적 관점의 성공인 교회의 수적, 양적 성장이라는 수렁으로 달려가고 있지는 않은지 돌이켜 보아야 할 때이다. 그리고 한국교회 안에 있는 전통 종교와 타 종교들의 요소를 제거하여야 한다. 기독교를 한국 땅에 적합하게 토착화해야 한다고 주장하는 사람들이 있으나 복음 그 자체가 갖는 의미를 상실하거나 변질하여서는 안 되며, 혼합주의를 낳아서도 안 된다. 진정한 갱신은 성경의 원칙으로 돌아가는 것이 바로 새로워지는 것이고 개혁의 길이다.

그렇다면 '바람직한 예배로 극복 방안은 무엇인가?', '성경적으로 올바른 예배는 무엇인가?'라는 질문이 생긴다. 이 질문에 대한 답변으로 한국교회 예배가 어디에 기초해야 할 것인지를 제시하고자 한다. 한마디로 정의하자면 성경적 예배 영성으로의 갱신이다. 다시 말해 성경에 기초한 예배로 나아가야 한다. 따라서 예배의 구성 원리와 신학적 근거에 대한 조명이 필요하다.

성경에서 예배의 개념과 관련해서 표현된 요한복음 4장 21-24절[745]의 말씀에 대한 정확한 이해가 필요하다. 대부분 예배자의 외적인 태도의 강조로 보는 경향이 분분하다. 그러나 본문이 말하는 '영과 진리로 예배하라'라는 것은 예배자의 정성과 노력이 초점이 아니라 성령을 의지하고 진리 되신 그리스도를 의지하여 예배하라는 것이다. 예배의 주도권이 사람에게 있는 것이 아니라 전적으로 하나님께 있다는 것이 그 전제이다. 하나님을 기쁘게 하기 위하여 마음과 뜻을 다해 예배하는 인간의 노력과 공로가 요구되는 것으로 이해되어서는 안 된다. 한국교회는 예배에 대한 개념적 이

---

745) 요한복음 4:21-24 "예수께서 이르시되 여자여 내 말을 믿으라 이 산에서도 말고 예루살렘에서도 말고 너희가 아버지께 예배할 때가 이르리라 너희는 알지 못하는 것을 예배하고 우리는 아는 것을 예배하노니 이는 구원이 유대인에게서 남이라 아버지께 참되게 예배하는 자들은 영과 진리로 예배할 때가 오나니 곧 이때라 아버지께서는 자기에게 이렇게 예배하는 자들을 찾으시느니라 하나님은 영이시니 예배하는 자가 영과 진리로 예배할지니라"

해가 필요하다. 그러므로 성경적 예배 영성으로의 갱신으로 나아가야 할 것이다. 개혁주의 생명 신학에서의 강조하는 바와 같이 예배 갱신의 출발점은 '성경'[746]이어야 한다.

---

746) 장종현, 『개혁주의생명신학 7대 실동』 (천안: 백석정신아카데미, 2018), 11.

제5장

성경적 예배 영성으로의
갱신 방안

한국교회 예배가 사상과 종교적 영향을 통해 발생한 문제점들이 무엇인지를 살펴보았다. 신앙을 축복으로 수단으로 전락시키며, 물질적 필요를 넘어 세속적 욕심으로까지 발전했다. 그뿐만 아니라 성장이 축복이라는 등식을 성립시켜 교회의 모든 힘을 성장에 집중하게 했다. 기업은 성장을 위해 존재하겠지만 교회는 성장만을 위해 존재하는 것이 아니라 하나님의 나라를 위해 존재한다. 교회는 성장과 지배와 힘의 논리 가운데 있는 것이 아니다. 그리고 교회의 영성 빈곤과 결여는 신학의 부재로 말미암았다. 감정적 직관과 계시, 체험을 중히 여기고 신학적 냉철한 판단을 경시하기에 참과 거짓을 구별하는 능력이 미약할 수밖에 없다. 신학이 사라지고 교회 성장을 위한 목회적 방법을 강조하는 상황이 올바른 곳으로 나아가는 길을 잃어버리게 했다. 이처럼 한국교회가 무교와 유교, 불교 도교 등 전통 종교의 영향과 자본주의 물질주의 영향으로 성경적 본질에서 얼마나 멀어져 있는지를 보여 준다. 축복에서 공적 정신이 사라지니 기복주의가 되고, 신앙에서 신학의 자리가 없어지면 신비주의가 되고, 리더십에서 공적 정신이 사라지면 권위주의와 아집이 되어 버린다. 이와 같은 신학의 경시는 한국교회를 무교의 주술성, 도교의 신비주의, 유교의 권위주의 문화 영향 아래 놓이게 하였다.

예배의 문제점들이 야기되었던 것은 예배 신학의 결핍으로 인해서 발생한 부분이다. 따라서 예배를 회복하는 방안은 성경적 시금석을 토대로 한 예배 신학의 정립이 필요하다. 그리고 말씀과 성례전의 균형을 이룬 예배를 회복하는 것이며, 공동체를 살리는 예배로 나아가는 것이다. 다시 말해 성경적 예배 영성으로의 갱신이다.

한국교회 갱신의 문제는 올바른 신학이 정립된 예배 모델로의 요구로 본다. 즉, 하나님이 원하시는 예배로 돌아가고자 하는 것을 의미한다. 본 장에서는 앞서 지적한 예배의 문제점들을 인식하고 바람직한 예배는 무엇이며, 또 예배 갱신의 방향을 살펴보고자 한다.

| 제1절 |

성경적 예배 영성

 기복주의가 영성 기저(基底)를 형성하고 있다면 성경에서 말하는 축복의 개념을 재정의하고 그 의미 확대할 필요가 있다. 하나님은 우리의 필요를 채워 주시지만, 개인적 욕심을 채우길 원하지 않는다. 당신의 청지기로 사용하시기 위해 물질과 권한을 맡기실 수 있다. 욕구의 차원을 넘어 영적인 축복에 눈을 떠야 한다. 그것은 하나님 입에서 나오는 말씀으로 사는 것이요, 하나님과 바른 소통과 교제를 나눌 때 진정한 삶의 만족을 얻게 되는 것이다.

 하나님과 바른 소통과 교제는 예배이다. 성경적 예배로의 갱신을 위해서는 '성경적 예배가 무엇인가?'라는 것에 대한 바른 이해가 필요하다. 성경적 예배는 무엇이며, 신학적 원리 그리고 예배의 특징을 살펴본다.

1. 성경적 예배 영성의 이해

1) 예배의 어원적 의미
 '예배(禮拜)'라는 단어의 '예(禮)'는 풍속상 습관으로 형성된 행위나 규칙, 도덕 등을 의미한다. 그리고 '배(拜)'는 절을 뜻한다. 따라서 '예배'는 '신적 대상을 향한 최고의 경배 의식'이라고 말할 수 있다.[747] 예배라는 우리말의 뜻은 "신을 신앙하고 숭배하면서 그 대상을 경배하는 행위 및 그 양식"이라고 정의한다. 이러한 우리말의 뜻이 기독교 예배의 본질적 의미와 매우 가깝게 설명하고 있다. 먼저 구약에서 예배의 대표적 어휘는 "봉사" 또는 "섬김"의 뜻을 가진 "아바드(עָבַד)"이다. 영어에서 예배를 Service로 표현하는 경우가 바로 '아바드'라는 단어에서 유래한다. 그리고 두 번째는 숭배와 봉사의 종교적 개념을 가진 "샤하아(שָׁחָה)"라는 단어이다. 이 대표적 단어 속에 함축된 함의는 모든 인간은 하나님 앞에서 자기를 버리고 그분의 뜻을 따르며 섬겨야 할 존재이며, 경배와 순종의 삶이 바로 예배자들의 삶의 근본임을 말하는 것이다. 신약의 대표적인 단어는 존경의 표시로 "절하다", "굽어 엎드리다"의 뜻을 가진 "프로스쿠네오(προσκυνεω)"이다. 그리고 공중(公衆)을 뜻하는 레이토스(λειτος)와 '일'을 뜻하는 엘곤(εργον)의 합성어로서 공적인 섬김을 말하는 "레이투르기아(λειτουργια)"이다.[748] 이 모든 단어를 통해 이해할 때, 예배란 하나님께 대한 순종과 경배를 의미한다 할 수 있다.

예배란 "근본적으로 하나님이 섬겨주신 구원의 행위에 대한 인간의 반응으로써 감사와 찬양과 영광을 돌림으로 이해되어야 한다."[749]고 정의한다. 즉 예배의 목적은 하나님께 영광을 돌리는 것이요, 그리스도의 구속 은혜에 대한 응답으로 감사와 영광을 돌리는 것이다.

2) 예배의 특성

예배의 형식적 특성은 구조적 특성이라고 볼 수 있다. 랄프 마르틴(Rarph

---

747) 김순환, 『예배학 총론』 (서울: 대한기독교서회, 2012), 21.
748) 정장복, 『예배학 개론』 (서울: 예배와 설교 아카데미, 2014), 18-20.
749) 정일웅, 『기독교 예배학 개론』, 17.

P. Martin)은 예배를 '계시와 응답'으로 설명한다. 헤르만 베크만(Herman Wegman)도 예배는 '하나님과 인간 사이의 의사소통'이라고 보았다. 이렇게 볼 때, 예배는 하나님과 인간 사이의 소통이며, 전인적 행위이다.[750] 예배의 내용은 그리스도의 구속사의 기념(아남네시스, ἀνάμνησις)[751]이다. 폰 알멘(Jean Jacques von Allmen)은 예배는 '인류 역사 속에 개입하신 그리스도의 사건에서 구속사의 과정을 새롭게 확인하고 요약하는 것'이라고 한다.[752]

예배의 기능적 특성으로는 예배를 통해 인간은 하나님을 섬기지만 동시에 하나님은 인간을 치유하고 회복하는 일을 행하신다. 예배는 이미 갈보리 십자가의 승리를 우리의 경험으로 현재화시키는 기능을 한다. 그리고 예배는 공동체의 행위이다. 예배는 사적인 목적 달성을 위한 것이 아니라 공동체 전체의 목표에 기초한 행위이다.[753] 그러나 공동체를 배제한 개인들의 목적을 성취를 추구하다 보니 구복(求福)의 행위로 전락하고 말았다.

예배는 교회에 주어진 최대의 사명 중 하나이다. 그리고 예배할 때 교회는 영적인 생명력을 얻으며, 그리스도에 대한 신앙을 회복하여 주어진 사명을 감당하는 아름다운 교회가 될 수 있다. 더욱이 예배 가운데 임하시는 하나님이 그의 교회를 사랑하시고, 인도하시며, 보호하시는 것을 경험하게 되는 것이다.[754]

성경적 예배를 정의하면 다음과 같다.

성경적 예배의 핵심 첫 번째는 성경에 기초한 예배이다. 마틴 부처(Martin Buccer, 1491-1551)가 표현하는 것처럼 하나님이 우리에게 요구하는 예배만이 하나님을 예배하는 것이다. 부처는 예배의 목적을 예전적 연극으

---

750) 김순환, 『예배학 총론』, 24.
751) ἀνάμνησις는 '기억'으로 번역되지만 단순하게 과거의 기억이나 어렴풋한 연상으로 그치는 것이 아니라 과거의 사건이 현재에 재현되는 것을 뜻한다.
752) J. J Allmen, 『예배학원론』, 정용섭, 박근원, 김소영, 허경삼 공역 (서울: 대한기독교출판사, 1979), 29.
753) 김순환, 『예배학 총론』, 26-27.
754) 정일웅, 『기독교 예배학 개론』, 13.

로 하나님을 기쁘시게 하는 것으로 이해하지 않았으며, 하나님의 말씀을 선포하고, 구제하며, 성찬하고 기도함으로 하나님을 예배하라고 한다.[755] 예배는 성경에 기초해야 한다. 만일 성경이 구체적인 지침이 명확하지 않는다면 성경적인 원리에서 찾아야 한다.

성경적 예배의 핵심 두 번째는 그리스도의 이름으로 드려져야 한다. 왜냐하면, 예배는 그리스도 몸의 기능이고 우리는 그리스도인으로서 한 몸이기 때문이다. 우리가 드리는 예배는 승천한 그리스도가 하늘 성소에서 아버지의 영광을 위해 행했던 예배의 일부가 되어야 한다.[756] 에베소서 1장 12절은 "우리가 그리스도 안에서 전부터 바라던 그의 영광이 찬송이 되게 하려 하심이라"라고 말씀하고 있다. 골로새서 3장 16-17절은 '그리스도의 말씀이 너희 속에 풍성히 거하여 모든 지혜로 피차 가르치며 권면하고 시와 찬송과 신령한 노래를 부르며 감사하는 마음으로 하나님을 찬양하고 또 무엇을 하든지 말에나 일에나 다 주 예수의 이름으로 하고 그를 힘입어 하나님 아버지께 감사하라'라고 한다. 즉 그리스도의 이름을 부르며 말씀에 순종하고 하나님의 영광을 위해 사는 삶이 신약 교회의 표지이자 성도의 특권이다. 웨인 구르뎀(Wayne A. Grudem)은 "예배는 신자들이 예배를 드리기 위하여 하나님 앞에 나올 때마다 실제로 하나님께 나아가며, 이미 천국에서 예배하는 자들과 함께 예배를 드린다고 믿어야 한다."[757]라고 한다. 진정한 예배는 천국 예배의 일부가 되는 예배이다.

성경적 예배의 핵심 세 번째는 성령의 역사하심이다. 성경은 기도가 성령의 일하심이라고 분명하게 바울은 "우리 아버지"라고 기도할 때 '우리 안

---

755) Hughes Oliphant Old, 『성경에 따라 개혁된 예배』, 김상구, 배영민 역, (서울: 기독교문서선교회, 2020), 21.
756) Old, 『성경에 따라 개혁된 예배』, 24-25.
757) Wayne A. Grudem, 『조직신학 (하)』 노진준 역 (서울; 은성. 1997), 255.

에 계시는 성령님이 기도하는 것'[758]이라고 가르친다. 그리고 우리가 예배에서 부르는 찬송도 신령한 노래로 '성령의 노래'[759]이다. 예배는 성령의 영감과 성령의 능력 주심. 그리고 성령의 인도하심과 성령에 의해 정화되고 열매 맺는다. 바로 예배는 성령의 충만함이다. 우리가 드리는 예배를 성령이 정화하고, 성령에 의하여 예배드릴 때, 인간의 모든 행위가 하나님의 일 하심으로 변화되는 것이다. 그리고 하나님의 일하심은 구원의 사역이시고 교회를 세워 나가시는 일 하심이다. 그래서 예배는 우리가 하나님의 형상으로 변화되는 현장이요, 하나님의 영광이 비추는 곳이 된다.[760]

3) 영성의 이해

일반적으로 흔히 말하는 '영성'(Spirituality)이라는 용어는 종교뿐만 아니라 특정 인물이나 윤리적 가치관에 대한 인식 방식과 그에 따른 행동 양식을 말한다. 그러므로 영성은 '인간의 삶이 가장 이상적으로 되기 위해서는 누구를 닮고, 무엇을 추구해야 하는가?'와 '인간의 최고선은 무엇인가?'라는 질문과 연관이 있다. 이러한 질문에 한 가지 대답만을 기대할 수는 없다. 사람마다 자기가 추구하는 자치와 목표가 다르기 때문이다. 이렇듯 인본주의적 영성은 일반적으로 어떤 정신을 받아들여서 그 정신을 따라 살아가는 삶이라고 정의할 수 있다.

그렇다면 '기독교적 영성'은 무엇인지를 살펴볼 필요가 있다. 기독교 영성은 하나님의 영에 응답하여 살아가는 삶의 양식을 뜻하는 포괄적 개념으로 삶의 현실 속에서 일어나는 총체적 차원이 모두 포함된다. 다시 말해

---

[758] 로마서 8장 15절 "너희는 다시 무서워하는 종의 영을 받지 아니하고 양자의 영을 받았으므로 우리가 아빠 아버지라고 부르짖느니라"
[759] 에베소서 5장 19절 "시와 찬송과 신령한 노래들로 서로 화답하며 너희의 마음으로 주께 노래하며 찬송하며"
[760] Old, 『성경에 따라 개혁된 예배』, 26-29.

서 기독교 영성은 첫째, 오직 예수 그리스도의 인격과 삶 그리고 구속과 심판을 신앙으로 믿고 따르기에 일반 영성과 다른 독특한 영성을 가지고 있다.[761] 둘째, 한 인간이신 예수의 정신을 본받음과 동시에 영적인 교제와 사귐의 관계 속에서 이루어진다.[762] 예수를 간접적이고 객관적으로 배우는 것으로 끝나지 않는다. 셋째, 그리스도 예수 안에서 성령과의 관계를 통한 영적인 열매를 맺는다. 일반적인 영성은 정신과 사상을 본받으려는 인본적인 차원이지만 기독교 영성은 역사적 예수의 정신과 삶을 계승하려는 역사적인 차원을 가질 뿐만 아니라 성령을 통하여 우리를 찾아오셔서 교제하시고 인격적 관계를 추구하는 수직적이고 하나님 중심적인 영성이다. 즉 기독교 영성은 하나님과의 관계에 우선적으로 초점을 맞춘다.[763] 그리고 기독교 영성의 중심에는 인류를 위해 십자가에서 죽으시고 부활하신 예수 그리스도가 있다. 결국, 기독교 영성은 하나님과의 관계성 속에서 예수 그리스도의 삶을 본받아 예수를 닮아가며 오늘의 현실 속에서 그리스도의 정신을 구현해 가는 총체적 삶이라고 정의할 수 있다.

기독교적 영성은 역사적으로 수도원 운동과 신비주의 운동에서 시작되었다. 그들은 내면적인 삶, 신비적이거나 금욕적인 것을 영적인 것으로 이해하여 훈련과 실천을 통해 통달할 수 있는 영역으로 판단하였다. 따라서 지극히 개인적이고 내면적인 방향으로 치우쳤다.

이처럼 영성을 개인적 차원으로만 접근하게 될 때 영성이 지닌 본래의 의미를 축소시킬 수 있으며, 그 역동성을 파악하지 못하는 오류를 범하게 된다. 그런데도 영성이 개인의 관점으로 이해되면서 개인 중심의 영성에 초점을 맞추고, 더 나아가 개인의 하나님 체험에 집중되는 문제점을 발견

---

761) 오성춘, 『성령과 영성』 (서울: 서울말씀사, 2001), 94.
762) Urban T. Holmes, 『목회와 영성』, 김외식 역 (서울: 대한기독교서회, 1998), 29-33.
763) 오성춘, 『예수님의 이야기로 가득한 교회』 (서울: 장로회신학대학교 출판부, 2000), 174-185

하게 된다. 개인의 경건과 도덕성의 강조는 개인주의적 해석에 기초하고 있으며, 전통적으로 복음주의 신학이 강조한 입장이다.[764] 영성을 개인 중심적 이해에서 강조하게 될 때의 결과는 언제나 개인적 차원의 경건과 도덕적 행위에 머무를 수밖에 없다. 따라서 영성은 인간의 삶의 총체적 차원으로 이해되어야 한다. 따라서 기독교 영성의 핵심은 신자들의 경건한 성품(性品)의 개발이 아니라 신자와 그리스도 사이에서 이루어지는 인격적 교제를 통하여 그리스도의 형상에 일치하게 하는 것이다. 그것은 그리스도 안에서의 삶 그리고 그의 삶을 닮아가는 삶이다. 이는 현실 도피적인 것이 아닌 세상 속에서 하나님을 향하는 삶, 세상에 살면서 하나님과의 인격적 관계를 유지하는 삶이 기독교 영성이다.

구약성경은 인류의 범죄 타락 이후 언약의 도입과 함께 인간과 하나님과의 관계가 강화되고 있음을 보여 준다. 하나님과 인간의 언약 관계가 노아와 족장들에 있어서는 개인적이지만, 하나님에 의해 창조된 신앙공동체인 이스라엘과의 언약에서 절정을 이르게 된다. "공동체"는 구약에서 히브리 백성들의 삶을 이해하게 하는 본질적 요소이다. 하나님은 자신의 언약공동체에 계시하시고, 공동체에 의해 경험되고 있음을 보게 된다. 이처럼 구약은 역사 속에서 나타난 하나님 말씀과 구원 행위가 공동체적 경험을 통해 나타나고 예배 의식 속에서 하나님의 임재의 경험을 하게 한다. 즉 공동체로 드리는 예배와 율법에 대한 순종의 응답 속에서 영성이 형성되고 있음을 알 수 있다.[765]

신약성경에서는 자기 백성과 온 세상을 향한 하나님의 종말론적인 구원사역은 오순절 사건에서 정점을 이른다. 여기서 새 언약 공동체인 교회가

---

764) 김순성, "신앙공동체 영성연구의 중요성", 복음주의실천신학회, 「복음과 실천신학」 제11권 (2006): 211-214.
765) 김순성, "신앙공동체 영성연구의 중요성", 215-217.

새롭게 형성되고 재창조된다. 중요한 것은 성령 체험이 일어나고 있는 장이 개인이 아니라 공동체라는 것이다. 즉 교회가 하나님에 대한 지식과 경험의 모체이고 기반이다. 따라서 기독교 영성의 본래 자리는 개인이 아니라 공동체인 것이다. 이는 개인 영성을 폄하하는 것이 아니라 개인 영성은 부차적이라는 뜻이다. 따라서 교회를 떠나서 개인은 영적으로 성장할 수 없으며, 개인의 성장에 있어서 교회는 모성적 기능을 수행한다.[766] 따라서 영성의 시각을 개인의 신앙 체험과 관련한 실천 행위라는 좁은 시각이 아니라 삶의 총체적 차원을 포함하여 인간 현실과 삶의 전체성의 관점에서 이해되어야 마땅하다.

2. 성경적 예배 영성의 성경적 원리

예배의 출발점은 '하나님은 누구이신가?'를 생각하는 것으로부터 시작한다. 하나님 본성에 대한 계시가 예배의 기반이다. 그리고 우리가 예배를 시작하는 것이 아니라 하나님이 우리를 예배로 초청하신다.[767] 이것을 간과했기에 예배의 문제점이 야기된 것이다. 마치 우리가 예배를 브라이어티한 극적 연출로 아름답게 만들어 하나님을 초청하는 것으로 생각했다. 그러나 '예배는 하나님의 초청에 대한 응답'이다.[768] 하나님께서 우리를 만남의 자리로 부르신 초청에 응할 때 예배가 일어나는 것이다. 결국, 예배는 하나님에 대한 이해와 함께 시작된다. 그리고 이 바탕 위에 예배를 세워지도록 기초를 제공하는 것이 성경적 예배 영성의 성경적 원리이다.

---

766) 김순성, "신앙공동체 영성연구의 중요성", 217-218.
767) Constance M. Cherry, 『예배건축가』, 양명호 역 (서울: 기독교문서선교회, 2015), 32.
768) Cherry, 『예배건축가』, 34.

성경적 예배 영성의 첫 번째 성경적 원리는 '예배는 하나님이 행하신 구원 사건의 결과이고 응답이다.' 예배는 언제나 하나님이 백성을 구원하신 일에 초점을 맞춘다. 출애굽기 12장과 24장은 하나님께서 예배의 행위를 규정하시는 것과 예배의 기본적인 요소들을 기록하고 있다. 그것은 하나님과 백성들과의 관계를 확인하는 상징적인 행동이었다. 신약의 예배는 사도행전 2:42에서 선포된 하나님의 말씀과 성찬을 통해 기념된 하나님의 말씀이 강조되고 있으며, 말씀과 성찬에서 구약 예배의 원형이 완전케 되었다. 예배는 백성을 향한 하나님의 구원 행위로부터 나왔고, 구원 행위를 받은 당사자의 즐거운 응답이다. 하나님이 하신 일이 인정되고 받아들여질 때 예배가 일어난다.[769]

성경적 예배 영성의 두 번째 성경적 원리는 하나님 자신을 나타냄이다. 다시 말해서 하나님의 구원 행위는 곧 하나님 자신의 나타내신 것이다. 하나님은 불타는 가시 떨기나무에서, 애굽에 내린 재앙에서, 홍해를 가르는 곳에서, 시내산에서 자신을 나타내셨다. 그리고 예수 그리스도를 통해 자신을 보게 하셨다. 그러나 하나님은 당신의 행위에 응답하고 받아들이기를 원하신다. 이것이 기독교 예배의 핵심이 되는 계시와 응답이다. 참된 예배는 계시와 응답 위에 세워진 대화를 통해 하나님을 만나는 경험이다.[770] 성경적 예배는 하나님과 그 백성들과의 대화이고 교통이다. 이것이 두 번째의 원리이다.

성경적 예배 영성의 세 번째 성경적 원리는 예배가 언약적이라는 데 있다. 예배가 언약적이라는 것은 하나님과 백성 간의 관계적 약속 위에 있다는 말이다. 다시 말하면 서로 동의로 약속한 공식적 관계이다. "언약"이라는 단어는 노아 홍수 이야기에서 등장한다. 하나님은 노아와 약속을 체결

---

769) Cherry, 『예배건축가』, 35-40.
770) Cherry, 『예배건축가』, 40-42.

하시고 무지개[771)]로 약속 이행의 서명을 하셨다. 즉 하나님을 참되게 예배하는 것이 하나님과 맺은 언약을 지키는 것이다.[772)] 이러한 언약적 교제로서의 예배는 우리를 유한한 시간 세계 속에서 영원 속으로 초대된다고 호튼(Horton)은 말한다.

> 우리가 하나님이 어떤 분이며 하나님과 비교해 자신이 어떤 존재인지에 관해 생각할 때 하나님이 우리를 위해 시간을 내실 뿐만 아니라 우리를 자신의 영원한 시간으로 들어오도록 초대하신다는 것은 놀라운 사실이다.[773)]

언약적 만남과 교제인 예배는 하늘과 땅이 만나는 시간이며, 하늘과 땅의 창조자와 그의 구속한 백성들 간의 거룩한 대화인 경이로운 사건이다.[774)] 그렇지만 오늘날 많은 교회가 예배는 신실한 신자들의 모임인 것과 하나님의 사람들을 위한 예배 요소들이 무엇인지를 소홀히 함으로써 어려움을 겪고 있음을 볼 수 있다.

예배는 근본적으로 하나님과 백성 간의 관계를 토대로 하고 있지만, 또 다른 중요한 관계를 토대로 삼는다. 바로 예배는 백성들 상호 간의 관계라는 토대이다. 이런 점에서 공동체적이다. 예배는 수직적(God to people과 people to God) 관계를 나타내지만, 수평적(People to people) 관계로도 이루어진다. 기독교의 공적 예배는 언제나 공동체적 예배이다. 공동체적 예배란 그리스도의 몸 된 지체들이 모여 한마음과 한목소리로 예배에 합당한 말과 찬송으로 그리고 기도와 간구로 감사하는 것[775)]이다. 따라서 예

---

771) '내가 내 무지개를 구름 속에 두었나니 이것이 **나와 세상 사이의 언약의 증거**니라" 창세기 9장 13절
772) Cherry, 『예배건축가』, 42-46.
773) Michael S. Horton, 『개혁주의 예배론』, 윤석인 역 (서울: 부흥과 개혁사, 2012), 314.
774) D. G. Hart & John R. Muether, 『개혁주의 예학』, 김상구, 김영태, 김태규 역 (서울: 개혁주의 신학사, 2011), 133.
775) "한마음과 한입으로 하나님 곧 우리 주 예수 그리스도의 아버지께 영광을 돌리게 하려 하노라" 로마서

배란 일차적으로 하나님과 구원받은 백성 사이의 만남과 교제이고, 또 구원받은 백성과 백성 사이의 만남의 장이기도 하다. 진정한 예배는 이러한 두 가지 관계라는 토대 위에 세워져야 한다.[776]

그리고 성경적 예배 영성의 네 번째 성경적 원리는 예배는 본질상 삼위일체적이라는 것이다. 기독교 예배는 성부, 성자 성령의 사역으로부터 흘러나오고 또 그것에 반응한다. 삼위 하나님의 관계는 성경이 증거하고 있다. 성부는 성자를 통하여 영광 받으시고, 성자는 성부를 통하여 영광 받으신다.[777] 성령은 성자로부터 파송 받지만, 성부로부터 나오신다. 성령은 성부로부터 나오지만, 성자를 증언한다. 이런 상계는 예배에 작용한다.[778] 제임스 토랜스(James B. Torrance)는 삼위일체적인 예배를 다음과 같이 요약한다.

> 성자께서는 성령 안에서 성부와 하나가 되시고 교제하시는 삶을 사신다. (…) 성자께서는 성령을 통하여 사람들을 이끄셔서 성부를 예배하고 교제하는 자신의 삶에 참여하게 하시고 또 성부로부터 나셔서 세상을 향해 가시는 자신의 선교에 참여하게 하신다. 그러므로 기독교 예배는 우리가 성령을 통하여 성부와 성자의 교제에 참여하는 것이다.[779]

성경적 예배의 특징은 삼위 하나님께서 예전에 친히 임재하시어 자기 백성을 구원하시는 현재적 구원 사건이다. 그리고 설교와 성례라는 '일상

15장 6절
776) Cherry, 『예배건축가』, 47-50.
777) 요한복음 13:31-32 "그가 나간 후에 예수께서 이르시되 지금 인자가 영광을 받았고 하나님도 인자로 말미암아 영광을 받으셨도다 만일 하나님이 그로 말미암아 영광을 받으셨으면 하나님도 자기로 말미암아 그에게 영광을 주시리니 곧 주시리라"
778) Cherry, 『예배건축가』, 50-53.
779) Cherry, 『예배건축가』, 52에서 재인용.

적 수단'을 통해 일하시는 하나님의 '현재적' 구원 사건이다. 호튼(Horton)은 다음과 같이 주장한다.

> 구원 역사에서 하나님이 과거에 하신 일이 중요하긴 하지만, 우리는 하나님이 과거에 하신 것과 마찬가지로 현재도 우리 가운데서 놀라운 일들을 하고 계심을 깨달아야 한다. 더 이상은 불타는 떨기나무나 속죄의 희생 제사나 구속을 보증하는 부활이 없다는 것은 틀림없는 사실이다. 하지만 하나님은 여전히 표적과 기사를 통해 일하신다. 차이가 있다면, 그것은 이런 현대적인 표적과 기사가 기상천외한 사건이라기보다 오히려 일상적인 사건이라는데 있다. 이제 예배는 하나님이 친히 정하신 수단을 통해 우리 가운데 일하시는 또 다른 기회다.[780]

이러한 예배의 현재성은 과거와 미래를 잇는 연결고리이다. 다시 말해서 "예배는 과거의 사건을 현재의 시점에서 회상하며, 미래의 사건을 현재의 시점에서 예상하는 것이다. 즉, 과거의 구속사를 회상하며(Anamnesis) 미래의 구속사를 예상(Prolepsis)하는 것이다."[781] 따라서 예배는 어렴풋한 과거의 회상이 아니라 과거의 사건이 현재에 일어나는 사건이고 앞으로 일어나게 될 사건을 예상하고 경험하는 것이다. 만일 이러한 구원 사건의 은혜에 대한 감사와 응답으로서의 예배가 아니라 우리의 감정과 의지가 주도된 한 편의 뮤지컬과 같이 인간의 감정을 자극하는 예배는 '감상적 개인주의'에 불과한 것이 되며, 예배의 대상이신 하나님보다 자신을 예배의 중심에 두는 오류에 빠지게 한다. 그럴 뿐만 아니라 능동적으로 참여하여 나를 드리는 것이 아니라 관객이 되어 잘 짜인 극본에 따라 연출된 드라

---

780) Horton, 『개혁주의 예배론』, 35-36, 259.
781) Hart & Muether, 『개혁주의 예학』, 10.

마와 같은 예배를 보는 수동적인 입장이 된다. 이러한 형태의 예배는 공동체의 수동적 태도를 초래했고, 결국 회중은 독일 계몽주의 예배 신학자들이 칭했던 '관중'(Publikum)[782]으로 전락하고 말았다.[783]

살펴본 것을 종합하여 이해하면, 성경적 예배란 하나님의 언약적 주권 속에서 하나님과 그 백성 간의 교제이며, 하나님의 구속함을 받은 성도들이 하나님의 창조와 구원 행위에 대하여 하나님을 찬양하고 영화롭게 하는 것이다. 다시 말해서 '예배는 하나님과의 지속적인 만남이며, 공동체 예배의 행위를 거쳐 하나님 임재 안으로 들어가 그 안에서 일어나는 변화에 이르는 여정이다.'[784]

한국교회에서는 목회자가 예배의 결정적인 역할을 담당한다. 이에 따라 목회자를, 예배를 위한 중재자로 오해하기도 한다.[785] 사실 예배에 있어 목회자가 거의 모든 부분을 담당하고 있다. 회중들은 앉아서 지켜보는 것밖에 없다고 생각할 수도 있다. 그렇지만 성경적 예배에서 회중들에게 요청되는 것은 적극적 참여이다. 회중은 예배의 객체가 아니라 주체이기 때문이다.[786] 목회자가 말하고 읽고 기도하지만, 회중들도 함께 능동적으로 참여해야 한다. 회중들은 말씀을 기도하는 마음으로 들으며, 믿음과 사랑으로 그 말씀을 받는 것이다. 그리고 적극적으로 자신을 위해 그 말씀을 적용할 부분을 부지런히 찾고, 삶에서 적용하는 것이다. 바로 예배는 회중들을 하늘과 땅이 만나는 거룩한 사건으로 초대하고,[787] 그 안에서 영적 자양

---

782) 체코, 스웨덴, 헝가리어로 단어의 의미는 관중, 관객, 청중이다.
783) 김상구, 『개혁주의 예배론』 (서울: 도서출판 대서, 2012), 62.
784) Cherry, 『예배건축가』, 56.
   R. C. Sproul은 오늘날 예배의 위기는 설교의 서툼과 언변의 능력의 유무가 아니라 하나님과 만남인 예배에서 하나님의 임재를 인식하지 못하기 때문이라고 한다. R. C. Sproul, 『성경적 예배』, 조계광 역 (서울: 지평서원, 2015), 192. 참조.
785) 김상구, 『개혁주의 예배론』, 62.
786) 김상구, 『개혁주의 예배론』, 348.
787) Hart & Muether, 『개혁주의 예학』, 129-134.

분을 공급받으며 믿음 안에서 성장하는 은혜의 방편이다. 따라서 회중이 예배에 적극적으로 참여하기 위한 길을 예배 구성자들이 제공해야 한다. 이를 위해 예배 교육이 요구된다. 예배는 회중의 참여를 통해 드려지는 공동의 행사이다.

| 제2절 |
성경적 예배 영성의 구성 원리

성경적 예배의 원론적인 부분을 앞에서 살펴보았다. 본 절에서는 성경적 예배 영성의 모범(Directory)으로서의 예배 구성 원리를 살펴보고자 한다. 그리고 그동안 소홀하게 대하였던 가시적 말씀인 주의 식탁으로 나와 설교 된 말씀에 응답하는 성례의 회복에 대해 강조하고자 한다.

1세대 그리스도인들은 주님이 제정하신 성찬식을 적어도 매주 행했다. 더 정확히는 만날 때마다 빵을 떼고 잔을 들었다. 주의 식탁으로 나올 때 우리는 하나님이 그리스도 안에서 자신을 내어주심에 대한 감사를 재현할 수 있다.[788] 예배에서의 설교 중심[789]은 예배의 불균형을 초래했으며, 주의 만찬을 경시하는 원인을 제공했다.[790] 그로 인해 한국교회는 이 위대한 구원의 행위, 복음의 메시지인 성례전을 놓치고 있다.

---

788) Cherry, 『예배건축가』, 174.
789) 종교개혁 이후 설교는 예배의 중심이 되었다. 그리고 설교가 예배에서 중요한 위치를 차지하고 있음도 사실이다. 하지만 한국교회는 예배의 또 다른 요소들을 생각하지 않고 설교만을 강조하고 있다. 이와 같은 현상은 한국 초기 선교사들이 한국에 복음을 심기 시작할 때 선교사들의 개척자 예배 형태가 한국교회에 뿌렸고, 설교에 집중되었다. 이러한 설교 중심의 예배는 사람들이 설교를 듣기 위해 참석하는 부작용을 낳았으며, 설교만 들으면 예배를 다 드린 것으로 생각하기에 이르렀다. 그 결과 한국교회의 예배는 청각 중심의 예배로 고착었다. 김상구, 『개혁주의 예배론』, 57-58.
790) 김상구, 『개혁주의 예배론』, 60.

1. 예배 영성의 구조 원리

그렇다면 '예배는 어떤 원리를 따라 행하여야 하는가?'라는 질문이 생긴다. 드 종(De Jong)은 예배의 구조원리를 네 가지로 제안한다.[791]

첫째, 예배는 '성경적'이어야 한다. 성경은 예배의 성격을 말해 줄 뿐만 아니라 예배의 요소들도 소개하므로 예배의 출발점과 해석서로 사용될 수 있다. 성경은 하나님이 받으시는 방법대로 예배를 드려야 한다는 것을 강조하고 있다. 둘째, 예배는 '보편적'(Universal)이어야 한다. 모든 지상의 교회는 '하나의 거룩한 보편적 교회'에 속해 있으므로 일시적인 시대의 흐름에 동조해서는 안 된다. 예배는 사람들과의 관계를 맺으며, 신자를 세우는 것이기보다 하나님을 경외하는 것이기 때문이다. 셋째, 예배는 '신백적'이어야 한다. 그리스도의 죽음과 부활에 참여하는 것이며, 그리스도와 연합으로 장차 하나님 나라에서 천국 잔치를 예표 하기 때문이다. 그리고 넷째, 예배는 '회중적'(Congregational)이어야 한다. 예배는 삶의 현장과 연계되어야 한다.

김순환은 드 종의 원리를 다섯 가지로 세분된 예배의 실제적 원리 제안한다.[792] 첫째, 예배는 '하나님이 중심'이어야 한다. 예배의 중심은 하나님이시며, 그 안에서 하나님의 선제성(先制性, Initiative)이 드러나야 한다. 둘째, 예배는 '그리스도 중심적'이어야 한다. 예배는 구속의 역사 과정을 새롭게 요약하고 확인하는 것이어야 한다. 즉 예배는 그리스도 사건의 반복(Recapitulation)이다. 셋째, 예배는 '성령을 통해 드려지는 사건'이다. 성령은 예배 안에서 하나님과 회중을 교제할 수 있게 하신다. 넷째, 예배는 '성서의 권위가 존중'되어야 한다. 성경이 예배에서 체계적이고 균형 있게

---

[791] James A. De Jong, 『개혁주의 예배』, 황규일 역 (서울: 기독교문서선교회, 1997), 41-42.
[792] 김순환, 『예배학 총론』, 53-61.

봉독 되어야 하며, 충실하게 설명되고 적용되어야 한다. 성경의 일부 구절을 설교의 증빙 본문이나 변론의 자료로 제시되어서는 안 된다. 성경이 구원의 표준이며, 절대적 권위의 바탕임을 인식하고 그 외 어떤 학문적 주장이나 개인의 경험을 더 위에 두어서는 안 된다. 그리고 다섯째, 예배는 '예배의 다 감각적 특성과 회중 참여 중시'하여야 한다. 오늘날 설교 중심의 예배로 예전성의 결여와 상징성이 무시되었다. 최소한의 감각적 인식 영역인 시(視), 청(聽), 후(嗅), 미(味), 촉(觸)의 오감을 사용한 전인적 예배의 필요[793]가 있다. 또한, 회중을 '듣는 자의 무리'의 단순한 방관자가 아닌 집례자와 함께 예배의 내용과 형식 속에 직접 참여하여야 한다. 예배는 회중의 참여와 함께 드려지는 공동체의 행사이다. 성경적 예배 예전을 구성하기 위한 드 종의 네 가지 원리와 김순환의 다섯 가지 원리를 살펴보았다. 이러한 원리들을 종합해 볼 때 성경적 예전의 본질[794]인 '하나님 중심', '그리스도 중심' 그리고 '성경 중심'의 중요성을 상기시킨다.[795]

드 종(De Jong)과 김순환의 예배 구조원리를 의거(依據)하여 예배를 이

---

793) 하나님은 이스라엘 백성에게 감각에 호소하는 다양한 예배의 요소를 제공하셨다. 성막과 성전에서 행해지는 이스라엘의 예배에는 시각물들이 많았으며, 시각적 특성이 강하게 나타났다. 그리고 청각을 자극하는 요소도 많았다. 하나님의 말씀을 듣는 것은 물론이고 노래, 나팔과 수금 등 악기가 동원되었다. 후각을 자극하는 요소인 향은 하나님의 백성이 드리는 기도를 상징했다. 신약성경도 이와 다르지 않다. R. C. Sproul, 『성경적 예배』 조계광 역 (서울: 지평서원, 2015), 200-202 참고.
794) 휴즈 올리판트 올드(Hughes Oliphant Old)는 개혁주의 예배의 원리를 세 가지로 말한다. 그 첫째는 '성경에 따르는' 예배이어야 한다. 둘째, '그리스도의 이름으로' 드려져야 한다. 그리고 셋째, '성령의 역사하심'이다. 즉 개혁주의 예배는 성경을 벗어나서는 안 되며, 그리스도의 이름으로 드려져야만 한다. 그 이유는 예배는 그리스도의 몸의 기능이고, 우리는 그리스도인으로서 한 몸이기 때문이다. 또한, 예배는 성령의 영감으로, 성령의 인도하심으로 성령에 의해 정화되며 그리고 성령의 열매를 맺는다. 개혁주의 예배는 성령의 충만함이기 때문이다. Hughes Oliphant Old 『성경에 따라 개혁된 예배』 21-27 참고.
795) 정장복, 『예배학 개론』 149-153.
정장복은 예배의 인도자나 참여자들의 마음속에 자리해야 할 필수적 명제를 세 가지로 제안한다. 첫째, 예배의 대상인 하나님은 영적인 존재라는 사실을 예배자들이 마음속에 확신해야 한다. 둘째, 예배는 그리스도의 구속 사건이 반복되어야 하며, 그 안에서 그리스도를 발견하는 그리스도 중심의 예배로 계속되어져야 한다. 셋째, 예배의 형태와 내용과 메시지가 성경을 바탕으로 해야 한다. 오직 성경에 기초를 두고 그 말씀으로 예배의 방향을 잡아 나갈 때 하나님을 올바로 섬길 수 있게 된다고 한다.

해하면, 예배는 인간의 깊은 곳에서부터 우러나오는 하나님을 향한 신앙의 표현이다. 따라서 예배는 '하나님의 영(靈) 안에서 그리고 그 진리 안에서' 드려져야 한다. 또한, 그리스도의 구속 사건이 반복되어야 하며, 그 안에서 그리스도를 발견해야 한다. 그리고 성경을 벗어난 어떠한 신앙의 행위는 용납되지 않는다.

칼빈(John Calvin)은 "하나님은 성경 가운데 우리에게 그 자신에 관한 정확한 지식을 주신다."라고 강조했다. 종교개혁자들은 사제 중심, 인간 중심의 예배를 '오직 성경으로'(Sola scriptura)의 원리로 교리, 교회 정치, 그리고 예배에 대한 개혁을 단행한 것이다.[796]

오늘날의 교회가 이와 같은 표준예배 원리인 '오직 성경으로'를 소홀히 하고, 사람들과의 관계와 사람의 감정에 치중하여 심각한 오용에 빠지게 되는 원인을 낳았다.

2. 예배 영성의 구조 원리에 따른 구성 요소

예배의 기초 부분과 예배의 구조원리들이 그러하다면 '예배를 어떻게 드릴 것인가?' '예배의 실제 구성을 어떻게 해야 바른 예배인가?'라는 질문이 생긴다.

하트와 뮤터는 말씀 봉독과 설교, 기도, 찬송, 헌금 그리고 성례가 개혁주의 예배의 본질적 요소이며, 예배에서 이것들을 제거하거나 다른 것을 첨가하는 것은 하나님의 말씀을 넘어서는 행위라고 강조한다.[797] 따라서 예전의 구성 요소들의 배열과 순서는 사람들의 감정과 선호에 맞추어 결

---

796) Hart & Muether, 『개혁주의 예학』, 89-90.
797) Hart & Muether, 『개혁주의 예학』, 172.

정해서는 안 되며, 하나님 말씀의 규정대로 구성되어야 한다.

성경적 예배 영성의 구조원리에 따른 구성 요소는 다음과 같다.

칼빈은 성찬의 참여를 예배의 한 요소로 보았으며 매 주일 주의 만찬을 준수해야 한다고 했다. 고든(T. David Gordon)은 칼빈의 주장에 공감하며 "초대교회는 말씀, 기도, 성찬 참여(Partaking of the Supper) 그리고 구제 없는 어떤 모임도 하지 않았다."라고 기술하였다.[798]

존 프레임(John M. Frame)[799]은 "예배란 언약의 주님께 그 위대하심을 인정하는 행위"[800]라고 정의하였다. 즉 예배는 하나님을 인정하고 하나님을 인식하며, 하나님을 대면하고, 하나님께 영광을 돌리는 것이다. 예배의 대상이신 하나님을 인식하지 않고 하나님을 바라봄 없이 내가 감동하고, 내가 위로받는 것은 예배가 아니라 오히려 하나님을 모독하는 것이다.[801] 다른 개혁주의 신학자는 "참된 예배란 모든 피조물이 하나님께 감사하며 하나님을 기억하기 위해 복종하며 순종하는 봉사 행위(Service)"라고 정의했다.[802]

하트와 뮤터는 성경적 예배는 본질적으로 언약 신학에 기초한다고 한다. 따라서 예배의 언약적인 유형은 언약의 주님과 그의 백성들 사이의 거룩한 교류 혹은 대화라고 정의한다. 미국 장로교 예배 모범에서 그 예로 들고 있다.[803]

예배는 두 부분으로 구성되어 있다. 한 부분은 하나님을 위해 실행되며,

---

798) Hart & Muether, 『개혁주의 예학』 171에서 재인용.
799) 존 프레임(John Frame)은 웨스트민스터 신학교와 리폼드 신학교에서 45년 동안 철학적 주제로 강의한 미국의 대표적인 개혁주의 신학자이다.
800) John Frame, 『신령과 진정으로 드리는 예배』 김명렬 역 (서울: 총신대학교출판부, 2000), 23.
801) Frame, 『신령과 진정으로 드리는 예배』 23-24.
802) Hart & Muether, 『개혁주의 예학』 104.
803) Hart & Muether, 『개혁주의 예학』 104-109.

또 다른 부분은 회중을 위해 실행된다. 전자에서는 예배자가 수동적 입장이며, 후자에서는 능동적 입장이다. 이 두 요소는 상호 교류적이어야 합당하다.[804]

이 대화 원리를 받는 성경적 증거들이 발견된다. 창세기에 기록된 것처럼 하나님과 언약 안에 있다는 것은 "여호와의 이름을 부르는 것"이다. (창 4:26) 하나님의 이름을 부르며 간구하는 것은 경건과 순종 가운데 경배하는 행위가 있어야 한다. 노아는 홍수 사건 후에 드린 번제를 통하여 하나님과 대화 하였다. (창 8:20-21) 그 외에도 언약 신학의 증거들이 많이 있다. (출 34:8, 사 6:5, 대하 15:15, 시 32:1-5, 계 1:17)[805] 하트와 뮤터는 이 언약 신학에 기초한 원리가 예배 구성에 중요하다고 한다.

그렇다면 예배 영성의 구조원리에 따른 바른 예배의 구성 요소는 무엇인가? 레위기에 나타난 것과 같은 예배 행위에 대한 명확한 지침 형태로 된 새로운 언약이 없다고 주장하는 자도 있다. 그러나 신약성경은 사도들의 가르침이나 사도들의 사례를 통해 예배의 요소들을 보여 주고 있으며, 특히 사도행전 2장 42절은 예배의 기본적인 요소들인 말씀, 기도, 성례 그리고 헌금(코이노니아) 등을 제공한다. 이 네 가지 요소들이 초대기독교 주일 모임에서 드렸던 예배의 특징이다.[806]

초대기독교 예배를 이해한 예배 여정의 구성 요소는 모이는 것으로부터 시작된다. 예배하러 모이는 것은 하나님의 부르심에 대한 응답이다. 여기서 하나님이 그분의 아들 예수 그리스도를 통해서 우리를 만나시고자 초청하셨다는 것을 인정한다. 예배로의 부름은 바로 하나님이 우리를 예배

---

804) Hart & Muether, 『개혁주의 예학』, 109.에서 재인용.
805) Hart & Muether, 『개혁주의 예학』, 109-110.
806) Hart & Muether, 『개혁주의 예학』, 170-171.

로 부르시는 것이다. 두 번째는 모임 예전이 완성되면 이제 하나님 말씀을 들을 준비가 되었다. 기록된 성경 말씀과 그것의 해석은 모세 시대 이후로 예배의 중심이 되었다. 율법의 낭독과 가르침은 히브리 전통이었고, 회당에 기원을 두고 있다. 성경낭독은 초대기독교 예배에서 중요한 역할을 했다. 그러나 현대에서 성경낭독은 거의 사라졌고 설교가 그 자리에 앉았지만, 말씀 예전은 하나님 말씀을 배우는 것이라기보다 하나님으로부터 듣는 것이다. 세 번째는 설교된 말씀에 대한 응답으로 주의 식탁의 자리로 나오는 것이다. 성찬은 하나님이 성령의 능력을 통해 그리스도를 죽음에서 일으키시고, 악의 권세를 이기시고, 우리에게 용서, 치유, 사랑, 공동체와 세상에서 승리하는 삶을 살 능력을 주시는 것에 관한 이야기를 재현하고 기념하는 예배의 행위이다. 네 번째 파송은 하나님이 그리스도의 이름으로 세상을 축복하도록 우리에게 복을 주시는 시간이다. 공동체로 말씀을 들은 결과로써 그리스도의 제자로 살도록 우리 위에 임하는 시간이며, 우리는 말씀에 대한 응답으로서 하나님의 영광을 위해 행하겠다고 약속의 삶을 살겠다고 소망하며 세상을 향해 흩어지는 시간이다.[807] 따라서 성경적 예배 영성의 구조원리에 따른 구성 요소는 모임과 말씀, 그리고 성찬과 파송이라는 사중 구조로 특성 지을 수 있다.

3. 성경적 예배 예전

현재의 예배 논쟁에서 예전(Liturgy)이나 의식(Ritual)에 대한 부정적인 관점이 지배적이어서 적절한 예배의 형식은 주목받지 못했다. 하지(Charles Hodge)는 예전 예배에 대하여 "형식에 구애되는 경향이 있으며

---

807) Cherry, 『예배건축가』, 117-233.

참된 헌신의 정신으로 움직여진 따뜻한 마음의 우러나옴을 대신할 수 없다."[808]라고 했다. 그 누구도 로마 가톨릭으로 돌아가는 것을 지지하는 사람은 없을 것이다. 그러나 예배에서 누리는 최상의 경험은 하나님의 말씀 안에서 계시해 주신 방식대로 나타나는 우리들의 적절한 반응이다. 하나님으로부터 창조 받은 우리는 영혼과 육체를 동시에 지니고 있다. 영적인 것을 위해 육체의 것을 무시해서는 안 된다. 우리가 육체를 가지고 있는 한 예배는 구체화 될 것이다. 그러므로 형식은 중요하다. 하트와 뮤터는 성경적 예전이 취해야 할 형식은 "하나님을 기쁘시게 하는 형식, 하나님이 계시해 주신 진리들을 표현하도록 허용하는 형식"[809]이 올바른 형식이라고 한다.

테리 존슨(Terry Johnson)은 네 개의 예배 순환 주기인 찬양, 신앙고백, 은혜의 방편, 그리고 축복의 예배 구성을 제안한다.[810]

'하나님의 현존으로 들어가는 출입문'[811]인 **찬양**
예배로의 부름(Call to Worship)
기원(Invocation)과 찬양의 기도(Prayer of Praise)
시편 또는 찬양의 찬송(Hymn of Praise)
신앙고백(Confession of Faith)
영광송(Gloria Patri or Doxology)
고백의 순환 주기
율법의 봉독(Reading of the Law)
죄의 고백(Confession of sin)
용서의 확신(Assurance of Pardon)
시편(Psalm) 또는 감사의 찬송(Hymn of Thanksgiving)

---

808) Hart & Muether, 『개혁주의 예학』, 172에서 재인용.
809) Hart & Muether, 『개혁주의 예학』, 177-179.
810) Hart & Muether, 『개혁주의 예학』, 113.
811) Hart & Muether, 『개혁주의 예학』, 113.

은혜의 방편
조명을 위한 기도(Prayer of Illumination)
성경 봉독(Reading of Scripture)
설교(Sermon)
중보기도(Prayer of Intercession)
주의 만찬(Lord's Supper)
순환 주기인 감사와 축복
봉헌기도(Prayer for Offering)
헌금(Collection)
마지막 찬송(Concluding Hymn)
축도(Benediction)

하트와 뮤터는 "약간의 변화가 있었지만 칼빈 이후로 성경적 예배를 특징 짓는 예전의 구조이며, 테리 존스의 결론과 같이 성경적인 사례, 기독교인의 경험 그리고 개혁주의 전통과 밀접하게 결합하여 있다."라고 평가한다.[812]

김상구는 초대교회 예배의 두 축인 선포와 성만찬, 그리고 도입 부분과 일상생활을 가리키는 종결 부분을 포함하는 성경적 예배 예전의 사중 구조를 제안한다. 그 기본 구조는 개회와 부름, 선포와 고백, 성만찬, 그리고 파송과 축도이다.[813]

첫 번째 구조 부름 부분인 **'개회와 부름'**
종소리(예배를 드리기 위해 모인다.)
시작을 위한 음악
기원과 인사
준비의 기도
찬송
시편
영광송

---

812) Hart & Muether, 『개혁주의 예학』, 116.
813) 김상구, 『한국교회와 예배서』 (서울: 기독교문서선교회, 2013), 101.

부름
자비송
영광송
오늘의 기도
두 번째 구조 **'선포와 고백'**
성경낭독과 찬송
찬송
설교
신앙고백
봉헌
광고
세 번째 구조 **'성만찬'**
성만찬 준비
대감사 기도와 성찬 제정사
주기도
평화의 인사
분배
감사의 기도
네 번째 구조 **'파송과 축도'**
찬양
파송의 말씀
축도
예배를 마침을 위한 음악

첫 번째 구조는 부름 부분인 '**개회와 부름**'이다. 이 부분은 예배로 오는 사람들을 모으고 계속되는 예배의 사건에 동조하도록 한다. 두 번째 구조는 '**선포와 고백**'이다. 이 부분은 예배드리기 위해 모인 자들의 방향을 제정하도록 돕는다. 신앙고백을 선포에 대한 응답으로서 이해하며 설교와 성만찬 사이의 예전의 요소를 배열한다. 세 번째 구조는 '**성만찬**'이다. 그리스도와의 교제는 빵과 포도주를 먹고 마실 때 제자들과 함께한 예수의 최후 만찬에 대한 회상을 통해 이루어지게 된다. 성만찬은 준비 단계, 성

찬 제정사와 찬양의 단계, 분배의 단계 그리고 감사의 단계와 같이 네 단계로 나누어져 있다. 그리고 네 번째 구조는 **'파송과 축도'**의 단계에서 회중들은 교회를 떠나 일상생활로 나아가지만, 그 삶 속에서 하나님의 세계를 맛볼 수 있으며, 예배와 삶의 교량 역할을 암시하는 것이다.[814] 김상구는 이 '파송과 축도'의 구조에서는 "매일의 삶을 풍요롭게 하는 구체적인 관심사와 함께 구성되어야 한다."[815]라고 제시한다.

예전은 하나님과 백성들 사이에 이루어진 언약적인 대화의 형태를 확립한 것이다.[816] 하나님께서 말씀하시면 우리는 응답하고, 또 하나님이 말씀하시면 다시 응답하는 것과 같다. 내려 주시는 말씀에 응답하여 올려 드리고, 부어 주시는 은혜에 감사의 찬송으로 화답하며 올려 드리는 것이다. 따라서 예전은 복된 것이다. 하트와 뮤터, 그리고 김상구가 제안한 예배 의식은 성경적 예전의 시금석(試金石)을 제공하고 있다. 또한, 예배에 있어서 대화의 구조를 통한 질서를 제공하고 있다. 베푸시는 은혜에 대한 응답의 예전 구조원리는 유지되어야 한다.

지금까지 논의한 것을 종합하여 예배의 구성 요소를 포함한 예전을 제안[817]하고자 한다. 가장 핵심적인 것은 대화로서의 회중의 참여이다. '회중은 만인 제사장으로서 모든 사람이 예배에 참여함으로써 전 공동체가 하나의 지체로 예배드리는 것'[818]이다.

---

814) 김상구, 『한국교회와 예배서』, 102-125.
815) 김상구, 『한국교회와 예배서』, 125.
816) Hart & Muether, 『개혁주의 예학』, 118.
817) 본고(本考) 제5장 제3절 5항에서 자세하게 제시할 것이다.
818) 김상구, 『일상생활과 축제로서의 예배』 (서울: 이레서원, 2005), 168-169.

예배의 준비
예배로의 부름, 초대
죄의 고백과 사죄 선언
성경 말씀 봉독과 선포 그리고 신앙고백
성경 봉독과 선포(공동체 기도)
신앙고백
성만찬
봉헌
성만찬(주기도-평화의 인사)
폐회의 순서 파송
축도와 파송

여기서 눈에 띄는 것은 신앙고백의 위치일 것이다. 보통은 예전의 전반부에 있는 경우가 대부분이다. 그러나 회중은 마리아처럼(눅 10:38-42) 예수님의 발 앞으로 나와 말씀으로 선포되는 교훈을 듣는다. 그리고 선포된 그 말씀에 자신을 비추어 보면서 죽을 수밖에 없는 죄인이 그 은혜 안에서 세워지는 것을 바라보며 감사로 반응한다. 그 감사에 대한 믿음의 확신으로 신앙이 고백 되는 것이다. 다시 말해 예배 중에 오는 신앙고백은 하나님의 말씀에 대한 공동체의 종합적인 응답이며, '아멘'의 성격이 강하다.[819] 그러므로 말씀 가운데 임재하신 하나님께 대한 신앙의 고백이며, 헌신의 표현인 신앙고백은 설교 뒤에 위치하는 것이 논리적인 순서이다. 바로 성경적 예전의 구조인 죄-은혜-감사(고백)의 구조이다. 또한, 말씀(계시)과 성찬(응답)은 기독교 예배의 핵심을 형성한다. 제3절 5항에서 성경적 예배의 예전 예식서를 제시하겠다.

한국교회의 예배 형태는 19세기 말 선교사들을 통해 전수되어 오늘날까지 이르고 있다. 그러나 이러한 예배의 형태는 '전도 집회', '부흥회'식의 형

---

819) 이홍기, 『미사전례』(왜관: 분도출판사, 1997), 182.

태이다. 이는 성서와 초대교회가 행하였던 예배 형태가 아니다. 그러므로 이제는 성서적, 역사적으로 맞는 합당한 예배의 회복이 있어야 한다. 그뿐만 아니라 현재 우리가 행하고 있는 성만찬에 대한 재조명도 필요하다.

| 제3절 |

예배 영성 갱신을 위한 제언

한국교회의 예배 영성 갱신을 위한 자성의 목소리가 나오는 것은 고무적인 현상이다. 그러나 갱신의 소리가 교회 성장이 멈춤에 대한 대책의 하나로 목소리를 내고 있다는 것이 안타깝다. 한국교회 예배 영성 갱신의 새로운 방향 모색은 철저한 자기 성찰을 통한 예배의 회복과 예배에 대한 문제 인식으로 예배의 갱신이 되어야 한다. 이러한 예배 갱신은 성경 말씀의 토대 위에서 성경적인 예배로의 회복을 위한 노력이 필요하다. 이러한 문제를 해결하기 위한 다양한 갱신의 방향이 모색되고 있다. 한국교회가 직면한 여러 위기 가운데 가장 중요한 요인으로 지적되고 있는 것이 예배의 위기라고 한다. 한국교회 예배의 문제점[820]은 예배가 심리적 힐링 위주로

---

820) 조기연은 예배 신학의 결핍을 한국교회 예배의 문제점으로 지적하며 다음의 일곱 가지를 제시한다. 첫째, 논리성의 결핍으로 무질서한 예배이다. 둘째, 통일성의 결핍으로 혼란을 가중하는 예배이다. 셋째, 경외감 결핍에 따른 인간이 주목받는 예배이다. 넷째, 진행감의 결핍으로 회의하는 것과 같은 예배이다. 다섯째, 상징성의 결핍으로 말로 하는 예배이다. 여섯째, 참여도의 결핍으로 회중은 구경만 하는 예배이다. 마지막 일곱째, 성례전의 결핍으로 구도자가 중심이 되는 예배이다. 이로써 한국교회는 '말씀'과 '성례'라는 예배의 이중 구조에서 한 가지만을 행하는 기형적 예배를 드리게 되었다. 조기연, 『한국교회와 예배 갱신』, 147-165.
김순환은 본서 3장에서 지적한 바와 같이 한국 초기 선교사들과 부흥 운동과 관련하여 지적한다. 첫째, 초기 선교사들의 영향이다. 둘째, 초기 선교사들의 부흥 운동의 영향이다. 개인주의적이며 타계주의적 특징의 부흥 운동은 시대적 상황 속에서 희망을 잃었던 국민에게 소망을 주고, 내일을 기대하는 긍정적인 영향도 있었으나 예배의 상징성 영역의 역동성을 간과하는 부정적 영향을 끼쳤다. 김순환, 『21세기 예배론』 (서울: 대한기독교서회, 2003), 182-183.
김상구는 한국교회 예배의 문제점을 다섯 가지로 지적한다. 첫째, 설 지향점이 지나치게 선교 중심적 설교이다. 둘째, 성례전의 소홀을 문제점으로 지적한다. 셋째, 목회자의 우위성이 가중되어 있다. 넷

사람들의 욕구에 맞추기 위한 설교로 변질하였고, 음악은 인간의 감정만을 자극하여 혼란스럽다는 지적도 있다.[821] 이러한 위기 가운데 현대교회에서의 예배 갱신 방향은 전통들을 회복하여 예전을 강화하려는 예전 갱신 운동과 변화된 청중들의 요구에 따라 현대적 문화를 수용하려는 현대 예배 운동(Contemporary worship)은 두 가지로 나눌 수 있다.[822] 예전 갱신 운동은 성찬식을 강화하여 말씀과 성찬, 교회력의 회복하려는 방향으로 진행되었다. 이와는 대조적으로 현대 예배 운동은 새로운 문화 변화를 적극적으로 도입하려는 방향에서 찬양과 경배, 이머징 예배의 갱신이 추구되었다.

현대 예배 운동 가운데 한국교회에 가장 영향을 많이 미치고 있는 것이 청소년들의 예배 중심에서 장년 예배에 큰 영향을 미치고 있는 찬양과 경배의 예배이다. 찬양과 경배의 예배는 오순절적이고, 은의적인 배경에 기원을 두고 있다고 지적한다.[823] 물론 경배와 찬양은 다양한 악기들과 음악 양식을 사용하여 찬양으로 예배하면서 성령의 역사를 적극적으로 구하고, 찬양과 기도, 그리고 말씀과 봉헌의 단순한 예배를 추구하고 회중들의 적

째, 교회력에 대한 이해 부족이다. 다섯째, 예배 장소와 기물에 대한 인식 부족이다. 이와 같은 예배에 대한 신학적 부재는 하나님과 인간 사이의 소통과 만남을 방해하고 있다. 김상구, 『개혁주의 예배론』, 56-65.
논자는 여기에 한 가지를 더 포함하려고 한다. 그것은 예배에 대한 인 식과 예배 신학의 부재이다. 예배는 주일에 드리는 것이 전부인 것처럼 생각하여 삶으로서의 예배는 지나치게 간과되었다. 주일성수에 대한 강조는 주일예배에 대한 강조를 강화하였지만, 삶 속에서 그리스도의 사랑을 실천하고 다른 사람들에게 봉사하는 삶으로서의 예배는 상대적으로 약화시켰다. "너희 몸을 하나님이 기뻐하시는 거룩한 산 제사로 드리라 이는 너희의 드릴 영적 예배니라"(롬12:1)고 말한 성경 구절은 기독교 예배의 본질이 매일의 삶 속에서 거룩한 산 제사로 드려져야 한다는 것이다. 그리고 한 걸음 더 나아가 이웃에 대한 봉사와 섬김도 포함하고 있다. 그러나 한국교회는 이점을 간과하고 있다. 결국, 예배 신학의 부재로 인해 예배란 그저 교회 안에서만 드리면 된다는 생각을 가지게 되었고, 그에 따라 협소하고 잘못된 예배관을 가지게 되는 결과를 초래하게 되었다.

821) 이은선, "한국교회 예배 이대로 좋은가?: 개혁주의 관점에서의 분석과 대안 모색". 개혁주의 생명신학회, 「성경과 말씀」 제15권 (2016): 69-71.
822) 김세광, "예배 본질의 탐구", 한국실천신학회, 「신학과 실천」 28권 (2011): 33-36.
823) 이은선, "한국교회 예배 이대로 좋은가?: 개혁주의 관점에서의 분석과 대안 모색". 81.

극적인 참여를 유도하는 긍정적인 측면이 있다. 하지만 몇 가지 문제점이 제기되고 있는데 첫째, 찬양과 경배의 예배에서는 죄의 고백과 용서의 시간이 없다. 둘째, 시편 100편 4절을 근거로 감사, 찬양, 경배의 구조로 진행하는 것은 순차적 찬양 진행의 성경적인 근거가 부족하다. 그리고 이러한 구조로 30분 이상 찬송하는 것은 예배가 찬양 중심으로 이동한 것이라고 비판이 제기된다.[824] 셋째, 경배와 찬양은 하나님 임재의 경험을 갈망하지만, 하나님 경외보다는 인간의 체험이 중심이 되는 감정 중심의 예배가 될 가능성이 크다.[825] 예배는 하나님께서 우리에게 자신의 영광을 드러내신 것에 대한 반응으로 하나님께 영광을 돌리는 것이다. 그러므로 하나님을 바라보는 예배가 되어야 하며, 삶으로 드리는 예배가 되어야 한다. 따라서 예배의 갱신은 예배의 형식이나 방법론보다는 성경적 예배의 본질을 회복하는 것이 우선이 되어야 한다.

한국교회 예배의 개혁이 요청되고 있는 상황에서 한국교회 예배의 위기를 바라보며 예배 갱신을 위한 예배 방향 즉 그리스도 중심적 예배로의 회복과 그리스도의 구속사가 동시대(同時代)에 실현되는 성례전적 예배의 회복 그리고 전통을 중시하면서 세대 간, 계층 간의 통합예배, 기도 영성의 회복을 강화한 새벽기도회 그리고 사경회 영성 회복에 대하여 제언을 하고자 한다.

1. 현대교회 예배의 회복 방안

오늘날 1시간 남짓 드려지는 제의(祭義)적인 예배에 회중은 참여자가

---

[824] 하재송, "찬양과 경배에 대한 개혁주의 예배학 조명", 개혁신학회, 「개혁논총」 18권 (2011): 224-237.
[825] 하재송, "찬양과 경배에 대한 개혁주의 예배학 조명", 240.

아니라 예배에 참석한 청중이 된다. 그래서인지 예배를 드린 것이 아니라 예배를 본다고 하는 것 같다. 한국교회 대부분의 예배에서 회중이 직접 참여하는 기회를 얻지 못한다. 경직된 예배 분위기 속에서 예배의 절정은 설교가 되고 예배의 다른 요소들은 부수적인 것으로 전락해 버린다. 신자들이 교회를 선택하는 기준이 목회자의 설교 능력이라는 것이 이러한 이유 때문이다.[826] 그뿐만 아니라 예배를 회중의 감성을 건드리는 미디어의 도입으로 예배의 외적 요소들을 더욱더 화려하고 매력적으로 꾸며가고 있으며, 예배를 마치 연출이 잘된 한 편의 연극으로 만들려는 세속화[827]의 모습이 나타나고 있다. 그리고 심리적 힐링 위주의 설교, 사람들의 욕구에 맞추는 설교로 변질하였다는 지적이 있다.[828] 따라서 예배는 하나님과 성도들의 거룩한 만남임과 동시에 하나님과 거룩한 대화이다. 우리가 진정으로 예배를 드리고자 한다면 성경적 원리를 따르는 예배를 드려야 한다. 따라서 설교자 중심이 아니라 하나님의 말씀에 기초하고, 예배의 모든 순서가 성경적인 근거를 가진 말씀 중심의 예배가 되어야 한다.[829] 나아가 그리스도 중심적 예배 신학의 회복과 교회공동체성의 회복, 기도 영성의 회복, 사경회 영성의 회복으로 나아가야 한다. 기독교 예배의 본질이 매일의 삶 속에서 거룩한 산 제사로 드려져야 한다. 그리고 한 걸음 더 나아가 이웃에 대한 봉사와 섬김도 있어야 한다. 그러나 한국교회는 이점을 간과하고

---

826) 한미라, "한국 개신교회 예배의 위기와 성서적 대안", 『제2 종교개혁이 필요한 한국교회』(서울: 기독교문사, 2018), 362.
827) 실례로 미국의 남 캘리포니아의 한 교회에서는 컨트리음악의 마니아인 목사가 '하나님의 컨트리음악이 있는 행복한 시간'이라고 광고하고 목사도 카우보이모자에 가죽 부츠, 청바지를 입고 라인댄스를 하는 것은 교회에 새로운 활력을 불어넣기 위한 것이라고 했다. 또 바이블 벨트인 미 남부와 중서부에 있는 한 교회에서는 서커스가 저녁 예배에 등장했고, 주일예배 시간에는 레슬링 경기를 보여 주었다. 이렇듯 많은 교회가 흥미를 위해 모든 수단을 동원하고 있다. 그런데 안타깝게도 눈에 띄는 것은 교인들의 수가 꾸준히 증가했다는 것이다. Macarthur, 『예배』, 36-37.
828) 이은선, "한국교회 예배 이대로 좋은가?: 개혁주의 관점에서의 분석과 대안 모색". 69-71.
829) 정일웅, "한국장로교회의 예배 신학과 예전적인 예배", 「신학지남」 통권 303호 (2010): 23.

있다. 결국, 예배 신학의 부재로 인해 예배란 그저 교회 안에서만 드리면 된다는 생각을 가지게 되었고, 그에 따라 협소하고 잘못된 예배관을 가지게 되는 결과를 초래하게 되었다.

1) 그리스도 중심적 예배로의 회복
(1) 그리스도 중심적 예배의 정의

예배는 예수님을 통해 하나님께 드리는 행위이므로 예수님이 하신 일을 중심 주제로 삼는 것은 당연하다. 만일 하나님의 어린 양이 우리를 위해 죽임을 당하지 않으셨다면, 하나님의 율법은 우리에게 죽음을 의미할 것이다. 성부 하나님은 자기 아들이 하신 일을 통해 우리를 구속하시고 자기 아들을 증언하기 위해 성령을 보내심으로써, 우리 예배를 그리스도 중심적으로 만드신다.[830] 예배에 나타난 구속적인 초점은 구원자이신 예수님이 우리 예배의 초점임을 의미한다.[831] 다시 말해 그리스도 중심적 예배는 그리스도의 사건을 다시 반복하면서 예배를 통해 현실화(Actualization)시키는 것이다. 하지만 한국교회 예배 안에 그리스도가 없는 예배가 얼마나 많은가?

하나님의 말씀이 선포되어야 할 설교 시간에 설교자는 그리스도에 관한 내용이 아니라 세상의 이슈와 상황, 그리고 윤리적 이야기와 유머러스한 이야기들로 자신의 언변 능력을 과시하는 강연을 하는 듯한 느낌을 받을 때가 있다. 기도는 그리스도 구속의 사건에 대한 감사와 찬송이 아닌 회중들의 필요를 구한다. 찬양은 회중들이 듣기 좋은, 사람의 감정에 중심을 가사들로 채워진다. 아무리 화려하고, 아름다운 음악이 있어 사람의 감정에 호소 되었다 해도 그리스도가 없는 예배는 예배가 아니다.

---

830) Bryan Chapell, 『그리스도 중심적 예배』, 윤석인 역 (서울: 부흥과 개혁사, 2011), 174.
831) Chapell, 『그리스도 중심적 예배』, 175.

박순구는 그리스도 중심적 예배를 다음과 같이 정의한다.

> 그리스도 중심적 예배는 예수님의 사역에서 정점에 이르는 구속과 관련된 주제들을 반영하고, 전통과 문화와 시대와 개인적 취향을 초월하는 성경적이며 복음적인 예배의 양식을 가지며, 성도들이 함께 참여하며 또한 삶과의 관련성이 연결될 수 있는 예배라 말할 수 있다.[832]

그리스도 중심적 예배는 예배의 순서 속에서 하나님께서 우리를 구속하기 위해 자기 아들을 보내신 사랑이 나타나고, 예수께서 우리를 구속하신 사역과 사건을 통해 신자들이 하나님께 찬양과 영광을 돌리는 것이다. 예배에 나타난 구속적인 초점은 바로 우리의 구원자이신 예수님이 초점임을 의미하기 때문이다.[833]

그렇다면 '그리스도 중심적 예배의 특성은 무엇인가?'라는 질문이 생긴다. 첫 번째 특성은 그리스도 사건의 재연(再演)이다. 즉 예배 속에서 그리스도의 사건이 선포되어 짐으로서 구원의 근원을 확신하게 한다. 결국, 예배는 예수 그리스도와 그 구원의 사실을 계속해서 선포하는 것이다. 예배에서 그리스도의 사건과 구원의 사건이 선포될 때 예배자는 그리스도 사건과 연합할 뿐만 아니라 동시에 구원의 기쁨을 경험하게 된다. 그리고 원 사건의 당사자를 대신하여 그리스도의 사건에 참여하게 한다. 로버트 웨버(Robert E. Webber)는 '예배에서 과거의 사건들의 재진술(Recitation)과 극(劇, Drama)이라는 두 가지 방식을 통해 재연된다.'[834]라고 한다.

두 번째 특성은 현재화(Actualization)이다. 교회는 하나님께 예배드리기

---

832) 박순구, "그리스도 중심적 예배의 모델에 관한 연구", (박사학위논문: 백석대학교 기독교전문대학원, 2012): 164-165.
833) Chapell, 『그리스도 중심적 예배』, 175.
834) Webber, 『예배학』, 126.

위해 그리스도 사건을 통해 이루어진 성회이다. 우리가 하나님의 백성이 된다는 것은 그리스도 사건의 결과로 나타나는 것이며, 교회는 그리스도의 사건을 통해 현재화가 되는 것이다.

그리고 세 번째 특성은 하나님 나라의 기대이다. 예배는 그리스도의 사역과 사건을 기억하고 재연하며 현재화하는 것이다. 따라서 예배는 예수님의 다시 오심에 대한 기대와 소망을 갖게 한다. 요약하자면, 예배는 그리스도의 부활과 재림, 즉 이미(Already)와 아직(Not yet)의 긴장 관계 속에서 완전한 승리의 그리스도에 대한 기대와 소망을 표현해야 한다.

(2) 그리스도 중심적 예배의 구조와 요소

예배 형식을 선택할 때, '무엇이 타당하며, 무엇이 옳은가?'라는 질문에 대한 최선의 방법은 복음이 요구하는 요소에 집중하는 것이다. 예배는 복음의 양식과 목적이 있어야 한다. 만일 예배에 복음의 구조가 없다면 그 예배는 복음을 상실하게 된다. 따라서 성경에 바탕을 둔 예배가 복음의 양식을 일관되게 반영하는 이유는 복음의 진리들이 문화와 세대를 초월하기 때문이다.[835]

기독교 예전이 복음의 양식을 갖는 것은 규정이나 규칙을 정해서가 아니라 우리에게 사랑을 표현하시는 하나님께 화답, 호응하며 하나님에 대한 자기의 사랑을 표현하기 때문이다. 그리스도 중심적 예배를 다양한 방법으로 구성하는 구조와 요소를 살펴보고자 한다.

로버트 웨버(Robert E. Webber)는 그리스도 중심적 예배는 말씀과 성찬의 2중 구조[836]로 되어 있다고 했다. 즉 그리스도의 사역(창조, 성육신, 재림 등)과 그의 사건(죽음, 부활)이 말씀을 통해 재진술되고, 성찬을 통해

---

835) Chapell, 『그리스도 중심적 예배』, 191-193.
836) Webber, 『예배학』, 148.

재연되는 것이다. 예배를 구성하는 요소들은 다양하다. 비록 역사적으로 예배 구조가 변화되었다 해도 예전이 담고 있는 중요한 메시지와 원리는 복음이다. 브라이언 채플(Bryan Chapell)은 로버트 G. 레이번이 구성한 8가지 예전을 다음과 같이 세밀하게 풀어 제시한다.[837]

〈표-4〉 그리스도 중심적 예배를 구성하는 8가지 요소

예배 양식	구성 요소
예찬 (Adoration)	**하나님의 위대하심과 선하심을 인정함으로써 예배를 시작하게 한다.** 성경 말씀을 통한 예배로의 부름 즉석으로 하는 예배로의 부름 찬가/찬양의 노래 영광송 송영 거룩송 교창/답창 형식의 낭독 성가대 찬양 믿음의 선포 신조
죄의 고백 (Confession)	**하나님의 위대하심을 깨달았을 때 그에 대한 반응은 죄를 고백한다.** 목사의 기도(형식에 따라 혹은 즉석에서) 회중이 하는 죄의 기도(고대 기도문 혹은 현대 기도문) 개인적인 묵상기도 답창 형식의 낭독 성경낭독 죄를 고백하는 찬송/노래 자비송 본기도 죄의 고백과 관계된 성가대 찬양 죄의 고백과 관계된 독창곡 등

---

837) Chapell, 『그리스도 중심적 예배』, 237-240.

용서의 확증 (Assurance)	예수 그리스도의 구속 사건은 하나님께서 인간을 용서하셨다는 용서의 확증이요, 하나님의 계획을 담고 있다. 성경낭독 답창 형식의 낭독 용서의 확증과 관계된 찬송/노래 수르숨 코르다(마음을 주를 향해 드높이라!) 용서의 확증과 관계된 성가대 찬양 용서의 확증과 관계된 독창곡 친교의 나눔(그리스도의 사랑과 평안의 표현으로 서로에게 인사하기) 등
감사 (Thanksgiving)	하나님의 용서와 자비를 깨달은 자들이 하나님께 감사하기를 소망한다. 정기헌금 특별 모금 감사의 기도 감사의 찬송/노래 송영 소 영광송 감사의 시편 개인적인 감사의 간증 성경낭독 등
청원과 중보 (중재, 탄원) (Petition and intercession)	하나님께서 베푸신 은혜로 말미암아 감사하며, 더 많은 은혜와 복을 내려 주실 것을 청원한다. 목사의 기도 장로가 인도하는 기도 개인적인 묵상기도 회중이 서로를 위해 드리는 중재기도 청원의 찬송/노래 자비송 등
가르침 (Instruction)	성경에 바탕을 둔 가르침은 모든 예배에서의 공통된 요소이다. 성경 봉독(목사, 평신도 지도자, 공동으로, 교독 형식, 답창 형식 등) 선교 간증, 목회 간증, 혹은 개인 간증 신조와 믿음의 선포 세례 임직식 혹은 파송 교회의 권징 준비 찬송/ 노래 설교

성찬 (Communion Service)	그리스도의 사건을 눈으로 보고 만지며, 맛을 느낌으로 경험하게 한다. 중재의 기도 간증 친교의 표현과 교회 소식 자선/구제를 위한 모금 집사 보고 거룩송 소영광송 아그누스 데이(Agnus Dei, 하나님의 어린 양) 신조 암송 성찬식의 형태(회중이 자리에 앉아서 떡과 포도주를 받음, 회중이 식사로서 성찬에 참여함 등)
책임 부여와 축도 (Charge and Blessing)	하나님의 백성들이 주님 오시는 그날까지 그 말씀을 실천할 것과 그 책임을 이행할 필요한 은혜를 신자들에게 상기시키게 한다. 성경낭독 임직식 혹은 파송 고전 문헌 혹은 현대 문헌 즉석에서 이뤄지는 책임 부여 목사의 축도 축복송 소영광송 눈크 디미티스[838] 축복과 관련된 성가대의 찬양 메시지를 담은 폐회 찬송/노래 친교의 나눔 등

이와 같은 기독교 예전을 통해서 복음의 사건을 전달하는 구조를 이해하게 된다면 여러 세대를 이어 온 교회의 연속성과 예배의 구조가 복음의 이야기를 반영하고 있음을 깨닫게 될 것이다.

결론적으로 강조하는 그리스도 중심적 예배는 다음과 같다. **'그리스도의 구속 사역이 예배 속에서 재연되고, 말씀과 성찬 속에서 그리스도의**

---

838) 눈크 디미티스(Nunc dimittis)란 성경 누가복음 2장에서 약속된 메시아를 직접 본 시몬이 했던 말로 "지금 죽어도 여한이 없다."또는 "바로 지금 (주의 종을 편안히) 가게 하소서"라 해석되는 라틴어이다.

사건을 말하고, 참여함으로써 그리스도의 몸 된 교회는 그리스도와 함께 연합하며 현실화가 되는 것이다. 그리고 교회는 예배를 통해 다시 오실 그리스도를 기대하며 소망하는 것'이라 하겠다. 다시 말해서 그리스도 중심적 예배는 그리스도의 사건을 재연하고, 그리스도의 사건을 통해 실재화(Reality)가 되며, 하나님 나라의 기대가 포함된 예배이다. 따라서 예전의 구조 내용의 핵심은 예수 그리스도임을 나타내야 한다. 그러므로 그리스도 중심적 예배의 모든 요소는 예수 그리스도를 향하고, 예배에 참여한 신자들은 예배의 구성 요소를 통해 그리스도의 사건을 바라보며, 참여하고, 느끼는 예배가 되어야 한다.

2) 설교의 회복

1907년 대부흥 이후 부흥회식 예배의 영향으로 한국교회에서 설교의 비중이 높아졌다. 그리고 1970년대의 민족복음화 운동과 함께 부흥집회가 등장하면서 교회를 이 땅에서 확장하는데 열정을 쏟았다. 이러한 집회가 한국교회를 양적으로 성장시키는 데 큰 역할을 했음은 재론의 여지가 없다. 그러나 이 과정에서 설교의 질서가 무너진 것은 큰 손실이다. 일부 부흥사들은 그들의 특유의 언어 전달 기술과 어감, 그리고 성령의 역사라는 이름으로 자행된 탈선적인 메시지는 한국교회 강단을 무너뜨리는 오류를 남겼다. 또 하나님의 말씀보다 각종 예화의 진열과 경험적 판단을 제시하며 그것이 마치 하나님의 말씀인 것처럼 믿도록 하는 설교의 탈선이 보편화 되었다고 해도 과언이 아니다. 이런 것은 한국교회가 창출한 것이 아니다. 바로 19세기 미국교회의 부흥과 서부 개척지 집회에서 있었던 설교의 형태였다.[839] 회심에만 초점을 맞추었던 설교사역은 달라져야 한다. 그리고 예배의 근본적인 역사와 전통의 경험을 가져볼 기회도 없이 그들만

---

839) 정장복,『예배의 신학』, 440-441.

의 예배를 따라 오늘까지 지속하고 있으며, 이 예배가 복음적이고 개혁자들의 전통으로 알고 있다는 것이 문제점이다.[840] 이러한 비판에 대해 설교(말씀)와 성찬의 균형을 통해 갱신하려는 노력이 진행되고 있다.

오늘날 설교의 문제점으로 지적되는 것이 인간의 지적 자극과 감정적인 만족에 머물러 삶의 변화를 끌어내지 못하고 있다는 것이다.[841] 따라서 설교가 성경에 근거하여 성령의 역사 가운데 말씀이 선포되고, 성도들의 영적 생명을 살리는 개혁이 절실하다. 그러므로 성령의 역사를 통한 그리스도와의 연합을 이루기 위해 설교를 어떻게 작성할 것인가도 중요한 과제 가운데 하나이다. 한국교회에서 가장 많이 사용되는 설교 방식이 강해 설교도 있지만, 제목 설교가 큰 비중을 차지한다. 이러한 설교가 문제가 되는 것은 설교자의 취향에 따른 편중된 설교가 될 위험성이 있기 때문이다. 이것을 방지할 수 있는 대안이 교회력이다. 교회력은 하나님께서 타락한 세상을 향해 행하신 그리스도 구속의 사건을 가장 잘 드러내고 있기 때문이다. 이는 교회의 절기와 관계없이 자의적인 설교를 해결하고자 하는 긍정적인 측면이 있다. 그리고 성경을 전체적으로 설교하는 연속설교이자 강해 설교가 그 대안이 될 것이다. 강해 설교는 성경의 연속설교를 통해 하나님의 전체적인 말씀을 들으면서 성경 본문의 의미를 삶의 현장에 적용시켜 삶의 변화를 가져오는 데 그 목적이 있다.[842]

설교의 내용을 구성하는 방식에는 강해 설교의 방식이 가장 올바른 방식으로 제시되고 있다.

이승진은 강해 설교를 그리스도의 죽음과 부활의 대속의 관점과 창조-타락-구속-완성의 관점에서 성경을 해석하여 설교하는 구속사적 설교에

---

840) 정장복, 『예배의 신학』, 442.
841) 이은선, "한국교회 예배 이대로 좋은가?: 개혁주의 관점에서의 분석과 대안 모색", 87-88.
842) Haddon W. Robinson, 『강해설교』, 박영호 역 (서울: 기독교문서선교회, 1994), 20-34.

회중의 삶의 변화에 대한 부족한 적용을 극복하기 위해 공동체적인 적용을 지향하는 구속사적인 설교를 "생명을 살리는 설교"의 한 방안으로 제시하였다.[843] 이는 개인의 구원 확신을 넘어 교회공동체적인 성화를 이루게 함으로써 하나님의 영광을 드러내게 된다.

설교는 개인의 중생을 통한 성화의 과정을 성취하며 동시에 교회공동체도 성화에 이르게 해야 한다. 힐링 중심, 은혜, 치유 중심의 인간 감정적인 설교가 아니라 설교는 하나님의 말씀을 선포하는 행위이지만 회중들에게 하나님을 바라보도록 이끌어야 한다. 그렇게 하기 위해서는 복음의 본질로 돌아가 설교에서 삶과의 연계성을 높이고, 설교자와 회중들 사이의 삶의 간격을 단축하고 공동체성을 회복하여야 한다. 더는 단순하게 메시지를 듣고, 자신의 마음에 위로를 받는 것만을 추구하는 감정 자극에서 벗어나야 할 것이다. 그리고 예배의 전통을 이어갈 길을 탐색해야 한다.

3) 성례전의 회복

한국교회에서 은혜의 수단으로서의 성찬이 너무나 적게 시행된다는 것에 대한 문제를 제기한다. 한국교회가 성찬을 적게 시행하는 이유는 선교 초기에는 성직자의 숫자가 적었기 때문이었고, 청교도의 영향을 받은 측면이 있다는 지적도 있다. 실제적으로 개혁교회 안에서 성찬에 대해 은혜의 수단임을 부정하는 츠빙글리의 입장과 은혜의 수단임을 인정하는 칼빈의 입장이 있다.[844] 그러나 말씀(설교) 중심의 예배를 드렸던 츠빙글리의 영향으로 칼빈은 매주 시행하기를 원했던 성찬을 자신의 목회에서 실현하지 못하였다. 그 후에 청교도들의 예배도 말씀(설교) 중심의 예배로 이루

---

843) 이승진, "생명을 살리는 설교-구원의 과정에 적용되는 구속사 설교", 개혁주의 생명신학회, 「생명과 말씀」 7권 (2013): 38.
844) 이은선, "한국교회 예배 이대로 좋은가?: 개혁주의 관점에서의 분석과 대안 모색", 94-95.

어지면서 성찬 시행 횟수가 줄어들었다. 그리고 한국교회에서도 청교도 신앙의 영향을 받은 선교사들의 영향으로 말씀(설교) 중심의 예배로 한쪽으로 치우친 현상이 나타났다.

초대교회에서의 예배 중심은 말씀과 성찬이 균형을 이루고 있었다. 말씀 중심의 예배를 아직 세례받지 못한 자들과 함께 예배드린 후에 세례받은 자들이 모여 주님의 고난과 부활을 기념하면서 은혜받는 시간이 성찬이었다. 그러므로 성찬에 참여하기 위해 세례가 중요하게 자리 잡았고, 성찬은 예수 그리스도 구속의 은혜를 통한 구원의 공동체를 이루는 복된 예식이다.[845]

성찬을 가리키는 단어인 유카리스트(ευχαριστ)는 "감사"라는 뜻으로 기쁨과 축제의 분위기를 강조한다. 유카리스트에서 강조하는 것은 부활이며 승리이다. 최초의 성도들은 살아나신 주님을 보았기에 축제의 성찬에 참여했다. 바로 성찬의 참된 기쁨이다.[846] 이 기쁨의 연회 가운데 그리스도의 신비한 연합과 그리스도와 교제하는 것을 느끼는 것, 바로 주의 만찬이다. 예배의 중요한 부분인 주의 만찬에 관한 관점은 18세기에 들어 변화가 생긴다. 18세기 계몽운동은 인간 이성이 가지는 힘에 대한 자신감은 예식과 예배의 신비, 신학에 대한 인식을 축소하게 되었다.

제임스 화이트(James F. White)가 보았던 것처럼 계몽주의 기독교는 성례를 "성경의 명령으로 여겨서 의무적으로 지키기는 했지만, 거의 기대감 없이 가끔 기념했다."[847] 19세기에 들어서면서는 오히려 부흥이라는 실용주의 요소를 예배에 도입하였다. 그 실용주의적 요소인 '흥미'에 대한 집중은 예배를 엔터테인먼트의 절정으로 치닫게 했으며, 흥미 위주의 설교 요

---

845) William D. Maxwell, 『예배의 발전과 그 형태』 정장복 역 (서울: 쿰란출판사, 1996), 34-35.
846) Cherry, 『예배건축가』, 178.
847) John Jefferson Davis, 『복음주의 예배학』 김대혁 역 (서울: 기독교문서선교회, 2017), 199.

구는 설교자의 은사 주의적 영성의 지위를 높이는 영향을 가져왔다. 이러한 예배의 중심은 설교였으며, 다른 요소들은 그다음으로 밀려났고, 주의 만찬 역시 축소되었다. 성찬 식탁은 죄인들이 은혜로운 하나님을 찾을 수 있는 곳으로써의 두려움의 자리로 강조되었고, 부흥 중심은 강단으로 바뀌어 버렸다. 더는 주의 만찬이 그리스도와의 연합으로 기쁨과 감사가 넘치는 행복의 자리, 즐거운 결혼 연회장이 아니라 그리스도의 죽으심이 두드러진 두렵고, 엄숙한 그리고 감정적으로 장례식처럼 느껴지는 성례의 자리가 되어 버렸다.[848] 그래서 언제나 성찬의 자리는 엄숙하고 우울한 예배의 표현이 되었고, 오늘날 현대교회에서는 이 성만찬이 소홀이 취급되어 '1년에 2회 이상이 거행하는 것이 적당하다.'[849]라는 총회 규칙에 명시되어 있을 정도로 성찬의 횟수[850]가 축소되었다.

칼빈(John Calvin)은 '말씀과 성례'는 가장 중요한 은총의 수단[851]이라고 했다. 그리고 그리스도께서 주의 만찬이 일 년에 한 번, 지금의 평범한 관례처럼 치러지도록 명령하지 않았다고 한다.[852] 그에게 있어서 성례전은 우리가 그리스도의 몸으로 양식을 먹었다는 표지였다. 그리고 예배는 제단 앞이 아니라, 식탁 주위에서 기념되었고, 떡과 포도주를 받는 것 자체가 예배의 가장 중요한 부분이며, 하나님의 가시적인 말씀이었다.[853] 성찬에 대한 칼빈의 관점은 "실재적 영적 임재"의 관점이라고 불릴 수 있다.[854] 종

---

848) Davis, 『복음주의 예배학』, 199-204.
849) 대한예수교 장로회 총회, 『표준예식서』 (서울: 대한예수교장로회총회 출판부, 2015), 32.
850) 그렇지만 성경에서 한 주의 첫날 사도들의 교회가 성찬식 했다는 사실을 알 수 있다. "그 주간의 첫날에 우리가 떡을 떼려 하여 모였더니 바울이 (…) 강론할 새"(행 20:7). 이것은 분명 한 주의 첫날 함께 모여 예배드리며 성찬을 했음을 알 수 있다.
851) John Calvin, 『기독교 강요 중』, 김종흡, 신복윤, 이종성, 한철하 역 (서울: 생명의 말씀사, 1986), 260. (기독교강요 제3권 11장 10)"머리이신 그리스도와 지체들이 함께 연합하는 것, 즉 우리 마음에 그리스도가 내주하심의 신비로운 연합 가장 중요한 것이다."
852) Davis, 『복음주의 예배학』, 174.
853) Old 『성경에 따라 개혁된 예배』, 270-271.
854) Davis, 『복음주의 예배학』, 190.

교개혁가들의 예배 개혁의 첫 단계는 본문을 번역하고, 제사 기도를 제거하며 신자들이 수찬에 직접 참여하는 것을 강조하는 것이었다.[855] 다시 말해 말씀과 성례를 통해 성도와 그리스도가 연합하는 것을 신비로 이해했다. 하지만 후기에 와서는 성찬에서 회개와 믿음의 필요성을 강조하면서도 성찬 횟수를 줄였다. 그리고 성화와 성례의 순수성을 보호하기 위해 교회의 권징(치리)를 중요하게 여겼다. 이것이 장로교의 치리 제도를 발전시켰다. 주일 성수, 경건을 강조했는데 이는 율법주의로 치우치는 약점이 발생하기도 했다.[856]

폰 알멘(J. J. von Allmen)은 성만찬이 예배에 필요한 이유를 세 가지[857]를 다음과 같이 서술한다.

첫째, 그리스도께서 성만찬을 제정하시고 집행하도록 명령하셨기 때문에 성만찬은 예배의 필수적인 요소이다. 둘째, 십자가가 예수의 사역에 필요했던 것처럼 성만찬은 설교만으로는 예수의 사역이 초점을 잃어 무뎌질 수 있다. 성만찬이 없는 예배는 성(聖)금요일이 없는 예수의 사역과 같다. 그리고 셋째, 성만찬은 객관적으로 교회와 세상 사이의 차이를 구별하게 한다. 말씀을 듣는 것은 모든 사람에게 해당하지만, 성만찬은 말씀을 듣고 지키는 사람들에게만 해당하기 때문이다. 따라서 예배에서 선포되는 말씀을 통해 하나님을 만나고, 성만찬을 통해 그 의미가 전달되는 것이다.

성찬 예전의 목적은 무엇인가? 콘스탄스 M. 체리(Constance M. Cherry)는 다음과 같이 정의한다.

성찬 예전의 목적은 "하나님이 성령의 능력을 통해 그리스도를 죽음에서 일으키시고, 악의 권세를 이기시고, 우리에게 용서, 치유, 사랑. 공동체

---

855) Old 『성경에 따라 개혁된 예배』, 259.
856) 정병준, 『기독교 영성 산책』, 202-203.
857) J. J. von Allmen, 『예배학 원론』, 저용섭, 박근원, 김소영, 허경삼 공역 (서울: 대한기독교출판사, 1979), 157-158.

와 세상에서 승리의 삶을 살 능력을 주시는 것에 관한 이야기를 재현하고 기념하는 예배 행위에 참여하는 것이다."[858]라고 한다. 제임스 F. 화이트(James F. White)는 성찬은 "회중 예배의 제일 중요한 행위이자 매주 극적인 모습으로 복음의 핵심을 전달하는 행위"[859]라고 강조한다. 한스 조세프 클럭(Hans Josef Klauck)은 그의 논문에서 예수의 부활과 주의 만찬 사이의 연결에 관심을 두어 "첫 번째 부활과 시기적(시대적)으로 떨어져 있는 모든 신자에게 부활하신 그리스도의 임재에 대한 확신을 얻을 수 있는 것이 주의 만찬"이라고 말한다.[860]

주의 만찬은 그리스도께서 직접 명령하신 성례의 하나이다. 예수는 "이를 행하여 나를 기념하라"(눅 22:19)라고 명령하셨다. 그리스도에 대한 기념은 설교에 의해서만이 아니라 주의 만찬에 의해 강화되어 진다. 종교개혁자들은 로마 가톨릭이 안고 있던 문제 속에서 "말씀의 바른 선포"와 "성례의 바른 실행" 모두를 회복하기 위해 고민했다. 성찬이 영성 형성의 강력한 도구가 되는 이유는 성육신, 십자가, 부활, 그리고 재림으로 기독교 신앙의 핵심 실재이기 때문이다. 성찬을 통해 교회와 성도는 "그리스도가 죽으셨다-그리스도가 부활하셨다-그리스도가 다시 오실 것"을 경험하게 한다. 어떤 기독교 교리도 이보다 더 근본적일 수 없다.[861] 그리고 성찬식의 실행에서 설교 되는 말씀이 실행되고 보이게 된다. 제임스 화이트는 성찬은 "설교 중심의 예배에서 느낄 수 없었던 움직임과 행위를 제공한다."[862]라고 한다. 매 주일 예수 부활이라는 재확인이 성찬에서 믿음으로 경험되어져야 한다. 그리고 세례 신학에 대한 바른 이해와 실행이 필요하

---

858) Cherry, 『예배건축가』, 175.
859) Davis, 『복음주의 예배학』, 173-174.
860) Davis, 『복음주의 예배학』, 175.
861) Davis, 『복음주의 예배학』, 244-245.
862) Davis, 『복음주의 예배학』, 248.

다. 세례는 신앙의 성례이자 헌신과 일치를 위한 의식이다.

정장복은 천주교가 박해 가운데에서도 명맥을 유지할 수 있는지에 관심을 기울여 볼 필요가 있다고 한다. 일만 명이 넘는 순교자가 발생한 병인교난(丙寅敎難)[863]을 견뎌 내고 통과할 수 있었는가이다. 실상 그들은 자신들이 읽을 수 있는 우리말 성경도 없었고, 미사에는 신앙을 양육하는 설교도 없었다. 그런데도 순교의 장에서 우뚝 설 수 있었던 그 신앙심은 무엇이었는가? 제의 문화에 젖어 있는 한국인들에게 천주교가 언어 중심이 아닌 예전 중심의 미사로 접근했다는 것에서 답을 찾을 수 있다. 그 어떤 것보다 합리적인 교리와 절대신으로부터 주어진 성만찬의 신비한 집례와 참여는 순교까지도 감당할 수 있는 결단을 불러일으켰다는 것[864]에 주목해 볼 필요가 있다.

성례전은 예배에 있어 중요한 요소이다. 그런데도 한국교회는 성례전을 소홀히 대하는 모습이다. 이는 교회 성장이라는 지상 과업을 이루기 위한 목적이 앞서 있었으며, 성례전의 의미와 목적 그리고 예배의 본질과 예배신학에 관한 관심이 부족했기 때문이다. 성례전의 모든 의미가 회복될 때 예배는 활력을 찾으며, 교회를 생기 넘치는 교회로 변화시킨다. 그러나 유감스럽게도 성례전의 의미와 예식이 많이 축소되어 있다.

한국교회 성경적 예배 영성으로의 회복을 위해서는 첫째, 예배의 중요한 두 축인 말씀과 성례전이 조화롭게 이루어져야 한다. 말씀과 성찬이 조화를 이룰 때 성경적이고 복음적인 예배로 회복될 것이다. 그동안 설교의 과대평가로 인하여 예배를 한쪽으로 치우치게 하는 불균형으로 이끌었다. 그뿐만 아니라 오늘날의 예배는 지나치게 이성적 인지만을 중요시하여 예배는 설교를 듣는 것이라는 등식을 만들었다. 말씀과 성만찬의 예배 균형

---

863) 조선 고종 3년(1866년)에 일어난 우리나라 최대 규모의 박해 사건이다.
864) 정장복, 『예배의 신학』 292.

을 이루기 위한 교육적 필요를 통하여 온전함을 이루어 나가야 할 것이다. 성찬은 설교 중심의 예배에서 느낄 수 없었던 움직임과 행위를 경험하는 예배의 중요한 부분임을 간과해서는 안 된다.

성만찬은 주님이 제정하신 거룩한 교회의 예식이다.[865] 그리고 하나님께서 우리를 만나시는 은혜의 방편이다. 초대교회는 이를 믿었기에 예배의 중심으로 삼았고, 성찬에서 하나님을 만나기를 기대하고, 그 만남을 경험했기 때문에 예배 때마다 거행했다.[866] 이제 한국교회는 말씀과 성례전이 균형을 이룬 본래의 기독교 예배로의 회복이 요구된다. 예배는 언어적 방법과 상징적 방법으로 이루어지는 행위이다. 그리고 성찬은 말다 시각적이고, 감각적이기 때문에 구체적으로 전달하고 표현할 수 있다. 이처럼 성찬은 오감을 통한 하나님과 교제하는 것이다. 따라서 언어적 전달만이 아니라 상징성과 신비감이 회복되는 예배 구성이 되어야 한다. 그리고 두 번째는 많은 시간이 필요로 하는 훈련의 과정이 요구된다. 물론 쉬운 일은 아니다. 매주 성찬을 행하기를 원했던 칼빈 역시 실패했던 이유도 일 년에 한 번 정도 성찬에 참여하는 것에 익숙했던 그리스도인들이었기 때문이다. 매주 성찬에 참여하는 훈련이 되어 있지 않았기에 익숙하지 않은 것은 거부했다.[867] 한국교회의 모습도 이와 별반 다를 것이 없다. 그렇다 하여도 성찬은 그리스도의 명령이고, 의례이며, 하나님이 공동체 안에서 만나주시는 장(場)이다. 그리고 그리스도 구속의 사건에 대한 회상이기 때문에 매 주일 또는 자주 성찬을 시행해야 한다. 그 속에서 그리스도와의 만남의 기쁨이 경험되어지며, 예배는 더욱 풍성해질 것이다. 그러므로 시급히 성례전을 회복하여야 한다.

---

865) 김영태, 『한국교회 주일예배 이렇게 드려라』 (서울: 도서출판 대서, 2018), 323.
866) 최승근, "성찬의 성례전성 회복을 위한 제언", 한국복음주의 실천신학회, 『복음과 실천신학』 제53권 (2019): 207-211.
867) 최승근, "성찬의 성례전성 회복을 위한 제언", 215.

4) 교회력에 따른 예배의 회복(교회력 다시 생각하기)
(1) 교회력의 의미

유대교나 기독교는 과거에 행하셨던 하나님의 언약을 기억하며 약속된 미래에 대한 소망을 바라본다. 이 기억들은 과거 속에서 머무는 기억이 아닌 현재의 시간 속에 재현하려는 것이다. 그래서 하나님은 3대 절기[868]를 지킬 것을 명령하셨다. 그 이유는 신명기 16장에서 잘 나타난다. '네 평생에 항상 네가 애굽 땅에서 나온 날을 기억할 것이니라' 그날을 기억하며 그 사건이 오늘 우리 안으로 들와 실재를 경험하며 만나는 것, 바로 오늘 현재의 시간 속에서 재현되는 것을 의미하는 것이다.

교회력은 이처럼 과거의 사건이 오늘 우리에게 들어와 우리가 실재를 경험하고 그리스도를 현재적으로 만나게 되는 것이다.[869] 하나님께서 타락한 세상을 향해 행하신 구속사의 사건을 가장 잘 드러내고 있는 것이 교회력이다.

아돌프 아담(Adolf Adam)은 교회력을 가리켜 "예수 그리스도 안에서 이루신 구원의 사건을 일 년 동안 지속해서 기념하는 축제"라고 정의하였다.[870] 즉 교회력은 하나님께서 타락한 세상을 구원하시기 위하여 역사 속에서 행하신 사실을 증거로 제시한다. 그리고 그 모든 구속 사건의 중심에는 그리스도의 죽음과 부활이 자리하고 있고, 그 시간의 의미 근원은 그리스도의 죽음과 부활에서 비롯되며, 그 절정의 본질이 그리스도임을 나타내는 것이다.[871] 바로 교회력은 기독교 신앙의 토대를 분명하게 보여 준

---

868) 유월절(무교절), 칠칠절(오순절, 맥추절) 그리고 초막절(수장절)이다.
869) 김명실, "종교개혁전통의 교회력과 성서정과의 채택여부에 관한연구", 「장신논단」 Vol. 50 No. 2 (2018): 234.
870) Robert E. Webber, 『교회력에 따른 예배와 설교』 이승진 역 (서울: 기독교문서선교회, 2012), 26에서 재인용.
871) Webber, 『교회력에 따른 예배와 설교』, 26.

다.[872] 이렇게 근원적인 사건에 뿌리내리고 있는 영성의 원리는 유대교 전통에서도 확인이 되는 유월절이다. 유대교 영성의 원천과 핵심은 출애굽 사건에 기초하고 있다. 기독교의 유월절은 사탄의 권세로부터의 해방을 기념한다. 초대교회의 유월절 축제는 과거의 사건에 대한 단순한 회상이 아닌 삶을 변화시키는 사건으로 회상하며 축하하였던 것이다. 다시 말해서 교회력은 믿음으로 그리스도의 성육신과 공생애의 사역, 죽음, 그리고 부활 속으로 들어가라는 요청이다.[873]

교회력은 사건은 어느 특정한 역사적 시간에 고정된 것이 아니라 시공간을 초월하여 모든 시간과 관련을 맺고 있으며, 영속적인 의미를 갖는 사건이다. 교회는 그리스도의 성육신, 죽음, 부활, 승천 그리고 다시 오심에 동참하는 영성을, 예배를 통해서 하나님의 구원을 세상에 증거해야 한다.[874]

또한, 그리스도의 생애와 그의 재림에 관한 역사적 전개 과정을 재현하는 것이다. 하지만 단순히 과거에 대한 기억의 되풀이로 생각한다면 교회력이 담고 있는 요점을 놓치게 되며 하나의 의례적 행위로 전락하고 말 것이다. 교회력은 부활과 재림을 향한 참된 소망 속에서 만시는 그 손길을 느끼며 살려는 것이다. 유대인들에게 유월절은 단순히 과거 사건에 대한 회상의 의미가 아니라 그 사건이 현재에 실현될 수 있도록 과거를 기억하는 것이었다.[875] 교회력이 담고 있는 과거 구속의 사건이 오늘날에 실현되어 나타나는 의미가 있음에도 불구하고 한국교회가 진행하는 교회력은 부활절이나 성탄절에 국한되어 있다. 한국교회를 자세히 살펴보면 모든 예배와 설교가 교회력과는 무관하게, 목회자의 의향에 따라 드려진다.

---

872) 김상구, 『개혁주의 예배론』, 63.
873) Webber, 『교회력에 따른 예배와 설교』, 26-28.
874) Webber, 『교회력에 따른 예배와 설교』, 29-30.
875) Webber, 『교회력에 따른 예배와 설교』, 36-37.

(2) 교회력의 목적

교회력의 목적은 다음과 같다. "교회력의 목적은 예수님의 생애를 단순하게 기념하는 차원을 넘어 구원의 역사를 상세하게 알려주며 그에 대한 감사의 응답으로 화답하게 하며, 구체적이고 실제적인 예배의 내용을 심고 하나님과의 만남을 시도하려는 것이다."[876] 그러므로 교회력에 따른 예배를 드리고 그 절기에 따라 말씀을 공급해야 한다. 교회력은 해마다 반 년 동안 그리스도의 생애를 회상하는 한 주기를 따르게 된다. 즉 그리스도의 강림, 탄생, 시험, 고난, 십자가, 죽음, 부활과 승천, 그리고 오순절의 성령 강림이다.[877] 이 주기 안에 그리스도 구속사의 사건들이 계속하여 반복하고 있다. 중세 중반에 접어들면서 그리스도의 구속사인 교회력에 수태고지일, 그리스도 할례일, 9월 8일의 성모 탄생일, 8월 15일 성모 승천절, 그리고 성자축일 등의 이탈된 교리들이 첨가되어 순수했던 내용과 의미를 퇴색시켰다.[878]

(3) 종교개혁자들의 교회력 이해

종교개혁자들은 참 신앙을 산만하게 만드는 것들을 제거하려 하였고, 청교도와 칼빈주의적인 스코틀랜드에서는 교회력이 '로마교적 제도'라 하여 전적으로 없애려고도 했다.[879] 사실 종교개혁자들 상당수는 교회력을 긍정적으로 여기지 않았고, 그들에게 교회력과 성서 정과는 개혁의 대상 중 하나였다. 그 이유는 중세 말기 교회력과 성서 정과가 그 본래의 의미와 목적[880]을 상실했기 때문이었다. 그렇다면 종교개혁자들은 교회력을

---

876) 정장복, 『예배학 개론』, 310.
877) 김수학, 『개혁주의예배학』 (서울: 총신대학교출판부, 2000), 214.
878) 정장복, 『교회력과 성서일과』 (서울: 대한기독교서회, 1996), 36.
879) 김수학, 『개혁주의 예배학』, 215.
880) 교회력은 그리스도의 구속사의 사건을 드러내는 것인데, 여기에 성자축일, 순교자들, 마리아정화와 마리아 흠모 등 모든 축일이 첨가되며 본래의 의미를 상실했다.

부정하였는가? 로버트 태프트(Robert Taft)는 "개혁자들에게 예배는 성직자를 위한 것이 아니라 모든 회중을 위한 것이었기에, 회중들의 이해 증진을 위해 중세의 교회력과 성서 정과에 변화를 주려 한 것이었다. 그들은 시간 예전을 폐지한 것이 아니라 자신의 언어 속으로 넣은 것이다."[881]

종교개혁자들 대부분이 교회력 자체를 부정한 것이 아니다. 그리고 대부분 강해 설교를 주로 했지만, 교회력에 기초한 선택적 성경 읽기 방식으로 했던 개혁자들이 적지 않다.[882] 루터의 경우 대림절과 사순절 등의 특정 절기들과 관련된 설교를 많이 남겼는데 그중의 하나는 대림절 첫째 주일 설교이다. "아기 예수의 강림을 믿고 거룩하게 준비하는 것이 최고의 찬양과 감사"라고 강조하며 "대림절 기간이 성탄을 준비하기 마땅한 시간"이라고 했다.[883] 그는 교회력의 전반적인 부정보다는 주일과 주님과 관계된 교회력은 지키고 이탈된 교리인 성자축일 등은 삭제할 것을 권하였다.[884]

칼빈이 제네바에서 사역할 때 성탄절, 부활절, 그리고 성령강림절을 기념했으며 교회력 사용에 대해 긍정적인 견해였다.[885] 그렇지만 칼빈과 16세기 개혁의 진영에서 교회력을 포기했던 이유는 중세의 교회력과 성서정과가 그들에게 신뢰를 주지 못하였기 때문이었을 것이다. 츠빙글리는 매 주일의 성만찬 자리에 설교를 자리하게 하며 예전의 전통을 바꾸어 놓았다.[886] 이러한 상황이 급진 반대적 입장에 선 사람들에게 영향을 미쳤고 교회력을 경시하게 하였다. 그리고 이들은 미국으로 이주하여 미국의 교회를 교회력이 없는 교회로 만들었다. 이러한 영향을 받은 초기 선교사들은 한국교회에 부활절과 성탄절 이외의 교회력은 소개되지 않았다. 이에 영

---

881) 김명실, "종교개혁전통의 교회력과 성서정과의 채택여부에 관한 연구", 241에서 인용.
882) 김명실, "종교개혁전통의 교회력과 성서정과의 채택여부에 관한 연구", 243.
883) Martin Luther, 『루터선집 제10권: 설교자 루터』 지원용 편 (서울: 컨콜디아사, 1987), 64-104.
884) 정장복, 『교회력과 성서일과』, 37.
885) 정일웅, 『개혁교회 예배와 예전학』 (서울: 총신대학교출판부출판사, 2013), 299.
886) 정장복, 『교회력과 성서일과』, 37.

향을 받은 한국교회는 교회력과 담을 쌓은 채 교회력 없는 교회의 모습을 가지고 소위 개척지 예배인 부흥 전도 집회 형식의 비 예전 예배를 계속해 오고 있다. 오히려 아이러니(Irony)하게도 미국의 국경일인 추수감사절이 교회력처럼 소개되어 한국교회 대부분이 11월 셋째 주일에 감사 주일로 드리고 있다.[887] 그러나 19세기 후반부터 보수적인 종교개혁자들과 청교도들이 버렸던 교회력을 연구하기 시작했고, 1940년 스코틀랜드교회는 교회력의 복고 운동을 일으킨 바 있다.[888]

(4) 정착된 교회력과 예전 상징색(色)

"교회력은 하나님이 우리에게 찾아오시는 중요한 방편이다. 우리는 매번 주일, 또는 매일 하나님과 좀 더 깊이 만나게 된다. 올해는 그리스도가 세례를 받으신 사건의 일면을 깨닫고, 내년에는 또 다른 것을 깨달을 수 있다. 따라서 교회력은 우리가 하나님의 은혜를 받도록 하는 항구적인 은총의 수단이다."[889] 정착된 교회력[890]은 다음과 같다.

〈표-5〉 정착된 교회력

대강절(대림절) 절기[891]
대강절(대림절) 첫째 주일 때부터 넷째 주일까지
예전의 색: 보라색(정숙과 존엄성)
성탄절 절기[892]
성탄절 전야/성탄일

---

887) 정장복, 『예배의 신학』, 381.
888) 정장복, 『예배학 개론』, 312.
889) James F. White, 『개신교 예배학 입문』 정장복, 조기연 역 (서울: 예배와 설교 아카데미, 2015), 80.
890) 정장복, 『예배학 개론』, 313-336.
891) 대림절(대강절) 신학은 예수님의 성육신 사건과 그가 다시 오실 것을 믿고 강조하는 데 있다.
892) 성탄절 전야 예배는 성육신 사건이 일어난 구원의 신비를 드러낸다. 예배의 선포와 표지를 통해 하나님의 신비를 기억하게 된다.

성탄절 후 첫째 주일
성탄절 후 둘째 주일
성탄 예전의 색: 흰색(승리와 청경 그리고 출발의 의미)
주현절[893]
주현절 예전의 색: 녹색(성장을 의미 그러나 주현일과 수 세일 그리고 산상 변화일은 흰색을 사용한다.)

주현절 이후의 절기[894]
주현절 후 첫째 주일
주현절 후 둘째 주일부터 여섯째 주일
주현절 후 마지막 주일(산상 변모 주일)

사순절기[895]
부활절을 위해 신앙의 성장과 회개를 위한 준비의 기간이며 주님의 수난과 죽음에 초점이 맞추어지는 절기이다.
재의 수요일[896]
사순절 첫째 주일부터 다섯째 주일
성 주간(수난/종려 주일)
예전의 색: 보라색

부활절 절기[897]
부활절 철야
부활절
부활절 저녁
부활절 둘째 주일부터 여섯째 주일
승천일(부활절 후 여섯째 목요일)
부활절 예전의 색: 흰색(경축과 기쁨, 승리의 의미이다.)
부활절 후 일곱째 주일
오순절[898]

---

893) 주현절의 명칭은 "나타남"을 뜻하는 것으로 예수님께서 자신을 계시하심을 의미한다.
894) 주현 후의 주일은 수는 부활절의 날짜에 따라 변화가 생긴다.
895) 사순절기는 부활절을 위해 신앙의 성장과 회개를 통한 영적 준비의 시기이다. 교회력 중에서 그리스도의 수난과 죽음에 초점이 맞추어져 있다. 731년 샤를마뉴 대제 시대에 40일의 절기가 되었다. 단 여기서 주일은 포함되지 않는다.
896) 지난해 종려주일에 주님의 예루살렘 입성을 환영하며 흔들었던 종려나무 가지를 태운 재를 이마에 바르는 의식으로 시작한다. 참회와 회개의 엄숙함을 넘어 앞으로 있을 부활의 선포를 기다리는 것이다.
897) 기독교 측일 중 가장 오래된 절기이다. 교회력에서 다른 축일에 근원이 되어, 매주 첫날은 주님의 날로 확정되고 '작은 부활절'로 축하 되었다.
898) 오순절은 기독교 역사에서 교회의 출발을 여는 대사건이었다. 유

오순절 예전의 색: 빨간색(뜨거운 마음, 헌신, 경건 그리고 피의 색을 뜻한다.)
비절기

이처럼 교회력은 시간 안에서 그리스도를 통해 행하시는 하나님의 구속 사건을 나타내고 있음을 인식하여야 한다. 교회력 안에서 하나님의 사랑과 은혜를 바라보아야 한다.

예를 들면, 교회력에 대한 이해가 부족하여 사순절의 기간에 예배의 찬송은 "성령이여 오소서"를 찬양하고, 설교는 "세상의 빛과 소금이 되자"이며, 회중 대표 기도는 '나라의 경제 회복과 전염병에서의 자유'를 강조한다면, 예배의 초점이 사라져 통일성은 없고, 회중에게는 오늘의 예배가 무엇이었는지 알 수 없게 만든다. 예배의 통일성을 확보할 수 있는 효과적인 방법이 교회력이다.

교회력의 구조는 예배 계획을 세우려 할 때 최상의 실마리를 제공해 준다. 교회력 준수야말로 올바른 예배의 첫걸음이라고 해도 과언은 아닐 것이다. 그리고 복음의 선포가 설교만으로 이루어지는 것이 아니다. 가시적 말씀과 비가시적 말씀이 함께 선포되는 것이 마땅하다. 즉 설교와 함께 교회력의 예전이 시각적 형태의 복음 제시로 사용된다면 바람직한 일이다. 그리고 예배하는 공동체인 교회가 절기에 맞는 말씀의 선포와 예배, 예전을 행하는 것은 인간을 위한 것이 아니다. 오직 예배하는 무리가 깊은 경험과 감명을 받게 하는 데 있다. 즉, 하나님과 더욱 사실적인 만남을 가져오는 소중한 방편의 역할을 교회력이 감당하고 있다는 것이다.[899]

교회력은 그리스도의 생애를 단순하게 기념하는 차원에 머물게 하는 것이 아니다. 기독교가 상세하게 구원의 역사를 이해하고 하나님께 감사의 응답을 드리려는 예배의 정신을 담고 있으며, 좀 더 구체적이고 실제적으

---

899) 정장복, 『예배의 신학』, 387.

로 하나님과 만남을 시도하려는 데 있다.[900] 그리고 교회력은 우리의 영적 삶을 예수의 삶과 죽음 그리고 부활이라는 사건으로 정돈시켜 준다. 그뿐만 아니라 우리의 구원에 대한 경험을 조직하고 정돈시켜 준다.[901] 교회는 신자들에게 교회의 시간에 맞추는 교회력을 통해 그리스도와 연합의 가능성을 열어 주어야 할 것이다.

5) 상징적 예배언어의 회복

상징(Symbol)이란 헬라어의 'syn'(함께)과 'ballein'(던지다, 가져온다)는 의미의 말이 합해진 것이다. 즉 '함께 가져온다'라는 동사로서의 의미가 가장 본래적인 것이다.[902] 상징으로 말미암아 그 무엇이 회상되는 것이다. 상징은 사람의 관심을 하나님께로 기울이게 한다. 그러므로 사실이나 느낌을 표상하는 사물은 예배에 유용한 상징이 된다.

미르체아 엘리아데(Mircea Eliade)는 종교의 가장 성스러운 것이 상징으로 나타난다고 보았다.[903] 폴 틸리히(Paul Tillich)는 언어는 모두 상징적인 면을 생각하고 상징적 언어가 아닌 것을 '기호'(Sign)라고 했다. 틸리히에 의하면 기호(Sign)와 상징(Symbol)이 가지는 공통점은 무엇인가 다른 상대물을 가리키고 있다는 것이다.[904] 그렇지만 이 둘 사이에는 미묘한 차이가 있다. 표적(Sign)은 그것 자체를 뛰어넘는 또 다른 실재를 시사한다. 신약성경 특히 요한복음에서 표적(헬, σημεῖον)은 그리스도의 사역과 관련하여 사용된다. "이것이 예수님께서 가나에서 행하신 표적(σημεῖον)이다."라고 기록되었다. 예수님의 표적은 언어와 상관없이 그 자체를 뛰어넘어 깊

---

900) 정장복, 『예배학 개론』, 310.
901) Robert E. Webber, 『예배란 무엇인가?』 가진수 역 (서울: 도서출판 워십리더, 2014), 128.
902) Franklin M. Segaer, 『예배학 원론』, 정진환 역 (서울: 요단출판사, 1984), 192.
903) 전창희, "기독교 예배 공간에서의 빛의 상징성과 창의력에 대한 연구", 한국실천신학회, 「신학과 실천」 제51권 (2016); 70.
904) Paul Tillich, 『신앙의 다이내믹스』 이병섭 역 (서울: 전망사, 1982), 48.

은 진리를 시사하는 가시적인 표적을 행하셨다. 상징(Symbol)은 더 심오한 의미를 지닌다. 틸리히는 그 차이를 다음과 같이 설명한다.

어느 목적지를 향해 가는 길에 표지판(Sign)이 있다. 이 표지판의 기능은 그 너머에 있는 실재를 향해 가는 중이라는 것을 알리는 것이다. 그렇게 표지판의 안내대로 더 길을 가다 보면 목적지 입구라는 표지판을 만난다. 그러나 두 번째 표지판은 첫 번째 표지판과 미묘한 차이가 있다. 첫 번째 표지판은 표지판 너머의 실재를 가리키지만, 두 번째 표지판은 목적지 일부에 포함된다. 즉 상징(Symbol)은 그것 너머에 있는 실재를 가리킬 뿐만 아니라 그 실재의 일부에 해당한다.[905] 이렇듯 상징을 통해서 실재와 다양한 현상들을 파악하고 체험하며 그 다양성을 전체성 속에서 통전시킬 수 있는 신비한 관점을 갖게 한다. 예배에서의 상징 사용은 더 쉽게 하나님의 임재를 인식하게 한다는 점에서 그 가치가 있다. 상징은 하나님께서 우리에게 보이는 매개물이 됨과 동시에 우리 자신을 하나님께 드리는 매개물이 된다.[906]

그 상징의 요소들은 '예배의 언어'라고 불리는 것으로 공간, 시간, 상징물, 움직임, 음악 그리고 언어 등이 있다. 이 언어들의 특징은 상징적이다. 예배의 모든 것이 상징과 표지로 가득 차 있다. 예를 들면 교회에서 예배실을 찾을 때 문자적 안내 표지를 통해 인식하기보다는 내부의 모양, 형태, 장식물을 통해 인식하게 된다. 즉 예배의 공간은 그 자체로 하나님을 예배하기 위한 상징이 된다.[907]

상징은 예배자에게 신비한 진리에 관심을 가지게 하고, 그 관심은 예배의 기초가 되어 예배로 인도한다. 그러나 주의해야 할 것은 상징은 사람의

---

905) R. C. Sproul, 『성경적 예배』, 조계광 역 (서울: 지평서원, 2015), 92-93.
906) Segaer, 『예배학 원론』, 194.
907) Jane R. Vann, 『예배를 디자인하라』, 신형섭 역 (서울: 장로교출판사, 2015), 14.

관심을 하나님께로 향하게 하는 것에 불과한 것이다. 그러나 하나님의 영원한 말씀은 상징인 성서에 쓰인 글자로 표현되어 있다.[908]

로버트 E. 웨버는 '예배는 언어적 방법과 상징적 방법으로 의사소통이 이루어지는 행위'[909]라고 하였다. 한국교회 예배는 지나칠 정도로 설교가 중심이 되는 예배를 지향함으로써 청각만을 강조하여 감각적 인식의 가능성을 축소했다. 예배 안에서의 의사소통은 언어적인 것만 있는 것이 아니다. 예수님의 복음 선포의 모습을 보라. 말씀과 표징 그리고 언어와 행위로 구원을 선포하셨다. 이러한 상징적 예배언어들이 예배 안에서 하나님의 말씀과 함께 가시적으로 나타날 때 하나님의 임재가 분명히 인식되고, 회중들이 경험한 은혜에 합당한 찬양과 영광을 돌릴 수 있게 된다.

(1) 상징적 예배언어의 종류

제인 밴(Jane R. Vann)은 상징적 예배언어를 다섯 가지[910]로 제시한다. 상징적 예배언어로서 첫째는 공간이다. 예배 공간은 하나님과 그의 백성들이 만나는 장소이다. 예배 공간에서 회중들은 기억과 상상력의 통로를 통하여 예수 그리스도를 통해 드러난 하나님의 사랑과 현재적 은혜와 미래의 소망을 경험하게 된다.

두 번째 상징적 예배언어는 상징물이다. 예배 공간 안에 있는 십자가, 배너, 이미지, 세례반, 성찬대, 초, 봉헌함 등이 설교, 찬양, 기도, 봉헌 등의 예전적 행동을 만났을 때 예배의 내용을 선명하게 드러낸다. 그러므로 상징물은 교회력과 설교 본문을 고려하여 활용되어야 한다.

세 번째 상징적 예배언어는 몸의 움직임이다. 기도의 자세, 환영의 몸짓,

---

908) Segaer, 『예배학 원론』, 193.
909) Webber, 『살아 있는 예배』, 115.
910) Vann, 『예배를 디자인하라』, 40-72.

축복의 행위, 성찬 예전의 행위 등과 같은 예배의 움직임은 그 행동이 가리키는 신앙의 신비에 참여하도록 한다. 대표적인 몸 언어는 그리스도의 성육신 사건이다. 하나님은 그리스도의 성육신 사건을 통해 사랑과 은혜를 드러내셨고, 그의 백성을 은혜 안으로 인도하셨다.

네 번째 상징적 언어는 시간이다. 교회의 절기, 즉 교회력은 과거의 사건에 대한 단순한 기억이나 재현이 아닌 현재적으로 그리스도를 만나는 자리이며, 미래의 소망을 현재의 시간에서 경험하게 된다.

다섯 번째 상징적 예배언어는 언어이다. 예전적 언어들은 성서적인 이미지와 설득력과 표현이 풍성해야 하며, 회중들을 예배 안으로 이끌고 예배를 통해 하나님의 비전을 나타내 주어야 한다. 그뿐만 아니라 회중의 고백과 헌신이 나오게 해야 한다.

마지막 상징적 예배언어는 음악이다. 예배음악은 단순히 찬송, 송영, 간주 등의 연주만이 아니라 예배의 부름부터 파송과 축복기도까지의 전체적인 흐름이 흐트러지지 않도록 묶어 가며 회중의 기도를 형성시키고, 성장시키며 지원한다.

작금의 현실에서 상징성이 설 자리를 잃고 있는 현상이 두드러진다. 그렇지만 상징(Symbol)은 외견상 보여 주는 것과는 다른 실재(Reality)를 가리킴으로써 그 실재 속에 참여하도록 초대한다.[911]

(2) 상징적 예배언어의 적용

제인 밴은 온전히 예배하는 회중 형성을 위한 5단계 과정을 제시한다. 그 첫 단계는 예배 참여이다. 구체적 예배 안에서 상징적 예배언어들이 선포된 말씀과 가시적 표현으로 나타날 때 예배는 문자의 나열과 형식이 아닌 하나님이 임재하시고 말씀하시며 격려하시는 하나님의 소망을 보게 된

---

911) 김순환, 『21세기 예배론』, 113

다.[912] 이러한 예배 경험은 신앙 형성의 중요한 경험적 자원이 된다. 두 번째 단계는 묘사(Describe)로서 자신들이 경험한 예배의 경험을 회상하고, 나누고 표현하는 것이다. 이러한 과정은 신앙 형성 및 학습 경험이 되어 변화된 삶으로 나가게 된다.[913] 세 번째 단계는 예배의 경험을 비판적으로 분석함으로 예배의 언어들이 복음 안에서 상징적이었는지를 분석하는 것이다. 네 번째 단계는 상상(Imagine)으로 예배언어들이 더 상징적이 될 수 있도록 예배환경을 재구성하여 예배 안에서 일어나게 될 역동성을 그려보는 과정이다. 그리고 다섯 번째 단계는 계획(Plan)으로 이를 구체적이고 현실적인 실천의 계획을 세우고 실행하는 것이다.

초대교회 세례 의식(儀式)을 살펴보면 세례반의 물과 기름을 바름을 통해 세례를 받고, 축제의 성만찬과 설교와 강해가 있었다. 이 상징적 내용은 새로운 존재로의 탄생을 의미한다. 세례반, 물, 기름 그리고 성만찬이라는 상징들과 이미지를 통해 내용이 전달되지만, 오히려 의례 자체가 그리스도 안에서의 죽음과 연합됨이라는 상징을 만들다. 살아 있는 상징들은 삶과 죽음의 의미에 초점을 맞추고 이러한 의미가 드러나게 한다.[914] 상징이 의례적 행위 가운데 적용하는 방식이다. 상징들은 사람들이 드러내고 제시하는 의미들보다 더 많은 의미를 담고 있다. 어떤 의미에서 영성은 상징들이 드러내는 의미를 깨닫는 것이라고 말할 수 있다.

예배는 하나님이 우리에게 허락하신 표징들[915]을 통해 신앙의 신비한 측면이 드러난다. 예전에서 사용되는 상징을 완벽하게 이해한다면, 설교가 전달하는 것 이상의 신앙의 신비를 경험하게 된다. 그뿐만 아니라 이러한 상징들은 오감을 통해 느껴지는 경험을 제공한다. 비음성적 예배언어인

---

912) Vann, 『예배를 디자인하라』, 29.
913) Vann, 『예배를 디자인하라』, 47.
914) Don E. Saliers, 『예배와 영성』, 이필은 역 (서울: 은성출판사, 2010), 48.
915) 물, 빵, 포도주, 기름, 손을 올리고 내리는 동작, 나누고, 모이고 흩어지는 일련의 모든 행위를 말한다.

상징에 대한 깊은 의식이 수반될 때 상징들이 드러내는 실재와 신앙의 신비를 이해하게 될 것이다.

지금 한국교회는 예배 안에서 선포되는 말씀과의 상징적 예배언어들의 가시적 상징을 통해 하나님의 임재와 변화를 경험하고 있는가? 한국교회 예배 구성은 언어적인 것뿐만 아니라 신비성과 상징이 함께 구성되어 인간의 모든 감각으로 느끼는 예전이 되도록 해야 한다. 왜냐하면, 회중은 예배를 통해 하나님을 만나고 하나님의 백성으로서의 거룩한 삶으로 초대받고, 세상에서 복음의 증인으로 살아갈 힘을 얻기 때문이다. 예배의 자리마다 하나님을 만나는 예전적 경험이 삶으로 이어져야 할 것이다.

6) 예배 공간 기능의 회복

종교개혁 이후 유럽의 교회는 수많은 교파와 신학이 등장했다. 독일의 루터교회(Lutheran Church), 영국의 감리교회(Methodist Church), 스위스의 장로교회(Presbyterian Church) 등으로 종교개혁자들 사이에서도 입장과 견해가 달라 프로테스탄트 교회는 교파주의 시대를 맞이하게 되었다. 예배도 변화의 바람이 불었다. '신비와 경건'의 강조에서 '감정과 경험'으로 바뀌고, '상징과 예전' 중심의 예배에서 '시청각적 예배' 중심으로 변화하였다. 그뿐만 아니라 건축의 변화는 가톨릭의 예전 중심의 예배당 건축에서 프로테스탄트의 말씀 중심 예배당 건축으로 바뀌었다. 그 결과 성직자 중심의 배치에서 평신도 중심의 배치로 변모하였고, 예배는 성례전 중심에서 말씀(설교) 중심으로 바뀌면서 성찬대가 설교 강대상 아래로 내려오게 되었다. 예배음악의 중요성이 높아지게 되자 오르간이 중요한 위치를 점하며, 성가대의 비중은 배가되었.[916] 또한, 권위와 성상(Icon)을 부정하면서 교회에서 회화와 조각이 사라지고 장식들이 간소화되었다. 그로 인

---

916) 양교철, 『교회와 건축』 (서울: 쿰란출판사, 2003), 160-161.

하여 교회는 예술적 교회 건축에서 실용적 교회 건축으로 변화되었다.

물론 교회는 건물이 아니다. 그리고 장소와 건축의 형태가 중요한 것은 아니다. 그곳에서 발생하는 사건이 중요한 것이고, 기능적인 면에서 교회 건물이 필요하다. 교회의 건물 그 자체가 거룩한 것이 아니라 그곳에서 하나님이 인간을 위해 행하신 사건에 의해 거룩한 것이다. 그러므로 공간은 구속의 역사에 있어서도 중요한 의미를 지닌다. 예배 장소는 어느 곳이어도 좋으나 그리스도의 몸(교회)이 어디에서 모이는지 알도록 표시된 장소여야 하는 것이다. 교회 건축물은 예배의 형식을 반영할 뿐만 아니라, 동시에 예배를 형성하며 환경과 안식처를 제공함으로써 예배를 반영하기 때문이다.[917] 예배는 기독교 정체성이 집약된 시간과 공간이기도 하다.

(1) 예배 공간의 기능

예배에서 사용되는 상징 중 근본적인 파토스(Pathos)로 작용하는 요소는 공간이다. 예배 공간의 세 가지 본질적 기능이 있다. 그것은 개방성과 경계 그리고 환대(Hospitality)이다.

개방성(Openness)이란 상식적 의미의 공간을 지칭하는 것이 아니라 예배를 방해하는 방해물을 제거하는 것으로 진리가 우리를 발견하지 못하도록 숨을 수 있는 장벽을 치우는 것이다.[918] 예배 공간은 무엇보다도 하나님의 백성들이 만나는 공간이다. 본질에서 벗어난 온갖 방법과 허세와 가정으로 공간을 메워 버린다면 주변의 것에 시야를 빼앗기게 되어 우리를 찾아오는 진리를 바라보지 못하게 된다. 예배에 참여하여 하나님께로 나아가는데 막힘이 없어야 한다.

공간의 개방성은 경계(Boundaries)들의 견고함으로 만들어진다. 경계

---

917) White, 『기독교예배학 입문』, 97-99.
918) Parker J. Palmer, 『가르침과 배움의 영성』, 이종태 역 (서울: IVP, 2005), 160.

는 개방성을 지켜 줄 뿐만 아니라 예배의 공간에서 벗어나려는 것을 막아준다.[919] 예배자의 위치가 공간 안에서 어디에 위치하느냐에 따라서 예배 참여에 영향을 받는다. 또한, 공간의 크기, 범위, 음향 등도 예배에 영향을 끼친다. 예배의 공간은 그 경계 안에서 예배에 참여하기 편안한 공간을 만들어야 한다. 눈여겨볼 만한 예로 미네소타 세인트클라우드의 교회의 경우 이 경계의 기능을 의도적으로 사용하였다. 주차장에서 교회까지 가는 길을 의도적으로 길게 하여 세상에서 하나님을 만나는 곳으로 가는 것과 같이 회중들이 예배 장소로 가고 있음을 인식하게 했다고 한다.[920]

예배 공간의 또 다른 기능은 환대(Hospitality)이다. 환대란 언약 공동체가 형성할 수 있는 분위기, 변화시키는 진리가 가져오는 고통을 견딜 수 있는 분위기를 창조하는 것이다.[921] 이러한 공간은 사람들이 함께 듣고, 함께 보며, 함께 참여하게 한다. 즉 예배 공간은 사람들이 예배에 참여하도록 이끄는 것으로 예배 공간적인 관점에서 가장 핵심이 되는 부분이다. 따라서 예배의 공간은 그 자체가 메시지가 된다. 그러기에 예배 공간에서 예배에 사용되는 기구들의 아름다움으로부터 시작하여 그 초점이 하나님께로 옮겨지며 과거, 현재, 그리고 미래의 하나님께 예배하며, 그 사랑과 은혜 안에서 하나님과 만남이 이루어진다. 그러므로 예배 공간은 하나님의 신실하심이 드러나고 예수 그리스도의 복음이 선포되도록 디자인되어야 한다. 또한, 공간이 만드는 힘이 있다. 빛이 공간을 채우고, 소리가 공간을 채우듯 화면이나 방송에서 채우지 못하는 공간의 현장감이 있다. 그리고 성도의 교제 역시 공간 없이는 불가능하다. 교회 건물은 신학과 교리가 집약된 곳이다. 따라서 공간의 중요성을 간과해서는 안 된다.

---

919) Palmer, 『가르침과 배움의 영성』, 162-163.
920) Vann, 『예배를 디자인하라』, 85.
921) Palmer, 『가르침과 배움의 영성』, 165.

(2) 예배 공간의 디자인

한국교회 예배 공간은 정방형 구조가 획일적으로 보편화돼 있다. 이 같은 구조는 긴 직사각형의 공간 안에 회중석을 길게 배치한 바실리카양식의 구조로[922] 한국교회의 획일화된 예배 공간 특징이다. 예배 공간의 새로운 방향으로 디자인하기 위해서는 교회 역사의 유산과 함께 신학적 상황을 적용해야 한다. 화이트(James F. White)는 이를 위해 다섯 가지의 기준[923]을 제시한다.

첫 번째 기준은 효용성(Utility)이다. 이것은 예배 공간이 예배자들에게 감탄을 받기 위해서가 아니라 예배자들이 공간을 얼마나 유용하게 사용할 수 있는가이다. 구체적으로 이동하는 공간이 무리 없이 이동이 가능한지, 소리가 효과적으로 전달이 되는지, 그리고 성례전과 설교의 기능을 동시에 만족할 수 있는가이다. 예배 공간은 기념물이 아니라 사용하기 위해 세워진 곳이다.

두 번째 기준은 단순성(Simplicity)이다. 화려한 외관, 부수적인 것으로 인한 산만함이 아닌 예배의 기초와 본질에 대한 단순성이 있어야 한다.

세 번째 기준은 융통성(Flexibility)이다. 기독교 예배의 환경과 필요성은 시대에 따라 변화했다. 따라서 예배 공간을 고려할 중요한 요소는 변화를 받아들이는 유연함이 필요하다.

네 번째 기준은 친밀성(Intimacy)이다. 이 친밀성은 초기 교회의 중요한 요소였다. 이것은 예배의 무대 위에서 모든 예배자가 예배의 중요한 위치를 담당하고 있다는 사실을 느끼게 해준다. 따라서 예배 공간의 친밀성 기준은 회중의 능동적인 참여를 고취시킨다.

그리고 다섯 번째 기준은 심미성(Beauty)이다. 사람은 공간 안에서 구체

---

922) James F. White & Susan J. White, 『교회건축과 예배 공간』 (서울: 새물결플러스, 2014), 49-50.
923) White & White, 『교회건축과 예배 공간』, 118-121.

적인 대상을 관찰하고 감상하며 전인적으로 느낀다. 예배 공간을 아름답게 만들고 봉헌하는 마음은 예배의 항구적 요소이며, 또한 언제든지 변할 수 있는 요소임을 동시에 인지해야 한다.

화이트(James F. White)는 예배 공간에 대한 기능주의적 접근방식으로 예배 공간의 존재 이유와 구성 기준을 다음과 같이 제시한다.

> 그리스도교 예배는 비교나 우회가 아니다. 따라서 가장 단순하고 직접적이며 실용적인 접근이 그리스도교 예배에 효과적으로 다가설 수 있는 길이 될 것이다. 모든 시대의 가장 좋은 교회 건물들의 공통점은 그것이 예배를 위한 가장 단순하고도 유용한 공간이었다는 사실이다. 교회 건물은 기능하는 존재이지 어떤 기념물이 아니다. (…) 그리스도교 공동체가 건물을 짓는 이유는 예배를 드리기 위해서이다. 그리스도의 몸을 이루기 위하여 함께 모이는 것은 예배의 본질적인 행동이다. 또한, 단순하고 직접적인 것을 선호하고 기념비적이고 순수장식적인 차원을 멀리할 때 교회 건물은 가장 깊은 심미적 호소력을 갖게 된다.[924]

그는 예배 공간의 기본은 예배를 위함이어야 하며, 예배를 위한 기능적 공간이어야 함을 강조한다. 예배 공간은 말씀과 성찬을 중심으로 신학적 함의가 표현되고 실천되어야 한다. 성찬상에서 떡이 나누어지듯 회중들의 삶이 격려되고 위로가 된다면 성찬의 공간은 회중에게 말을 걸고 의미 있는 대화를 시작하게 될 것이다.[925] 예배 공간은 예배 의식이 행해질 때 살아 있는 공간이 된다.

---

924) White & White, 『교회건축과 예배 공간』, 26-35.
925) 나형석, 『예배학교실』 (서울: 도서출판 좋은 땅, 2012), 221.

교회의 공간[926]은 모이는 공간, 이동하는 공간, 회중의 공간, 찬양대의 공간, 성찬상의 공간, 세례의 공간으로 구성된다. 그리고 성찬상과 세례반, 설교대 이 세 가지의 예배 중심 가구들이 추가된다. 세상에서 부름받은 자들이 그리스도의 몸을 이루기 위해 함께 모이는 것은 예배의 본질적 행위이다. 따라서 공동체를 이루기 위해 모이는 경험을 공간이 형상화하는 것에 깊이 생각해야 한다. 고대 교회들은 교인들이 교회에 들어가기 전에 세상으로부터 공간적 전이를 이루기 위해 상징적으로 손을 씻을 수 있는 시설을 제공하였다.[927] 교회로 진입하는 통로를 세상에서의 교회로의 공간 전이의 분위기로 조성하는 것도 유익할 것이다.

대부분의 기독교 역사 속에서 교회 내부의 공간은 이동의 공간이었다. 성찬을 받기 위해 앞으로 나가는 행동, 그 자체만으로 자기 헌신과 선물을 받고자 하는 마음의 표현이다.[928] 공간의 세 번째 유형은 회중의 공간이다. 회중의 공간은 보고, 듣고, 말하는 등 몸짓을 하기 위한 공간이다. 즉 참여 공간이다. 이 공간에서 회중은 적극적인 참여자로서 예배한다.[929]

한국교회는 말씀 예배(설교 중심의 예배) 구조로 교회 공간을 구성하고 있다. 강당과 같이 넓은 강단 위 정중앙에 설교대가 놓이고, 그 뒤에 예배 인도자를 위한 의자가 배치된다. 그리고 성찬상은 아래 강대상이라하여 강단 아래에 위치한다. 찬양대 공간은 회중석에서 강단을 바라보는 좌측, 또는 우측에(강대상 뒤쪽에 찬양대가 위치하는 교회도 있다.) 위치한다. 그러나 교회 공간 안에서 그 어디에도 세례의 공간을 찾아보기가 어렵다. 세례는 죽고, 부활하고, 그리스도와 연합한다는 사실이 증거되는 것임에도 불구하

---

926) 화이트(James F. White)가 강조하는 6개의 교회 공간 중 한국교회에서는 세례공간은 별도로 마련되지 않고 있다. 그리고 성찬상의 공간 역시 성찬식 외에는 사회자 또는 보조 인도자석(아래 강대상이라고 지칭하기도 한다.)으로 사용되는 것이 대부분이다.
927) White & White, 『교회건축과 예배 공간』 34-41.
928) White & White, 『교회건축과 예배 공간』 45.
929) White & White, 『교회건축과 예배 공간』 48-49.

고 세례 공간에 대해 간과(看過)하고 있다. 말씀 예배(설교 중심의 예배)는 교회의 유일한 예배 유형이 아니다. 교회는 듣기만을 강조하는 공간이 아니라 성례전을 거행할 장소이기도 하다. 교회는 말씀과 성례에 적합한 공간이어야 한다.

그렇다면 '우리의 예배 공간들이 회중들의 예배 참여를 독려하며 신학적 함의를 예배 가운데 나타내고 있는가?' '우리는 하나의 공간에서 말씀과 성례가 조화롭게 이루어지고 있는가?'이라는 질문에 대한 적절한 답을 할 수 있을 때 예배의 공간으로서의 기능을 회복할 수 있을 뿐만 아니라 예배의 갱신도 이룰 수 있을 것이다. 교회가 교회다워지려면 교회다운 공간이 필요하다. 중세 가톨릭은 글을 알지 못하는 사람들을 교육하기 위한 목적으로 성화와 성상을 이용하였다. 처음에는 교육적인 목적이었으나 후일 성화 성상 숭배신앙으로 변질하여 종교개혁자들은 이를 제거하였고, 자신들의 신학에 맞는 공간으로 채웠다. 예수 그리스도의 구속사가 그려진 스테인드글라스, 강단 중앙의 성찬대, 그리고 세례반 등의 상징을 잃어버린 것은 아쉬운 일이다. 한국교회 역시 성례 신학의 부재로 인하여 예배 공간에서 상징성을 잃어버렸다. 이제 예배 공간은 단순히 모이는 공간으로만 사용하는 것을 넘어서 종교의 실존적 임재와 경험을 가능케 하는 요소의 사용과 배치를 고려해 보아야 할 때이다.

혹자는 COVID-19로 인하여 "예배 없는 교회, 교회 없는 예배로 지속되어 외형적 교회주의는 쇠퇴할 것"[930]이라고 전망하기도 했다. 온라인을 통한 예배는 만남이 주는 그 예배의 기쁨을 다 채워 주지는 못한다. 그리고 사람은 사회적 단절 속에서 살 수 없다. 이에 따라 교회는 새로운 교회 형태가 요구됨에 대한 유연한 태도를 보여야 한다. 지금 위기에 처한 한국교

---

930) www.newsnjoy.or.kr. 뉴스앤조이 기윤실 좌담(최진봉교수. 장신대 예배설교학) 2020. 05. 11자 기사. 2021년 6월 23에 접속.

회의 상황이 그 어느 때보다 교회 현장에서의 예배가 절실하고 그것이 은혜이고 축복임을 느끼게 한다.

2. 기도 영성의 회복

한국교회 성도들은 신앙생활 혹은 믿음 생활을 어떻게 정의하고 있는가? "하나님의 복이 언제 임할까?", "야곱의 축복이, 물질의 번영이 언제 임할까?"라는 세속적 생각과 "내가 하나님을 위해 무엇을 할 수 있는가?", "하나님의 사명을 어떻게 행할 수 있을까?"라는 서로 다른 생각이 부딪치는 긴장 관계일 것이다. 하나님이 마치 우리를 위해서만 존재하기를 원하는 염원이 전부라면 성도의 구원은 하나님의 일하심 안에서 주어지는 결과에 불과한 것이 된다.

이와 같은 것은 한국의 토양에 오랫동안 자리한 전통 종교의 영향이라 할 것이다. 신령을 제사하고 복을 비는 기복, 인생의 모든 질병과 재앙의 악령을 제거한다는 양재(禳災), 해결할 수 없는 사건이나 운명을 판단하는 점복(占卜), 운명의 모든 영을 가무로 달래는 가락의 무교적 전통이 자리한 한국인의 기도에 대한 마음 상태를 알게 한다. 불교적 영향으로 내세 명복을 비는 사령제, 현세의 복락과 소취를 기원하는 기도의 모습도 보게 된다. 유교 또한 윤리적인 완성의 보수를 세상의 복에 두었다. 이상의 것들이 혼합과 수용을 통해 자리를 잡게 되었고 한결같이 기복의 예전을 으뜸으로 민중을 흡수하였다.[931] 이와 같은 것이 한민족의 기도 심상(心狀)이다.

하나님께 드리는 기도는 예배의 가장 필수적인 요소이며, 중요한 은혜

---

931) 정장복, 『예배의 신학』, 72-78.

의 수단이다. 그런데도 하나님의 구속을 개인적인 일로 국한 시킨 오류는 불신앙의 모습으로 전락시킨다. 회복, 회개는 이러한 불신앙의 모습을 인정함으로부터 시작된다. 회개란 부흥의 또 다른 의미이고, 기도, 회개 그리고 회복이란 그리스도 구속의 은혜와 그리스도가 마지막 이루실 성취를 의지하는 신앙이다.

칼빈(John Calvin)은 "기도는 믿음의 최상의 훈련이고 이것을 통해 매일 하나님께 은혜를 받는다."[932]라고 진술하였다. 또한, 기도는 하나님을 신뢰하는 믿음의 표현이다. 한국교회는 암울했던 시기에 희망의 빛을 비추고 부흥의 불길이 온 땅을 덮었던 그때를 기억하며 다시 기도의 회복으로 나아가야 한다. 회상은 우리 정체성의 근원이다. 우리의 깊은 감성은 어떻게 회상하고, 무엇을 회상하는 가와 연결되어 있다. 회상하는 능력이 없다면 우리는 삶에 관한 이야기를 잃어버리게 된다. 삶 속에서 기억한 모든 것은 자신이 경험한 과거에서 비롯된 것이다. 이제 교만과 아집의 바벨탑을 쌓았던 무지의 불신앙의 모습을 깨달아야 한다. 그렇게 되기 위해서는 성경적 기도 회복이 필요하다.

1) 성경이 증언하는 기도

지금은 전설이 되고 있지만 한국교회는 어느 나라 교회보다 새벽기도회를 비롯하여 다양한 기도 생활 열심히 해 왔다. 그리고 긴박한 사안이 있으면 시일을 정하고 목숨 걸며 기도를 한다. 그렇지만 이렇게 열성적으로 드리는 기도가 '각성과 정화에 이르게 하는가?'[933]라는 질문이 생긴다.

이러한 열성적인 기도를 '치유의 방편이나 기술'로 전락시키고 또는 '하나님 임재에 대한 신비의 체험'로 격하시키기도 한다. 또는 자기중심적인

---

932) John Calvin, 『새 영한 기독교강요(중)』 성서원편집부 편 (서울: 성서서원, 2005), 635.
933) 박근원, 『목회와 영성훈련』 (서울: 유니온 학술자료원, 1989), 190-191.

범주를 벗어나지 못하고 마치 정령숭배, 염원을 바탕으로 기도하기에 하나님과의 인격적인 만남과 대화를 이루지 못하고 있다.

　기독교의 기도는 하나님으로부터 출발한다. 성경이 증언하는 하나님은 도덕적 이상이나 철학적 원칙이 아니라 스스로 계시고 모든 것의 근원이신 분이다. 그리고 먼저 인간을 찾아와 돌보시며, 사귐을 나누시는 분이다.[934] 그리고 기도는 우리 일이 아니라 하나님의 일이다. 하나님은 전능하신 능력으로 우리 안에서 일하신다. 이 말은 기도할 때 성령이 우리의 연약함을 도우셔서 "말할 수 없는 탄식으로" 우리 안에서 간구하시도록 기다리면서 기대해야 한다는 뜻이다.[935] "이와 같이 성령도 우리의 연약함을 도우시나니 우리는 마땅히 기도할 바를 알지 못하나 오직 성령이 말할 수 없는 탄식으로 우리를 위하여 친히 간구하시느니라, 마음을 살피시는 이가 성령의 생각을 아시나니 이는 성령이 하나님의 뜻대로 성도를 위하여 간구하심이니라"(롬 8:26-27) 스스로가 기도할 수 없다고 느낄 때 성령이 친히 간구하신다고 성경은 증언한다.

　하나님은 모든 것과 함께하신다. 하나님은 모든 것을 다 아시는 분이다. 기도는 삼위일체 하나님의 일이다. 성부 하나님은 우리 갈망의 필요를 채우신다. 성자 하나님은 그분의 중보기도를 통하여 그의 이름으로 기도하는 것을 가르치신다. 그리고 성령 하나님은 은밀한 중에 우리의 연약한 갈망을 강하게 하신다. 말할 수 없는 탄식으로 기도를 도우시는 성령을 통하여 기도의 삶을 살 수 있게 되는 것이다.[936]

　성경이 증언하는 기도의 신학은 성부, 성자, 성령 삼위일체 되신 하나님을 분명히 이해하고 하나님의 뜻을 따르기 위해 자신을 바칠 뿐만 아니라

---

934) 박은규, "기도의 신학", 목원대학교 신학연구소, 「신학과 현장」 제5집 (1995): 31-32.
935) Andrew Murray, 『머레이의 위대한 영성』 정혜숙 역 (서울: 도서출판 브니엘, 2018), 146.
936) Murray, 『머레이의 위대한 영성』 148.

하나님 나라를 실현하기 위해 헌신을 강조한다. 따라서 하나님은 진정으로 회개하며 나오는 자를 물리치지 않으시고 감사하며 간구하는 자들의 기도를 들으시며, 신자들의 마음에 살심으로써 기도 생활을 가능케 하신다고 성경은 증언한다.

2) 기독교 영성사에 나타난 기도 유형

기도는 모든 것을 주시는 하나님께 드리는 인간 본성에서 우러나오는 현상이다. 기도 생활은 영성 생활에 토대가 된다. 영생 생활은 그리스도의 성육신 삶이며, 기도 생활은 그 삶을 위한 하나의 방편이다. 기도와 영성은 밀접한 관계이다. 영성은 인간이 하나님과 맺는 인격적 체험이라고 정의한다.[937] 기도의 영성은 자기의 뜻을 하나님의 뜻에 맞추기로 하고 노력하는 것이다.[938]

기독교 영성사에 나타난 기도의 유형을 제임스 휴스턴(James Houston)은 네 가지로 제시하며 영적 성숙이 진행되는 동안 구송기도→묵상기도→

---

937) Michael Downey, 『오늘의 기독교 영성이해』, 안성근 역 (서울: 도서출판 은성, 2001), 118.
938) St. Teresa of Jesus(Avila), 『영혼의 성』, 최민순 역 (서울: 성바오로딸, 1970), 51. 테레사의 중요한 책인 『영혼의 성』에서 기도를 통한 영성 발전을 자신의 체험에 근거하여 자신의 영혼을 7개의 궁방(宮房)을 가진 성(城, Castle)도 표현했다. 1~3궁방은 자연적 영혼의 능력을 사용하는 묵상기도를 통해 정화가 일어난다. 이곳에서는 죄에 대한 숙고, 겸손한 자기 인식이 급선무이다. 4궁방에서는 묵상과 인식 활동이 유지되면서 영혼은 주부적 관상기도(기도의 주체가 자신이 아닌 성령이다.)로 넘어간다. 영혼은 침묵 속에서 하나님의 임재의 의식을 갖고 황홀경(Ecstasy)을 체험한다. 5궁방에서는 기억과 상상 등 모든 내적 기능이 하나님께 사로잡혀 영혼과 주님과의 연합이 일어난다. 이것을 누에가 고치를 만들고 고치 안에서 죽어 나비로 나오는 장면으로 설명한다. "누에고치는 그리스도"이다. 그 안에서 "자기 사랑, 자기 의지, 세속적인 애착"을 버리고 새로운 영혼으로 "꿈"하여 나비로 태어나는 것이다. 6궁방은 영적 약혼의 단계로 죄를 씻어 내면서 겪는 감각의 정화, 영혼 황폐의 고통을 겪는다. 하지만 이 고통은 영혼의 기쁨과 고요와 함께 동반된다. 그리고 7궁방은 영적 결혼의 단계이다. 영적 약혼은 두 촛불이 합쳐질 때 하나가 되지만 다시 떼어 놓을 수 있다. 영적 결혼은 강에 떨어지는 빗물처럼 분리될 수 없는 것으로 비유한다. 이렇게 영적 연합에 도달한 자는 마리아의 관상적인 삶과 마르다의 봉사의 삶으로 함께 가는 조화로운 영성이 나온다고 보았다. St. Teresa of Jesus(Avila), 『영혼의 성』, 73-257. 참고

관상기도→무아경의 기도로 기도의 형태가 변하여 간다고 한다.[939]

첫째, 구송기도(口誦祈禱)는 종교개혁적 전통에서 행하여 온 기도이다. 다양한 기도문을 통하여 행하는 것으로 사도신경, 주기도문을 암송하는 것이 구송기도이다. 동방교회에서는 단순히 언어의 기도 암송이 아니라 삶의 방향을 전반적으로 재설정하는 것으로 보았다.

둘째, 묵상기도(黙想祈禱)는 구송기도보다 작은 소리로 한다.[940] 묵상은 하나님 앞에서 나누는 대화의 한 형태로 이성보다는 감성과 연관되어 있다. 묵상의 목적은 하나님의 사랑과 은혜를 경험하며 인격적 관계를 유지하는 것으로 자신을 위한 정신적 사색으로의 오류를 범하지 않아야 한다. 이냐시오 로욜라(Ignatius of Loyola, 1491-1556)와 리처드 백스터(Richard Baxter, 1615-1691)는 성경 묵상을 통한 기도를 거룩한 삶을 위한 열쇠라고 여겼다.[941]

셋째, 관상기도(觀相祈禱)는 하나님의 음성을 들을 수 있도록 하나님의 임재 안에 머물며, 하나님의 사랑에 이끌릴 수 있도록 하나님께 가까이 나아가는 것을 의미한다. 이는 하나님에 대한 추상적 개념이나 신학으로서 하나님을 인식하는 것이 아니라 신비하고 전능한 하나님에 대한 경험을 추구하는 것이다. 즉, '실재에 대한 경험적 인식'[942]이다. 관상은 상상력을 사용하는 것에 강조를 둔다. 이 상상력은 성경의 이야기 안에서 지성과 이성이 아닌 마음으로 주님을 만나고 깊은 일체감을 얻게 한다. 이냐시오는 '불완전한 관상'[943]을 통해 누구나 관상기도를 경험하는 가능성을 열어

---

939) James Houston, 『기도: 하나님과의 우정』 김진우, 신현기 역 (서울: IVP, 1998), 281-282.
940) 정원범 편, 『영성목회 21세기』 (서울: 한들출판사, 2006), 290.
941) Houston, 『기도: 하나님과의 우정』, 275.
942) 최창국, 『영성과 상담』 (서울: 기독교문서선교회, 2011), 59.
943) 완전한 관상은 상상력, 이미지, 생각이 멈추고 전적으로 수동적인 상태로 '주부적 관상'(Infused contemplation prayer)이다. 즉 기도하는 주체가 자신이 아닌 성령이다. 불완전한 관상은 상상력이라는 능동적 준비 단계를 통해 얻는 관상을 말한다. 이를 습득적 관상(Acquired contemplation prayer)이

놓았다.[944] 휴스턴은 관상을 '그리스도 안의 인격체가 되는 것'[945]이러고 한다. 유진 피터슨(Eugene Peterson)은 '관상은 일상에서 벗어나는 것이 아니라 하나님 말씀을 일상에서 살아 내는 것'[946]이라고 한다. 따라서 모든 기도는 삶으로 이어져야만 한다.

관상기도는 그리스도인들의 삶과 영성에 좋은 대안이 될 수 있을 것이다. 그렇지만 주의해야 할 것은 관상기도를 자신의 자아(自我)를 찾기 위한 수단과 신비주의적으로 왜곡시키는 것이다. 기도 속에 신비는 존재한다. 하나님의 사랑을 경험하고 성령의 신비를 체험하는 일은 고도의 경건함 속에서 이루어지는 영적 신비이다. 그러나 이러한 신비는 반드시 성경의 조명을 통해 이해되어야 한다.

넷째, 무아경(無我境)의 기도는 우리의 삶 전체가 하나님에 의해 통제됨으로써 무아경에 이르는 것[947]을 말한다. 방언 기도를 무아경의 한 형태로 본다.[948] 휴스턴은 무아경을 우리가 '기도 중에 하나님과 나누는 우정의 진정한 정점'[949]이라고 한다. 그러나 이러한 체험들은 개인의 영성에 영향을 끼친다. 이와 같은 기도들은 공동체적이라기보다는 개인적이기에 보편화하기가 어려운 점이 있다.

3) 기도 영성의 회복

기도는 자기 사고방식과 관계가 있다. 즉 기도는 하나님은 향한 목마름

라고도 한다. 기도하는 자신의 의지로 하나님을 추구해 가는 것이다. 정병준, 『기독교 영성 산책』 (서울: 한국장로교출판사, 2021), 207-209.
944) 정병준, 『기독교 영성 산책』 (서울: 한국장로교출판사, 2021), 209.
945) Houston, 『기도: 하나님과의 우정』, 210.
946) Eugene Peterson, 『이 책을 먹으라』, 양혜원 역 (서울: IVP, 2006), 191.
947) Houston, 『기도: 하나님과의 우정』, 279.
948) 김호완, 『카리스마와 영성』 (서울: 개혁주의신행협회, 2006), 31-34.
949) Houston, 『기도: 하나님과의 우정』, 279.

을 해결하고자 시냇물로 달려가는 것과 같다. 기도란 하나님을 향하여 마음속의 염원을 표출하는 보편적 행동 양식이라 할 수 있다. 따라서 하나님의 뜻을 구하고 찾고 두드리는 새로운 시각의 기도가 필요하다. 하나님의 뜻에 맞춰 회개하고 변화되려고 하기보다는 개인의 제재초복(除災招福)을 구하는 기도, 요행을 바라는 기도는 이방인의 기도이다. 기도는 영혼의 호흡 그 이상이다. 기도란 전인적 존재가 하나님과 만나는 행위이다.

기도는 하나님에 대한 그리스도인에 태도와 하나님과의 관계를 가리킨다. 그리스도인의 삶은 기도의 삶으로 표현될 수 있다. '쉬지 말고 기도하라'라는 성경의 권면에서 구현되며, 하나님과의 친밀을 통해 기도의 삶은 성장한다. 하나님과의 친밀감은 기도의 삶의 특징이며, 그 친밀감은 하나님의 영의 선물이다. 기도의 영성이 회복되면 개인적 이익의 청원 기도에서 하나님을 향한 찬양과 감사로 이동하고, 영혼이 기도의 중심부에 깊이 다가가며 하나님을 만난다.[950]

통성기도는 한국기독교만의 독특한 전통이라 할 수 있다. 1907년대 부흥 운동 기간에 선교사들이 예상하지 못한 돌발적인 현상으로서 공개적 회개 기도가 있었다. 통회(痛悔), 자복의 기도가 부흥 운동을 거치면서 통성기도로 발전하였다.[951] 영적 생활을 통해 소망과 은혜를 얻으려면 먼저 자기 성찰과 함께 자기 고백(용서와 변화의 근원을 향해 자신의 어둠을 드러내는 일)이 있어야만 한다.[952] 부흥 운동 때의 기도가 그러했다.

헌트 목사가 설교하고 리 목사가 광고한 후 합심 기도하자고 요청한 순간 참석한 1천여 명이 마치 대규모 연주자들이 악보를 보고 연주하듯, 완벽한 조화를 이루는 가운데 통성기도로 응답했다. 회개하며 성령 충만을

---

950) Simon Chan, 『영성신학』, 김병오 역 (서울: IVP, 2017), 178-187.
951) 이덕주, 한국 토착교회 형성사, 371.
952) Palmer, 『가르침과 배움의 영성』, 45.

간구하는데 즉흥적이지도 않고, 감정에만 휩싸이지 않으면서 각자 기도에 몰두하며 이뤄내는 장면은 강한 응집력이 있었고, 한목소리로 소리 내어 기도하는 장면은 말로 표현할 수 없는 전율을 느끼게 했다.[953]

새벽기도와 통성기도는 민족적, 개인적이든지 좌절과 허무 상황에서 현실적 불안한 상황을 극복하고, 국민의 한을 담아내고 용기와 위로를 얻는 효과적인 통로였으며, 아픔을 가진 자의 기도였다. 김명실은 통성기도를 '한국 고유의 한(恨)과 연결하여 고통과 억울함을 토는 영적 창구'[954]로 이해했다. 그럴 수밖에 없는 시대적 상황이 자기의 의지와는 상관없이 수용하게 했다.

칼빈(John Calvin)은 기도가 영적 삶의 중심임을 분명히 하고 있다.[955] 기도는 영적 각성에 중요하다. 그것은 하나님의 현존을 경험할 수 있는 가장 실제적인 방법이기 때문이다. 기도는 메마른 광야와 같은 삶에 생명을 싹틔우게 하는 생명수와도 같다. 기도는 말씀 안에서 드려져야 하며, 삶으로 완성되어야 한다. 진정한 기도는 성령의 도움으로 하나님의 뜻을 나타내며 그리스도의 사랑으로 실천하는 것이 영적인 기도라 할 것이다.

기독교의 영성을 정의하면 "삼위일체 하나님을 궁극적인 가치로 삼고, 하나님과 이웃, 그리고 자연과 통합적인 관계를 맺으며, 교회와 사회 안에서 십자가와 부활로 변화되는 삶을 살아가는 것이다."[956] 한국교회는 기도를 실천하는 열심이 있었다. 새벽기도에 수천 명이 모이며 부흥의 열쇠처럼 한국교회만의 특화된 것으로 자리매김했다. 그 외에도 수요기도회, 금요(철야)기도회, 그리고 월삭 기도회 등 다양한 형태의 기도회가 있다. 이

---

953) 이덕주, 한국 토착교회 형성사, 372.
954) 김명실, "공종체적 탄원 기도로서의 통성기도: 통성기도의 정체성 확립과 그 신학과 실천의 나아갈 방향 모색" 한국실천신학회, 「신학과 실천」제24권 1호 (2010): 300.
955) Calvin, 『새 영한 기독교강요(중)』 639.
956) 정병준, 『기독교 영성 산책』 17.

러한 열정적 기도회는 한국교회의 양적 성장을 가능하게 한 원동력이었다. 그러나 그 이면에는 암영(暗影)도 있다. 이러한 부정적인 현상은 세속적 성장과 왜곡된 복음과 기도로 한국교회를 어지럽게 했다. 혼합주의적 영성과 그리스도 중심적 말씀의 부재로 강단은 힘을 잃고, 기도의 능력도 약화하며 성장을 퇴보시키는 현상을 낳았다.

지금 한국교회에는 뜨거운 마음과 땅을 뒤흔든 대함(大喊)의 기도로 삶을 변화시키고, 민족에게 희망을 던진 1907년의 기도의 영성이 남아 있는가? 하나님의 간섭을 구했던 그들의 간절함이 있는가? 그 기도의 영성이 예배 현장에서 재현되고 있는가? 더구나 COVID-19 바이러스로 야기된 일상은 과거와는 완전히 다른 비대면의 상황을 실존적 현실에 포함시켰다.[957] 그로 인해 변화된 일상의 현실을 배제한 채 초월적이고 이상적인 세계만을 설정하는 과거의 방법론은 효력을 발휘할 수 없는 상황이 되었다.

1907년 부흥 운동의 뜨거웠던 기도 영성이 잠자는 자들을 깨우고, 이 땅에 교회를 세우는 기폭제가 되었듯이, 기도 영성의 회복이 한국교회를 다시 일으켜 세우는 원동력이며, 회복된 영성으로 새롭게 되는 변화는 건강한 성장이 될 것이다.

4) 기도 영성의 회복을 강화한 새벽 기도회 실예(實例)

매월 1회(매월 첫째 날이면 더욱 의미가 있을 것이다.) 교회공동체 전체가 참여하는 초하루 새벽기도회의 실예(實例)를 구성하였다. 전 세대가 함께 참여하는 기도회이기에 어린 학생들을 배려하여 오전 6시[958]로 시간을 조정하였다. 직접 교회에 참석하지 못하는 경우를 고려하여 줌을 이용한

---

957) 계재광, "포스트 코로나시대, 기독교 리더십 방향성에 관한 연구," 한국대학선교학회, 「대학과 선교」 44권 0호 (2020): 155.
958) 평일이 어렵다면 매월 첫 주 토요일 오전 6시에 교회공동체 통합 초하루 새벽기도회를 행하는 것도 가하다.

랜선 참여도 함께 진행한다. 그리고 기도회 후에 교회와 가정에서 조찬을 준비하여 함께 식사하며 대화의 시간을 갖는다. 교회공동체 통합 초하루 새벽기도회의 순서는 다음과 같다.

<표-6> 교회공동체 통합 초하루 새벽기도회

기도회 순서 구성	구성 해설
찬송 합심 기도	찬양단의 인도로 15분 정도 찬양하면서 기도회로의 초청을 하고, 기도회를 위한 합심 기도를 한다. 합심 기도 중 담임 목사가 단상에 올라 마무리 기도를 한다.
성경 읽기	설교할 본문을 회중과 함께 교독한다.
특송	매월 자원하는 가정에서 특송을 한다.
말씀 선포	교회력과 주제에 따른 설교를 한다. 선포되는 말씀에 적합한 영상 미디어의 활용(아이들을 위한)도 좋은 방법이다.
합심 기도	가족끼리 손을 잡고 받은 말씀을 가지고 기도한다.
기도문 기도	가정의 기도 제목 또는 가정에서 기도할 수 있도록 기도문을 만들어 함께 읽으며 기도한다.
축도	담임목사의 축도로 기도회는 폐회한다. 폐회 이후 자유롭게 가정별 기도를 이어간다. 이때 가족이 참여하지 못한 성도가 없는지를 살피고 교역자 또는 기도회 위원들이 함께 기도하며 소외됨이 없도록 살펴야 한다.
안수와 축복기도	축복기도와 안수기도를 요청한 가정에 가서 담임목사가 함께 기도한다. 축복기도, 안수기도 신청 명단은 예배실 입장 시 또는 전주(前週) 주일예배 시에 제출토록 한다. (랜선 축복기도 요청도 입장 또는 전주 주일예배 시에 신청한다.)
조찬 식사	교회 또는 가정에서 준비한 조찬을 함께 나누며 대화하는 시간을 갖고 식사를 마친 후 자유롭게 폐회를 한다.

위와 같이 제시하는 교회공동체 통합 초하루 새벽기도회는 그리스도와 교회공동체의 연합뿐만 아니라 자신이 공동체의 일원임을 재발견하는 계기가 될 것이다. 또한, 가족 기도문 작성을 통해 가족 구성원들의 바람이

무엇인지, 목표하는 것이 무엇인지를 소통하게 되고 자녀를 위해, 부모를 위해 그리고 가족공동체를 위해 함께 기도할 수 있는 공통 분모가 형성된다. 이를 통해 교회공동체성이나 가정 공동체성 회복에 긍정적인 영향을 미치게 된다.

그동안 한국교회는 장년층과 다음 세대의 예배를 철저히 분리하였다. 물론 동일 세대에 맞는 신앙교육 측면에서는 긍정적 영향이 있음을 부인하지 못한다. 그러나 교회공동체는 교육의 문제로만 접근할 수 없다. 공동체가 함께 예배하면서 자연스럽게 계승되는 신앙의 훈련과 세대 간의 친밀성의 중요성을 그동안 간과했었다. 이러한 세대 간의 단절, 공동체성 결여의 문제를 해결하는 방법으로 교회공동체 통합예배가 대안이 될 수가 있음을 제시한다.

3. 사경회 영성의 회복

초기 한국교회의 출발은 사경회로부터 시작되었다. 선교사들의 보수 정통적인 신앙과 신학이 한국교회에 전이 역할을 한 것이 사경회였다. 한국교회는 사경회를 통하여 교회 성장의 기틀을 마련하였다.

시어러(Roy E. Shearer)는 "한국의 개신교가 오늘날까지 든든하게 자리잡게 된 배경에는 성경공부와 사경회가 있었고, 초기 한국교회 신자 교육은 성경을 주교재로 하는 사경회를 통해 성경공부가 시행되었다."[959]고 한다.

1) 성경공부, 사경회의 배경

성경공부는 선교사들이 동토의 땅에 입국하기 전 로스(John Ross)와 맥

---

959) Roy E. Shearer, 『한국교회 성장사』, 서명원, 이승익 역 (서울: 대한기독교서회, 1994), 61.

킨타이어(John McIntyre)를 통해 성경이 번역되고, 복음을 접한 서상륜, 이성하, 백홍준 등이 권서인(勸書人), 매서인(賣書人)이 되어 복음을 전하면서 복음의 씨앗을 뿌릴 토양이 조성되었다.[960] 한성 감옥 집단 개종 사건[961]이라고 불리는 정치 사건 연루자들이 한성 감옥에서의 개종 과정도 옥중 성경공부와 선교사들의 옥중 사경회 인도를 통해 이루어졌다. 개종한 관리와 양반 계층은 이승만, 신흥우, 이상재, 이원긍, 유성준, 김정식, 정순만 등이다.

한국교회 최초의 성경공부는 1887년 아펜젤러(H. Appenzeller) 선교사 집에서 비밀리에 배재학당 학생 1명과 젊은 관리 1명으로 시작하였다. 언더우드(H. Underwood)는 1890년 7명의 학생을 모아 성경공부를 시작했고, 1901년에 성경부반 개설이 네비우스 선교정책으로 채택되어 1909년에 이르러서는 800의 성경공부반에서 5만여 명이 공부하는 큰 성과를 거두었다. 성경공부는 교회 성장의 밑거름이었으며, 성경공부의 흐름은 한국교회의 영적 기상도였다.[962] 네비우스 선교정책으로 한국교회는 성경 중심의 교회로 정착할 수 있게 되었고, 그 결실은 사경회(査經會)[963] 운동이다. 사경회에서의 성경공부는 단순히 지식 전달로 그치는 것이 아니라 일상의

---

960) 김영재, 『한국 교회사』, 80-81.
961) 1896년 서울에서 결성된 독립협회는 민중계몽 단체로서 정치 개혁운동을 전개하다 1899년 독립협회 간부 17명이 검속 투옥되면서 강제 해산되었다. 이 투옥 사건은 한국 지도자들이 복음을 접할 수 있는 계기가 되었다. 감리교 벙커(D. A. Bunker)가 매 주일 정기적으로 감옥을 방문하여 주일예배를 드리며 복음을 전했다. 또한, 성서 공회와 기독교서회에서 발간한 종교 서적이 감옥에 개설된 도서관에 보급되고, 보급된 성경과 종교 서적을 공부하고 개종하는 일이 일어났다. 이 중 12명이 벙커에 의해 옥중에서 세례를 받았다. 그 외에도 안국동교회 장로가 된 관찰사 박승봉, 양평교회 목사가 된 왕족 이재형은 교회로 영입된 지식층을 대변한다 할 수 있다. 이것은 관리와 양반 계층이 기독교로 개종한 최초의 일이다. 이능화(李能和, 1869-1943)는 이를 가리켜 '관신사회신교지시(官紳社會信敎之始)'라고 표현했다. 박용규, 『한국기독교회사 1』, 798-802.
962) 박종순, 『교회성장과 성경공부』 (서울: 선출판사, 1984), 51.
963) 감리교는 "사경회는 개신교회의 성경 중심 신앙 전통으로서 평신도의 성경 읽기와 성경 연구모임이며, 그 뜻은 한국 서당식 경전 공부 방식으로 한 글자씩 읽으면서 공부하는 것을 의미한다."고 정의한다. 전용환, 『2002년 사경회 교육지침서』 (서울: 기독교대한감리회 교육국, 2001), 30.

삶 속에서 진리대로 살아가려는 변화의 바람이 불었다. 이 변화는 전도의 열매로 나타났으며, 교회의 성장과 함께 교회 건축이 뒤를 이었다.[964] 한마디로 사경회는 성경 말씀이 '체화'(體化)되는 과정이었다.

2) 성경공부, 사경회의 긍정적 영향

초기 한국교회는 성경에 대한 사랑과 그 말씀을 실천하는 것에 열심히 하였다. 이 열심은 기독교가 이 땅에 들어오기 전 불교와 유교를 통해 '경전'(經典)을 대하는 법을 체득한 상태이기 때문이다. 경전은 단순한 인쇄된 책이 아닌 그 자체가 종교였다. 이러한 '경전 문화'로 인하여 성경을 대할 때 최대한 외경(畏敬) 자세를 취했다.[965]

초기 한국교회 신자들은 성경을 종교적 경외심을 가지고 대했다. 성경을 함부로 다뤄서도 안 되는 것이며, 성경 훼손은 초기 한국 그리스도인에게는 감불생의(敢不生意)였다. 이러한 경전 문화를 잘 드러낸 것이 '사경회'였다. 사경회에 참석하는 교인들의 행렬을 보며 벽안(碧眼)의 선교사들은 감탄했다.

평양 선교사 윌리엄 블레어(William Newton Blair, 한국명 방위량(邦緯良), 1876-1970)는 초기 한국교회 사경회를 유대인의 '유월절'에 비유했다. 그의 증언은 다음과 같다.

> 마치 유대인들이 유월절 지키듯 한국 교인들은 그때만 되면 모든 일상을 접어두고 오직 성경공부와 기도에만 전념합니다. 이같이 성경공부에만 전념한 결과 교회 전체가 단합되어 사랑과 봉사로 이루어지는 진정한 부흥이 가능케 되었습니다. 이 점에서만큼은 미국도 한국을 본받아야 할 것

---

964) C. A. Clack, 『한국교회와 네비우스 선교정책』, 박용규, 김춘섭 역 (서울: 대한기독교서회, 1994), 320-322.
965) 이덕주, 『한국교회 처음이야기』 (서울: 홍성사, 2006), 193

입니다.[966]

초기 한국교회 교인들의 사경회 열정은 부흥 운동으로 연결되었고, 1903년 원산 부흥 운동과 1907년 평양 부흥 운동의 기폭제가 되었다. 이렇듯 사경회의 긍정적 영향으로 그 첫 번째는 성경 구절 암송이다. 당시의 사경회 형태는 마치 서당에서 경전을 배우는 것과 같이 인도자 앞에서 성경을 한 절씩 읽으며 배웠고, 암송에 익숙한 한국인들은 성경 외우기에 열심을 다 하였다. 이 또한 동양 특유의 경전 문화의 흔적이라 할 수 있다. 사경회를 통해 한국인들은 성경을 '실천하며 외우는' 방법으로 외우는 것이 목적이 아니라 실천하여 말씀의 은혜를 누리는 것이 성경공부의 궁극적 목적으로 삼았다.[967] 이같이 사경회에서 출발한 성경 암송 영성은 '말씀이 육신이 되는' 사건이 일상의 삶에서 일어나는 한국교회의 자랑스러운 전통이었다.

두 번째 긍정적 영향은 사경회를 통해 말씀이 실천되는 삶을 사는 초기 한국교회 신자들은 선교사의 가르침 없이, 스스로 규범을 만들었다. 사경회의 영성이 '회개'로 이어졌으며, 기독교인으로서 해서는 안 될 행동규범을 만들었다.

사경회로 시작된 부흥 운동은 영적, 윤리적 개혁 운동이었다. 이는 감정적인 회개가 아닌 실제적 삶의 회개였다. 이에 대하여 곽안련은 다음과 같이 진술한다.

> 회개는 눈물을 흘리면서 죄를 고백하는 것으로 끝나는 것이 아니라 남에

---

966) *The Korea Pentecost and The Sufferings which Followed*(한국 오순절과 그에 따른 고난), 1977, 67; 이덕주, 『한국교회 처음이야기』 195에서 재인용.
967) 이덕주, 『한국교회 처음이야기』 (서울: 홍성사, 2006), 198.

게 손해를 끼친 사람들은 그 손해를 배상함으로써 피차 화목을 이루게 되었다. 사람들은 각기 자기가 일찍이 손해를 끼친 사람들의 집을 찾아다니면서 상처를 준 사람들에게 사과하고 과거에 남의 재물이나 돈을 훔친 사람들은 그것을 갚아 주었는데 그것은 비단 교인들에게뿐 아니라 불신자들에게도 그렇게 하였다.[968]

사경회를 통하여 내면에 숨겨진 죄에 대한 고백은 개인 신앙의 영성을 정결하게 었다. 그리고 세 번째 긍정적 영향은 한국교회의 경건성을 이루는 단초가 되었으며, 성경공부의 열성은 한국교회 신앙의 핵심이 되었다. 당시 교인들의 성경공부의 열심은 대단하였다. 누구나 출석부에 이름이 기재되어 있어야 하고 또 성경공부를 해야만 교인이 되는 것으로 인식되었다. 성경공부는 1907년 대부동과 한국교회 부흥회의 시발점이었다.

3) 사경회 영성의 회복

이스라엘에게 있어서 예배의 중심 요소는 "이스라엘을 기억하는 자"와 "하나님을 기억하는 자" 사이에 움직임이었다. 성경이 말하는 기억은 인식에 자극을 주는 것 이상을 의미한다. "여호와를 기억하라"라는 것은 공동의 정체성을 형성시켜 주는 근간이다. 생생한 기억 속에서 여호와의 거대한 역사를 분명하게 보고 듣게 된다. 성경에서 증언하는 출애굽 사건은 바닷속을 걷지 못하고, 구속적인 출애굽도 못 해 본 세대에게 많은 시간이 흘렀음에도 불구하고 현재의 시대에서 신앙을 경험하게 한다. 그러기 위해서는 현재와의 만남이 필요하고 기억된 것에 대한 생생한 인식이 필요하다. 즉 하나님께서 인간의 경험 속에서 새롭게 만나는 것이며, 그 안에서 출애굽과 과거의 고통을 기억한다. 그리고 하나님을 기억하며 감사하기도 하

---

968) 곽안진, 『한국교회사』 (서울: 대한기독교서회, 1973), 128.

고 슬퍼하기도 한다. 이것이 성경이 제시하는 영성이고 예배이다.[969]

기억한다는 것은 하나님께 간구하고, 묵상하고, 기도하는 것이다. 우리의 삶 속에서 잃어버린 기독교 영성의 부분은 성경에 나타난 잊어서는 안 될 부분에 대한 인식과 자각이 부족해서이다. 하나님이 우리를 기억하지 않는다면 역사와 정체성을 소멸시키는 것이다. 그리고 여호와를 잊는다는 것은 영적인 게으름이 아닌 거짓으로 하나님께 예배하는 것이다. 하나님의 계명을 잊는다는 것은 하나님과 이웃에 대한 사랑의 계명을 파괴하는 것이다. 따라서 성경이 제시하는 예배와 역사 속에서의 하나님을 기억해야 한다. 그리고 잊어버린 1907년 그때의 부흥을 기억해야 한다.

주권을 상실한 이 땅의 교회를 경건과 피안의 신앙으로 내면화시키고, 교회공동체의 신앙을 확립시킨 그 초석에 사경회, 즉 성경공부가 있었다. 성경공부와 새벽기도회를 통하여 개인적 구령의 열심과 가도의 열심 등 한국적 신앙 영성을 형성하게 했고, 한국교회는 급속한 성장을 이루게 되었다. 한국교회가 재도약하기 위해서는 사경회, 성경공부의 영성이 대안이 될 것이다. 한국교회에 그때의 그 열심과 열정이 가장 절실히 요구되고 있음을 잊어서는 안 될 것이다.

사경회가 기초가 되어 장대현교회에서 새벽기도로 부흥의 불꽃이 타올랐던 그때를 기억해야 한다. 바로 사경회와 새벽기도회는 한국교회 성장의 근원이다. 한국교회가 바라보아야 할 원형 교회의 모습이다. 그럼에도 불구하고 해결 방안을 새로운 것에서 찾으려 한다. 하지만 이미 해결책은 성경과 한국교회 역사 안에 들다. 역사는 반복되며, 또한 해결 방안 역시 반복된다. 그런데도 한국교회는 두 가지 본질, 즉 사경회와 기도회의 맥이 끊어져 가는 것 같다. 새벽을 깨운 기도회를 바로 잡는 것이 사경회였다. 대형교회의 유명한 강사나 연예인이 중심이 되는 간증 집회식의 방식으로

---

969) Saliers, 『예배와 영성』, 15-20.

는 해결할 수 없다. 타인의 경험을 듣는 것이 아닌 성경 말씀 안으로 들어가야 한다. 말씀이 이끌어 가는 사경회의 영성 회복이 필요하다. 사경회의 방법은 기존의 설교 모습과는 다르게 진행되어야 한다. 그리고 복음의 본질로 돌아간다는 의미에서 그리스도의 생애와 교훈을 살펴보는 것도 좋은 대안이 될 것이다. 그렇다고 해서 몇 주간 잠깐 하는 이벤트성의 프로그램보다는 장기적인 계획을 수립하는 것이 바람직하다.

오늘날의 기독교 영성은 '성경적 영성(Biblical spirituality)'이라고 한다. 기독교 영성에 있어서 가장 근본적인 성경은 하나님의 말씀 강조함에 있다. 한국교회 부흥 운동의 시발점이 된 성경 연구, 성경공부(사경회)는 한국기독교 영성에 막대한 영향을 주었다. 성경에 대한 열망은 설교를 듣고자 하는 요구로 표현되었다. 매일 성경을 묵상하고 경건의 시간을 가졌던 것도 이러한 열망에 기인한 것이다. 하나님의 말씀에 대한 굶주림에는 하나님 말씀의 임재와 능력을 가지고 그리스도인으로서 책임을 다하고자 하는 의지도 있었다. 그러나 이와는 대조적으로 현대 그리스도인들은 이들이 보여 주었던 성경에 대한 열정이 없는 것 같이 보인다. 성경을 하나님의 말씀으로 의지하고 믿음과 예배로 교회공동체에서 성경이 읽히고, 선포되고, 듣는 중에 성령의 임재의 역사는 일어난다. 하나님 말씀의 위대한 목적은 우리를 거룩하게 하는 것이다. 그러므로 '거룩함'이 성경공부의 목적이 되어야 한다. 말씀을 연구하고 진리로 받아들일 때 교리적인 진리가 아닌 거룩함을 소성케 하는 능력의 진리가 된다. 성경은 도구이며 하나님은 그것을 사용하신다. 그러므로 성경을 알아야 하며 묵상해야 한다. 성경적 영성의 회복은 보이는 사랑의 형상을 다시 찾게 해주어 자아와 왜곡(Deformation)에 저항할 수 있게 한다. 그리고 우리가 창조된 본연의 형상대로 재형성(Re-formed)되기를 추구하도록 해 준다.[970] 그러하기에 쇠퇴

---

970) Palmer, 『가르침과 배움의 영성』, 69.

한 우리의 영성은 회복되어야 한다.

4. 예전적 예배 모델 제언

1) 교회공동체 통합 예배(세대 통합예배)[971]

한국교회 예배가 개인주의화 되고 개교회주의화 되어 가는 위기를 극복하기 위해서는 예배의 공동체성 회복이 필요하다. 예배를 통한 그리스도의 몸 된 지체들이 하나가 되는 공동체성이 회복되어, 섬김과 나눔을 실천하는 공동체가 되어야 한다.[972] 이처럼 한국교회가 예배 갱신을 위해 나아가야 하는 길은 전 공동체가 적극적으로 참여하는 예배이다. 그렇지만 안타깝게도 한국교회는 계층 간으로 세분되어 각기 예배를 드리고 있다. 그 예가 유년부, 초등부, 중등부, 고등부, 대학부, 청년부, 장년부 그리고 노년부 등으로 나누어 부별 예배를 한다. 이러한 세대 간, 계층 간 별도의 예배는 세대 간 격리를 촉구하는 요인이 되게 하며, 교회학교 때부터 습득된 분리 예배는 세대가 함께 예배드리는 것에 흥미가 없게 되고, 적응력 또한 낮아질 수밖에 없다.

최근 교회공동체 통합예배에 대한 논의와 관심이 시작된 것은 바람직하다. 그렇지만 교회공동체 통합예배의 논의가 교회 성장이라는 하나의 프로그램으로 출발해서는 안 된다. 그리고 하나의 행사처럼 광고하고 바로 시행할 수 있는 것이 아니다. 많은 시간 준비와 훈련이 필요하다.

---

971) 김세광은 가족이 다 참여하지 못하거나 가족의 일원 중 일부만 교회에 출석하는 성도들을 위하여 세대 통합예배라는 명칭을 사용한다. 그러나 '세대 통합'이라는 것의 전제는 분리의 의미가 함의되어 있기에 논자는 '세대 통합예배'라는 명칭의 사용보다 '교회공동체 통합예배'라는 명칭을 사용하는 것이 바람직하다고 생각된다.

972) 허도화, "공동 예배의 형성: 한국교회 변화를 위한 영성 패러다임", 한국실천신학회, 「신학과 실천」 제30호 (2012): 36.

(1) 교회공동체 통합예배의 신학적 원리

김세광은 교회공동체 통합예배(세대 통합예배)의 신학적 원리 네 가지를 제시한다.[973]

첫째, 예배는 공동체성을 지닌다. 갈라디아서 3장 28절에서의 증거와 같이 '유대인이나 헬라인이나 종이나 자유자나 남자나 여자나 다 그리스도 예수 안에서 하나'인 것처럼 노인과 청년 그리고 청소년과 어린이도 하나가 된다. 예배에서 신분의 차이와 성별의 차이를 논할 수 없는 것과 같이 연령의 차이도 없다. 예배 안에서는 한 지체로서 한목소리로 찬송하며, 한 마음으로 하나님의 음성을 듣는 것이다. 즉 현재, 과거, 미래의 예배자들이 지역, 문화, 나라를 넘어서서 그리스도의 한 몸임을 표현하는 것이 예배다. 이러한 교회공동체 통합예배의 예배자들은 어린이들을 통해 꿈을 회복하고, 젊은이들의 열정에 참여하며, 노인들의 기억 속에서 역사적 교훈과 유산들을 확인하게 된다. 중요한 것은 다른 세대를 묶는 매듭이 되어 세대를 거쳐 내려오면서 예배를 살아 있게 하는 원동력이 된다.[974]

둘째, 예배에는 성육신적 성격을 가진다. 예배에 참여한다는 것은 신비의 성육신 사건에 참여하는 것이다. 그리고 모든 신자가 이 사건이 증인이 된다. 예배의 신비성은 모든 예배자의 조건, 나이, 능력, 환경을 초월하게 한다.

셋째, 예배에는 만남의 장(場)으로서의 성격이 있다. 예배는 하나님과 하나님의 백성들이 만나는 장(場)이다. 마치 피리 소리에 맞춰 춤추고, 곡할 때 슬피 우는 어린아이의 놀이가 벌어지는 장터와 같다. (눅 7:32) 그리고 넷째, 예배에는 사건적 성격이 있다. 예배는 하나님께서 당신의 백성

---

973) 김세광, "한국교회 예배 유형의 다변화에 따른 대안적 모색", 한국실천신학회, 「신학과 실천」 제15권 (2008): 26-28.
974) 김세광, "한국교회 예배 유형의 다변화에 따른 대안적 모색", 27.

모임에 임재하셔서서 이미 행하셨던 일들을 기억하고 미래의 약속을 확인하는 장소이다. 따라서 예배는 정지된 시간에 머물러 있는 것이 아니라 삶에 묻어나는 현장이며, 예배에 참석한 모두가 경험하게 되는 사건이다.[975] 이 예배 속에서 교회공동체 통합예배의 갈등과 복잡함은 사라진다.

(2) 교회공동체 통합예배의 준비

교회공동체 통합예배를 실천하기에 앞서 먼저 준비가 필요하다. 성서적 정당성이 있다 해도 현실의 예배관습을 넘어서 시작한다는 것부터 쉽지 않다. 그리고 그에 따른 장애적 요소에 대한 대비가 필요하다.

첫째, 가족공동체적 성격보다는 교회공동체가 강조되도록 한다. 그 이유는 독신자나 혹은 혼자 신앙 생활하는 회중들이 배제될 수 있기 때문이다.[976] 더 중요한 이유는 예배의 공동체적 성격이 민족과 나라를 초월한 전 기독교공동체를 의미하기 때문이다.

둘째, 교회공동체 통합예배는 교회학교를 대체하는 것이 아니라 병행해야 한다.

---

975) 김세광, "한국교회 예배 유형의 다변화에 따른 대안적 모색", 27-28.
976) 노영신, "변화하는 가족, 변하지 않는 교회", 문화매거진「오늘」제43권 (2008.1-2); 87에서 인용.
　　　○○교회 40대 초반의 여집사 말이다. "매년 5월이면 교회에 가기 싫어진다. 예배 시간 목사님의 설교에 지속해서 들려오는 '가정', '가족'이란 단어들이 목구멍에 걸리듯 소화가 되지 않는다. 그 앞에 붙는 수식어가 존재할 때 더욱더 그렇다. '하나님이 주신 가정', '하나님의 선물 가족'. 이혼한 경험이 있는 나로서는 예배에 앉아 있는 것이 형벌이다. 어쩔 수 없는 선택이었고, 용기 있는 결단이었다고 여기면서도 교회만 오면 죄인이 된다. 가장 힘들 때 기댈 곳이 없어 교회를 찾지만, 오히려 갈 곳을 몰라 헤매는 나를 발견한다. 가정의 달은 왜 만든 거야. 교회로 향하는 발걸음이 무색해진다."
　　　○○교회 어린이의 말이다. "오늘은 교회에서 하나님이 아빠와 엄마를 주셨다고 배웠다. 집에 가서 아빠와 엄마에게 사랑한다고 말하고 뽀뽀하기로 전도사님과 약속했다. 그런데 나는 엄마가 없다. 할머니와 아빠랑 산다. 엄마 대신 할머니에게 말하면 안 될까? 어떻게 하지?" 위의 글에서 나타난 가족해체 현상은 비단 한국 사회뿐만 아니라 모든 사회에 나타나는 슬픈 현상이다. 젊은 청년들에게 결혼은 필수가 아닌 선택이 되었고, 젊은 여성들은 가사와 육아의 책임에서 벗어나 자아 성취라는 욕구 때문에 결혼은 뒷전으로 밀려나 있다. 교회는 다양한 가족 형태를 바라보고 가정의 회복을 위해 변화되어야 한다. 그리고 교회는 이들의 대안 가정이 되어 진정한 가족공동체로 태어나야 한다.

셋째, 장기적인 계획을 세우고 진행해야 한다. 모든 연령대가 참여하는 예배는 자칫 낯설고 산만하게 될 가능성이 크다. 긴 시간 온 세대가 함께 하는 익숙한 예배자를 육성한다는 자세가 필요하다.[977] 교회학교 예배가 따로 있어서 주일예배에 어린이들이 참여할 수 없는 것이 아니다. 또한, 노인의 시기라 하여 뒤로 물러나서 있어서도 안 된다. 세대 통합예배의 가능성은 예배의 말씀과 계에 대한 우리들의 응답이라는 이해로부터 시작해야 한다.[978]

넷째, 교회공동체 통합예배를 왜 해야 하는지, 어떻게 참여해야 하는지 등에 대해 교육하고 의견을 나누어야 한다. 그리고 그들로부터 소감, 평가, 건의 사항 등을 받아 수정 보완할 때, 군건한 언약 공동체로 세워질 수 있다.[979]

그리고 다섯째, 교회공동체 통합예배를 시행하기로 할 때부터 가정에 부모는 자녀들에게 이 예배의 중요성과 의의를 가르쳐야 한다.

드 종(James A. De Jong)은 "신앙에 대한 가르침이 그리스도인 가정에 퍼지게 하여, 어린이들이 하나님의 말씀뿐만 아니라 하나님께 예배드리는 법을 확실하게 배우도록 해야 한다."[980]라고 한다. 부모는 아이들이 예배를 통해 헌신과 섬김의 역할이 무엇인지를 이해할 수 있도록 도와주어야 한다.

교회공동체 통합예배의 첫 출발은 성탄 주일, 부활절, 유아 세례식, 그리고 입교식 등 성례가 있는 주일에 행하는 것이 도움이 될 것이다. 모든 세대가 한자리에 모여 큰 기쁨과 감사 그리고 은혜의 풍성함을 경험하는 현

---

977) 김세광, "한국교회 예배 유형의 다변화에 따른 대안적 모색", 26-28.
978) 김세광, "한국교회 예배 유형의 다변화에 따른 대안적 모색", 20-21.
979) 현유광, "세대통합예배, 어떻게 할 것인가?", 『세대통합예배, 어떻게 할 것인가?』 (서울: 도서출판 생명의 양식, 2018), 39.
980) James A. De Jong, 『개혁주의 예배』, 황규일 역 (서울: 기독교문서선교회, 1997), 75.

장이 될 것이다.

(3) 교회공동체 통합예배의 모형 분석

세대별 그룹은 동질성이 확보되기 때문에 교제의 원활함과 교육적인 면에서도 장점은 있다. 그렇지만 신앙은 지식의 습득이 아니다. 생생하게 살아 움직이는 공동체 안에서 같은 믿음을 나누는 사람들에 의해 표명되고, 개혁되며, 새로운 의미를 획득해 가는 길이다. 드 종은 개혁주의 예배를 이렇게 정의한다.[981] "하나님께서는 찬양을 받으시고 그의 교회는 복을 받는 하나님과 그의 백성 사이에 규정된 연합집회이다." 주목할 것은 "하나님과 그의 백성 사이의 규정된 연합집회"가 바로 교회라는 것이다. 따라서 예배 회복의 대안 중의 하나가 연합된 공동체가 강조되는 교회공동체 통합예배이다.

분리형 예배를 드리던 한국교회의 상황에서 교회공동체 통합예배의 형태를 갖추고 실효를 거두고 있는 교회들이 있다.

2009년 잠실교회에서 분립 개척한 온생명교회(대한예수교장로회 고신/남양주시 가운동)는 교회 개척과 함께 교회공동체 통합예배를 드리기 시작했고, 현재까지 시행하고 있다. 안재경 담임목사는 교회는 언약 예배공동체이기에 부모와 자녀가 함께 예배하는 것이 마땅하다고 한다.[982]

세대로교회(대한예수교장로회 합신/서울 송파구 삼학사로) 담임목사인 양승헌은 기독교 교육기관인 파이디온 선교회에서의 경험을 바탕으로 교회공동체 통합예배에 관심을 두고 교회를 개척했다.[983] 세대로 교회는 공

---

981) De Jong, 『개혁주의 예배』, 14.
982) 안재경, "개혁교회 어린이예배", 『어린이예배 어떻게 할 것인가?』 (서울: 도서출판 생명의 양식, 2017), 105-115.
983) 박신웅, "세대통합예배의 어제, 오늘 그리고 내일", 『세대통합예배, 어떻게 할 것인가?』 (서울: 도서출판 생명의 양식, 2018), 133.

동체 통합을 위한 두 가지 형식의 예배를 시도하고 있는데, 그것은 1년에 6회 정도 특별 절기에 드리는 온 가족 예배와 매주 드리는 오렌지 예배[984]이다. 다음의 그림1은 설날 온 가족 예배의 예배 순서이다.

〈그림-1〉 세대로교회 주보

세대로교회 주일 예배 순서	
2025. 1. 19, 오전 9시(1부), 오전 11시(2부)	*예배시간에는 휴대전화를 꺼 주세요!
환영과 예배로의 초대	인도자
찬양과 경배	다함께
대표기도	최희정a 권사 (1부) / 이승By 집사 (2부)
헌금 봉헌	김상경, 박현숙, 예은, 하은 가족 (1부) / 이인재, 박미진, 소리, 소원 가족 (2부)
특송	호산나 찬양대
다음세대설교	김주일 전도사 (2부)
교회 소식	인도자
설교	"예수님을 대하듯, 예수님이 대하시듯" 마가복음 10:13-16 장주창 목사
축도	장주창 목사
사명선언문	다같이

내가 진정으로 너희에게 말하니, 누구든지 어린이와 같이 하나님 나라를 받아들이지 않는 사람은 거기에 들어가지 못할 것이다. (막 10:15, 새번역)

성경일독 캠페인: 이번 주간 읽을 성경은 출 12 장 ~ 출 32 장입니다.

이 예배의 순서는 예전을 강조한 예배와는 다르다. 이 예배의 강조는 성도들과 자녀들이 참여하기 쉽게 구성되어 있다. 그리고 특이점은 봉헌 봉사를 가족들이 돌아가면서 하고, 설교 시간에 자녀들을 앞으로 나오게 하

---

984) 오렌지 예배는 '가정에서 부모의 사랑이라는 빨간색 에너지와 교회에서의 진리라는 노란색 에너지를 통합한 오렌지색 에너지를 창출함으로써 다음 세대를 믿음으로 세우기 위해 온 가족이 함께 드리는 온 가족 예배를 말한다.'라고 한다. 2021년 2월 7일 주보.https://sedaero.org/board/bbs/show.php?id=2912&p_cate_id=44&category_id=46&group_code=bbs&pageID=&m_id=56 2021년 2월 18일 15:30에 접속.

는데 예배의 일원임을 인식하게 하고 능동적으로 예배에 참여하게 한다는 것이다.

과천약수교회(대한예수교장로회 합동/경기도 과천시 별양로) 설동주 담임목사는 다음 세대를 고민하면서 2010년부터 매월 첫째 주일 '3대가 함께하는 예배'[985]로 세대 통합예배를 드리고 있다. '3대가 함께하는 예배'라 해서 예배 순서의 변화를 주는 것은 없고 설교 메시지만 달리해 시행한다고 한다. 다음의 그림2는 '3세대가 함께하는 예배' 순서[986]이다.

〈그림-2〉 과천약수교회 주보

---

985) 설동주, "3대가 드리는 세대 통합예배", 「월간목회」 (2014년 4월호): 32-37.
986) 과천약수교회 2021년 2월 21일 주보. http://www.yaksu.or.kr/
  2021년 2월 22일 16:35에 접속.

평소의 장년 예배 순서로 유지하면서 성경 봉독과 특송을 학생들과 청년들이 하며, 예배 참여를 유도한다는 것이 특징이다. 이는 예배를 통해 신앙 경험이 되도록 배려한 것으로 보인 참여적 예배는 같은 공간에 모인 사람들이 함께 찬양하고 기도하며 적극적으로 참여하는 것 이상이다. 돈 샐리어스(Don Saliers)는 예배는 '교회로서의 참여'를 강조하는데, 여기서 교회란 세상과 함께 울고, 기뻐하기 위해 부름 받은 하나의 몸으로서의 교회를 뜻한다. 즉 예배는 공동의 소명과 제사장직을 공유한 그리스도의 몸의 행위로 그리스도의 영광에 참여하는 절정에 이르게 하기에[987] 예배는 그리스도인의 삶에 필수적이다. 그리고 어린이들이 교회의 다른 구성원들과 함께 예배드리는 것은 그들이 그리스도인의 삶과 신앙에 대해 배우는 데 도움이 될 뿐만 아니라 교회의 일원이 된다는 것이 무엇을 의미하는지도 배우게 된다. 버지니아 토마스(Virginia Thomas)는 다음과 같이 말한다.

> 예배의 목적은 교육이 아니지만, 예배의 행위 속에서 배움이 일어난다. 예배 '속에서' 예배에 '관한' 의미 있는 배움이 생겨난다. 관찰하고, 질문하고, 숙고하는 것은 우리가 하나님께 드리는 경배와 찬양의 진정한 표현이 될 것이다. 이것은 특히 어린이들에게 해당된다. 그들은 경험이 아닌 학습을 통해, 특정 수준의 지적 능력에 도달한 후 예전에 참여함으로써 배우는 것이 아니다. 그들은 예배하며 배우고, 배우며 예배한다.[988]

예배에 어린이를 정기적으로 참여시키는 것은 매우 바람직하다. 단지 예배의 자리에 함께하는 것만으로 그치는 것이 아니라 전인적인 참여를 하는

---

987) Don E. Saliers, *Worship as Theology: Foretaste of Glory Divine* (Nashville: Abing don, 1994), 47-48을 Duck, 『21세기 예배학 개론』, 79에서 재인용.
988) Virginia Thomas, *Worship Guides for Children: Adapting the Sunday Bulletin* (Nashville: Discipleship Resources, no date), 1을 Duck, 『21세기 예배학 개론』, 86에서 재인용.

것이 중요하다. 다음 세대에 관한 문제도 대안이 될 수도 있을 것이다.

교회공동체 통합예배는 그 연원이 길지는 않지만 다양한 형태로 진행되고 있다. 아마도 미자립 개척교회의 경우 대다수 교회에서 전 세대가 참여하는 교회공동체 통합 형태의 예배를 드리고 있다. 기관을 세울 수 없는 상태이기 때문에 주일 낮 예배에 전 성도가 참여하는 예배를 드리고, 애찬 후에 분반하여 세대별 성경공부로 진행하고 있는 것이 대부분이다. 어쩌면 이러한 가족공동체의 교회가 예배공동체 본연의 모습을 회복함과 함께 전 세대가 함께 공유하며, 공동의 삶을 나누는 진정한 공동체 모습은 아닐지 하는 생각이 든다. 가정의 역할이 회복되고, 하나님이 원하시는 가정에 대한 바른 상이 정립되며, 연합하고 돕는 하나 되는 공동체로 자리하게 될 것이다. 다시 처음으로 돌아가 초대교회 공동체가 그러했던 것처럼, 공동체가 통합되는 예배를 통해 바른 가정, 바른 부모, 가정이 살아나는 연결의 고리가 되어 무너져 가는 한국교회 소망의 빛이 되지 않을까 조심스럽게 제언한다.

(4) 교회공동체 통합예배 순서

공동체 의식은 공동체가 함께 드리는 예배를 통해 습득되고 체득된다. 다음 세대가 공동체 예배에 대한 의식과 신앙생활의 연속성을 갖기 위해 교회공동체 통합예배를 함께 준비하고, 담당하며 참여하게 된다면 교회공동체는 하나 됨을 경험[989]하게 될 것이다. 논자가 제시하는 교회공동체 통합예배 예식서는 다음과 같다.

---

989) 홀로 교회에 출석하는 아동이나 청소년들이 소외나 위축이 되지 않도록 살펴야 한다. 이를 위해 세대와 세대를 연결하는 대부, 대모 형식으로 연결하여 세대의 돌봄을 이룰 수 있다.

〈표-7〉 교회공동체 통합예배 순서

교회공동체 통합예배	
예배 순서	구성 해설
경배와 찬양 예배로의 부름/ 집례자 기원/ 집례자 송영/ 다 같이 죄의 고백/ 다 같이 주기도/ 다 같이 용서의 확증, 선언/ 집례자 찬송/ 대표기도/ 성경봉독/ 특별찬송/ 말씀선포/ 집례자 신앙고백/ 다 같이 응답하는 찬송/ 다 같이 봉헌/ 다 같이 봉헌기도/ 집례자 찬송/ 다 같이 교회 소식/ 집례자 축도/ 집례자 파송/성도의 교제	성경봉독은 헌신하는 가정이 앞으로 나와서 윤독(輪讀)하여 봉독(奉讀)한다. 특별찬송은 헌신하는 가족이 합창한다. 파송의 노래는 학생, 청년부에서 담당한다. 서로 축복하며 자유롭게 인사한다.

이상의 예배 순서에서 알 수 있듯이 예전적이지는 않지만, 교회공동체 전체가 참여하는 예배로 시도하였다. 그러나 교회공동체 통합예배를 통해 가정과 교회공동체성의 회복을 도모하였다. 장년층에서 멀리 떨어져 있던 다음 세대들이 주도한 찬양 인도에 참여하며 그들의 소중함도 느낄 수 있게 된다. 지속해서 자주 드리지는 못한다 해도 교회공동체 통합예배가 확립되고 자리매김하기까지 수정 보완하며 확대해 나간다면 공동체성이 강화되고 침체된 예배에 활력을 불어넣어 교회의 부흥으로 이어질 것으로 기대된다.

2) 성경적 영성을 강화한 예배 예식서

오늘날 한국교회의 예배가 왜 갱신이 되어야 하는가? 우리가 행하는 예배의 모습들이 완전하지 않고, 또 성경에 조명했을 때 나타나는 부족한 점이 있다면 갱신은 계속되어야 한다. 그러나 구체적 예배 갱신의 원인을 찾는다면 앞서 지적한 이유이기 때문이다. 현재의 예배관 속에서 기복신앙을 권장하는 요소들이 혼재되어 있는 모습이 보인다. 신앙생활의 목적이 복을 받기 위함이고, 육신의 질병에서의 치유, 자녀의 성공이 복 받은 자라는 메시지와 함께 이루어지는 신자의 신앙생활은 왜곡될 수밖에 없다.[990] 예배의 중요한 요소 중 하나인 기도는 성공을 위한 기도, 자녀 입시를 위한 기도, 사업 성공을 위한 기도로 가득 채워지고 있으나 정작 하나님의 영광과 하나님의 의를 구하는 기도는 찾아보기가 어렵다. 과연 예배는 삶의 여정 가운데 자신의 염원을 성취하기 위한 수단인가? 예배는 하나님의 은혜와 구원의 은총에 감사하며, 영광과 위엄 앞에 엎드리는 성경적 예배의 모습으로 회복해야 한다.

오늘날 예배 신학의 동향은 예배 안에서 성례전 기능을 회복, 강화하려는 시도이다. 그동안 설교만이 예배 전부인 것처럼 예배가 지성화(知性化)되었다. 이를 반성하고 성례전 기능을 회복하려는 노력이 있다. 그리고 말씀과 성례전을 통전적으로 보아 예배의 균형을 이루어야 한다는데 이견이 없어 보인다. 그러나 고전적 전통으로의 회귀나 모방이 포괄적 의미에서 예배 갱신의 전형이 될 수 없다.[991]

예배는 '하나님 중심', '그리스도 중심, 그리고 성령을 통해 드려지는 사건이다. 즉 예배는 '하나님께 감사하며, 하나님을 기억하고, 순종하는 행위이다. 따라서 성경적 예배가 취해야 할 중요한 형식은 '하나님을 기쁘시게 하

---

990) 정일웅, 『21세기를 향한 한국교회와 실천신학』 (서울: 여수룬, 1999), 280.
991) 김순환, 『21세기 예배론』, 165-171.

는 형식', 그리고 '주의 진리가 표현되는 형식'이 올바른 형식이라 하겠다.
로버트 웨버(Robert E. Webber)는 예배에 대한 정의를 다음과 같이 한다.

> 예배는 하나님의 활동이다. 위로부터의 행동이며, 하나님께서 우리에게 오셔서 우리를 만나 주시는 행동이다. 그것은 회중 안에서, 우리의 찬양 속에서, 선포된 말씀 안에서 그리고 죽음과 부활을 재현한 성만찬을 통해 우리와 함께하기는 하나님의 행동이다.[992]

논자가 정의하는 성경적 예배는 '하나님 중심의 예배관'이다. 하나님의 부르심으로 시작되며, 모든 회중이 참여하여 각자의 역할을 담당한다. 그리고 성경 사건의 중심은 예수 그리스도이며, 그리스도의 복음이 선포되는 예배로 예배의 필수 요소는 하나님의 말씀이다. 예배는 풍부한 상징성이 내포되어 있다. 예배는 하나님 임재의 사건이며, 갱신을 경험하는 자리이다. 이렇게 볼 때 성경적 예배는 하나님 중심의 예배이며, 예수님의 이름으로 그리고 성령님에 의해서 드려지는 삼위일체적 구조를 지닌 예배이다. 이상과 같은 예배의 구조와 구성 요소를 바탕으로 성경적 영성을 강조한 예배로서의 모델을 '입례', '말씀', '성찬', 그리고 '파송'이라는 예배의 4중 구조의 안에서 '말씀'과 '성례'가 균형을 이루는 삼위일체적 구조로 예배를 구성하였다.

각 지역교회는 상황과 여건에 따라 유연성을 가지고 변경이 가능할 것이다. 예배의 구성은 다음과 같다.

---

[992] Webber, 『예배란 무엇인가』, 81.

〈표-8〉 교회공동체 통합예배 구성

예배의 구조	예배 양식	구성 요소
모임 예전	예찬	입례송 예배로의 부름과 기원 송영
	죄의 고백	죄의 고백/ 자비송
	용서의 확증	용서의 선언 용서의 확증
	감사	시편교독 응답송
	청원과 중재(도고)	오늘의 기도 기도 응답송
말씀 예전	가르침	구약성경 봉독/말씀 응답송 서신서 봉독/말씀 응답송 복음서 봉독 설교 전 찬송 조명을 위한 간구 설교/말씀 응답송 믿음의 선포
성만찬 예전	성찬	봉헌 봉헌 찬송 봉헌 기도 봉헌 응답송 성찬으로의 초대/인사말, 수르숨 코르다(네 마음을 들라)/ 거룩송/ 축사 성찬기도/성찬 제정사/기념사/성령 임재의 기원/영광찬양/주기도문 떡을 뗌 평안의 인사/떡과 포도주를 나눔(성찬상 앞으로 나와 떡과 포도주를 받는다) 아그누스 데이(하나님의 어린양) 감사찬송/성찬 감사 기도 교회 소식

| 파송 예전 | 책임 부여와 축도 | 결단의 찬송
권면의 말씀
축도 |

상기와 같은 예배 구성으로 예배 모델 실예를 제시한다. 예배 진행의 과정과 함께 예배 구성의 원리와 기본 개념과 방법에 입각한 해설을 덧붙였다. 다음은 주일예배를 위해 구성한 그리스도 중심적 예배의 실예(實例)이다.

〈표-9〉 성경적 영성을 강조한 주일예배 실예

모이는 교회	구성 해설
전주/ 반주자 (회중은 예배 시작 전에 미리 자리에 앉아 전주를 들으며 조용히 예배의 자리로 나아가는 기도를 한다.) ※**입례송**(찬송가 626장)/ 다 함께 ※**예배로의 부름**/ 집례자와 회중 **집례자**: 새 노래로 여호와께 노래하라 온 땅이여 여호와께 노래할지어다. **회중**: 여호와께 노래하여 그의 이름을 송축하며 그의 구원을 날마다 전파할지어다. **다 같이**: 그의 영광을 백성들 가운데에, 그의 기이한 행적을 만민 가운데에 선포할지어다. 아멘 ※**기원**/ 집례자 (집례자는 교회력에 따라 기원문을 미리 작성한다.) ※**송영**(찬송가 1장)/ 다 함께 ※**죄의 고백**/ 집례자와 회중 **집례자**: 주님께서 여러분과 함께 **회중**: 또한 목사님과 함께 **집례자**: 우리 모두 함께 기도합니다. 우리는 하나님의 영광에 합당하게 살지 못했습니다. 또한, 말씀에 순종하지 못하고 나의 뜻을 구하며 살았습니다. 하나님께 기쁨이 되기보다 나의 기쁨을 추구하며 살았습니다. 빛으로 나아가지 못하고 어둠에 숨어 있던 우리들의 모습을 조용히 입술 열어 고백합니다. **다 함께**: (자비송, 찬송가 632장) ※**주기도**	아직 찬양대가 없는 교회는 회중들이 모두 찬양대의 역할을 할 수 있다. 예배로의 부름은 회중의 참여를 높이기 위해서 화창 형식을 택하였다. 교회력을 따른 예배 적용 송영은 하나님의 임재 하에 올려 드리는 영광송이다. 답창 형식으로 된 죄의 고백을 선택하였다. 요한일서 1:9 말씀으로 한 용서의 확증. 죄의 고백 기도 후 주기도를 교독하고, 집례자가 용서의 말씀을 선포하면 회중은 영광송으로 화답한다.

※용서의 확증, 선언 (영광송, 찬송가 5장)/ 다 함께 ※교독문 교독/ **찬송**: 635장 **목회의 기도**: 집례자 (기도 응답송, 찬송가 631장)/ 찬양대	기도 응답송은 찬양대가 하고 회중은 묵도함이 좋다
말씀을 받는 교회	**구성 해설**
※성경 봉독/ **설교 전 찬송**/ 찬양대 **조명을 위한 간구**/ 설교자 **말씀 선포**/ 설교자 **결단을 위한 초청** 신앙고백 **믿음의 선포와 다짐**/ 설교자	성경 봉독은 구약성경, 서신서, 복음서를 모두 봉독하는 것이 바람직하나 설교 본문을 봉독하기로 한다. 설교 이후 나오는 순서인 신앙고백과 봉헌, 봉헌기도는 말씀에 대한 응답의 표현이다.
성만찬 나눔 교회	**구성 해설**
※**봉헌(찬송가 50장)**/ 다 함께 (성찬상에 놓인 떡과 포도주를 봉헌할 때, 모든 회중은 일어나 봉헌 찬송을 부른다. 집례자는 성찬상보를 걷어서 개어 놓는다. 헌금 위원은 집례자에게 전달한다.) **성찬으로의 초대**/ 집례자와 회중 집례자: 주님이 여러분과 함께하시기를 빕니다. 회중: 주님이 당신의 영혼과도 함께 하시기를 빕니다. (수르숨 코르다) 집례자: 여러분의 마음을 높이 드십시오. 회중: 우리의 마음을 주님께 높이 듭니다. 집례자: 우리 주 하나님께 감사를 드립시다. 회중: 그렇게 하는 것이 합당합니다. **봉헌 기도**/ 집례자(집례자는 성물 봉헌과 헌금에 감사하고, 중보와 간구의 기도를 한다.) **성찬기도**/ 집례자	봉헌 입장을 하는 것이 바람직하나 사정이 여의치 않으면 미리 성찬상에 준비하는 것도 가하다. 성찬으로의 초대와 성찬 제정사는 대한예수교장로회『표준예식서』를 참고하였다. 집례자와 회중이 화창 형태로 회중의 참여를 유도하였다.

성찬 제정사/ 집례자와 회중 **집례자**: 주 예수께서 잡히시던 밤에 떡을 가지사 축사하시고, 떼어 가라사대 이것은 너희를 위하는 내 몸이니 이것을 행하여 나를 기념하라 하시고, 식후에 또한 이와 같이 잔을 가지시고, 이 잔은 내 피로 세운 새 언약이니 이것을 행하여 마실 때마다 나를 기념하라 하셨으니, 너희가 이 떡을 먹으며, 이 잔을 마실 때마다 주의 죽으심을 오실 때까지 전하는 것이라 **기념사**/ 집례자 **성령 임재의 기원**/ 집례자 **평화의 인사** **집례자**: 주님의 평화가 여러분과 함께. **회중**: 또한 목사님과 함께하시기를 바랍니다. **집례자**: 이제 화해와 평화의 징표로 서로 인사를 나눕시다. (모두 전후 좌우의 성도와 함께 '주님의 평화가 함께 하시기를 바랍니다' 라는 인사를 나눈다.) **떡을 뗌과 잔을 듦**/ 집례자 (떡을 높이 들고) 주님께서 잡히시던 밤 주님은 사랑하는 제자들과 같이 마지막 식사를 하셨습니다. 그때에 떡을 들어 축사하셨습니다. 그리고 그 떡을 떼시면서 (떡을 뗀다) 말씀하십니다. "이것은 너희를 위하여 상하고 찢긴 내 몸이다. 받으라, 먹으라."(포도주가 담긴 큰 잔을 높이 들고) 그리고 주님은 식후에 잔을 들어 축사하시고, 그 잔을 사랑하는 제자들에게 주시면서 말씀하셨습니다. "이것은 너희를 위하여 흘린 나의 피, 곧 언약의 피니라. 받으라, 마시라." (아그누스 데이, 하나님의 어린 양을 부른다)/다 같이 **분병, 분잔**/ 집례자 (먼저 집례자가 떡과 포도주를 먹고 마시거나, 혹은 떡을 떼어 포도주에 담갔다가 먹는다) **집례자**: (떡을 주면서) 이는 그리스도의 몸입니다. **집례자**: (잔을 주면서) 이는 그리스도의 보혈입니다. **회중**: (떡과 잔을 받으며) 아멘! 성찬의 분병, 분잔을 마치면 집례자는 '주님께서는 제자들에게	회중이 성찬상 앞으로 나와 떡과 포도주를 받는다. 찬양대는 성찬 찬송 228장을 찬양한다.

성찬을 베푸신 후 함께 찬미하시고 감람산으로 나아가셨습니다.'라고 선언한다. **감사 기도**/ 집례자 **교회 소식**/ 집례자	
흩어지는 교회	구성 해설
※**결단의 찬송**/ 448장 ※**권면의 말씀**/ ※**축 도**/ 설교자 ※**찬 송**/ 파송의 노래 ※**성도의 교제**	하나님의 백성들이 그들의 삶 속에서 예배의 삶을 살도록 한다.

위의 예식서는 모이는 교회, 말씀을 받는 교회, 성만찬 나눔의 교회 그리고 흩어지는 교회로의 예배 갱신의 방향을 제시하였다. 성례전에 대한 함축된 의미는 광범위하다. 세례와 성만찬은 교회의 삶을 형성하며 참여는 하나님의 생명 속으로 잠기는 것이다. 성만찬은 그 자체가 하나님의 사역에 대한 선포이다. 그리고 하나님이 하신 일에 대한 기억과 현재를 넘어 미래로 나아가는 감사가 있는 친교의 자리이고, 그리스도와 연합을 가져오는 새로운 계약이 성립되고 반복되는 예전이다. 그러므로 위 예식서는 예배 갱신의 과제를 수행할 수 있는 기초가 될 것이다.

5. 평가

한국교회의 위기 가운데 하나가 예배의 위기이다. 예배 갱신 운동을 통하여 예전을 강화하는 방향과 현대문화를 도입한 현대적 예배로 나아가는 방향이 있다. 그리고 설교와 설교자가 중심이 된 예배로 흐른다는 비평도 있다. 하나님께 나아가며, 하나님 나라의 사명자로 양육되기 위해서는 성경에 근거한 예배 원리를 통하여 올바른 예배를 회복함과 동시에 회중과 소통, 회중이 참여하는 예배 공동체성을 회복해야 한다.

그동안 전인격적이고 교육적인 측면을 강조한 말씀 중심(설교 중심)의 한국교회 예배는 그리스도 구속의 사건을 함의하고 있는 성만찬 회복을 통한 예배 갱신으로 경도(傾倒)되어야 할 것이다. 우리가 봉헌한 미천한 떡과 포도주가 주님의 몸과 피의 상징 속에서 말씀과 성만찬을 통해 신앙 공동체에게 그리스도 자신을 주는 신비이다. 성만찬 속에서 봉헌되고, 축복되고, 나누어 주기 위해 쪼개지고, 나누어질 때 은총이 된다. 성례전의 회복은 설교가 전달하는 것 이상의 신앙의 신비를 경험하게 될 것이다. 그리고 예배는 그리스도의 구속사에 토대를 두고 있다. 하나님의 구속의 경륜 속에서 성령의 인도하심으로 그리스도와 연합하여 하나님께로 나아가는 하나님 중심, 그리스도 중심의 예배를 드려야 한다. 그리하여 하나님과 풍성한 교제를 이루는 성경적 예배 영성으로의 회복으로 하나님과 연합된 공동체, 세상을 섬기는 거룩한 그리스도의 공동체로 거듭나야 할 때이다.

제6장

나가는 글

1장에서는 한국교회에 인식하지 못한 채 자리매김한 한국 전통 종교와 유불선, 그리고 토착화 사상에 대한 문제를 제기하였다. 한국의 종교사상은 샤머니즘 또는 무교(巫敎, 巫俗)가 대표적이었다. 이후 극동 한문 문화권을 대표하는 유교와 도교가 유입되었고, 사유체계문화(思惟體系文化)의 불교가 유입되었다. 이때 샤머니즘의 포용적 특성으로 유교와 도교 그리고 불교와의 혼합종교 현상이 나타나기 시작했다. 이러한 종교 간의 습합은 각 종교의 신비주의 특성들도 합치되는 것은 당연한 현상이었다. 이러한 경향이 한국기독교 역시 같은 방식으로 습합되었다.

2장에서는 한국의 종교와 영성 형성 배경을 살펴보았을 때, 한국기독교는 한국인의 무교적 심성 위에 자리 잡게 되었음을 알게 되었다. 인간의 흥망성쇠(興亡盛衰) 운명이 신에게 달려 있고, 샤먼만이 정령과 직접 교통하는 자로 영능(靈能)을 행사하여 재앙을 물리치고 복을 가져다준다는 샤머니즘의 특성이 한국기독교에 접목되어 신비적 기독교 샤먼을 양산하게 되었다. 마치 목회자가 샤먼의 직능으로 이해되어 축복과 저주의 특화된 권한으로 타인 위에 군림하려는 지배적 성향을 나타내기도 한다.

불교는 깨달음을 추구하는 수행의 종교이다. 그렇지만 한국에 유입된 불교는 중국을 통해 대승불교 전통을 이어받았고, 오늘날의 불교는 무교와 민간 신앙을 적극적으로 수용하는 과정에서 '자력'에서 '타력'의 전통으로 변형되었다. 그래서 신념은 신앙이 되었고, 급기야 현세와 내세의 안녕을 기원하는 종교가 되었다. 안으로의 깨달음을 강조하는 본래의 불교 모습과는 다른 모습이 되었다.

불교는 삶에 대하여 비관적인 태도를 지니고 있어서 무상한 세계로부터의 해탈을 염원하고 있다. 또한, 자기 부정을 통해 수용과 적응으로 합일의 사상을 추구여 포용과 관용은 있으나 변화의 창조적 작용은 미흡하다. 한국기독교가 사회적 책임을 등한시하고 현실 도피적 피안의 개인적 신앙을 추구하는 것은 오랫동안 한국인의 심성을 지배 불교의 내세관의 영향일 것이다.

조선의 시작과 함께한 유교는 500년이라는 긴 시간 동안 한국인의 삶에 직접적으로 영향을 미쳤다. 한국인에게는 한국 전통 종교와 유교의 사상이 신앙으로 뼈와 살에 녹아 있어 한국적 기독교인을 만들어 놓았다. '유교가 종교인가?'라는 문제는 학자에 따라 견해가 다르다. 그렇지만 유교가 삶의 의미와 방향을 제시해 주었고, 또 하늘에 제사를 지내는 것과 조상을 숭배하는 것이 인간 도리의 중심적 사건이라 했으니 종교로 간주하여도 무방할 것이다. 조상 제사는 단순히 추모의 정을 표시하는 기념이 아니라 공경을 넘어선 예배이다. 제사를 통하여 제사에 참여하는 자신을 확인하고, 조상의 현존을 받아들이며, 조상에게 자신들의 삶의 인도와 의미를 재구성하는 예배의 의식이다. 유교는 내세관의 관념은 없다. 다만 현재의 삶 위에서 신(信), 성(誠), 성(聖) 그리고 사랑(愛)이 완성되기를 지향하는 현실주의적이고, 합리주의적이며 그리고 인본주의적인 종교이다. 이러한 유교가 형성시킨 형식주의, 율법주의가 한국교회에 분열과 분파 그리고 사랑을 잃어버린 율법주의를 낳게 하였다. 한국인은 유교적 사상을 버리지 못한다. 다만 유교적 인생관 위에 불교적, 무교적, 도교적 혹은 기독교적 인생관을 추가할 뿐이다.

도교의 기원에 대해 여러 가지 설이 있으나 대략 2세기경 장도릉(張道陵)에 의해 중국에서 구체화한 민중 종교이다. 도교를 이야기할 때 기본적으로 불로장생(不老長生), 무병장수(無病長壽)라고 하는 인간의 근원적 욕망을 실현을 이상향의 민간 형식의 총체를 의미한다. 도교의 초점은 인간 삶의 기복적 욕망의 실현이다. 영원히 살고자 하는 육체 불멸, 무병장수하며 수련을 하다가 신선이 되고, 그리고 원시천존으로 불리는 천신의 세계에서 영원히 살기를 바라는 현세적 종교가 바로 도교이다. 신선은 누구나 바라는 이상적인 인간상이다. 그렇게 되기 위해 내단, 외단 등의 각종 수련법이 등장하게 되었고, 그렇게 수련을 하면 불로장생할 수 있다고 믿었다. 평양 대부흥 운동의 주역인 길선주 역시 도교에 심취하여 수련하여 도사라는 칭호까지 받았음은 익히 아는 사실이다. 이러한 도교의 내세관 사상은 기독교의 천국에 대한 개념을 쉽게 이해하게 하였고, 또한 도교의 천주(天主) 개념으로 기독교의 하나님을 이해하게 하였다.

불교의 은둔 사상적 영성은 현실적 삶의 문제에서 도피하는 기도원으로의 피안의 삶으로 표출되었다. 또한, 죽음의 원인이 죄라는 사상을 통해서는 인과응보의 영성이 나타났다. 불교와 도교적 용어인 천당과 지옥이 그대로 여과 없이 교회에서 사용되고 있다. 무간지옥, 독사지옥, 냉(冷) 지옥, 그리고 구유지옥 등의 심판 사상과 죗값과 공로에 의해 차등 된다는 개념이 한국교회 깊숙이 뿌리고 있다고 해도 절대로 과하지 않다. 일부 설교자들이 지금도 공로로 얻는 천국 상급, 면류관으로 설교하고 있는 것을 볼 때 한국 전통 종교(무교)와 유불선의 사상이 한국교회 영성에 영향력을 미치고 있다. 한국교회 영성은 한국 전통 종교(무교)와 유불선의 영향력 속에 형성된 비 복음적이며 위험성을 내포한 혼합적 영성이라고 말할 수 있다.

1904년 이후 서울에서 공인 본 한글 성경에 사용된 하느님은 한국의 샤머니즘, 도교, 불교의 신관이 채색된 건국 신화인 단군 설화에 대한 헐버트와 언더우드의 연구와 한글 어원과 맞춤법에 근거를 두었다. 헐버트를 비롯한 선교사들은 단군이 환인-환웅-단군 삼일신의 제3위의 신인(神人)으로서, 신의 계시를 통해 하늘의 유일신 환인 하나님을 숭배한 첫 한국인 종교인이며, 한국인들은 여전히 그 유산과 잔존물을 유지한다고 생각했다.[993] 선교사들의 혁신적이고 자유로운 신학적 해석 뒤에 하느님을 개신교 용어로 사용하자는 한국 기독교인들의 일관된 주장이 있었다. 한국

---

993) 옥성득, 『한국 기독교 형성사』, 154-155.

의 하느님은 한국 민중의 영성에 살아 있는 신앙의 용어였기에 한국인의 영혼 안에서 불꽃을 당겼다. 더 나아가 초기 선교사들은 개신교가 한국의 종교적 결함을 치유하고 완성하기 위해 왔다고 선언하며 애벌레가 나비로 변화하듯 샤머니즘의 최고신인 하느님 신앙은 기독교의 하느님 신앙으로 변화할 수 있다고 했다.

또 1894년부터 1910년까지 국가적 위기와 절망 속에서 일부 한국 기독교인들은 성경 구절과 십자가 형상을 참조하여 정감록이 예언한 새 왕조에 대한 도참적 예언이 기독교의 메시야에 의해 성취된다고 하여 억눌린 가난한 민중들이 믿고 개종했다. 그리고 천년왕국의 이상향을 제시하였다. 초기 선교사들과 당시 한국교회 지도자들은 하느님에서 원시 유일신 사상을 발견하고, 정감록의 예언을 재해석하고, 귀신 들린 자들을 치유하기 위해 기독교적 축귀 의례를 채택하고, 조상을 취한 추도예배를 발명했다. 그리고 영적 의사소통과 각성을 위해 토착적인 기도를 채용하여 기독교화했다. 1900년대 평양의 선도(도교) 기독교인들이 발전시킨 새벽기도회가 있다. 한국기독교가 힘차게 나아가는 동력은 기도회였고, 조향장치는 사경회였다. 한국교회 교인들은 나라와 민족 그리고 자신의 미래를 위해 새벽기도, 통성기도, 금식기도, 수요기도회, 철야기도를 드렸다. 이 기도를 통해 모진 세상의 풍파를 헤치고 한국기독교의 꽃을 피워냈다.

3장에서는 초기 기독교의 영성과 예배의 연구를 통해 토착 신학 사상의 수용과 한국기독교의 신비주의도 엿볼 수 있었다. 한국기독교의 영성은 다양하고 매우 독특한 양상을 지니고 있다. 한국기독교는 복음을 받아들이고 난 후 짧은 기간에 양적, 질적으로 괄목할 만한 성장을 이루었다. 그뿐만 아니라 복음을 받아들인 다른 나라들보다 역동적인 모습을 보여 주고 있다. 그리고 신비주의적 성향과 함께 다양한 수용 양상을 보인다. 특히 유영모, 김교신 그리고 함석헌, 이 세 사람은 기독교를 자신의 현실에서 주체적으로 수용한 사상가들이다. 그들은 일제 강점기의 조선, 우리 민족이 가장 힘들었던 시기에 활동했고 근대화와 민주화라는 과제를 실현해야 하는 역사적 현실에서 한국적 기독교 사상을 심었다. 이들의 사상적 영향을 말한다면, 유영모의 경우는 유교, 도가를 포함한 넓은 의미에서의 도교, 불교의 영향이 모두 나타난다. 김교신의 경우는 유교의 영향이 강하게 나타나고, 함석헌의 경우는 유교와 도교의 영향이 나타난다. 함석헌에게 종교인이란 반드시 그가 속한 시대의 사회·정치적 상황과 고민을 민감하게 의식하는 것이었다. 그러므로 한국의 기독교인이 가져야 할 정신은 성서적 근본주의 노선을 택하고 세속사에 대해 은둔적이며 도피적인 자세를 취하기보다는 사회문제에 책임 의식과 적극적인 현실 참여라고 주창했다. 한국 근대 사상가로서 독특한 면모를 보인 이들의 독창성과 종교의 교의, 특성에 영향을 받은 진보 성향의 기독교인들은 민중신학의 형태로 나타나기도 했다. 그 대표적인 한 예가 이러한 영향을 받은 장준하, 안병무, 김동길, 한완상, 이태영, 문동환, 김찬국 등의 진보적 기독교인들이 70년대를 통해서 무력화된 야당을 대신해 재야 민주화운동의 지도자로 떠오른 것은 이런 면에서 자연스러운 결과였다.

한국인의 영성은 다양하다. 무교적 영성의 바탕에 각 종교와 혼합된 영성을 지니고 있다. 다만 그 바탕 위에 기독교적 영성을 더한 것이 한국기독교의 영성이다. 샤머니즘적, 불교적, 도교적 혹은 유교적 영성이 자리하고 있는 한국인을 흔들어 깨운 큰 사건이 있었다. 바로 1903년 원산에서 시작된 부흥이 평양에서 절정을 이룬 1907년 대부동이다. 국모를 잃고, 나라를 빼앗긴 희망이 사라진 시대에 복음은 소망의 소리로 다가왔다. 그 뜨거운 불길은 꺼지지 않을 것처럼 전국으로 확대되었다. 1907년 대부동은 망국(亡國)의 슬픔 속에서 묵시 문학적 희망의 그림을 보여 준 운동이었다. 그렇지만 그 부동을 주도했던 길선주 내면의 영성은 말세 신앙을 구체적으로 정립한 말세론에서 현재의 삶보다는 내세적 성향이 강하게 나타났다. 한국의 위대한 부흥사 김익두는 천국에 이를 수 있는 길은 하나님 은총의 선물인 성령과 인간의 의지적 행위로서 기도라고 강조했다. 인간의 의지적 행위로서의 결단과 고난의 강조는 그의 '칠 중의 좁은 문'이라는 설교집에 잘 나타난다. 그리고 그의 신비주의적 치유 사역은 향후 기독교계 신종교에 지대한 영향을 미쳤다.

4장에서는 한국 전통 종교적 영성과 사상으로 등장한 한국교회 예배의 유형을 고찰하였다.

1907년 대부흥은 망국의 아픔을 안고 무기력해진 백성들에게 애국적 기도 운동을 일으켜 신앙의 불을 지폈고, 그리스도 재림에 대한 소망을 갖게 했다. 하지만 외국 선교사들에 의한 교파 세력 확장과 교리 이식으로 한국교회는 교권주의가 되어 민족의 아픔과 고통을 위로하는 생명력을 잃어버렸다. 그뿐만 아니라 교세 확장이 목적이 되어 전도 목적의 복음 선포, 부흥집회식의 예배를 지향하였다. 그로 인하여 한국교회 예배는 성례전을 잃어버린 반쪽짜리 예배를 드리게 되었다.

이 부흥집회식 예배 혹은 개척자 예배의 문제점 가운데 결정적인 것은 예배가 목사 개인, 특히 설교자에게 지나치게 의존되어 있다는 것이다. 그리고 예배 시간의 절반 이상이 설교에 할애되어 설교가 곧 예배이며, "예배는 설교를 듣는 것"이라는 것이 되었다. 이러한 인식하에서 설교자 개인의 자질이나 영성 등 개인적이고 인격적인 요소에 의해 예배가 좌우되며, 심지어 설교자의 언변에 예배가 좌우되는 문제점을 초래했다. 그뿐만 아니라 은사 주의적 예배는 지나친 감정 주의와 체험 강조로 인하여 말씀을 경시하는 폐해를 낳았다.

그리고 5장에서는 성경적 예배 영성으로의 갱신 방안을 제시하였다. 한국교회는 4장까지 살펴본 것과 같은 부작용만 있었던 것은 아니다. 한국교회의 출발은 하나님 말씀을 연구하는 경건한 출발이었다. 특히 성경공부인 사경회는 한국교회의 중요한 역할을 하였다. 사경회를 통하여 선교정책을 수행함은 물론 교회 성장의 기틀을 마련했다. 1907년 부흥은 기도 운동과 사경회의 연장선에 촉발된 엄청난 변화였다.

본 고는 한국종교 문화 속에서 잠재된 샤머니즘과 한국인의 영성 형성 과정에 관한 물음으로 출발하였다. 한국인의 영성을 지배하고 있는 종교적 영성과 토착적 신학의 사상(이하 한국적 영성이라 하겠다.)을 살펴보는 과정을 통하여 도출한 결과는 우리가 인식하지는 못한다고 할지라도 이미 한국적(토착적) 영성이 내재해 있다는 것이다. 한 예로 많은 교회에서 행하는 '주여 삼창' 역시 그러하다. 그 근거로 다니엘서 9장 19절을 예로 든다. '주여 들으소서 주여 용서하소서, 주여 들으시고 행하소서….' 그렇지만 다니엘서의 기도는 '주여 삼창'이 아닌 '주의 종의 간구의 기도를 들으소서'라는 기도의 내용이다. 따라서 '주여 삼창(唱)'의 근거가 되지는 못한다. 삼창의 기원은 제사 의식과 무속 의식에서 비롯되었다. 중국 한무제가 숭산(崇山)에서 제사 의식을 행할 때 만세삼창이 그 유래이다. 또한, 세간에 문제가 된 봉은사 땅 밟기, 조계종 땅 밟기가 있다. 이 기원을 여리고성 돌기라고 하기도 한다. 그러나 땅 밟기는 하나님의 주권이 임함이 아니라 인간이 직접하려고 한 것이기에 비성경적이며, 한국의 지신밟기 풍습에서 기원했다고 볼 수 있다. 지신밟기는 영남지역의 농민들이 정월 대보름에 하는 풍속으로 집의 마당, 부엌, 뒤뜰 등을 밟고 다니며 지신(地神)을 밟아서 잡귀를 쫓아내고 복을 불러들이는 기원, 기복의 주술 행위이다. 따라서 일부 교계에서 행하는 땅 밟기는 기독교 신학의 옷을 입은 무속신앙인 것이다. 이렇듯 한국인의 영성은 인식하지 못하는 상태에 혼합된 종교적 영성을 지니고 있다. 그리고 한국적 영성이 한국교회 예배 안에 내재하여 있음을 밝히고 성경적 예배 영성 관점에서 오늘날 기복적이고 즉시적인 예배를 비평하고 성경 중심, 그리스도 중심의 올바른 예배 갱신 방안을 제시하였다.

이제 한국교회는 성장 위주에서 벗어나 세상의 신음과 고통의 소리를 들을 수 있는 섬기는 흩어지는 교회가 되어야 한다. 이기심과 전통적 관습의 잣대로 해석하여 세상을 정죄하였던 모습에서 깨어 하나님이 세상을 위해 어떻게 일하시는지를 올바로 분별하여 하나님이 무엇을 원하시는가를 찾아야 할 것이다.

예배는 기독교 신앙의 가장 중요한 요소이다. 신앙고백서인 웨스트민스터 대소요리 문답 첫 번째가 무엇인가? '사람의 제일 되는 가장 고귀하고 중요한 목적은 무엇인가?'이다. 이에 대하여 '하나님을 영화롭게 하는 것과 그분을 영원히 마음을 다하여 즐거워하는 것'이라고 고백한다. 바로 인간의 창조 목적도 예배이다. 예배가 변질하면 신앙도 왜곡될 수밖에 없다, 성경적 예배의 핵심은 성경에 기초한 예배이다. 예배의 대상이신 하나님만 높이며 구원자이신 하나님께 기쁨과 감사의 예배를 드리는 것이다. 한국교회의 문제점들에 대한 비평과 평가가 있지만, 본질적인 문제는 예배의 변용이다. 그리고 교회 성장주의의 문제도 결국은 예배의 문제이다.

한국교회 예배의 현주소를 알기 위해서는 첫째, 한국인의 영성 형성의 과정을 알아야 했다. 둘째, 수천 년의 세월 동안 한국인의 의식 근저에 뿌리내리고, 한국기독교에 영향을 준 한국 전통 종교와 유불선의 사상에 대해서도 살펴보아야 했다. 토착 종교의 본질은 신인합일(神人合一)을 추구하는 것임을 파악하여 그것이 우리의 삶 속에 녹아 있음을 밝혀내야 했다. 특히 한국인에게 내재한 영성이 예배에 어떤 영향을 미쳤는지에 관하여 연구하였고, 그 영향이 어떻게 적용되어 오늘날까지 이어졌는지도 살펴보았다.

한국 전통 종교 즉 무교는 타 종교와의 혼합 현상을 통해 유교, 불교, 도교 등을 무속화 시켰다. 또 무교는 사회 전반에 깔려 있어 한국인들의 신앙과 사상 그리고 생활을 지배하고 있다. 그러므로 한국인들은 무교의 바탕 위에 불교, 도교, 유교 혹은 기독교를 첨가한 영성을 지닌 다중 종교인의 모습을 지니고 있다. 연세대학교 연합신학대학원에서 종교철학을 가르치는 정재현은 "100% 기독교인은 존재할 수 없다."[994]라고 단언한다. 특히 한국은 무(巫)교와 유교, 불교, 도교의 영향이 강하기 때문에 기독교 정체성이 분명하다 해도, 한국 기독교인의 종교적 심성을 분석하면 기독 다른 종교들의 성분이 오히려 압도적인 비율을 차지한다고 지적한다. 한국 기독교인들이 조상 제례에 대해 자유롭지 못한 것도 이와 같은 이유 때문일 것이다. 이처럼 우리의 종교적 심성은 샤머니즘적 바탕 위에 유교, 불교가 혼합되어 형성된 복잡한 심성이다.

억압과 고통 굴레에서 벗어나기 위해 전승된 민간 신앙인 무교는 신비주의와 연합하여 신기루와 같은 허망한 불꽃을 피웠다. 한국기독교는 망국으로 인한 암울한 현실과 얽히며 종말론적 사상, 특히 영생과 천국에 대한 타계적 신앙을 갖게 하였고, 피안의 세계에 대한 염원이 한국기독교를 급속도로 성장시키게 하였다. 주변을 살필 여유도 없이 한국교회는 무차별 '예수 천국 불신 지옥'의 선포 폭탄을 투하했고, 섬김, 나눔이라는 단어가 무색할 정도로 강단의 목소리는 점점 커졌다. 한국교회의 예배는 곧 설교였다. 회중의 참여, 회중이 함께하는 예배는 없다. 오직 청각으로 듣는 예배, 강연과 설교가 곧 한국교회 예배였다. 그렇다고 하여 부정적인 측면만 있었던 것은 아니다. 긍정적인 면으로는 당시 삶의 고통 가운데에 있던 회중에게 적절한 방식의 말씀 선포의 방식을 찾았고, 부르짖을 수 있는 기도의 영성을 회복시켰으며, 죄 용서에 대한 확신을 갖게 했다. 그리고 성경에 대해 사모함으로 시작된 사경회는 예배와 말씀이 삶으로 이어졌다는 점이다. 이와 같은 역동적인 신앙은 한국교회를 성장하게 하였다. 분명한

---

994) http://www.newsnjoy.or.kr/news/articleView.html?idxno 2019년 10월 30일 14:30에 접속.

것은 한국교회의 부흥과 예배 갱신의 열쇠는 초기 한국교회의 예배 영성에 있다는 것이다. 교회사적인 측면으로 한정된 초기 부흥 운동의 사건을 예배학적으로 바라보는 시각에서 계속 연구되어야 할 것이다.

예전은 회복되어야 한다. 그렇다고 고(古) 교회를 주장하는 것이 아니다. 하나님의 초청에 감사로 응답하고 주시는 말씀에 기도와 찬송으로 응답하며, 베푸시는 은혜에 감사하며 결단으로 나아가는 모든 회중이 전인격적으로 하나님을 만나는 예배를 말하는 것이다. 말씀과 예전이라는 예배 균형을 이루기 위한 교육을 통하여 온전함을 이루어야 한다. 성만찬은 설교 중심의 예배에서 느낄 수 없었던 움직임과 행위를 경험하는 예배의 중요한 부분이다. 성만찬은 주님이 제정하신 거룩한 교회의 예식이다. 그리고 하나님께서 우리를 만나시는 은혜의 방편이다. 초대교회는 이를 믿었기에 예배의 중심으로 삼았고, 성찬에서 하나님 만나기를 기대하고, 그 만남을 경험했기 때문에 예배 때마다 거행했다. 이제 한국교회는 말씀과 성만찬이 균형을 이룬 본래의 기독교 예배로의 회복으로 나아가야 할 때이다. 말씀과 상징적 예배언어의 조화를 이룰 때 풍성한 예배로의 경험이 될 것이다. 이러한 예배에서 경험은 삶의 변화를 준다. 한국교회는 예배의 구성을 위한 고민이 필요하며 계속적인 연구가 필요하다.

교회력의 재발견이 필요하다. 교회력은 그리스도의 생애와 재림에 관한 역사적 전개 과정을 재현하는 것이고, 그리스도의 구속사가 밝히 드러난다. 하지만 단순히 과거에 대한 기억의 되풀이로 생각한다면 교회력이 담고 있는 요점을 놓치게 되며 하나의 의례적 행위로 전락하고 말 것이다. 종교개혁자들이 교회력을 거부했던 것은 의례적 행위와 성자축일, 마리아 승천일 등이 추가되며 본래 교회력의 의미를 상실했기 때문이었다. 교회력은 과거에 행하셨던 하나님의 언약을 기억하며 약속된 미래에 대한 소망을 바라보게 한다. 이 기억들은 과거 속에서 머무는 기억이 아닌 현재의 시간 속에 재현되어 그 숨결을 느끼게 한다.

그리고 한국교회는 세대를 계승하며 아우르는 예배가 필요하다. 장년 중심의 예배 속에서 다음 세대는 떠나고 있다. 한국교회는 떠나가는 다음 세대에게 영향을 줄 수 없는 교회가 되고 있다. 다음 세대를 위한 자성의 목소리와 함께 교회의 노력이 있어야 한다. 그 대안으로 세대 통합예배를 제언한다. 한 공간에서 세대가 함께 공유하며 유기적 관계 속에서 하나의 공동체를 이루어 가는 순기능이 나타난다. 가족이 함께 교회에 속해 있다 해도 같은 신앙을 공유하지 못하고, 한 집에 가족이 살아도 각자의 공간 안에 머물러 가정의 순기능도 잃어버린 시대에 가정과 교회가 교육적 활동의 장이 되는 기회가 될 수 있는 장점이 있다. 그뿐만 아니라 가족 모두가 같은 예배에 참여하며, 같은 설교를 듣고 같은 성경 말씀을 통해 그리스도의 복음을 바라보는 것은 같은 신앙의 공동체로 만들어 가는 효과를 얻을 수 있다.

웨버(Robert Webber)는 '전통과 현대를 통합한 예배'인 이른바 '중도적 예배'(Blended worship) 또는 '통합예배'(Convergent worship)를 대안으로 제시했다.[995] 그는 기독교 역사에 대한 전통과 가치를 현대교회에 복원한 것이다. 예배 안에서 전통을 회복하고 현대 문화적 요소들을 적극적으로 수용하는 것은 바람직한 원리이다. 여기에 예배 갱신의 근본적인 원리인 성경이 함께해야 한다. 설교, 기도, 찬양, 성찬 등의 구성 요소를 포함하고 있는 예배와 신학과 실천의 근거가 성경에 있기 때문이다.

예배 갱신을 위해 요구되는 실천적 사항은 한편의 훌륭한 설교만 전달하는 예배가 아니라 회중들이 하나님과 거룩한 대화를 통해서 예배하는 과정에 설교는 성경 읽기와 함께 하나님 편에서 회중들에게 전하는 방식의 대화라는 것이다. 찬양과 기도, 그리고 봉헌은 회중 편에서 하나님께 드리는 믿음의 행위로 언어적, 비언어적 대화이다. 예배는 하나님과 백성들과

---

995) Webber, 『예배의 미래를 준비하라』, 93-97.

거룩한 대화가 진행될 수 있도록 해야 한다. 두 번째는 설교가 채우지 못하는 부분을 상징과 비언어적 예배언어인 예전이 그 자리에 있어야 한다. 그리고 세 번째는 예배 갱신을 위해 어느 하나의 특정한 방식을 따라가려는 것을 지양(止揚)해야 한다. 예배 갱신을 위해 특정한 한 가지의 형태를 기준 삼는 것보다 예배의 핵심 구성 요소들이 예배 안에서 창의적으로 실현되도록 성령의 도우심과 성경의 조명을 받아야 한다. 많은 목회자와 연구자들이 성경적 예배의 길을 찾는 연구가 활발히 이어져야 할 것이다.

이상의 제언은 한국교회 회복을 위한 본질 문제로서의 예배와 관련된 것들이다. 지금 한국교회는 중요한 기로(岐路)에 서 있다. 유럽의 교회와 같은 화석화 된 길로 걸어갈 것인지 아니면 처음 사랑을 회복하는 길로 나아갈지는 한국교회가 어떤 마음가짐으로 결단하느냐에 달려 있다. 하나님의 언약을 기억하며 약속된 미래에 대한 확신을 가지고 과감히 좁은 길을 걸을 수 있기를 소망해 본다. 그리고 그 길을 제시하기 위한 연구가 계속되길 바란다.

본 연구의 주제인 한국교회 예배 형성과 한국종교 연구는 한국 전통적 영성과 초기 한국교회의 부흥회적 영성으로 등장한 예배의 유형을 살펴보며, 그 영향이 오늘날 예배 현장에서 나타나는 문제점을 고찰 비평하며 예배 갱신의 방안을 찾아가는 방법으로 진행하였다.

다음과 같이 제언한다.

첫째, 생명을 살리는 예배를 구현하기 위해서는 먼저 '신앙 운동'이 선행되어야 한다. 예배는 하나님 말씀에 기초해야 하고, 하나님 중심이며, 은혜의 방편으로 하나님과 만남의 자리이다. 따라서 신앙 운동의 출발점은 성경이다. 하나님의 말씀을 습관적으로 묵상하고 생활화할 수 있도록 끊임없는 교육이 이루어져야 한다. 한국교회의 문제점을 다른 곳에서 찾고 여러 가지 방법을 모색하는 것이 아니라 그 문제의 해답은 성경임을 인식하고 성경으로 돌아가야 할 것이다.[996] 둘째, '기도성령운동'이다. 기도는 하나님과의 대화이며, 하나님의 은혜를 공급받는 통로이다. 새벽기도, 수요기도회, 금요 철야기도회 등은 한국교회를 지탱해 주는 원동력이었다. 그러나 오늘날 한국교회에서는 가장 인기 없는 모임이 되었고, 약화하였다. 그뿐만 아니라 그것마저도 없어지거나 형식적인 모임이 된 것이 현실이다.[997] 그러다 보니 교회의 영적 생명력은 쇠퇴해질 수밖에 없다. 기도회 영성은 회복되어야 한다. 한국교회 부흥의 시작은 작은 기도회로부터 시작되었다. 앞에서도 언급하였듯이 기도회 영성은 회복되어야 하며, 무엇보다도 한국교회에 영적 생명이 요구된다.

연구를 하면서 느낀 아쉬움은 한국적 전통 영성에 관한 선행 연구들은 있었지만, 그 한국적 전통 영성이 예배에 미친 영향과 지금의 예배로 자리매김한 것에 관한 연구가 미미한 점은 아쉬운 부분이다. 논자도 충분한 비교와 분석이 부족한 점도 있어 추후 계속적인 연구가 이루어지기를 희망한다. 그리고 한국적 영성을 포괄적으로 바라보는 시선이었기에 각 종교에 대해 세밀하게 다루지 못한 부분이 있다. 향후 한국교회의 영성에 많은 영향을 미친 한국적 사상과 도교적 영성에 관한 세밀한 연구가 필요할 것으로 보인다. 교회 성장주의와 번영의 복음이 하나가 되어 교회 강단의 중심에 자리하게 된 배경과 그 영향이 한국교회의 전반에 두루 퍼져나간 것과 통성기도(피터 와그너는 이를 한국적 기도(Korea Prayer)라고 소개한다) 관한 연구도 필요하겠다. 평양신학교 졸업자들이(개종한 도교인들) 한국교회 예배에 영향을 미친 부분도 연구되어야 하겠다. 그리고 본 연구가 한국교회 예배 갱신을 위한 다음의 연구를 위해 쓰이길 기대하며 마친다.

---

996) 장종현, 『개혁주의생명신학 7대 실천운동』, 11; 21-29.
997) 장종현, 『개혁주의생명신학 7대 실천운동』, 140-147.

참고문헌

1. 국내서적

곽안진. 『한국교회사』. 서울: 대한기독교서회, 1973.
곽혜원. "한국교회에 대한 한국 사회의 인식". 『제2종교개혁이 필요한 한국교회』. 서울: 기독교문사, 2018.
금장태. 『한국유교의 재조명』. 서울: 전망사, 1982.
_____. 『한국유교의 이해』. 서울: 민족문화사, 1990.
_____. 『한국현대의 유교문화』. 서울: 서울대학교출판부, 1999.
_____. 『한국유교 사상사』. 파주: 한국학술정보(주), 2002.
길진경. 『길선주-부흥의 새벽을 열다』. 서울: 두란노, 2007.
김광수. 『한국기독교 인물사』. 서울: 기독교문사, 1974.
김광식. 『토착화와 해석학』. 서울: 기독교 출판사, 1991.
김기현. 『한국의 예배와 생활』. 서울: 양서각, 1986.
김상구. 『일상생활과 축제로서의 예배』. 서울: 이레서원, 2005.
_____. 『한국교회와 예배서』. 서울: 기독교문서선교회, 2013.
_____. 『개혁주의 예배론』. 서울: 대서, 2017.
김석진. 『하늘 땅 사람의 이야기 대산의 천부경』. 서울: 동방의 빛, 2009.
김수학. 『개혁주의 예배학』. 서울: 총신대학교출판부, 2000.
김순환. 『21세기 예배론』. 서울: 대한기독교서회, 2003.
_____. 『예배학 총론』. 서울: 대한기독교서회, 2012.
김영재. 『한국교회사』(개정3판). 수원: 합동신학대학원출판부, 2017.
김영태. 『한국교회 주일예배 이렇게 드려라』. 서울: 도서출판 대서, 2018.
김용준. 『내가 본 함석헌』. 서울: 아카넷, 2006.
김은수. 『비교종교학 개론』. 서울: 대한기독교서회, 2018.

김응조.『은총 90년: 김응조박사의 자서전』. 서울: 성광문화사, 1983.
김익두.『한국기독교 지도자 강단 설교』. KIATS 편. 서울: 홍성사, 2008.
김인서.『김익두목사 소전』. 김익두저작전집 제5권. 서울: 신망애사, 1976.
김인수.『한국기독교교회의 역사』. 서울: 장로회신학대학교출판부. 1997.
김인희.『황해도 지노귀굿』. 서울: 열화당, 1993.
김정환.『김교신 그 삶과 믿음과 소망』. 서울: 한국신학연구소, 1994.
김중기 외.『한국교회의 성정과 신앙양태에 대한 조사』. 서울: 현대연구소, 1982.
김진환.『한국교회 부흥 운동사』. 서울 : 크리스챤 비전사, 1976.
김진희. "동양 사상의 우주론에 입각한 유영모의 신학". 김성수. 김진희. 박경미. 서현선. 양현혜. 이동철.『서구 기독교의 주체적 수용』. 서울: 이화여자대학교출판부, 2006.
김철운.『공자와 유가』. 서울: 서광사, 2005.
김태곤.『황천무가연구』. 서울: 창문사, 1966.
_____.『무속의 내세관』. 서울: 한국종교사학회. 1972.
_____.『한국무속연구』. 서울: 집문당, 1981.
김호완.『카리스마와 영성』. 서울: 개혁주의신행협회, 2006.
김홍호. "유영모, 기독교의 동양적 이해".『동양 사상과 신학』. 서울: 솔, 2002.
나형석.『예배학 교실』. 서울: 도서출판 좋은 땅, 2012.
노평구 편.『김교신 전집 I』. 서울: 도서출판 부키, 2001.
_____.『김교신 전집 II』. 서울: 도서출판 부키, 2001.
_____.『김교신 전집 III』. 서울: 도서출판 부키, 2001.
_____.『김교신 전집 IV』. 서울: 도서출판 부키, 2001.
_____.『김교신 전집 V』. 서울: 도서출판 부키, 2002.
대한불교조계종포교원 편찬.『불교개론』. 서울: ㈜조계종 출판사, 2014.
대한예수교장로회 총회.『표준예식서』. 서울: 대한예수교장로회총회 출판부, 2015.
류금주.『이용도의 신비주의와 한국교회』. 서울: 대한기독교서회, 2017.
류순하.『기독교 예배와 유교제사』. 서울: 숭실대학교출판부, 1996.
명진홍.『불교란 무엇인가?』. 서울: 정원문화사, 1983.
문승록.『기도를 바르게 가르치라』. 서울: 복음문화사, 2001.

문은배.『일제하의 한국 기독교 민족 신앙 운동사』. 서울: 대한기독교서회, 1991.

_____.『한국의 전통 색』. 파주: 안그라픽스, 2015.

민경배. "한국의 신비주의사". Francis Grierson, 문상희, 민경배, 정성구, 여규식, 김성환.『신비주의 (목회총서2)』. 서울: 세종문화사, 1972.

_____.『한국민족교회형성사론』. 서울: 연세대학교출판부, 1980.

_____.『한국기독교회사』. 서울: 대한기독교출판사, 1982.

_____.『한국기독교회사』. 서울: 연세대학교출판부, 2007.

민병소.『한국종교사(하)』. 서울: 왕중왕, 2006.

박근원.『목회와 영성훈련』. 서울: 유니온 학술자료원, 1989.

박명수.『한국교회 부흥운동 연구』. 서울: 한국기독교역사연구소, 2014.

박문옥.『오순절 신학의 이해』. 서울: 도서출판 한글, 1999.

박성수.『독립운동사 연구』. 서울: 창작과 비평사, 1980.

박아론.『새벽기도의 신학』. 서울: 세종문화사, 1982.

박영관.『이단종파 비판(II)』. 서울: 예수교문서선교회, 1984.

박영지.『종교학개설』. 서울: 기독교문서선교회, 1998.

박영호.『씨알의 메아리-다석 어록』. 서울: 홍익재, 1993.

_____.『다석 유영모가 본 예수와 기독교』. 서울: 두레, 2000.

박용규.『평양대부흥운동』. 서울: 생명의말씀사, 2000.

_____.『한국 장로교 사상사』. 서울: 총신대학교출판부, 2002.

_____.『한국 기독교회사 1』. 서울: 생명의 말씀사, 2004.

_____.『평양 산정현교회』. 서울: 생명의 말씀사, 2006.

_____.『한국 기독교회사 2』. 서울: 생명의 말씀사, 2012.

박일영.『한국 무교와 그리스도교』. 왜관: 분도출판사, 2003.

박재순.『함석헌의 철학과 사상』. 파주: 도서출판 한울, 2012.

박종순.『교회성장과 성경공부』. 서울: 해선출판사, 1984.

박해정.『빛을 따라 생명으로』. 서울: 도서출판 동연, 2016.

백낙준.『한국개신교사: 1832~1910』. 서울: 연세대학교출판부, 1973.

변종호 편.『이용도 목사 전(傳)』. 서울: 장안문화사, 1993.

서광선 외 3인.『한국교회 성령운동의 현상과 구조』. 서울: 크리스찬 아카데미, 1981.

안수강. 『이용도의 신비주의와 예수교회 설립사』. 성남: 북코리아, 2019.

양교철. 『교회와 건축』. 서울: 쿰란출판사, 2003.

양현혜. 『김교신의 철학』. 서울: 이화여자대학교출판문화원, 2013.

오병학. 『신앙위인전기시리즈24 김익두』. 서울: 규장, 1999.

오성춘. 『예수님의 이야기로 가득한 교회』. 서울: 장로회신학대학교 출판부, 2000.

_____. 『성령과 영성』. 서울: 서울말씀사, 2001.

오정숙. 『다석 유영모의 한국적 기독교』. 서울: 도서출판 미스바, 2005.

옥성득. 『다시 쓰는 초대 한국 교회사』. 서울: 새물결플러스, 2017.

_____. 『한국 기독교 형성사』. 서울: 새물결플러스, 2020.

유동식. 『한국종교와 기독교』. 서울: 대한기독교서회. 1983.

_____. 『한국무교의 역사와 구조』. 서울: 연세대학교출판부, 1985.

_____. 『한국 신학의 광맥』. 서울: 다산글방, 2000.

_____. 『한국문화와 기독교』. 서울: 한들출판사, 2009.

윤성범. "한국의 하나님 사상". 『기독교와 한국사상』. 서울: 대한기독서회, 1964.

_____. 『성의 신학』. 서울: 서울문화사, 1976.

윤태림. 『한국인의 성격』. 서울: 현대교육 양서출판사, 1979.

_____. 『의식구조상으로 본 한국인』. 서울: 현암사, 1985.

윤찬원. 『도교철학의 이해』. 서울: 돌베개, 1998.

이광래. 『일본사상사연구』. 파주: 경인문화사, 2005.

이기영. "한국의 종교". 『한국학』. 동아문화연구소 편. 서울: 현암사, 1972.

이규태. 『한국인의 의식구조』. 서울: 신원문화사, 1983.

이덕주. 『한국 토착교회 형성사 연구』. 서울: 한국기독교역사연구소, 2000.

_____. 『한국교회 처음이야기』. 서울: 홍성사, 2006.

이만열. 『한국기독교와 민족의식』. 파주: 지식산업사, 2018.

이부영. 『한국의 샤머니즘과 분석 심리학』. 파주: (주)도서출판 한길사, 2015.

이성호. 『김익두목사 설교 및 약전집』. 서울: 해문사, 1969.

이승호. 『한국선도와 현대 단학』. 일산: 국학자료원, 2015.

이원규. 『한국교회 어디로 가고 있나』. 서울: 대한기독교서회, 2000.

이원순. 『한국천주교회사』. 서울: 탐구당, 1980.

이이화. 『역사 속의 한국 불교』. 서울: 역사비평사, 2009.
이재만. 『한국의 색』. 서울: 일진사, 2005.
이종은. 『한국 시가상의 도교사상 연구』. 서울: 보성문화사, 1987.
이찬수. 『종교로 세계 읽기』. 서울: 이화여자대학교출판부, 2005.
이찬영. 『황해도 교회사』. 서울: 소망사, 1995.
이필우. 『유교의 정치경제학』. 서울: 시공아카데미, 2001.
이학준. 『한국교회 패러다임을 바꿔야 산다』. 서울: 새물결플러스, 2015.
이홍기. 『미사전례』. 왜관: 분도출판사, 1997.
장종현. 『개혁주의생명신학 7대 실천운동』. 천안: 백석정신아카데미, 2018.
정하은. 『한국 근대화와 윤리적 결단』. 서울: 대한기독교서회, 1975. 전호진. 『종교 다원주의와 타 종교 선교전략』. 서울: 개혁주의신행협회, 1992.
정병준. 『기독교 영성 산책』. 서울: 한국장로교출판사, 2021.
정양모. "다석 유영모 선생의 신앙". 『동양 사상과 신학』. 서울: 솔, 2002.
정원범 편. 『영성목회 21세기』. 서울: 한들출판사, 2006.
정일웅. 『21세기를 향한 한국교회와 실천신학』. 서울: 여수룬, 1999.
_____. 『기독교 예배학 개론』. 서울: 도서출판 이레서원, 2001.
정장복. 『교회력과 성서일과』. 서울: 대한기독교서회, 1996.
_____. 『예배학 개론』. 서울: 예배와 설교 아카데미, 2014.
_____. 『예배의 신학』. 서울: 예배와 설교아카데미, 2018.
정재서. 『한국도교의 기원과 역사』. 서울: 이화여자대학교출판부, 2006.
조기연. 『예배 갱신의 신학과 실제』. 서울: 대한기독교서회, 1999.
_____. 『한국교회와 예배 갱신』. 서울: 대한기독교서회, 2004.
조인목. 『김익두의 부흥 운동과 신앙양태에 관한 연구』. 서울: 연세대학교출판부, 1995.
조흥윤. 『한국 무의 세계』. 서울: 민족사, 1997.
_____. 『한국의 샤머니즘』. 서울: 서울대학교출판부, 1999.
주재용. 『역사와 신학적 증언』. 서울: 대한기독교출판사, 1981.
_____. 『선유의 천주사상과 제사문제』. 서울: 가톨릭출판사, 1988.
차주환. 『한국의 도교사상』. 서울: 동화출판사, 1984.
최창국. 『영성과 상담』. 서울: 기독교문서선교회, 2011.

천병석. 『한국신학의 정체성과 보편성』. 서울: 쿰란출판사, 2016.
채필근. 『철학과 종교와의 대화』. 서울: 대한기독교서회, 1964.
최준식. 『한국종교 이야기』. 서울: 한울, 1988.
한국기독교역사연구소 편. 『한국 기독교의 역사』. 서울: 기독교문사, 1989.
한국도교사상연구회. 『도교와 한국사상』 한국도교사상연구총서 1. 서울: ㈜범양사 출판부, 1987.
한국도교사상연구회. 『한국 도교와 한국문화』. 한국도교사상연구총서 II. 서울: ㈜범양사 출판부, 1988.
한국도교사상연구회, 『한국도교사상의 이해』 한국도교사상연구총서 IV, 서울: ㈜범양사 출판부, 1990.
한국사특강편찬위원회. 『한국사특강』. 서울: 서울대학교출판부, 1998.
한국종교사회연구소. 『한국종교 문화 사전』. 서울: 집문당, 2002.
한기두. 『한국 불교사상』. 서울: 원광대학교출판부, 1972.
한춘근. 『죽지 않는 순교자 김익두』. 서울: 성서신학서원, 1993.
한형우. 『명성황후와 대한제국』. 서울: 효형, 2001.
함석헌. 『함석헌 전집 1』. 서울: 한길사, 1983.
_____. 『함석헌 전집 2』. 서울: 한길사, 1983.
_____. 『함석헌 전집 3』. 서울: 한길사, 1983.
_____. 『함석헌 전집 4』. 서울: 한길사, 1983.
_____. 『함석헌 전집 5』. 서울: 한길사, 1983.
_____. 『함석헌 전집 6』. 서울: 한길사, 1983.
_____. 『함석헌 전집 7』. 서울: 한길사, 1984.
_____. 『함석헌 전집 8』. 서울: 한길사, 1984.
_____. 『함석헌 전집 12』. 서울: 한길사, 1984.
_____. 『함석헌 전집 18』. 서울: 한길사, 1987.
_____. "함석헌이 본 남강 이승훈". 한국기독교사회문제연구원 편 『기사연 무크2』. 서울: 민중사, 1990.
_____. 『뜻으로 본 한국 역사』. 서울: 한길사, 2003.
_____. "나의 어머니(그건 사람이 아니냐)". 남승원 편. 『함석헌 수필 선집』. 서울: 지식을

만드는 지식, 2017.

허도화. 『한국교회 예배사』. 서울: 한국강해학교 출판부, 2003.

허호익. 『한국조직신학의 이해』. 서울: 대한기독교서회, 2003.

_____. 『한류와 한 사상』. 서울: 모시는 사람들, 2009.

_____. 『길선주 목사의 목회와 신학 사상』. 서울: 대한기독교서회, 2009.

현유광. "세대 통합예배, 어떻게 할 것인가?". 『세대통합예배, 어떻게 할 것인가?』. 서울: 도서출판 생명의 양식, 2018.

2. 번역서

Allen, Horace N. 『알렌의 일기 (구한말 격동기 비사)』. 김원모 역. 서울: 단국대출판부, 2017.

Allmen, J. J. Von. 『예배학 원론』. 정용섭, 박근원, 김소영, 허경삼 공역. 서울: 대한기독교출판사, 1979.

Baker, Don. 『한국인의 영성』. 박소정 역. 서울: 도서출판 모시는 사람들, 2012.

Beale, David O. 『근본주의 역사』. 김효성 역. 서울: 기독교문서선교회, 1994.

Berkhof, Louis. 『조직신학 하』. 권수경·이상원 역. 서울: 크리스챤 다이제스트, 1991.

David J. Bosch. 『선교신학』. 전재옥 역. 서울; 두란노서원, 1985.

Calvin, John. 『기독교 강요 (중)』. 김종흡, 신복윤, 이종성, 한철하 역. 서울: 생명의 말씀사, 1986.

Calvin, John. 『새 영한 기독교강요 (중)』. 성서원편집부 편. 서울: 성서서원, 2005.

Chan, Simon. 『영성신학』. 김병오 역. 서울: IVP, 2017.

Chapell, Bryan. 『그리스도 중심적 예배』. 윤석인 역. 서울: 부흥과 개혁사, 2011.

Cherry, Constance M. 『예배건축가』. 양명호 역. 서울: 기독교문서선교회, 2015.

Ching, Julia. 『유교와 기독교』. 변선환 역. 왜관: 분도출판사, 1994.

Clack, Charles A. 『한국교회와 네비우스 선교정책』. 박용규, 김춘섭 역. 서울: 대한기독교서회, 1994.

Davies, Horton. 『미국 청교도예배』. 김상구 역. 서울: 기독교문서선교회, 2013.

Davis, John Jefferson. 『복음주의 예배학』. 김대혁 역. 서울: 기독교문서선교회, 2017.

Dayton, Donald W. 『오순절 운동의 신학적 뿌리』. 조종남 역. 서울: 대한기독교서회, 1993.

De Jong, James A. 『개혁주의 예배』. 황규일 역. 서울: 기독교문서선교회, 1997.

Downey, Michael. 『오늘의 기독교 영성 이해』. 안성근 역. 서울: 도서출판 은성, 2001.

Duck, Ruth C. 『21세기 예배학 개론』. 김명실 역, 서울: 대한기독교서회, 2021.

Eliade, Mircea. 『샤마니즘』. 이윤기 역. 서울: 까치글방, 1992.

Frame, John. 『신령과 진정으로 드리는 예배』. 김명렬 역, 서울: 총신대학교출판부, 2000.

Grudem, Wayne A. 『조직신학 (하)』. 노진준 역. 서울; 은성. 1997.

Gundry, Stanley N. 『무디의 생애와 신학』. 이희숙 역. 서울: 생명의말씀사, 1985.

Hanegraaff, Hank. 『바벨탑에 갇힌 복음』. 김성웅 역. 서울: 새물결플러스, 2010.

Hart, D. G. & Muether, John R. 『개혁주의 예학』. 김상구, 김영태, 김태규 역. 서울: 개혁주의 신학사, 2011.

Hesselgrave, D. J. 『현대선교의 도전과 전망』. 장로회신학대학교세례원 역. 서울: 대한예수교장로회총회출판국, 1991.

Holmes. Urban T. 『목회와 영성』. 김외식 역. 서울: 대한기독교서회, 1998.

Horton, Michael S. 『개혁주의 예배론』. 윤석인 역. 서울: 부흥과 개혁사, 2012.

Houston, James. 『기도: 하나님과의 우정』. 김진우, 신현기 역. 서울: IVP, 1998.

Huntley, Martha. 『한국개신교 초기의 선교와 교회성장』. 차종순 역. 서울: 목양사, 1995.

Küng, Hans. 『교회란 무엇인가』. 이홍근 역. 왜관: 분도출판사, 2004.

Maxwell. William D. 『예배의 발전과 그 형태』. 정장복 역. 서울: 쿰란출판사, 1996.

Murray, Andrew. 『머레이의 위대한 영성』. 정혜숙 역. 서울: 도서출판 브니엘, 2018.

Kister S. J. Daniel. 『한국무속의 영성』. 김민 역. 서울: 도서출판 이야시오영성연구소, 2018.

Luther, Martin. 『루터선집 제10권: 설교자 루터』. 지원용 편. 서울: 컨콜디아사, 1987.

Luzbetak, Louis J. 『교회와 문화』. 채은수 역. 서울: 한국 로고스 연구원, 1972.

MacArthur, John. 『예배』. 유정희 역. 서울: 아가페북스, 2016.

Marsden, George M. 『미국의 근본주의와 복음주의 이해』. 홍치모 역. 서울: 성광문화사, 1992.

Mensching, Gustav. 『불타와 그리스도』. 변선환 역. 서울: 종로서적, 1987.

McRae, William. 『교회에서의 은사 활용』. 김의장 역. 서울: 도서출판 엠마오, 1987.

Nioradze, George. 『西伯利亞 제민족의 원시종교』. 이홍직 역. 서울: 서울신문사. 1949.

Oakland, Roger 『이머징 교회와 신비주의』. 황스데반 역, 서울: 부흥과 개혁사, 2010.

Old, Hughes Oliphant. 『성경에 따라 개혁된 예배』. 김상구, 배영민 역. 서울: 기독교문서선교회, 2020.

Packer, J. I. 『성령을 아는 지식』. 서문강 역. 서울: 새순출판사, 1988.

Palmer, Parker J. 『가르침과 배움의 영성』. 이종태 역. 서울: IVP, 2005.

Peterson, Eugene. 『이 책을 먹으라』. 양혜원 역. 서울: IVP, 2006.

Peter, Victor Wellington. 『이용도 목사의 영성과 예수 운동』. 박종수 역. 서울: 성서연구사, 1998.

Preston. John, Vincent. Nathaniel & Lee. Samuel. 『기도의 영성』. 이광식 역. 서울: 지평서원, 2015.

Robinson. Haddon W. 『강해설교』. 박영호 역. 서울: 기독교문서선교회, 1994.

Ruether, Rosemary Radford. 『가이아와 하느님』. 전현식 역. 서울: 이화여자대학교 출판부, 2000.

Saliers, Don E. 『예배와 영성』. 이필은 역. 서울; 은성출판사, 2010.

Sanders, O. 『성령과 그의 은사』. 권혁봉 역. 서울: 요나단출판, 1994.

Segaer, Franklin M. 『예배학 원론』. 정진환 역. 서울: 요단출판사, 1984.

St. Teresa. 『영혼의 성』. 최민순 역. 서울: 성바오로딸, 1970.

Shearer, Roy E. 『한국교회 성장사』. 서명원, 이승익 역. 서울: 대한기독교서회, 1994.

Smith, Harold. 『오순절 운동의 기원과 전망』. 박정열 역. 군포: 순신대학교출판부, 1994.

Smith, Huston. 『세계의 종교』. 이종찬 역. 서울: 도서출판 은성, 2001.

Sproul, R. C. 『성경적 예배』. 조계광 역. 서울: 지평서원, 2015.

Synan, Vinson. 『세계오순절 성결운동의 역사』. 이영훈, 박명수 역. 서울: 서울말씀사, 2008.

Tillich, Paul. 『신앙의 다이내믹스』. 이병섭 역. 서울: 전망사, 1982.

_____. 『그리스도교 사상사』. 송기득 역. 서울: 대한기독교서회, 2005.

_____. 『경계선 위에서』. 김흥규 역. 서울: 도서출판 동연, 2018.

Vamvacas, Constantin J. 『철학의 탄생』. 이재영 역. 파주: 알마, 2008.

Vann, Jane R. 『예배를 디자인하라』. 신형섭 역. 서울: 장로교출판사, 2015.

Wagner, C. P. 『성령의 은사와 교회 성장』. 권달천 역. 서울: 생명의말씀사, 1993.

Weber, Max. 『유교와 도교』. 이상율 역. 서울: 문예출판사, 1990.

Webber, Robert E. 『교회력에 따른 예배와 설교』. 이승진 역. 서울: 기독교문서선교회, 2012.

_____. 『예배란 무엇인가?』. 가진수 역. 서울: 도서출판 워십리더, 2014.

White, James F. 『개신교 예배』. 김석한 역. 서울: 기독교문서선교회, 2009.

_____. 『기독교 예배학 개론』. 김상구, 배영민 역. 서울: 기독교문서선교회, 2017.

White, James F. & White, Susan J. 『교회건축과 예배 공간』. 정시춘 역. 서울: 새물결플러스, 2014.

內村鑑三. 『우치무라 간조 회심기』. 양혜원 역. 서울: 홍성사, 2004.

山田利明. 『도교란 무엇인가』. 최준식 역. 서울: 민족사, 1990.

窪德忠(구보 노리따다). 『도교사』. 최준식 역. 왜관: 분도출판사, 1990.

酒井忠夫. 『도교란 무엇인가』. 최준식 역. 서울: 민족사, 1990.

양계초, 풍우란. 『음양오행설의 연구』. 김홍경 역. 서울: 신지서원, 1993.

이능화. 『조선도교사』. 이종은 역. 서울: 보성문화사, 1986.

3. 국외서적

Hart, D. G. & Muether, John R. *Returning to the Basics of Reformed Worship*. New Jerey: P&R Publishing Company, 2002.

White, James F. *Introduction to Christian Worship*. Nashville: Abingdon Press. 1990.

_____. *Protestant Worship*. Kentucky: Westminster. John Knox Press, 1989.

4. 정기간행물

계재광. "포스트 코로나시대, 기독교 리더십 방향성에 관한 연구". 「대학과 선교」 44권 (2020): 153-178.

금장태. "유교의 중요성과 유교-천주교와의 교류". 「종교와 문화」 제9호 (2003): 1-37.

길희성, 오지섭. "한국불교의 특성과 정신". 「학술원논문집」 제50집 1호 (2011): 17-46.

김경재. "한국교회 비주류 신앙 운동의 비판 정신의 본질". 「기독교 사상」 통권 제677호 (2015. 05): 36-45.

김광열. "개혁신학적 예배 원리에 기초한 한국교회의 예배 갱신". 「총신대논총」 제18권 (1999): 129-153.

김명실. "공동체적 탄원 기도로서의 통성기도: 통성기도의 정체성 확립과 그 신학과 실천의 나아갈 방향 모색". 「신학과 실천」 제24권 1호 (2010): 299-335.

_____. "종교개혁전통의 교회력과 성서정과의 채택여부에 관한 연구". 「장신논단」 제50권 2호 (2018): 231-258.

김상구. "초기 교회 문헌에 나타난 세례 프락시스에 관한 소고". 「복음과 실천신학」 제39권 (2016): 9-40.

김상근. "1907년 평양 대부흥운동과 알미니안 칼빈주의의 태동". 「한국기독교신학논총」 46집 (2006): 383-410.

김세광. "한국교회 예배 유형의 다변화에 따른 대안적 모색". 「신학과 실천」 제15권 (2008): 11-38.

김순성. "신앙공동체 영성연구의 중요성". 「복음과 실천신학」 제11권 (2006): 211-229.

김순환. "한국교회를 위한 예배 신학적 재고와 방향". 「복음과 실천신학」 제2권 (2001): 185-226.

_____. "한국교회 예배의 현주소와 그 발전적 미래 모색". 「성경과 신학」 제63권 (2012): 27-54.

김영재. "교회 역사에서 본 이단과 종말론". 「개혁논총」 제30권 (2014): 65-92.

김영태. "초기 한국감리교회 주일예배의 형성과정 연구". 「복음과 실천신학」 제18권 (2008): 191-223.

김윤경. "조선 후기 민간 도교의 전개와 변용". 「도교문화연구」 제39권 (2013): 185-226.

김일권. "도교의 우주론과 지고신 관념의 교섭 연구". 「종교연구」 18집 (1999): 209-228.
김정준. "한국교회 갱신론의 반성". 「기독교 사상」 통권 제185호 (1973): 39-50.
김찬홍. "범재신론으로서의 유영모의 하나님 이해". 「한국조직신학논총」 제44집 (2016): 147-176.
김창진. "공자의 인성론과 예". 「한국 예다학」 제2호 (2016): 51-66.
김홍수. "호레이스 G. 언더우드의 한국종교 연구". 「한국기독교와 역사」 25호 (2006): 33-56.
남민이. "죽은 자를 위한 무속의례와 불교의례의 구조적 분석". 「한국불교학」 29권 (2001): 427-464.
문상희. "샤머니즘과 한국의 정신풍토". 「사목」 제56호 (1978): 12-20.
민경배. "한국교회의 신비주의사". 「기독교 사상」 제156호 (1971. 5): 68-85
민영현. "한국민족종교사상의 선개념과 그 철학적 인간학에 관한 연구". 「도교문화연구」 제26호 (2007): 221-256.
_____. "도교의 지평에서 본 생명의 학(學)과 술(術)". 한국도교문화학회, 「도교문화연구」 제38호 (2013): 261-289.
박상익. "김교신이 오늘 한국교회에 던지는 질문". 「기독교 사상」 제677호 (2015. 05): 54-62.
박영호. "없이 계시는 하느님 다석 유영모의 절대자 이해". 「기독교 사상」 통권 제596호 (2008. 8): 68-76.
박용규. "한국교회 예배의 변천, 역사적 고찰". 「성경과 신학」 제63권 (2012): 111-175.
박윤선. "분파의식 구조에 대한 소고". 「신학지남」 제187호 (1980): 6-15.
박은규. "기도의 신학". 「신학과 현장」 제5집 (1995): 22-55.
박재순. "다석 유영모의 평화 사상". 「평화통일」 제10집 1호 (2018): 121-157.
박정웅. "한국도교 교단 성립의 실패와 원인". 「도교문화연구」 제42호 (2011): 9-36.
박태현. "개혁주의 예배 신학에 기초한 21세기 한국교회 '예배의식'의 모델 연구". 「한국개혁신학」 제56권 (2017): 216-263.
서정민. "한국교회 초기에서 길선주의 역할". 「한국교회사학회지」 제21집 (2007): 153-178.
서재생. 『목사님도 모르는 교회 안에 무속신앙』. 서울: 세줄, 2005.
신익상. "탈(脫)중심의 신앙인 김교신". 「농촌과 목회」 제61호 (2014): 48-66.
신형섭. "상징적 예배언어 관점에서 본 한국교회학교 예배현장 분석에 따른 예배 교육현장에 대한 기독교교육적 제언". 「장신논단」 제47권 (2015): 317-343.

양병모. "헨리 나우웬 영성이 현대 기독교 영성에 미친 영향". 「복음과 실천신학」 제26권 (2012): 70-107.

양현혜. "김교신과 무교회주의 I". 「기독교 사상」 제425호 (1994. 5): 109-123.

옥성득, "평양대부흥운동과 길선주 영성의 도교적 영향", 한국기독교역사학회, 「한국 기독교와 역사」 제25호 (2006): 57-96.

원영재. "유교문화 영향으로 인한 한국교회의 세속화와 목회자 나르시시즘". 「기독교철학」 제8권 (2009): 61-87.

유장춘. "영성의 다양성과 한국인의 토착적 영성 그리고 교회 사업적 과제". 「교회사회사업」 제2호 (2004): 197-219.

유해룡. "영성학의 연구 방법론 소고", 「장신논단」 제15권 (1999): 428-450.

윤기석. "조상숭배에 대한 윤리적 연구". 「기독교 사상」 제138호 (1969): 88-97.

이 권. "한국 선도와 중국도교의 삼분사유". 「도교문화연구」 제29호 (2008): 37-39.

이금만. "기도의 영성 형성에 관한 연구". 「대학과 선교」 제19권 (2010): 209-240.

이승진. "생명을 살리는 설교-구원의 과정에 적용되는 구속사 설교". 「생명과 말씀」 7권 (2013): 35-73.

이은선. "한국교회 예배 이대로 좋은가?". 「생명과 말씀」 제15권 (2016): 69-118.

이호재. "함석헌의 종교사상과 잠재태(潛在態)로서의 씨올종교공동체". 「신종교연구」 제37집 (2017): 75-104.

임채우. "한국선도의 기원과 근거 문제". 「도교문화연구」 제34호 (2011): 39-65.

장병일. "유형학적 입장에서 본 기독교와 샤머니즘". 「기독교 사상」 제44호 (1961): 52-59.

정일웅, "한국장로교회의 예배 신학과 예전적인 예배", 「신학지남」 통권 303호 (2010): 9-42.

정재서. "한국도교의 기원론에 대한 검토". 「한국종교연구」 제3집 (2001): 93-111.

_____. "도교의 샤머니즘 기원설에 대한 재검토". 「도교문화연구」 제37호 (2012): 166-183.

천세종. "조용기목사가 한국교회 성장에 끼친 영향에 대한 연구", 「피어선신학논단」 제8권 2호 통권 15집 (2019): 96-118.

전창희. "기독교 예배 공간에서의 빛의 상징성과 창의력에 대한 연구". 「신학과 실천」 제51권 (2016): 61-84.

조성호. "해석학적 영성 이해와 21세기 목회리더십 형성". 「복음과 실천신학」 제37권 (2015): 95-128.

조현. "짧은 생보다 더 위대한 조선의 기독인". 「기독교 사상」 제622호 (2010. 10): 201-207.
주재용. "한국교회 부흥 운동의 사적 비판". 「기독교 사상」 제243호 (1978. 9): 62-72.
주종훈. "개혁주의 교회들을 위한 예배 갱신의 방향". 「개혁논총」 제23권 (2012): 93-121.
최길성. "東北아세아 샤머니즘의 비교". 「비교문화연구」 제5호 (1999): 3-30.
최수빈. "도교에서 바라본 저세상". 「도교문화연구」 제41호 (2014): 303-350.
_____. "희생제의의 관점에서 본 도교의례". 「종교문화비평」 제31권 2017): 91-140.
최승근. "성찬의 성례전성 회복을 위한 제언". 「복음과 실천신학」 제53권 (2019): 193-220.
최종고. "한국에서의 유교와 법". 「법제연구」 제12호 (1997): 130-157.
최종성. "무의 치료와 저주". 「종교와 문화」 7호 (2001): 109-130.
탁효정. "조선 전기 왕실불교의 전개양상과 특징". 「불교와 사회」 10권 제2호 (2018): 185-219.
하재송. "찬양과 경배에 대한 개혁주의 예배학 조명". 「개혁논총」 18권 (2011): 215-248.
허도화. "공동 예배의 형성: 한국교회 변화를 위한 영성 패러다임". 「신학과 실천」 제30호 (2012): 31-65..
홍기영. "토착화의 관점에서 바라본 1907년 평양대부흥운동", 「선교와 신학」 제18집, (2006): 11-52.
_____. "1907년 평양대부흥운동의 선교학적 고찰", 「한국기독교신학논총」 제46집, (2006): 375-376.
홍치모. "기독교 사상과 한국문화와의 접촉". 「신학지남」 제200호 (1983): 71-80.

5. 학위논문

강명국. "1907년 대부흥운동이 한국교회 신앙 양태 형성에 끼친 영향". 박사학위논문: 성결대학교 신학전문대학원, 2007.
김창모. "한국 전통 종교문화 속의 구원관과 치유관에 대한 기독교 윤리학적 비교연구". 박사학위논문: 장로회신학대학교 대학원, 2009.
김홍정. "한국교회 영성에 관한 연구". 박사학위논문: 서울신학대학교 신학전문대학원, 2004.
박순구. "그리스도 중심적 예배의 모델에 관한 연구". 박사학위논문: 백석대학교 기독교전문대학원, 2012.

신춘기. "범신론적 신관에 대한 성경적 비판". 박사학위논문: 웨스터민스터신학대학원 대학교, 2004.

양승우. "한국 무교와 신사도 운동의 비교연구". 박사학위논문: 가톨릭대학교 대학원, 2018.

어춘수. "한국 기독교의 신비주의에 관한 연구". 박사학위논문: 연세대학교 대학원, 2008.

윤정길. "비평적관점에서 본 현대사회의 유형별 예배 분석을 통한 개혁주의 예배 활성화 방안". 신학박사학위 논문: 총신대학교 목회신학전문대학원, 2013.

이미석. "조선시대 규방 문화와 침선 소품에 관한 연구". 박사학위논문: 숙명여자대학교 대학원, 2012.

이승호. "한국 선도 사상에 관한 연구". Ph. D 박사학위논문: 대전대학교 대학원, 2010.

이용규. "한국교회 신유운동 연구". 박사학위논문: 서울신학대학교 신학전문대학원, 2005.

장진경. "초기 한국교회 여성의 무속성 연구". 박사학위논문: 숭실대학교 대학원, 2009.

최수빈. "도교 상청파의 대동진경 연구". 박사학위논문: 서강대학교 대학원, 2003.

6. 인터넷

http://www.riss.kr/search/search.do 한국교육학술정보원 홈페이지. 2019년 10월 24일 접속.

https://stdict.korean.go.kr/search/searchView.do 2020년 7월 20일 13:00 접속

https://100.daum.net/encyclopedia/view/b17a2510a 2020년 7월 20일 13:20접속.

https://100.daum.net/encyclopedia/view/b08m0610a 2021년 7월 20일 13:23 접속.

https://100.daum.net/encyclopedia/view/v150ha330a28 2020년7월 20일 13:50 접속.

http://encykorea.aks.ac.kr/ 2020년 7월 24일 13:00에 접속.

https://ko.wikipedia.org/wiki/%EC%8B%AD%EC%9D%B5 2020년 8월 1일 13:10에 접속.

불교신문(http://www.ibulgyo.com) 2020년 6월2일 18:40 접속.

https://ko.wikipedia.org/wiki 2020년 6월 24일 14:55 접속.

한국불교신문(http://www.kbulgyonews.com/) 2020년 6월24일 15:02에 접속.

https://ko.wikipedia.org/wiki 접속일: 2020년 6월 24일 15:40.

http://www.busan.com/view/section/view.php?code=20181227000265 접속일: 2019년 10월 15일 11:15

https://portal.kocca.kr/portal/main.do 한국콘텐츠진흥원 접속일: 2019년 10월 15일 11:50

http://www.newsnjoy.or.kr/news/articleView.html?idxno=214531 접속: 2019년 10월 30일 14:30

https://ko.dict.naver.com/#/entry/koko/2020년 9월 27일 접속.

일제 강점기하의 한국교회 II (한국교회 부흥운동과 신비주의), 조병하 교수의 이야기 교회 (http://www.igoodnews.net) 2020년 12월 6일 22:20 접속.

http://www.gospeltoday.co.kr 가스펠투데이 2018년 12월 18일자. 2020년 12월 19일 13:40에 접속. http://www.hani.co.kr/arti/society/religious 접속일: 2020년 12월 23일 20:50.

https://www.igoodnews.net/news/articleView.html?idxno=3394. 아이굿뉴스 2020년 12월 28일 16:20에 접속.

https://news.sbs.co.kr/news. 2020년 12월 28일 22시 30분 접속.

http://encykorea.aks.ac.kr/Contents/Item/E0076564 접속: 2020년 12월 29일 12:56. https://sedaero.org/board/bbs/show.php?id=2912&p_cate_id=44&category_id=46&group_code=bbs&pageID=&m_id=56 2021년 2월 18일 15:30에 접속.

과천약수교회 2021년 2월 21일 주보. http://www.yaksu.or.kr/ 2021년 2월 22일 16:35에 접속.